周紹良　主編
趙超　副主編

唐代墓誌彙編（修訂本）

二

歷代碑誌彙編

上海古籍出版社

顯慶

顯慶〇〇一

【蓋】失。

【誌文】

唐故永嘉府隊副張君墓誌并序」

君諱羊，字君節，南陽白水人也。英宗茂胄，赫弈人」倫，構趾基於遠皇，流源派於遐代。祖榮，隋敏政府」鷹揚，蘊不世之宏材，負非常之大略，功高百辟，勇」冠三軍。父勝，監門直長，武質桓桓，風儀赳赳，起家」宿衛，親侍先皇。但以忠抱一心，又加左武右府」引駕。君器宇宏深，詞鋒敏捷，夙招芳譽，早負嘉名，」執友稱仁，朋遊銘信。十九年，鴐幸遼左，君乃髮起」衝冠，投募從戎，施功展效。以君遠過滄海，詔授勳」官一轉。永徽四年，授永嘉府隊副。蒞職廉平，居官」簡易，決疑無滯，事絶稽留，僚友稱高，在人嗟異，可」謂返魂莫驗，祝壽無徵，遘疾彌留，掩從風燭。至顯」慶元年正月廿六日，卒於私第，春秋卅有二。即以」二月三日權殯於金谷鄉北邙之禮也。嗚呼哀哉！」乃爲銘曰：」文質斌斌，蘭儀濟濟，自昔明詩，素爲習禮。覩微知」著，一舉三啓，口無擇言，四海兄弟。」三韓逆命，六師爰舉，翼彼皇輿，列斯凶醜。節效」剋展，功書金府，自此辭榮，千秋萬古。」

（北京圖書館藏拓本　河南千唐誌齋藏石）

顯慶〇〇二

【蓋】失。

【誌文】

大唐故隋屯田侍郎柳府君夫人蕭氏墓誌銘并序」

若夫彤管摛英，應柔祇而載德；青緗騰茂，闡陰訓而垂範。其有弘規斷織，示信止閭，」摽藻繪於大家，擅冰霜於高行，並稟彙流，庶馳芳於咫尺；未有分枝琁極，藹母儀於」天下；獨映金箱，標婦德於海内。其若南郡太夫人乎？夫人諱嫕媄，字善文，蘭陵人也。」自玄鳥降祥，茅社斯啓；白蛇告曆，山河爰誓。芳塵駿軌，昭晳乾坤；禮樂車書，牢籠海」嶽。焕乎方策，可略言矣。曾祖梁昭明皇帝，祖梁武皇帝，並文思欽明，奄四表而光宅；」當宁負扆，總萬方而撫運。父梁太尉吴郡王、周柱國、隋左衛大將軍、懷義郡開國公；」雖周遷商鼎，猶承白馬之榮；而韓亡漢立，方運黄公之智。夫人銀牓流慶，金波散彩，」亭亭秀質，掩雲雨於陽臺；肅肅凝華，籠霞月於温洛。岐嶷闡於文褓之日，器異彰於」藻褘之歲，素閑詩禮，無俟司箴；夙擅組紃，豈煩師傅。博踰蔡女，鑒埒山妻，鳳□方調，」輕浣紗之懿範；龍章載闡，掩散靈之雅韻。梁玉山公主。四德既弘，六珈方曁。應穠華」之縟禮，爰降公宮；開平陽之甲第，言歸柳氏。翟衣未弛，饋祀已弘；魚軒輟軔，閨門載」睦。隋改拜義陽郡夫人。雖飾館禮崇，無褰鼓瑟之義；而肅雝逮下，剋贊含香之業。豈」謂奄同過隙，俄喪所天，鳳栖之桐，忽半生而半死；龍文之劍，遂一沉而一浮。卒晨哭」於敬姜，希朝聞於孟母。故能享年耆艾，畢榮養於羅含；貽訓家庭，成珪璋於陶侃。不」言鐘漏尚永，崦嵫遂迫，李乹之表，空愿無從；潘岳之羣，颯焉已謝。春秋八十有六，以」大唐永徽七年正月一日遘疾，終於河南縣之私第。嗣子前澤州長史尚德、殿中丞」尚真等，痛結寒泉，悲纏陟屺，即以顯慶元年歲次景辰二月乙未朔廿六日庚申，敬」附于北邙山漢南公之舊域，禮也。龜筮叶從，龍輴就駕，南瞻嵩岳，西望崤陵，清洛控」其前，濁河經其後，逌遰嶇崯，徘徊古今，悲綵挽之晨響，切繁笳之晝吟，隧路懍兮晨」風駛，松門澹兮晚日沉，悲生涯之何促，歎大夜之方深，懼貿遷於高岸，遂堙滅於芳」音，敢比德於良玉，託微詞以刊金。乃爲銘曰：」

玄丘遠系，紫極高宗，欽明光宅，允塞温恭。飛鳧遷鼎，刑馬開邦，可久可大，爲光爲龍。」其一。積慶遐綿，崇基層構，仙婺降彩，湘娥比秀。學綜流略，才兼篆籀，湯沐恩深，穠華禮」茂。其二。既下王后，言儷高人，榮隨代易，號逐時新。剋懋蘋藻，無褰組紃，好合如瑟，齊敬」同賓。其三。早喪所天，撫孤依德，婉嫕陰訓，昭彰婦則。義切移居，情深斷織，家成瑚璉，功」侔卵翼。其四。庶保眉壽，奄同川逝，九畹摧芳，千尋落桂。式附神道，雅膺龜筮，林薄滅紆，」山川逌遰。其五。長辭廈屋，永瘞佳城，遼落荒野，怊悵空塋。雲霾隧路，日黯松庭，預虞舟」壑，敬勒泉扃。其六。」

（周紹良藏拓本　河南千唐誌齋藏石）

顯慶〇〇三

【蓋】失。

【誌文】

唐故黄州總管府陽城縣丞王君夫人陰氏墓誌

夫人諱容，晉陽汾陰人。其先晉大夫陰飴甥之後，」隋淮陽郡同陽令伯之長女也。若乃八桂移薰，植」芳林於衡岱；百氏流祚，或分派於名都。遠祖因官，」乃家於洛。夫人稟虹精之婺氣，蘊蘭杜之芳姿，象」月桂之盈虚，含彩璧之凝照。不入雲臺之殿，標神」女於楚臣；未出吾犯之宫，見委禽於鄭子。作嬪王」族，侍櫛蘭閨，德贍隨和，儀諧雅什。既而天夫先殞，」提契童遺，撫衾幬以顧懷，纂餘訓於孤嗣，享壽維」永，方□藏舟，顯慶暮春，卒於家第，春秋八十有一。」即□其年三月廿日權殯於平樂鄉之原，禮也。長」子同卿，想寒泉之勞止，悲南風以痛懷，仰陟屺之」餘□，望北山而增慕，託玄石之不朽，用紀德於來」今，乃爲銘曰：」

昭昭□族，祚隆汾晉，本枝百代，家良八俊。降生淑」女，凝華比舜，作配君子，克明禮訓，德冠珪璋，無喜」無愠。方易藏舟，摧蘭茂畹，薤歌晨發，平郊日暖。風」急旐輕，雲低翼幰，一閉幽扃，千秋松偃。」

（周紹良藏拓本）

顯慶〇〇四

【蓋】無。

【誌文】塼。

維大唐顯慶元年歲次庚辰四月乙亥朔八日甲寅，交河」縣人任相住也，春秋七十有五卒。惟翁少禀生」知，早標令聞，儀形外朗，若璧日之照重□；心」鏡内融，類冰臺之函積雪。洎乎捧雉詞驚，□」□之文，靈臺與秋月齊明，神鑒共清風競」遠。既而魂馳西景，魄騖東流，名與風騰，隟駒」□難駐，永共所天相離，□棄生平耳，聞者喪」其心目，覩者摧其骨，嗚呼哀哉！乃爲銘曰：」墜靈泉壤，埋德芳巖。茂木摧折，哲士斯掩。永遊罕徹，還日未占。灰形散滅，膠漆難黏。嗚呼哀哉，」□□後代。」

（録自《高昌磚集》）

顯慶〇〇五

【蓋】無。

【誌文】塼。

顯慶元年四月」朔乙未平，歲次」丙辰。十六日庚」成執，廿日甲寅」收，任相住□□」尉春秋六十有」一

（録自《高昌磚集》）

之墓表。」

顯慶〇〇六

【蓋】失。

【誌文】文末缺一字，當在石側，失拓。

大唐處士范君墓誌銘并序」

君諱重明，字思禮，河東人也。其先陶唐氏之□□。」自觀鳳疏基，遥原導靈川之氣；御龍分裔，華宗鬱」慶雲之緒。其後吴衰越霸，晉主夏盟，畫像著其□」庸，興家紀其光紹。曾祖顯，齊大都督、沙州刺史；振」風條而育幹，杖龍節以臨蕃，威肅南陽，聲馳東郡。」祖遷，隋并州金谷王府軍曹；父伏，夷州綏陽縣尉。」兔臨清夜，長裾厠飛蓋之遊；雉洽春朝，調絃翊將」雛之弄。君則志度夷簡，器宇沖和，獨詠紫芝，追蹤」四隱；長歌白雪，寡和千人。加以辯綜詞林，文探學」府。□五色之教，七日彌勤；觀象十翼之書，三絶無」倦。□□舉頹任石，影滅戴星，坐奠輟梁木之歌，尋」經□□□歎。粤以顯慶元年五月十四日，終于私」第，春秋廿有八。即以其年葬于邙山清風鄉之原，」禮也。將恐松溪掩壙，江使叶三百之期；柳浦翻光，」曦和遞十枝之耀。遂乃勒銘泉户，以表無窮。其詞」曰：

光光列胄，焕乎前史，處夏開封，歸秦命氏。高」門佇慶，華纓襲祉，紱冕所興，箕裘是履。穆穆伊人，」□綱爲紀，鳳吐鄒文，魚遊莊水，忽隨薤露，空悲蒿□」

（北京圖書館藏拓本　河南千唐誌齋藏石）

顯慶〇〇七

【蓋】失。

【誌文】

大唐故張府君墓誌銘并序」

君諱弘秀，字宏才，河南洛陽人也。夫在天成象，美」擅方星；在地成形，基開土宇。平子清高南國，茂先」博物北方，英聲騰萬古而彌揚，茂實歷千秋以逾」紹。祖希，齊青州長史；父巖，隋貝州清河縣丞。贊貳」專城，弼諧百里，光融郡國，政美一同，聲名籍甚於」朝端，仁恩沾被於氓俗。君稟質貞異，天然清操，機」神朗悟，含章挺生，其於富貴榮華，蓋晏如也。俄而」逝川難駐，隟駟不留，苦霧埋峰，愁雲翳景，粤以顯」慶元年歲次景辰四月乙未朔廿三日丁巳卒于」私第，春秋六十有九。即以其年五月甲子朔廿一」日甲申，權窆於洛北邙千金里，禮也。嗚呼哀哉！切」樹啼鶯，嘶驂服馬，涕垂行葦，悲沾露檟，勒貞石於」佳城，庶見啓於泉下。其銘曰：」

弈弈華族，光光嗣美，萬古承休，千齡襲祉。蘭桂相」複，清流映裏，彼美伊何，載誕夫子。其一。」廣陌蕭條，荒郊寂寞，玉菟沉景，金烏彩落。低垂宿」草，淒清悲鐸，永秘朝扃，長淪夜壑。其二。」

（北京圖書館藏拓本　河南千唐誌齋藏石）

顯慶〇〇八

【蓋】失。

【誌文】

唐故處士趙君墓誌銘并序」

處士諱通，字孝孫，洛陽人也。其先晉大夫衰者，」即其後也。累代冠冕，掞蓮綵於清陂；相繼朱軒，」黯桃源於素沼。言不已已，其在茲乎？祖澄，齊河」南從事；父通，齊濟陽書佐；並清英秀舉，器宇難」名，蘊貞亮於春松，標中和於秋篠。處士雅符珪」瑱，素履冰霜，軼高論於懸河，韜忠鯁於珠浦。往」逢道消之際，避難全身，自庇欽明之時，飲德安」利。於是婆娑南畝，遊衍東皐，行吟養志，不知將」老。冀百年之眉壽，誨教有期；奄十枝之不停，玄」堂俄閟。粤以顯慶元年五月廿三日，終清化里」私第，春秋六十有六。以其年六月四日，葬於邙」山之原。嗣子懷古，恐偃月峰沉，菊潭徙壑，敢鐫」芳烈，乃述銘云：

英」英遠祖，冠冕於周，忠迥克舉，當時尠儔。於穆君」子，仰繼前修，孝參曾閔，仁架楊劉。欽風輕禄，好」尚追遊，春臺秋沼，樂道忘憂。奄扃福慶，閟此禎」休。松風朝勁，隴霧昏浮，德音凝遠，同彼椿楸。」

（周紹良藏拓本　開封博物館藏石）

顯慶〇〇九

【蓋】 韓君墓誌

【誌文】

唐故韓君墓誌銘并序」

君諱長，字智門，宜陽人也。自長源淼漫，與濛汜而齊深；遠葉芬」芳，共扶桑而並茂。昭穆交映，珠璧連暉，代有人焉，略陳其美。祖」士通，隋任廣平郡守；父節，隋南陽郡溧陽縣長；並立德懷仁，飛」英騰實，蘊宏才而入仕，含雅調以居官。君籍慶降靈，承休挺質，」至性沉慜，識量弘通。加以幼抱忠貞，早稱孝愛，叶風雲之意氣，」標水鏡之高明。雖復六藝多方，用如天授；百家綿遠，攬若生知。」屬隋季云終，天下騷動，黄巾之羣聚結，青犢之黨縱横。君乃戢」翼避時，全身養德。暨乎聖朝啓運，君已志歇求名，思十地之福」田，忘一時之榮貴，對閑居而知命，眺箕岫而留心，庶侔列子之」年，冀託仲君之壽。豈謂逝川東急，落景西沉，變生平於人路，翳」明德於泉臺，春秋五十有二，以顯慶元年歲次景辰六月甲午」朔四日丁酉卒於私第。縉紳悲慕，唯恨梁木之摧；里閈空虚，但」見哲人之跡。還以其年其月廿一日窆於邙山之陽，禮也。自幼」及長，味道懷純，接知己以謙虚，奉慈親而敬愛。芳名未遠，器宇」先傾，風悲聲於隴樹，雲慘色於佳城。嗚呼哀哉！乃爲銘曰：」

枝分茂葉，水派洪流。邈焉崇構，鬱矣風猷。乃祖聲振，惟父名休，」忠逾弘演，孝越仲由。其一。君之嗣美，早歲飛英，言容溫偉，質性忠貞。琴書合調，水鏡兼情，」降年不永，雅量先傾。其二。天道盈虛，人生浮促，隨國亡珠，荆山喪玉。泉路方窮，挽哥成曲，」先後幾時，飄零遽速？其三。」寂寂丘陵，茫茫原隰，遊賞無期，音容永戢。隴雲夕起，松風曉急，」泉臺不曙，空餘名□。□□。

（周紹良藏拓本）

顯慶〇一〇

【蓋】失。

【誌文】

唐故并州太谷縣尉賈君墓誌銘并序」

君諱統，字知人，平陽人也；近徙三川，又爲洛陽人也。」太傅虔恭嘉惠，佐盤石於漢宗；常侍高步清塗，爕重」離於晉貳。曾祖興，魏盪寇將軍、安昌郡守；祖憲，隋始」州録事參軍；父整，皇朝常州江陰縣丞。君青田振輝，」黄中禀氣，心華開鏡，若秋月之鑒瑶池；情彩疏峰，似」春露之流金掌。鳳毛早著，麟角初成，列孔肆以昇堂，」遊鄭鄉而入室。年甫十八，爲大使李靖所舉，待詔金」馬，擢第雲臺，名冠褏然，策標稱首，授文林郎。貞觀廿」三年，除并州太谷縣尉。詞委江泱，翼掣錦而飛英；調」起風清，贊鳴琴而凝韻。將欲遐隆補衮，近曄中台。豈」意析彩方融，遽沉光於閲水，以顯慶元年六月九日」卒於洛陽私第，春秋卌三。以其月廿七日遷窆于邙」山，禮也。柳車載路，薤唱悲凝，日黯山庭，風悽泉户。慮」陵谷增毀，人代推遷，式紀徽猷，刊兹玄石。其詞曰：」

鬱矣崇基，邈哉綿緒，長洲迥派，增枝高舉。漢輔融華，」晉臣翹楚，象賢秀發，剋隆□沮。凝情藝府，疏性學流，」絳紗陪帳，青□齒儔。爰褰觀國，譽洽風□，載翼邦政，」刑簡頌休。慨彼奔曦，聿來過隙，□玆人理，黯然歸穸。」曠野風□，荒塗雲積，式刊塵軌，□之金石。」

（周紹良藏拓本）

顯慶〇一一

【蓋】失。

【誌文】

大唐故李君夫人孟氏墓誌并序」

夫人諱秤，字大娘，武威人也。昔待客三千，稱謡」七善，感天至孝，冬笋爲生，豈不萬代傳名，千齡」著矣，蟬聯弈葉，冠蓋縑緗。夫人體質容華，淑姿」琬琰，六行不闕，四德有聞，好客賓迎，□曾虧禮。」至於婦儀嬪則，帷教家風，豈軌度於閨門，抑貽」□於邦族。巧笑似梁國之妻，守志如衛子之婦，」□落恒娥之影，星收婺女之光。既而積善無徵，」輔仁虚説，梁木斯壞，哲人其萎，以顯慶元年六」月六日卒於福善里之私第，春秋有六十。其月」廿八日窆於邙山之陽，禮也。恐陵谷無常，丘壠」磨滅，紀玆玄石，永誌泉門。嗚呼哀哉！乃爲銘曰：」

三星始夕，百兩言歸，容華窈窕，婦法無虧。門傳」好客，孝感何違，魂兮一去，此逝長飛。其一。恒娥落」影，婺女收光，忽離代俗，歸湊亡堂。紅顏歇孝，白」髮無方，隟駒難駐，倏爾何常。其二。暑來寒往，遞代」相迎，日從西没，水流東行。山丘無定，恐畏□平，」□鐫玄石，□保長生。其三。」

（北京圖書館藏拓本）

顯慶〇一二

【蓋】失。

【誌文】

唐故夫人張氏墓誌銘并序」

夫人諱肅，南陽人也。夫休蔕星暉，麗楚山而凝彩；靈源波委，」疏漢水而澄瀾。於是忠烈晉朝，三台拆司空之耀；德隆漢諜，」四皓降文成之高。豈唯勳著蔥河，功宣鏡水，銀艾爛而紛雜，」金紱煥而增華。祖文，齊本郡户曹掾；父光，隋魏郡書佐；咸以」清英秀舉，氣逸雲松，蘊芳烈於蘭皋，闔芬風於菊浦。夫人華」析鄧林，枝分桂苑，竦潔鶩於玉葉，凝貞振於金柯，派淥沼而」流清，挺翠叢而踈影。及行貴族，終始可觀，風儀與禮讓同歸，」音徽共温雅俱逸。加以容止合度，言論知機，鏘鳳曲於朱弦，」囀龍吟於素管，思和衷而必節，處宴席而相懽，蘊絲菓之妙」能，苞中饋之調燀，無藝不總，無技不閑，冀遥擅於母儀，何悲」谷之斯及？粤以顯慶元年七月一日，終於洛陽彰善坊私第，春秋七十二。以其月廿日權葬邙山之陽。庭延徙殯，户引靈」轜，素旐揚兮侵霧，紫蓋張兮凝芝，想丘墳之黯黯，戀堂宇之」依依。薤露肅兮振喬木，槐風哀兮薄遠磯，惟荒楚之蕭索，軫野外之依希！静闔門兮燈黯，夜何時兮復熙？敢撰德於遺烈，」與山陂兮共期。銘曰：

神基綿邈，冠冕當朝，」紛綸珪組，清切瓊瑶。如山之峻，如嶽之喬，漢載唯耳，魏代稱」遼。其一。既挺英秀，派流斯系，琴瑟諧性，松筠等契。桂烈貞芬，潭」明清繼，德照珪璋，行逾蓀蕙。其二。朝露何幾？夕照難留，鏡奩却」月，長簟横秋。弦虚渌水，曲罷龍遊，黯朝光之落景，悲巨夜之」增憂。其三。塵飛驥躅，霧靄鳴璫，朝遷蘭宇，夕掩玄堂。慘松風之」振葉，愴竹露之棲篁，冀烟雲之流素彩，仰音景之聲愈張。其四。」

（北京圖書館藏拓本　河南千唐誌齋藏石）

顯慶〇一三

【蓋】失。

【誌文】

唐故韓君墓誌銘并序」

君諱玄，字君素，昌黎人也。扶桑遠葉，鬱爾淩天，□氾清瀾，」淼其帶地，疏源武穆，啓土秦疆，茅社連芳，簪裾襲祉，本枝」交映，花萼相輝，並國史之所詳，故此略存梗概而已矣。祖」諱泰，魏冠軍將軍；武略潛熙，文鋒秀出，言成軌範，行勒風」規，譽總人倫，事光朝序。父諱禮，齊金紫光禄大夫；儀表縉」紳，昭輝華裔。仙舟迴汎，伉元禮之清猷；延閣飛空，偶子雲」之極思。君承兹餘慶，載誕芳姿，秀氣凝襟，英靈冠物，辯言」清邃，馳黄琬之幼年，縟藻彫華，曜終軍之弱歲。齊鋒星劍，」偶節霜筠，純孝鑒至德之原，多藝究師宗之隩。識飲羽於」蹲札，鏡流翰於飛雲。風月極許詢之情，絲竹掩周瑜之妙。」虛襟博識，政術多方，齊起家授營州長史。六條俟弼諧之」則，千里著翼贊之功，獄訟寂寥，萑蒲清謐，春秋六十九，七」月十八日終於第。惟君幼年翹秀，晚節彌芳，秋菊春蘭，宜」其不朽。式昭景行，勒此玄門，遂以顯慶元年八月五日窆」於翟村東南之側。其銘曰：」

欝彼層構，邈焉餘阯，列土垂芳，苴茅襲祉。德孕珪璧，材兼」杞梓，克劭人英，門風載始。其一。實惟翹秀，資靈洞深，澄猗萬」頃，晞幹千尋。華文偶性，瞻智因心，逸翮方振，頹齡遽侵。其二。賓館長懷，公朝極聽，尚想英規，猶聞雅政。照壟月孤，入松」風勁，撫此痛心，詎堪傷性。其三。」

顯慶元年八月五日

（北京圖書館藏拓本　開封博物館藏石）

顯慶〇一四

【蓋】失。

【誌文】

唐故李府君夫人安平鄉君呂氏墓誌并序」

夫人諱華，其先東海人也。若夫滈瀾遠派，胤尚父之洪基；弈葉□」芳，嗣弗韋之遐胄。其閒文儒接武，將相交暉，魁岸英賢，詳諸史牒。」祖尚賓，陳弘文館學士；父方賢，隋度支郎；並萬頃沖渙，引長源而」鏡映；千尋擢幹，殖茂苑而扶踈。夫人幼懷貞惠，夙聞詩禮，珪璜備」飾，見窈窕之容；師姆允諧；成淑慎之質。既而女蘿有附，標梅及時，」七德攸歸，百兩來迓，年登二八，適于隴西李氏。府君玉林秀哲，□」宇虚通，軌度絶倫，風飈迅越。丘園養素，衡泌栖遲，鄉黨訓成，閭閻」龜鏡。夫人正位居室，琴瑟齊和，潔祭而整帷筐，供賓而主中饋。功」勤在務，時采南陌之桑，廉節居懷，不摘東家之棗。柔馨履順，承夫」若賓，哲婦之稱已傳，女師之德斯在。愿言長膺嘉耦，竹柏同榮；豈患福善無徵，梁摧奄及。府君以貞觀十七年月吕夾鐘遘疾彌留，」欻焉大漸。良人早垂殞背，夫人禮備哀餘，痛比目之中乖，悼雙栖」之獨處，訓孤撫幼，教以義方，勸學斷機，易鄰勵子。夫人宿基積善，」故得自天祐之，永徽已來，亟蒙恩錫。憾以陽烏靡駐，隙驥難羈，三相弗留，鼠藤易盡，夫人以顯慶元年八月四日終於内寢，春秋」八十有七。嗚呼哀哉！即以其月廿八日，合窆邙山之原，禮也。有孫」祖仁，孝情純至，孺慕充窮，擇兆遷塋，哀送盡禮。遂使青田兩鶴，永」閟玄宫；紫氣雙龍，長扃幽隴。慮山移海運，松栢爲薪，留記下泉，迺」爲銘曰：」

猗歟姜叟，實粤遐族，流芳後裔，英猷代□。令聞□歸，詳乎史牘，餘」慶是隆，傳斯婉淑。習禮聞五，明詩辯六，高堂待養，遐齡享福。立德」定名，闔棺瞑目，開塋先兆，戒期遠卜。薤鐸引歌，龍輀轉軸，水凄曲」澗，日黯平陸。思草茫茫，悲松肅肅，霧慘荒郊，風嘶古木。泉户長扃，」□□□竹，千秋萬祀，□傳蘭菊。」

（周紹良藏拓本　河南千唐誌齋藏石）

顯慶〇一五

【蓋】車君誌銘

【誌文】

唐故隋晉王祭酒車君墓誌銘并序」

君諱詵，字孝詵，河南人也。其先特秀，肇丞相於」漢初；波濬源清，炳奇材於晉代。豈止珪璋間襲，」冠冕陸離而已哉！祖和，北齊青州刺史；父竦，東」海令；並筌跡高朗，鏡道深仁，飛清響於惟淄，肆」德音於濟北。君禀靈鴻族，蘊質華宗，澄碧浪以」踈神，鬱青霞而摛秀。雲奔絢藻，風翥鴻波，總言」行於襟懷，混是非於心府。授晉王祭酒。聲遒菟」苑，跡冠平臺，未展清文，俄逢道喪。於是辭梁避」地，慝迹洛濱，任去就以遨魂，逐洿隆而凝性。不」謂舟沉迅壑，景落高山，越以顯慶元年八月十」七日，終於景行里私第，春秋七十有二。以其年」九月十一日，權葬於邙山之陽。恐丹獻陵雲，將」洿萊而成沼；碧潯浮漢，與桑田而競高。不勒茲」銘，音儀何冀？其詞曰：」

惟基極峻，枝幹侵雲，貞越松桂，芳溢蘭熏。禀此」德音，裔流鴻族，孝友凝志，忠規寡欲。光陰徙隙，」曉露難停，書卷塵委，琴休雪輕。泉户既扃，夜臺」方永，松檟上森，英名下詠。」

（周紹良藏拓本　河南千唐誌齋藏石）

顯慶〇一六

【蓋】失。

【誌文】

大唐顯慶元年歲次景辰」

夫人諱差，字令熟，河間封丘人也。丞相」公表之苗裔，簪纓弈葉，台鼎蟬聯，姻媾」如流，連於帝戚，洎於茲日，梗概而言。祖，」周青陽令；父，隋貝州司馬；莫不紆青拖」紫，振纓鳴玉，冠逶迤，車馬赫弈。夫人早」閑四德，不待女史之箴；少善組紃，何□」傅母之訓。幼笄□□，□適張氏，構疾彌」流，奄從風燭，以顯慶元年歲次景辰九」月甲子朔十五日戊寅，窆於芒山之陽，」禮也。恐丘壠磨滅，舟壑遷移，故勒清徽，」乃爲銘曰：

氏興虢叔，胄自姬昌，□生」明德，是號芬芳。紅蓮輝彩，霞月離光，金」聲寥亮，玉韻鏗鏘。天道茫昧，人事虛涼，」有同夜，還若朝霜，隴寒山迴，扃隆瞑長。」

（河南千唐誌齋藏石）

顯慶〇一七

【蓋】　張府君銘

【誌文】

大唐郭君夫人張氏墓誌銘并序」

夫人諱某，其先貝州清河人也。若夫長源濬委，與括」地而俱流；茂葉芬葩，擬若華而並蔚。斯乃昭彰史諱，」故難得而言也。祖英，衿神散朗，風彩清韶，碩學鴻才，」標映人伍。父震，風資潤遠，儀止閑詳，動容合矩，吐詞」被律，清苦炯介，千乘無以易其心；中澹簡默，萬物不」能迴其慮。於是卜居郊郭，栖志衡樊，顯不侚功，晦不」標跡，偃仰姸嗤之際，從容人野之間，姻族仰其清規，」朋故欽其素概。夫人稟靈餘慶，幼而聰惠，幽閑著範，」婉嫕流聲，容德夙昭，言功早備。蘭情雅淑，籠九畹而」騰芬；桂性韶華，掩八林而鼓馥。來嬪郭氏，道合乾坤，」琴瑟克諧，閨闈允穆。所冀輕雲藹彩，長浮蔽月之暉；」豈謂隙駟不留，遽落照梁之景。以顯慶元年八月廿」三日終於思順里第，春秋八十有三。嗚呼哀哉！即以」其年九月廿一日窆於北邙之阜。荒墳蕪没，方懍長」松之風；泉夜寒深，永絶椅梧之奏。有子行滿，志性純謹，遊必有方，孝道弘深，播於閭閈。傷膝下之念，痛劬」勞恩，嗚呼哀哉！乃爲銘曰：

猗歟哲婦，肅穆閨闈，四」德具舉，六行騰徽。同傷穸户，共泣泉扉，星津落照，月」浦潛暉。山空鳥思，隴晦煙生，風悽月懍，露曉松清。」悲成萬古，嘆罷千齡，式鐫貞石，永保佳城。」

（周紹良藏拓本）

顯慶〇一八

【蓋】失。

【誌文】

唐故隴西天水趙府君墓誌銘并序」

君諱肅，字威，隴西天水人也。若夫□派長源，遠注中區之半；疏」峰峻趾，遥切斜漢之間。故有叶贊詭謀，令諸侯於踐土；恪居共」化，肅羣豪於潁川。騰茂實於當時，播英聲於後葉，連衡接武，此」可略而言焉。祖遐，齊散騎常侍門下郎中；露蟬朝映，雲閣夜清，」趨丹地以敷言，伏青蒲而獻替。父相，隋臨漳縣令；奇政清於夜」鵲，厚德狎於朝翬，臨漳浦而亨小鮮，宰鄴城而製重錦。君幼彰」岐嶷，早擅貞明，既驗李言，還酬桂問。洎乎冠歲，譽美時儔，爰應」嘉招，揚庭觀國，授謁者臺員外登仕郎。入金門而待詔，遊石室」以校文。屬隋氏分崩，海内交喪，羣凶角逐，擇木何依？處隱約於」時屯，任遭隨於人事。皇唐纘曆，寓縣肅清，上有寬明，下多聽」意。君悟纓緌於徽墨，縱鵬鷃之逍遥，芝蘭發應善之芳，琴樽致」賞心之樂，冀輔仁於景福，用享德於大年。而霧露遽沾，瓊瑰斯」夢，遂使照廡韜彩，共陽景而俱沉；潤岸潛暉，與陰靈而並晦。春」秋六十有三，以顯慶元年九月七日寢疾，終於洛陽景行里第。」即以其年十月五日歸窆于邙山之陽，禮也。長子義感，孝友純」至，霜露□心，悲靜樹之難依，痛閲川之易往，仰皇穹而靡訴，泣」慈顔其何遠。行謂塵飛少海，谷徙高陵，寄此雕鐫，庶傳徽範。嗚」呼哀哉！乃爲銘曰：」

森森瓊榦，淼淼琁源，派流電激，條聳雲繁。顯允前秀，俠翼名蕃，」畏成夏暑，愛起冬暄。其一。流芳後裔，惟君必復，已見登龍，翻逢掎」鹿。皇基肇構，火炎斯撲，有樂期常，無歡舉卜。其二。椿年已謝，崦光」已徂，菊水流竭，芝田葉枯。棺留白馬，墳兆青烏，去兹明室，即彼」幽途。其三。」

（録自《芒洛冢墓遺文四編》卷二）

顯慶〇一九

【蓋】失。

【誌文】

唐上輕車都尉張君故夫人可那氏墓誌」

夫人洛陽人也。觀夫桃源鼓浪，演茂族之綿邈；□」岳侵雲，標華宗之迴架。故八姓盛於中夏，將相溢」於魏朝，朱紫紛綸，至今無爽。祖貞，周龍驤將軍；父」□，隋上柱國；并朗燭冰鏡，貞振松筠，□雲漢以標」□，澄蘭□而凝志。夫人即柱國之元女。夙□嫻雅，」□符□□，□□□□，□逾桂林，言行中規，□□□」族，於是克諧琴瑟，郁和芳蘭，耀彩閨闈，凝暉□姒。」實有裕於儀範，方□教於端莊，何其蘭渚滋芬，」露餘霜而□□；李徑方茂，拂寒露而飄英。越以顯慶」元年六月十日，終於景行私第，春秋有六十。府君」性□忠鯁，聲振五營；情高金石，名標八校。去貞觀十□年入遼身没，以顯慶元年十月十八日招魂」與夫人合窆於邙山之陽，禮也。嗣子上輕車都□」安等，恐菊□□高，松山爲沼，述德音於玄石，庶千」齡而彌曜。詞曰：

邈哉玄胄，佐魏仕周，如蘭茂夏，如」菊芳秋。當時冠冕，萬代名浮，篤生四□，重振徽猷。」□猷何謂？紹彼前芳，言功合度，容行夙彰，豈謂無」□，奄茫斯良。雙鳧□落，兩劍沉光，霜淒□□，風悲白楊。」

（録自《芒洛冢墓遺文》卷上）

顯慶〇二〇

【蓋】失。

【誌文】

大唐故程君墓誌銘并序」

君諱雄，字文琮，廣平人，康王之後也。魏卿以典籍分」曹，晉臣以經術立朝，爾其遷派訛革之由，昭穆徽章」之叙，蔚乎前史，可略而云。曾祖暹，魏太中大夫；雅道」佐時，英風鎮俗。祖楷，周儀同三司；清規疊映，朱軒繼」軌。父乂，齊襄陽縣令；德禮不愆，絃歌式叙。君惟哲挺」生，含靈秀起，幼承庭訓，長悟仁風，慕二疏之讓禄，安」三市而逃名。誰其松彫歲晚，竹落秋遲，顧此人生，忽」如流電，春秋五十有，以貞觀廿二年六月五日殞於」私舍。夫人皇甫，上輕車都尉相州鄴縣令長孫第二」女也。韜華碩胄，儷彩高門，方終軌訓之儀，遽失庇家」之主。以今顯慶元年歲次丙辰十月壬辰朔一日壬」辰遘疾，卒於私第，春秋六十有二。即以其年十月十」八日己酉合葬洛城北河南縣平樂鄉纏佐里王晏」村北百步。嗚呼哀哉！嗣孫思温，泣庭樹之朝暄，鑒藏」舟之夜失，刊令範於玄礦，佇佳城於白日。其詞曰：」

因功命族，以仁受代，弈葉軒蓋，蟬聯貂珥。克儉能恭，」知足如止，餘福之門，應受多祉。其一。變此好仇，除德□」首，逝□遺路，同居闇阜。九畹蘭折，三春桂蠹，一別人」間，千年丘墓。其二。」

（周紹良藏拓本　河南千唐誌齋藏石）

顯慶〇二一

【蓋】大唐故王府君墓誌銘

【誌文】

君諱師感，字桃湯，洛州鞏縣人也。若乃秦室將軍，虜」燕王於遼左；漢朝丞相，定楚霸於彭城。其後鄧苑分」枝，周原析土，或樹基河朔，或望高江表，焕乎典載，可」得言焉。祖靜，隋任東海郡太守；威振百城，化行千里。」父安，栢林府上儀同；武略兵權，外寬內肅。君承華貴」緒，藉慶嘉聲，器量弘深，風格清遠。幸逢開運，早知協」佐，以勳功授建節尉，以申榮寵。始階尺木，志在爲山，」青紫未紆，燭風旋及。顯慶元年六月十五日捨壽，春」秋五十有八。即以其十一月十二日葬于城外河南」縣界大王村之西北，禮也。君幼而卓異，長乃英奇，導」德齊禮，依仁遊藝。是以鄉閭推挹，遐邇聞風，始樂春」臺，奄晞秋露。然恐居代運，陵谷傾迴，仰憑刊勒，記之」泉户。其辭曰：

休哉茂族，邈矣高門，秦昭將相，周靈」子孫。金聲玉振，紫蓋朱軒，道光往册，芳流後昆。君之」降生，剋隆華裔，志懷忠烈，情深孝悌。喬枝可□，澄源」無際，西光遽落，東流長逝。風虚易損，和鵲難逢，已矣」魂爽，冥漠何從，親賓歔欷，稚子龍鍾，雲開舊月，地起」新封，神儀永翳，展奠徒恭。

王師感　　（周紹良藏拓本）

顯慶〇二二

【蓋】失。

【誌文】

唐故許州鄢陵縣令張君墓誌銘并序」

君諱盛，字世隆，南陽白水人也。遐緒綿綿，澄菊浦而爭濬；雄材」落落，竦寒木而競貞。故有豐谷龍飛，文成彰於漢册；荆南武□，」子布顯於吴書。炳列宿以摛光，符川嶽而孤跱。於是賢能間出，」鐘鼎相暉者也。祖貞，齊魏郡書佐；父穆，齊潁川從事；並望重士」林，德超模範，澄源漳滏，逸駕子□之才；標映許昌，□晰根□之」態。君早蘊琳琅，夙彰松桂，幼而□敏，宗黨異焉。是以馭竹遊童，」知禮教之無二；撫塵襲綺，識愛敬之一歸。故以德冠當時，行毗」士伍。年□至學，孜孜忘倦。躭閲聖人之道，虚谷傳音；諷味先□」之風，焕然冰釋。由是囊括詩什，兼總羣書，無藝不閑，無道不洽。」既而累辟三公，頻召州□，蕭然自得，皆以疾辭，將希松子之方，」冀蹈王喬之跡。履道守一，攝衛無差，故能享此遐年，登斯眉壽，」作範鄉曲，設□羣係，績著家邦，頻降綸綍，累遷邑宰，榮名既」顯，義方又聞。斯亦終始可模，宜遊神於菊浦；忽焉長謝，黯促景」於蘭扉。越以顯慶元年十月十一日，終於富教里私第，春秋九」十七。以其年十一月十二日葬於邙山之陽，禮也。卜擇因習，夙」駕靈轜，雲霏霏而奉轡，風肅肅兮凝芝。未終激楚樂，俄悲薤露」詞，松檟凄寒夜，德音無息時。乃爲銘曰：」

昭昭茂族，著績有周，晉標杞梓，漢挺琳球。惟蘭與菊，無絶春秋，」篤生令問，紹彼芳猷。雅符道性，輕榮貴實，暮挹流霞，朝晞白日。」不盻公徵，蕭然自逸，登兹眉壽，始終守一。守□是遵，道真斯亮，」不謂梁摧，奄扃泉壤。月遺春暉，風停春賞，蕭蕭松檟，日暮增響。」

顯慶元年十一月十二日」

（北京圖書館藏拓本　河南千唐誌齋藏石）

顯慶〇二三

【蓋】失。

【誌文】

唐故樂君墓誌銘并序」

夫梓生幽岫，不捨良工之材；聲隱朱弦，詎曠知音之指。斯則英」雄無滯，器宇弘通，顯允樂君，見於茲矣。君諱文義，字思禮，洛陽」人也。其先仕魏，播芳迥於縑緗；垂裕晉朝，標名教於雅詠。是以」建旗翼虹蜺之旆，疊轂運流水之車，遞襲銀章，相間異人者也。」祖敬，北齊龍亢縣令；父雄，隋平陽縣丞；并志湛漪瀾，情芬蓀蕙，」道勝凝鑒，亞蒲密之前蹤；幽贊弘宣，苞單父之肅譽。君道源至」德，稟訓忠和，淳孝自然，匪假蓼莪之諷；友乎天性，未待鸎鳴之」詩。永錫爾類之規，作範同袍之訓。於是門傳岐嶷，邑號神童，玄」髻篤於詩書，至學通於經傳。及將强仕，隋運告終，聖歷」光華，知非又過。以其憂勞奔競，榮辱相尋，行樂不殆，古人攸歎。」於是隨時取賞，逐物遊神，心遺是非，不覺將老。豈謂山陰俄輟，」舟影已沉，泉户黯而夜風多，幽堂閟而金燈滅。春秋七十有二，」以顯慶元年九月十二日終於私第。夫人隋太原郡太守王氏」之女。夙振二儀，早符四德，邁貞明於月桂，標愻順於稽筠。峻節」與寒木爭華，高行共菊潭同潔。何其慶閟，先摧桂枝，去貞觀五」年十月廿日終於景行里，春秋卌有二。以顯慶元年十一月廿」四日發自先塋，與君同窆於邙山之陽，禮也。恐喬山弊日，周詩」詠而成谷；巨海浮天，麻姑歎爲桑野。敢綴言於玄石，庶景行之」無謝。其詞曰：」

嘉公族之遐茂，與蘭菊而流芳，綰銀艾之華繡，鏘玉佩而鳴瑠。」惟夫君之英挺，實通理而含章，何福扃之慶閟，掩彩滅而繐張。」俄雙凫之沉影，忽兩劍而韜光，月靄靄兮寂池館，風蕭蕭兮」悲白楊。」

（周紹良藏拓本）

顯慶〇二四

【蓋】　失。

【誌文】

□故文林郎張君墓誌」

□諱金剛，字金剛，南陽白水人。遠祖爲京兆尹，子孫因家焉，今爲雍□」長安人也。昔秦嬴雄視，武信爲霸王之佐；漢劉受命，留侯膺帝祖之師。」或七葉珥貂，素範騰於漢牘；或三台應德，博物光於晉史。盛德弘規，固」以暉映圖諜。祖亢，周宕昌郡守；宕昌地據巴東，控引□濮，人情駁雜，□」難訓誘。君示以忠信，誨以義方，賓夷悦附，遺愛猶在。父秦師，隋左親□；」忠毅果烈，武略有聞，官秩未隆，不幸早卒。君禀性疏通，敏悟開濟，□於」欲利，與物混同，寵辱不驚，損益無迕，升降變通，取捨隨時。嘗歎曰：今」性質疏緩，不務虛飾，意趣虛放，殊無宦情，人生百年，如白駒過隙，當□」放曠形質，使身名俱泰。范蠡端賜，古之賢者，咸規貨殖，寓以優遊，何必」飲水曲肱，歛衿肘見，糟糠不饜，方稱賢智者哉！然役仕相驅，不可端□，」古人有不爲滕薛大夫，愿爲趙魏之老，雖非公綽，竊所慕焉。武德七年，」釋褐事淮陽王，爲左右□□□事，一以委焉。王薨府廢，授文林郎，事長」廣公主，委任之厚，不異□□。□□以帝姊之尊，禮望崇重，泉布之錫，」動以萬計，出入巨細，□□□□。長廣薨，事城陽公主，家事之任，有隆焉」爾。既而舟壑變遷，報施□□□使。鄧林之樹，落楨幹於高標；崑山之玉，」墜璵璠於峭嶺。以顯慶元年十一月八日卒於家，春秋五十有五。以其」年十二月十二日，壙葬於邙山之陽，禮也。惟君雅性放蕩，不拘小節，室」阮豐資，招引不倦，每至春樹花飛，夏葉成幄，林泉澄映，物色感人，何嘗」不置驛邀賓，命駕追賞，優遊卒歲，樂以忘憂。君弟敏，痛友于之永逝，慨」死生分隔，懼陵谷之遷移，刻斯銘於金石。其詞曰：」

猗哉若人，沉敏通濟，慎修寡欲，默而冥契。爵秩雖未，道暉先系，德業相」踵，光塵靡替。其一。率性同樂，情詭遂□，甯武賢達，□變則愚。惟君懷□，一」致殊塗，□慕公綽，叶志相趨。其二。晨羲騖景，夜舟遷壑，交臂不停，變化迴」薄。火炎崑阜，玉俱鑠，素雪□叢，寒風卷蘀。其三。隱隱邙山，滔滔瀍澗，川」谷未改，人俄斯變。松楊詎烈，終古已閉，秋菊春蘭，英徽永擅。其四。」

（北京圖書館藏拓本　河南千唐誌齋藏石）

顯慶〇二五

【蓋】失。

【誌文】

唐故左武候桑泉府司馬程君墓誌銘」

君諱騖，字寶柱，廣平曲安人也。考念，」隋季因官洛陽，遂家於河南焉。君以」顯慶元年十月十一日終於蒲州桑」泉府之官舍，春秋六十有五。即以其」年歲在景辰十二月辛卯朔十二日」壬寅，殯於平樂鄉邙山之陽，禮也。恐」物是人非，光音寂寞，勒銘泉户，用紀」遺芳。其詞曰：

邈矣高原，巉巖峻極，洪哉遐緒，家傳」懿德。長好仁惠，幼而岐嶷，奮旅三河，」時攀鳳翼。朝光易奄，物不常榮，幽途」一閟，泉路難明。雲寒霧結，松冷風驚，」闇忽長夜，無復生平。」

（周紹良藏拓本　開封博物館藏石）

顯慶〇二六

【蓋】　失。

【誌文】

大唐故王君故任夫人墓誌銘并序」

君諱卿，字元慶，太原祁人也。其先即魏太尉王愰之後，弱木」拂日，天潢派分，靈源將積石齊流，崇基與華蓋同峻，故得光」乎史策，鬱彼青編，代有若仁，可略言者也。祖威，隋任卓郡薊」縣令；下邑庭館，實同武城之鶏；而青政善績，有類中牟之雉。」君澡身浴德，依仁踐義，其牆累仞難窺，其陂萬頃不濁。方魏」珠與趙璧，譬東箭及南金。加以藻粹百家，耕耘六籍，摛詞則」成綺組，捨筆則起風雲。君自舉高才，射策甲第，解褐任光州」光山縣丞。匡贊百里，妙絶時能，德美政謡，被諸泯日，雖天挺」才明，而夙夭年壽，春秋卌有九，大業三年七月廿五日，終于」光山縣官舍。夫人任氏，夙姿特秀，體貌閑華，四德内融，母儀」外朗。方期齊壽南山，闡斯閨訓；豈意神不憖遺，奄從長夜。春」秋八十有一，粤以顯慶元年十二月二日，終於斯第。即以其」年十二月十九日，合葬於洛陽邙，金石之言也。有子叔孫，克」遵世業，不墜家聲，天性仁孝，率猷成己。登陟岵之罔見，慨過」庭之無問，所以霜露纏悲，風枝流慟。式遵古實，兆兹營域，合」葬非古，起自三王之前；死即同穴，還歸六義之始。其詞曰：」

分源峻遠，纂系攸長，山川靈慶，風雨禎祥。本枝百代，弈葉重」光，言刈其楚，德音孔彰。其一。猗歟哲人，承家之祉，講信修武，依」仁成己。濯纓登朝，彈冠逝仕，餘歷不以，篤生君子。其二。天興虚」言，物華未久，忽如流電，奄同過牖。道著生前，名揚身後，偕老」同穴，共歸丘阜。其三。荒郊寂寞，寒谷蕭條，加悽霧夕，挽噎霜朝。」便房既掩，泉路方遥，唯餘松柏，歲暮空彫。」

（北京圖書館藏拓本　河南千唐誌齋藏石）

顯慶〇二七

【蓋】失。

【誌文】

唐故并州祁縣令成公君墓誌并序」

君諱徵，字文義，滑州人也。流芳兖野，遠□太嶽」之基；投並伊潯，近符辛有之鑒。清瀾獨□，逸翮」孤征，花蕚相輝，本枝交映。君含章秀出，曾祖懷」州河内縣令，又任□州長史。出偶質虚明，波瀾」萬頃，牆宇數仞，寵辱不動其舒參，敬忌匪懈於」晨昏，植操貞慤，資虚孝友。祖襄州録事參軍，又」任江州潯陽縣令。虚襟容物，遂混妍蚩；矯俗約」身，□遵儉素。良晨清夜，必賞慰於談交；狹室小」園，便陶逸於雅性。豈意電波急節，薤露趨晨，遠」迫促齡，忽悲長。君春秋八十有四，夫人六十有五，顯慶元年十」二月三日終於章善里第。既寢於織室，輟相於」春鄰，胄子義，痛懷庭而假息，恐時代已。顯慶年歲」次景辰十二月丙寅朔十九日戊申窆於邙山」之陽，禮也。嗚呼哀哉！乃爲銘曰：」
猗□乃祖，弈葉重光，策名府庫，功傳太常。□聲」□遠，令問令望，誕茲茂族，邈矣彌芳。其一。」

（録自《芒洛冢墓遺文四編》卷二）

顯慶〇二八

【蓋】無。

【誌文】塼。

維大唐顯慶二年歲次庚午正月丁酉□□□□□鎮西府」□□□次年中父任岸頭府旅帥，□□見至上
柱國有」□□隆惡，春秋六十有九，嗚呼哀哉！少秉志節，慬」□□阿，外取讚於忠□，内□□於厚養，鄉
城領袖」□□□□□□慕其能，長幼□其德。既而魂馳」□□□□□流，名與風騰，刑隨煙滅，□與所天
□□」□耳聞者□其心，目覩者□□□□□□□」□□□□人非金石，禍故無常，□茲亡父□□」□□□
□□□□□□□□□□□□□□量□」□□□□□□□□□□□□□□泉呼之」□□□□□□□□□
□□□□□昔與人處，今與」□□□□□□□□□□□□□□□□□□甘從□滅，」□□□□□□□□
□□□□□□不依□」□□□□□□□□□□□□□□□嗚呼哀哉！」

（録自《高昌磚集》）

顯慶〇二九

【蓋】失。

【誌文】

唐故汴州封丘縣令張君墓誌銘并序」

君諱才，字弘述，南陽白水人也。氏族之興，載於方册，」□自之先，譽高炎漢，重光淑美，代載彌隆，承倫命而」出覈微言，遊金門而入輔儲貳，裹黃佩紫，紱冕相承，」分竹專城，褰帷千里，異人間出，可得言焉。架漁陽麥」秀兩歧，籠城都人歌五袴。曾祖忠，齊石州長史；祖芝，」齊南陽本郡太守；父意，隋相州録事參軍；並齊隋之」日，早預烹鮮，掣錦岐山，瞻星匪懈。君以葳蕤圖史，炳」發書詩，□論凝神，雲飛落紙，遂韜光奄質，藴德丘園，」養性怡神，研機味道。君乃年垂從欲，玄首將渝，不其」薤露遄晞，蕣華霄落，忽同逝水，掩棄風雲。粤以顯慶」二年歲次丁巳正月庚申朔廿二日卒於河南思順」之里。公春秋七十有七，即以其年閏正月庚寅朔廿」日己酉權瘞于邙山之陽千金鄉之地，禮也。□筮協」之，卜惟襲吉。有子行□，庶恐寂寥，終同地久天長，海」□桑田，岸遷陵谷，形□人事，冀玄石而長存，□□□」□，乃爲銘曰：

猗歟乃祖，弈葉重光，策名」府庫，功傳太常。嘉聲振遠，令問令望，誕茲茂族，邈矣」彌芳。其一。伊君挺秀，在俗殊倫，忽摧荆岫，碎」質成塵。嘉□空設，渌醑虛陳，哀纏松檟，窀穸誰聞？其二。」

（北京圖書館藏拓本　河南千唐誌齋藏石）

【蓋】 失。

【誌文】

大唐故張君墓誌之銘并序」

君諱伽，字弘訓，南陽白水人也。原夫少皞居尊，著紫宸於」中縣；朱星耀象，列火位於南方。爰自後昆，宗族昌阜，或七」葉仕漢，五代相韓，儀禄擅其辭端，衡載工其文翰，承家開」國，遂處南陽，惟祖惟父，迭襲珪冕。君幼禀生知，長而該達，」早標玄女之法，夙表黃石之符，武略文經，包乎胸臆；奇謀」妙策，納在襟懷。控顔高之六鈞，穿潘黨之七札，以平遼之」勳，授建節尉，俄遷朝散大夫。而隋運告終，火德云改，禮樂」征伐，咸歸聖人，追何石之高蹤，慕嵇阮之雅致，埋輪不」仕，脱落人間。車駟闐門，嘉賓滿席，聲諧律吕，韻合宫商，舞」女哥童，擊鐘陳鼎，優遊文酒，放曠琴書。輶軒徵而未從，旌」□賁而不就，秀眉星鬢，伏几襲裳，高年尚齒，每加粟帛。自」皇運以來，版授絳州曲沃、蒲州安邑、永樂三縣令，崇耆舊」也。以顯慶二年歲次丁巳閏正月庚寅朔十六日丁巳寢」疾，終於洛州洛陽縣時邕里私第，春秋九十。即以其月廿」日己酉，窆於芒山之北翟村之西原。妻子長號，親朋永訣，」僕馭流涕，鄉閭悲切，旌旐卷而復飛，虞哥唱而還絶，庶憑」雕篆，期乎不滅。其詞曰：」

胄生朱鳥，族出金□，匡韓仕漢，絶後光前。臨危乃捷，蒞職」惟賢，功書王府，績著幽燕。福善無效，頹茲永年，馬嘶荒隴，」人悲故田。一沉玄夕，恒閟黄泉，千秋萬歲，何日來旋？」

（北京圖書館藏拓本）

顯慶〇三一

【蓋】失。

【誌文】

大唐故上柱國府典籤房君墓誌銘并序」

君諱高，字操，洛州河南人也。歷代公侯，累葉卿相，備」諸簡册，可略而言。祖元，齊任洛州六府太中大夫；父」高，隋任上谷郡易縣令；實謂遞承英緒，生異骨於渥」洼；更傳令名，育奇毛於丹穴。惟君禀靈懷德，抱冰鏡」之明心；體質貞純，荷松筠之殊操。加以輕身重義，貴」諸賤金，孝悌著於鄉閭，忠列聞於遐邇。故知不矜名」於寵辱，得喪俱遺於懷；不求禄以爲榮，進貶各齊於」物。且以巡巡鄉黨，侃侃自如，苟不能免俗網之榮，屈」躬從典籤之任，宜應福延斯慶，永保長齡。豈意天不」慭遺，奄先風燭，忽以顯慶二年閏正月十七日遘疾，」終於私第，春秋七十。于時也：鄰停杵相，巷止行歌，悲」切所聞，哀傷所見。即以其年月廿五日葬於芒山之」陽，禮也。遂使神從丹旐，浮素蓋於九原；精飛白雲，戀」餘魂於五里。其有恐陵移谷變，海徙山遷，若不略紀徽」猷，無以表斯盛美。聊因刊鑿，以述芳音，令德久而逾」新，高風遠而不朽。其銘曰：」

發原脩廣，懿緒綿長，弈葉龜組，遞襲珪璋。春蘭俱美，」秋菊齊芳，痛嗟禎幹，翻隨早霜。」

（録自《芒洛冢墓遺文》卷上）

顯慶〇三二

【蓋】 失。

【誌文】

唐故京兆杜府君墓誌銘并序」

君諱文貢，京兆杜陵人也。自葉散瓊柯，接望雲之休蔕；」枝分琁派，引就日之靈源。其後踵武英賢，相承玉帛，暉」焕緗素，可略言焉。曾祖植，周滄州樂陵縣令；祖愷，隋懷」州司功；或職蒞一同，教清夜鵠；位毗百里，化警辰烏。父」原始，隋鄂州江夏縣令；結遺愛於氓謠，振英聲於雅俗。」君靈資秀氣，道藴生知，幼涉書場，早成學圃。大業三年，」應辟授岷州當夷縣主簿。藝於從政，譽美當時。既而隋」氏分崩，海内交喪，屈身僞職，貳彼漢南。屬」皇運休明，衣冠有序，授簡州金水縣尉，遷河陽津令。河」關要□，禁禦稱難，允屬高才，以隆朝寄。君以寬明在上，」娱縱爲心，遂釋纓緌，爰從散職。授登仕郎，居常待終，俄」而遘疾，春秋七十有四。以貞觀十九年九月八日卒於」私第。夫人太原王氏，作嬪君子，爲範中闈，而霧露忽需，」徂謝云及，春秋八十有三。以顯慶二年二月廿六日合」葬于邙山之原，禮也。有子金剛，攀風樹而靡及，仰皇穹」其焉訴，即宅兆於新塋，庶幽靈之有厝。嗚呼哀哉！乃爲」銘曰：

唐帝之苗，周伯之裔，英賢相襲，衣冠弈世，」積慶攸歸，必復斯繼。其一。才爲時須，聲芳已遠，世道多故，」隨流舒卷，竟跼倏途，靡登台鉉。其二。遽嗟壞木，奄息懸車，」幽途斯踐，明室仍虛，玄扉永閟，痛□荒墟。其三。」

（周紹良藏拓本　河南千唐誌齋藏石）

顯慶〇三三

【蓋】失。

【誌文】

唐故張夫人墓誌銘并序」

夫人諱惠，南陽人也。觀夫八桂凝芬，十枝澂藻，金柯玉葉，赫」弈當時，故馬浮彩而星翻，綬輕暉而花疊，陸離紛馥，史諜詳」諸。祖肅，賁德周朝；父琮，韜光隋代；並雅度融朗，韻宇凝通，挺」操煥於情田，踈神洞於心鏡。近暉釣渚，□系濮陽，架微尚於」東山，邁隱栝於南郭。夫人秀異早標，宏奇夙著，蘊二儀於蘭」畹，習四德於芝田。分淑松端，耿高情於霧表；凝貞竹溜，澹雅」質於霜朝。及納採閨闈，嬪於王氏，峻節共秋潯競潔，明允與」春景同暉。望圓魄而齊明，俯方珪而爭靄。久敬超於冀氏，如賓越於鴻妻，豈止禮曰敬姜，史稱孟母，冀作範於州里，宣娣」姒於童孫。何其玉岫摧瑛，瓊枝落蕊，越以顯慶二年閏正月」廿日終洛陽縣敦厚里第，春秋六十有一。長子兵部主事敬」賓，痛清徽之眇默，感慈訓之早違，仰棟宇以摧肝，俯門庭而墮」膽，匪徒循隴方慟，陟屺興哀，實遠泣於親朋，乃遥酸於行」路。以其年二月廿六日權殯於邙山之陽，禮也。寒暑不留，龜」筮相襲，素蓋儼兮愁雲興，靈轜遲兮淒風急。

託遺德於旒旐，」庶千秋之可挹。其詞曰：」

峩峩鴻緒，矯矯高胤，瀲灩萬頃，踈峰千刃。秀逸霞端，才侔玉」閏，祥下貞淑，慶流英俊。英俊容止，二儀是毓，比德山高，方仁」江澳。曉霜標節，朝暉挺淑，福祐斯肩，俄摧蘭菊，蘭菊實摧，朝」光黯耀，珠碎夕暉，璧沉夜照，去此華京，祔茲危嶠，漢月空霏，」松風獨摇。」

（北京圖書館藏拓本　河南千唐誌齋藏石）

顯慶〇三四

【蓋】失。

【誌文】

大唐故嵩州録事參軍元府君墓誌銘并序」

君諱則，字注詳，河南洛陽人也。自鳳舉陰山，振」威中縣，英賢踵武，冠蓋連衡，家牒國史，可略詳」矣。祖惠□，周梁州別駕、豫州長史；貳職專城，馳」聲千里，譽高杞梓，操等松筠。父大通，隋吴郡昆」山縣令；製錦百里，亨鮮一同，遐□□以肅清，上」下高其美政。君稟靈秀異，天然風骨，器宇宏深，」音儀遠亮，爰將筮仕，射策蘭臺，特挺甲科，蒙授」貝州漳南縣尉，俄遷渝州南平縣令。腰斯黄綬，」蒞此銅章，擅美當時，名高□彥，又除嵩州録事」參軍事。刺舉千里，肅理百寮，人物具瞻，芳猷藉」甚。既而輔德斯昧，與善莫徵，駟隙不留，奄從長」夜。以大唐顯慶二年歲次丁巳二月廿九日卒」于私第，春秋五十有七。即以其年歲次丁巳三」月八日殯于洛北邙平樂鄉之里，禮也。嗚呼」哀哉！日月環往，人事忽諸，時代長乖，平生已矣！」嗚呼哀哉！乃爲銘曰：」

弈弈嘉苗，緜緜長族，積善餘慶，榮茲寵禄。」

（周紹良藏拓本　開封博物館藏石）

顯慶〇三五

【蓋】段君墓誌

【誌文】

大唐故段君墓誌銘并序」

夫策名委質，則麟閣垂芳；嘉遁保貞，乃敦史流譽。」然則書竹帛，紀丹青，傳不朽於將來，揚令聞於終」古，其維段君乎？君諱秀，字森，洛州河南人也。若乃」因生錫氏，邁德樹勳，公孫抗義於鄭邦，干木富仁」於魏國。斯故紛綸簡牒，無俟詳言。君弈葉珪璋，蟬」聯纓冕，道高物表，譽重人倫。文貴洛陽，賈誼慚其」絢藻；聲馳日下，李膺許以通家。天水董君，鄉閭領」望，一見風彩，便偉器之，尋以子妻焉，共結潘陽之」好。秦晉既匹，莊鄭如賓；鳳凰于飛，和聲自遠。騄驥」斯駕，千里可期，起家郡功曹，遷瀛州河閒縣丞。匡」贊享鮮，化行朞月。君雖晦迹塵俗，心盪煙霞，韜名」搢紳，情安泉石，秩滿去職，偃詠丘園，貞觀十二年」三月十二日薨于清化里，春秋六十。粤以顯慶三」年三月廿一日啓窆舊塋。哀子等至誠追遠，罔極」終天。恐海變陵遷，芳猷永謝，爰刊貞石，乃勒銘云：」

猗歟吉士，族茂源長，枝分流派，將相公王。實天生」德，與道翱翔，能顯能晦，或行或藏，一歸長夜，永閟」崇邙。古松凝霧，宿草沾霜，空餘懿範，千載流芳。」

（周紹良藏拓本　開封博物館藏石）

顯慶〇三六

【蓋】失。

【誌文】

唐故吴府君墓誌銘并序」

君諱素，字貞白，冀州渤海人也。泰伯至□以開基，星」分牛斗；延陵鳴謙以杖信，劍挂松枝。無得而稱，眇清」源其難溯；門傳季子，允時望於如仁。曾祖靈符，魏司」徒掾尚書郎；祖始敬，齊撫軍府諮議參軍事；并凝華」趙璧，湛量黄陂，茂範神襟，清通簡要，既詳諸譜諜，今」略言之。父子徹，隋奉信員外郎；學贍經史，志勁松筠，」富曼倩之三冬，標叔夜之千仞。君性與道合，雅尚沖」撝，處順安排，在物無忤，信行州里，教靡閨門。輔德空」傳，藏舟已運，春秋六十有九，顯慶二年三月戊戌，終」于嘉善里第。有識愴懷，知名傷悼。君觿年就養，末命」歸全，百行無遺，生平已矣。以四月癸酉，葬于河南洛」陽縣清風鄉崇德里邙山之陽，禮也。嗣子揚吾，痛結」趨庭，悲纏奠酹，希夷詩禮，望慕几筵，爰命濮陽從弟」胤，銘之不朽。其詞曰：」

配天遥緒，應宿垂芒，爰挺髦俊，門風載揚。惟祖惟父，」如珪如璋，君子之德，允恭温良。全真秘彩，守約韜光，」性排名利，道運行藏。□□悲聖，占夢摧賢，馳暉過隙，」大夜終天。松蕭瑟而凝吹，野荒涼而慘煙，刊令問於」玄石，式旌劭於幽泉。」

（北京圖書館藏拓本　河南千唐誌齋藏石）

顯慶〇三七

【蓋】張君之誌

【誌文】

唐故隋門下坊録事南陽張君墓誌銘并序」

君諱相，字仲容，南陽西鄂人也。其先出自張衡，爲漢」河間王相。若夫材標桂嶺，構芳條於鄧林；岫列崑峰，」馳妙譽於玄圃。門庭杞梓，踵武琳琅。祖休，齊冀州刺」史；父顒，隋魏州貴鄉縣令。惟君體度矜嚴，識量該博，」□詞電舉，折迴言於士林；藻思霞舒，涣文才於竹素。」隋開皇中，選授門下坊録事。儲宫樞轄，務列上司，繩」正則附以金科，殿最則全於申令。龍樓之下，穆爾清」風；鳳沼之間，頗聞□譽。君自顧林間挺秀，慮拂驚飇，」卷蘧才以退飛，遵平賦以嬉豫。坻流任性，趙□俄傾，」粤以顯慶二年三月廿九日卒于殖業里之私第，春秋七十有五。即以其年四月十六日，葬於邙山之原，」禮也。嗣子行儼，孝恭天縱，岐嶷挺璋，方欣負米之歡，」奄痼絶漿之疚。攀號罔極，創鉅切衷，刻此碔砆，垂芳」不朽。乃爲銘曰：」

顯允張氏，崑峰秀峙，擢本淮汭，分枝洛涘。穆穆先父，」騰芬踐美，濟濟□侯，克光前祀。既奮鵬翮，方摧驥趾，」有志沉嘿，無情慍憘。嗟號昊旻，毒我髦士，撤瑟宵中，」奠楹晨起。亮月□亭，清風靡靡，翠樹雙影，素墳孤峙，」媚兹一人，流芳萬紀。」

（北京圖書館藏拓本　開封博物館藏石）

顯慶〇三八

【蓋】失。

【誌文】

唐故武騎尉任君墓誌并序」

君諱素，其先汾陰人也。枝幹扶疏，□□弈葉，惟祖」惟父，冠冕蟬聯，可謂代不乏賢，略而言也。曾祖，隋清河郡守；贊揚千里，徽映六條。祖，隋帝親衛，」少籍緒餘，早沾榮任。父朗，唐集州温泉令；述職一」同，宣揚百里，與人爲信，去食忘飡，忠抱一心，夙夜」無二。至於緩急，不籍韋弦，秩滿再遷，又任安邑縣」令。惟君之德，不假黄石之能，論其謨，未籍張良之」計。十九年，駕幸遼左。君乃髮起衝冠，投募從戎，」施功展效，以君庶績尤甚，蒙加勳官一轉。君寤識」如來之道，方知妙果之深，養志丘園，詞不愿仕。可」謂返魂無驗，祝壽無徵，遘疾彌留，奄從風燭，忽以」顯慶□年四月十日卒於私第，春秋卅有八。即以」其月廿七日，葬於平樂鄉，之禮也。恐陵谷遷移，田」成碧海，嗚呼哀哉！乃爲銘：」

惟祖惟父，乃武乃文，家風不墜，門慶攸臻，嗟乎一」奄，永别人倫。其一。」澄澄兮秋月，蒼蒼兮暮雲，百齡兮何幾？俄成兮一」墳。刊斯兮貞石，萬代兮何申！其二。」

（周紹良藏拓本）

顯慶〇三九

【蓋】王君誌銘

【誌文】

大唐隴州吴山縣丞王君墓誌銘并序」

君諱立，字懋範，北海太原人也。其先后稷之苗裔。周武王追」謚五祖，以得姓焉。其後孝感白魚，廬栖素鳥，休烈久而彌劭，」賢能邈其不絶，備諸圖諜，可略而言焉。祖陶，齊司農卿、并州」刺史，按部班條，謳歌有屬。祖觸，隋中、忻二州司馬，名居典仵」之職，實騁驥足之能。爰生異人，克紹鴻業。君神理孤拔，器宇」遐深，童子知言，青衿通晤。標置既遠，令譽日新，爰自解巾，備」經列職，聲積宣於所涖，信義洽於寮宷。貞觀年中，又除隴州」吴山縣丞。君以直道當官，明同水鏡，歲終考績，恒居稱首。□」秩滿言歸，遂挂冠養德，優遊故里，散誕郊園，齊物我而同源，」混是非而一致。豈期常樂難克，寢疾不瘳，以大唐顯慶二年」五月十三日告終於延福之里舍，春秋六十有九。夫人成氏，武威人，齊廉、定二州刺史寧之第二女也。夫人女誡夙成，母」儀斯著，克隆内訓，模範閨庭。與善無徵，奄從風燭，以貞觀十」三年五月四日遷神於吴山縣之官邸，春秋四十三。粤以顯」慶二年六月戊午朔三日庚申招魂合葬於邙山之陽翟村」西二里，禮也。哀子玄辯等，並居喪過禮，逮將滅性，爰託幽人，」迺爲銘曰：惟君載猗歟茂緒，本系綿長，既承后稷，亦繼周王。簪」裾遞襲，冠蓋相望，家傳餘慶，門基以昌。其一。夫人挺秀，矜誕，克隆鴻」業，器宇深沈，規矩重疊。神理超詣，志韻安怗，千金意氣，刹那」無接。其二。

莊自天，如從桂月，似降芝田。良妻夙著，」賢母斯傳，閨闈訓息，先趣幽泉。其三。二鴛俱□，兩劍雙沉，黃壤」同燧，素旐交陰。倏成蒿里，遽指寒林，嗣子號絶，行旅傷心，唯」餘令範，永播芳音。其四。」

（周紹良藏拓本　開封博物館藏石）

顯慶〇四〇

【蓋】　失。

【誌文】

唐故張君墓誌銘并序」

君諱武哲，河南人也。皇朝右監門直長」達之第二子也。素懷冰潔，雅符仁孝，架春」蘭而凝質，履秋菊以澂神，學總典墳，苞義」窟於丹府；文條絢藻，藴魚躍於清衿。標業」行於長衢，聲遒博物；望金閨而驤首，俯拾」簪纓。何悟素沼始澂，鳧舟俄徙；緑林交映，」靈曜忽沉。春秋廿有一，以顯慶二年六月」三日，終於福善里私第。其月十六日，權殯」於邙山之陽。咽悲泉之秋水，凄隴路之寒」雲，慘紅塵於素蓋，嘶白馬於塗分，勒遺行」於玄石，庶彌久而方聞。乃爲銘曰：」

惟竹有楛，惟玉有珉，顯允君子，庶德近鄰。」雅符仁孝，令問日新，如何不淑，奄喪斯人？」琴停白雪，書閣委塵，黯金釭於隴路，庶遺」行而可珍。」

（北京圖書館藏拓本）

顯慶〇四一

【誌文】

聖道寺故大比丘尼」慧澄法師灰身塔，大唐」顯慶二年七月八日，」弟子德藏等敬造。」

（北京圖書館藏拓本）

顯慶〇四二

【蓋】失。

【誌文】

唐故緱府君墓誌銘并序」

君諱綱，洛州洛陽人也。若乃疏源命氏，開國承家，稟」川岳以降生，仰仁智而垂範，蓋備諸史册，可得而言」者矣。祖達，周任相州司馬；毗贊一同，化行千里。父寶，」隋任鄭州陽武縣令；導德齊禮，威恩並著。君承華祖」武，藉慶風聲，自幼及長，資忠履孝。往因隋季，海内播」遷，不苟容於僞庭，必投戈於有道。是以每辭徵責，志」在丘園，雅度清襟，怡然自得。既而攝衛乖理，痼疾彌」留，針膏靡效，至于大漸，顯慶二年歲次丁巳六月戊」午朔廿一日戊寅，終于里第，春秋六十有一。粤以其」年七月十六日葬於邙山之原，禮也。君器量清遠，風」神標致，友朋歸信，鄉邑稱仁。豈謂與善無徵，燭風旋」及，嗚呼哀哉！然恐日月遄運，陵谷傾迴，式題方石，記」之泉户。其銘曰：」

長波帶地，崇巖極天，家承祉福，代表英賢。英賢維何？」實鍾明德，孝乃奉親，忠可光國。春臺始樂，秋露已晞，」神儀永謝，冥漠何依？蕭索松風，蒼芒隴日，式陳景行，」藏諸夜室。」

顯慶二年七月十二日鐫記。」

（周紹良藏拓本　開封博物館藏石）

顯慶〇四三

【蓋】失。

【誌文】

大唐薛王友行珍州榮德縣丞杜君故妻博陵崔氏墓誌銘并序」

夫人諱素，字瑶英，博陵人也。名門毓秀，穠華著王姬之篇；世胄流棻，飛」絮動謝公之詠。若夫聲幽蘭蕙，韻鏘珩璜，懿範清姿，可得而述焉。曾祖」慎言，工部侍郎將作大匠，贈兵部尚書懷州都督；祖儀，雍州司户參軍」同州朝邑縣令上柱國；父延朗，左千牛衛將軍，甘、涼、瓜、沙四刺史博陵」郡開國公，食邑一千七百户；一門圭組，羣推鐘鼎之華；七葉貂蟬，式昭」搢紳之望。夫人誕靈錦綺，孕美茝華，訓奉姆儀，長嫻閨訓。爰在及笄之」年，載舉御輪之禮，粤以永徽元年二月適薛王友行珍州榮德縣丞杜」洵。美君子之好逑，求我庶士；標碩女之令德，宜其室家。齊眉式好，鸚鵡」集于平林；偕老縈情，傲鷄鳴兮昧旦。既而飛嫦娥于桂苑，靈藥徒聞；顰」西子於蘇臺，返魂難覓。以顯慶二年三月十五日遘疾卒。時年二十四」歲。即以其年七月廿七日戊申安厝於耀州三原縣之北原。嗚呼！歌成」薤露，痛鹿夢之成真；鏡暗菱花，續鸞絃而無自。溯徽音於泉府，埋玉心」傷；留懿範于人間，貞珉手勒。
乃爲銘曰：」
弈弈清門，綿綿甲第，珪組交輝，芳徽繼世。秀發夭蹊，慶流餘裔，彤史留」型，用昭温惠。其一。蘭閨延
譽，蕙質貽芳，淑人君子，婉如清揚。比德桓孟，媲」美姬姜，宜其家，與子偕藏。其二。翠掩紅樓，流鶯作
賦，燕婉之求，頓成沉痼。」靄靄霏烟，溘若朝露，衰草香魂，斜陽日暮。其三。今兹永訣，夙昔相攸，香
飄」衣袂，仙去莫留。夜臺長逝，泉路悠悠，我銘斯墓，遺恨千秋。」

（録自《陶齋藏石記》卷十七）

顯慶〇四四

【蓋】失。

【誌文】

瘞琴銘有序」

嗚呼！琴兮鼓者，人亡則留爲虚器，友之樂盡將」顧而生悲。妻莊氏字清卿，明姿燿玉，慧性旋珠，」垂
髫而貞度山安，待笄而麗辭泉涌。蠶桑之暇，」癖嗜絲桐，家有美材，命工精斵。音律既協，性命」相依，
年廿四歸予，琴即爲媵。春花芬而奏薰風，」秋月皎而操流水，寢食與并，好合彌徵。纔及十」年，遽罹
娩難，春秋卌有四，惜哉！一息靡憑，豈謂」九原可作；七絃無恙，誰禁五内併傷。乃以服御」之具，閉
置高閣，瘞琴于山巔，殉所自也。唯埋軫」弛弦，希聲於太古；濡翰勒石，飲恨以千秋。銘曰：」

生不逢辰兮人物棄捐，音徽不遠兮南山之巔，」銘幽表淑兮有待他年。　顧升撰書。

般若波羅蜜多心經經文不録。」顯慶二年八月一日莊寧爲夫資福書。」檢遺篋，感深意，福無靈，人先棄，勒貞珉，還資施。　升載記。」

（録自《古誌石華》卷五）

顯慶〇四五

【蓋】　失。

【誌文】

大唐故張夫人墓誌銘」

夫人張氏，河南伊闕人也。氏族之興，焕乎緗」素，或名標孝水，見美宣王；選重諸侯，垂光魯」册。亦有文成作相，神期松子之遊；壯武爲公，」冥契中台之變。父定景，汝州魯山令；下車布」政，朞月有成，遂使狎雉稱謡，化鳩歸善。夫人」早歲飛聲，英騰茂齒，結縷就禮，綏授陳車，盥」饋合儀，閨閫稟德。佐良人以鏘跡，味道幽林；」契夫子之消聲，含虚牝谷。雖鴻妻貞遯，萊婦」幽棲，方斯蔑如也。豈謂摧光玉岫，落彩桂林，」空緝芙蓉，終無留影；徒紉蘭珮，詎有名香。以」顯慶二年七月廿五日卒於思恭里第，春秋」六十有一。以八月十四日遷殯於清風鄉之」界，禮也。長子策，痛終天之莫反，攀几筵而長」慕，爰誌幽泉，銘諸不朽。」

祚始匡韓，基成佐漢，縱融青霄，潛暉載旦。其一。」挺生淑女，懿此芳林，冰情結志，玉□芳心。其二。」㳫景成雰，華光掩照，雲翊靈轜，風翻□□。其三。」松路蕭條，寒塋寂寞，壠首長霾，悲魂□□。其四。」

（北京圖書館藏拓本）

顯慶○四六

【蓋】失。

【誌文】

唐故霍夫人墓誌銘并序」

夫人霍氏，河南縣洛陽人也。其作蕃周室，齊峻極」於嵩嵋；授寄炎靈，輸長瀾於天漢。並光乎史册，此」略言焉。祖貞，齊中牟縣令；領緣一時，道標千古，推」識以德，率己以仁。父遵，屬隋氏不綱，仁倫遷褫，遂」乃追蹤綺季，掩藻韜輝。夫人禀至仁於純和，温恭」自遠；資婦儀於女訓，是所庶幾。洎乎結褵，授綏路」氏，澂漠酒醴，罄誠信於蒸嘗；椇榛腩脩，備虔恭於」晨夕。近因歲露，刻削天和，訪五色於西山，仙童罕」見；尋一箱於短髮，白鹿難求。厥疾不瘳，名編鬼録，」以顯慶二年歲次丁巳八月丁巳朔十七日」卒於私第，春秋七十二。即以其月廿八日葬」於邙山，禮也。恐居諸驟運，德音蕪没，以誌泉門，旌」其不朽。其詞曰：」

赫矣夫人，清輝遠映，婉娩淑德，幽閑婦性。椇榛備」禮，賓醢且敬，容止可尊，發言成詠。黯黯西沉，滔滔」東逝，幽魂一戢，分天異世。薤歌遠而白楊吟，隴霧」昏而長松翳，帳徒陳於鐏俎，終莫辯乎誰祭？」

（周紹良藏拓本　河南千唐誌齋藏石）

顯慶〇四七

【蓋】失。

【誌文】

大唐顯慶二年歲次丁巳八月」丁巳朔廿八日甲申葬在北芒」平樂鄉之內。」曾祖靖，齊任博陵郡守、上柱國、」開國男、司勳郎中、吉州刺史；」祖建，隋任吏部員外上輕車，後」任浮州司馬；」父達摩，唐任勳朝散大夫、驍騎」尉、上大都督；常君妻柳三代諱：」曾祖綱，齊任德州刺史、陳國公；」祖方，隋鷹揚郎將、開府儀同、雲」麾將軍；父唐，任紫州司馬、上護軍。」

（周紹良藏拓本　河南千唐誌齋藏石）

顯慶〇四八

【蓋】失。

【誌文】

唐故陽城縣白土鄉君孔氏墓誌銘」

夫人諱玉，魯郡曲阜人也。夫桂水千里，演茂族之長流；」椒嶺萬尋，標洪基之峻峙。既而載德前緒，逸天□於隆」周；垂譽後昆，挺異人於炎漢。於是冠蓋雲合，龜組陸離，」澮流□於秋朝，繡輕花於春路。祖晟，北齊淮安□府參」軍；考剛，隋魏郡書佐；咸以秀舉當年，望高時彥，輕生重」義，布信依仁，豈止州將見賢，齊聲十部。夫人素漸徽猷，」雅符教義，閱霜潭而秀潔，標露竹而凝貞。清素成笄，行」□梁氏。總塡篪而輔質，婉蘭桂而矜懷，終日盡言，法之」者言順；竟年行行，悦之者行敦。既而內挹貞明，外模高」節，年逾耳順，言喪終天。於是再訓母儀，重宣婦則，光二」儀於州里，演四德於華宗。宗黨有成，聞諸同好，」詔授白土鄉君，優年德也。可謂人懷貞順，永庇家邦。何」其桂樹凋暉，芝田霜被，越以顯慶二年七月卅日，終於」私第，春秋八十有六。以其年九月十七日祔葬於梁府」君之塋，禮也。嗣子將仕郎君英，恐翠微爲沼，刊玄石而」傳芳；碧浪成墳，酌斯銘□爲德。其詞曰：」

瞻紛郁之咸列，布帝籍之縑緗，俯貽則於千載，豈一代」之琳琅。凝德音於淑媛，實景行之昂藏，貞順昭於春日，」志節粲於秋霜。何天德之無輔，奄摧落於斯良，薤露歌」兮凝曉霧，風蕭蕭兮悽白楊！」

（北京圖書館藏拓本　開封博物館藏石）

顯慶〇四九

【蓋】失。

【誌文】

唐故處□□□墓誌銘并序」

君諱玄，字曇仙，琅邪臨沂人也。若夫柱礎流潤，雲族烈於瑤」巒；條風凝煦，秀蕚光於瓊樹。是以文彫獨步，挺龍躍於漢南；」豪端絶妙，標鳳跱於江左。是以龜章耀彩，貂珥凝華，疊繡轂」於棘林，控紫燕於槐路，詳諸史諜，略而言焉。十一世祖晉司」徒憲穆公珣；祖林，梁鄱陽王諮議；父撲，隋青州博昌縣令；並」清景澂瀾，紐珪璋而特達；風規絢藻，總蘭畹而流芳。不唯德」冠梁園，材橫楚澤，託千乘而光價，化一同而成俗。君博昌之」長子也。劭名綺旦，鑒質髫年，苞詩禮於趨庭，總孝友於弱冠。」□優藝洽，方署行以議年；經明廉潔，揮智刃而高蹈。不謂隨」□言謝，風振塵飛，亘野森緑林，陵崗走青犢，銷聲削跡，不面」□庭。自歸有道，年逾知命，於是志存微尚，心去榮名，欣風月」□□林，時吟鳳吹；玩池園之春煦，乍賦鸎鳴。爾乃情田夷簡，」□□貞鑒，既逸思於銀編，復流連於金谷。陶彼嘉月，不待千」□□賓；賞此蕙樓，詎假三清之興。不謂未窮楚樂，絃絶秋風，」□□菊池，舟遷濬壑，越以顯慶二年八月十五日終於履順」□□，春秋五十九。以其年九月景戌朔十七日壬寅殯於博」□□□，禮也。旐次荒郊，輪移洛渚，霧黯黯而離合，雲慘慘而」□□，□露悲兮振松櫝，哀笳凝兮悽宿楚。勒遺德於貞碑，邁」□□□流譽。其詞曰：」

□□□派，輔周佐秦，尹歌京兆，文擅江濱。顯允君子，履信輔」□，□□顔閔，恕德近鄰。蹈道無驗，福扃吉固，如何昊倉，殲此」□□。□□凝塵，蘭齋早暮，空淒隴月，終黯泉路。」

（周紹良藏拓本）

顯慶〇五〇

【蓋】　失。

【誌文】

大唐故張君墓誌銘并序」

君諱貴，字茂，南陽白水人也。晉司空公華之苗裔。其源」發自宛鄧，佐命匡時，歷葉縉紳，顯纓戟於當代，論其美」事，何可勝言，盛德難陳，此略無論矣。曾祖賓，齊任滄」州刺史；播六條以導俗，威若秋霜；扇五禮以訓民，愛同」春日。祖文，隋任河東令；鳴琴有譽，遐邇欽仁，茨棘不」生，衢歌來暮。君幽而機悞，禀訓家庭，仁義温恭，見重鄉」曲，情歡陋巷，居不求安。屬隋季羣飛，攀龍附鳳，勳庸剋」著，勞而必酬，蒙授大都督龍驤將軍。豈謂積善無徵，奄」然遷化，以顯慶二年九月十日卒於私第，春秋七十有」八。哀子舜藝，攀號泣血，鄰里爲之不歌；悲感行人，舂者」以之不相。毀削過禮，扶而後起。即以其年歲次丁巳九」月景戌朔廿四日己酉殯於邙山之嶺，禮也。將恐水塵」易處，桑海變遷，刊勒徽猷，樹斯幽壤。嗣子舜藝纏悲魂」樹，流動風枝，瞻屺岵而悼心，想蓼莪而貫髓。嗚呼哀哉！」乃爲銘曰：」偉哉華緒，赫矣崇基，喬滕鶴駕，剪勵霜威。乃生夫子，克」紹芳徽，未騁驥足，遽掩幽扉。其一。」高唐雨泄，巫岫雲霏，空筵祖奠，虛襲靈衣。風驚繐帳，月」冷幬幃，芳猷尚悒，雄略難追。」

（周紹良藏拓本　河南千唐誌齋藏石）

顯慶〇五一

【蓋】失。

【誌文】

大唐故張□墓誌并序

君諱伽，字明哲，河南人也。芳枝茂緒，乃七葉之瓊華；遠構遥源，」實四海之冠冕。澹清漪於桂水，標翠崿於蓮峰，苞渤澥以揚徽，」眷蓬壺而高峙。發情田於華表，博物極於人神，窮意匠於銅丸，」多能總乎天地。陸離珪組之美，赫弈鍾鼎之儀，斯乃事列縑緗，」今可略而言也。祖扎，魏恒州真定縣令；父和，齊襄州司户；道高」前代，光映後昆，令問表於鄰幾，風神成於造次。君資靈上德，秉」粹中和，牆宇難窺，波瀾自遠。鏗鏘逸調，事鬱齠初；坦蕩宏規，理」彰冠始。孝友淳至，學識優閑，蕭條語默之間，縱容顯晦之□。昔」以有隋之季，官至朝散大夫。逢寶鏡之亡，屬珠囊之遽委，徒霑」渙汗，未暇幽貞。逮乎鳳起汾陽，龍興晉野，蒼生荷亭均之惠，黎」庶免阽危之憂，遂得肥遁棲遲，閑居養素，逸風飈之雅韻，藴松」桂之貞心，沐堯舜之洪私，酌巢由之故實。既而崦嵫日暮，隟□」不留，始欲藏舟，俄傷坐奠。春秋八十有九。顯慶二年閏正月□」日卒於私第。悲纏里閈，愴感鄉邦，豈止工女下機，舂人輟相而」已。夫人太原王氏。功茂絺紘，譽重芝蘭，霜露不居，奄從化往，春」秋七十有七，顯慶二年十月三日，卒於私室。嗣子元昱，孝遵追」遠，成敦慎終，粤以顯慶二年十月十八日，合葬于北邙山王晏」村之西北。恐陵谷遷貿，松檟摧殘，勒此幽銘，式揚徽烈。其詞曰：」

律哉崇構，壯矣長源，」二京盛作，七葉高門。儀形前古，龜鏡後□，」英靈不歇，鐘鼎猶存。肇惟夫子，漸慶華軒，其人可望，其道可□。」德潤珪璧，譽重蘭蓀，簫條物我，耿介丘園。長川水急，促駕□□，」張衡後代，誰識名言？寂寞泉户，悽愴松原，下泐。」

（北京圖書館藏拓本）

顯慶〇五二

【蓋】失。

【誌文】

唐故隋黄梅縣尉韓君墓誌銘」

君諱政，字賓王，昌黎人也。氏族著於春秋，宣子標其令譽；」王侯播於炎漢，龍額擅其英風。於是紫紱雕章，豔春花於」李徑；朱輪華轂，亂秋水於金溝。祖超，父通，咸以質鏊丹青，」範標蘭蕙，肅仁風而贊千里，敷貞順而化一同，可謂當代」俊人，一時髦彥。君成自華門，少而明敏，出悌入孝，長幼有」倫，終笑盡言，進讓無厭。加以學優業就，射策甲科，既尉黄」梅，宣翼稱最。久之運屬道消，肥遁全志。欽明馭寓，養」素忘榮，嘯逸侶以攄衿，追良友而高宴，歡賞斯洽，遊衍有」方。不謂大壑淪波，飄凫舟而不住；桂林風勁，吹玉葉而無」停。以顯慶二年九月五日終於思順里私第，春秋七十有」四。夫人張氏，則清河張謂之第二女也。自偶良人，峻節凝」於菊霜；母儀作則，貞順掞於朝蘭。不晤秋風，先凋玉樹，去」永徽五年五月廿七日，終於景行里私第，春秋五十有九。」今以顯慶二年十月廿九日啓自先塋，與君合葬於北邙」之陽，禮也。嗣子登仕郎仁師等，痛過庭而早闃，悲寒泉而」先暮，旌委鬱而暫雲，馬躊躕而乘路，庶陵谷而無遷，與春」秋而終古。其詞曰：

族茂周漢，條分葉布，涉魏流晉，」淑類彌固。卓哉夫子，實弘斯度，仁洽蘄陽，義□行路。立性」□□，□是不回，福慶虛閟，與代長乖。生平盡矣，珠玉雙摧，」□□□□，□□□哀。」

其年歲次丁巳十月丙辰朔。」

（周紹良藏拓本　河南千唐誌齋藏石）

顯慶〇五三

【蓋】　失。

【誌文】

大唐故李君墓誌銘并序」

君諱信，字文義，趙郡人也。其先積德累仁，廣利著」名於西漢；宣功擅業，元禮獨美於東京。自是迄今，」令德彌顯。祖忠，」北齊魏郡司法；父曹仁，隋本州書」佐；并以貞質在公，清明化俗，婉璧池而凝性，勵竹」溜而澂神。非唯肅此六司，賢於十部。君夙負貞淳，」早荷忠孝，望清暉於露竹，耀景行於松心。時嘯風」雲，乍吟清引，陶興合度，賞青田而無悶；追遊有方，」忘朱軒之盛則。於是安排蓬户，樂此賤貧，怡然自」得，不知將老。冀春池秋夜，盡千月之良談；蘭徑桃」源，命三清之極賞。不謂竹林方茂，黯風彩於玄堂；」菊潭鏡澈，漂鳧舟於濬壑。粤以顯慶二年十月十」日終於私第，春秋五十有六。以其年十一月六日」權殯於邙山，禮也。恐陵頹偃月，水變浮天，蕪昧德」音，勒兹玄石。其詞曰：」

仰玄冑於廣利，婉暉光之愈清，惟君子之盛則，貴」道德而榮輕。望千月而洽賞，何十枝之早傾？黯玄」堂之易暮，增白楊之悲聲。」

顯慶二年十一月三日李文義墓」

（周紹良藏拓本）

顯慶〇五四

【蓋】失。

【誌文】

唐故姚處士墓誌銘并序」

君諱□，字忠節，河南人也。芳枝茂緒，乃七葉」之瓊□，遠構遥源，實四海之冠。曾祖楨，齊任」揚州長史；□□康纘，慶□華晞。祖賓，隋任洺」州司法參軍；父榮，隋任相州湯陰縣令；帝城」貴要，是謂難終；戚里豪門，尤多私謁。君皇」朝任陪戎副尉。抗心奉法，正身直道，居職累」載，聲譽甚隆。德被，遠慚馴雉；重泉政美，有媿」翔。以十月三日，終於私第，春秋七十有三。夫」人彭城劉氏。籍慶高門，凝華中谷，貞姿玉映，」淑問風揚。粤自移天，來儀君子，懋蘋蘩於行」潦，諧琴瑟於異室。女圖弘訓，母德馳方。譽善」何愆，俎光奄謝，以顯慶二年歲次丁巳十一」月乙酉朔廿二日丙午合葬於邙山平樂鄉，」禮也。嗚呼哀哉！乃爲銘曰：

天齊形勝，投釣」開封，長岑博持，弈葉彫龍。懷今鏘玉，疊構連」峰，森梢良□，磊□□□，惟祖惟父，□□逾□。」

（周紹良藏拓本　開封博物館藏石）

顯慶〇五五

【蓋】 失。

【誌文】

大唐故臨清縣令琅邪王君妻李氏墓誌銘并序」

夫人諱□，字總持，高平人，姓徐氏，漢大司農範、魏尚書令超即其先」也。皇運之初，以門著功烈，賜姓李氏云。大父蓋，蘊義含仁，風景曖發，揮」揮揚歷，隱括彝倫。齊伏波將軍、譙郡太守。顯考康，纘慶騰華，晞擢本」本，盛德光立人之道，元勳贊補天之業，大唐散騎常侍、潭州都督、舒」國節公。夫人漸潤曾源，擒精麗澤，柔祇授其凝靜，陰靈叶其沖鑒。芳」姿外映，玉目韜華；清識內湛，珠胎掩曜。由是閨風允洽，閫德載融，旁」戚望景，連姻佇則，年十八，歸于琅邪王氏。掎鳳爰集，河鯉乃薦，六儀」式序，二族交暉。昔梁孟好仇，有缺膏腴之望；秦晉嘉耦，無聞懿淑之」談。取諸人地，玆焉具美。於是製蘭蕙而爲服，援箴圖以作鏡，斥金翠」以誡奢，節環珮而由禮。既而白駒易謝，黃鵠申歌，悲松上之無依，詠」柏舟而自守。稱誄定謚，既緝前規；引綜徙居，方貽後訓。而仙娥已晦，」徒聞不死之藥；王罕尋，孰驗長之道。以顯慶二年七月卅日終于河」南縣永豐坊，春秋六十有七。即以其年十一月十八日祔贈窆之于」北邙山金谷鄉所，禮也。彼龍劍之孤飛，指延津而俱逝；此魚軒之獨」往，赴鄒衢而一稅。流恨滿於川原，餘哀結乎容衛。霧合荒壟，塵彌虛」繐。已矣哉！空留芬於永裔。其銘曰：

赫赫高門，猗歟淑令，是錫繁祉，聿膺餘慶。清質冰鮮，沖襟月映；兼舉」四德，則成六行。其一。薄言歸止，于彼華族，琴瑟克和，壎箎允穆。鎗野申」敬，蘋限增肅，方恤夜刑，俄嬰晝哭。其二。」光夫表義，訓子明規，初凝婦則，終擅母儀。驚川不捨，藏山遽移，一悲」草露，永愴風枝。其三。」哀挽戒辰，祥車徙輴，旆封霜兮弗轉，笳含吹而將咽。走松區兮路窮，」想蘭扃而思絕，顧人生之共盡，且即安乎同穴。其四。」

（周紹良藏拓本　河南千唐誌齋藏石）

顯慶〇五六

【蓋】大唐故輔國大將軍荆州都督虢國公張公墓誌銘

【誌文】大唐故輔國大將軍荆州都督虢國公張公墓誌銘并序」

公諱士貴，字武安，弘農盧氏人也。原夫玄珠洞鑒，希夷之道彌光；赤松輕舉，神仙之風逾邈。華陽時秀，副車開渭渚之辭；京兆人英，亡篋劭汾陰之敏。」落印以旌其德，傳鈎以啓其祥，十腰銀艾之榮，七珥貂蟬之貴。芬芳終古，草露霑而方蒞，寂寥長邁，舟壑移而未泄。曾祖儁，後魏銀青光禄大夫橫野」將軍；大父和，齊開府車騎將軍；並雄武瓌傑，義略沉果，由軥表藝，橫草擅功，守重縈帶之奇，師仰投醪之惠。顯考國，起家陝縣主簿，後歷硤州録事參」軍、歷陽令，尋以軍功授大都督。幹蠱有聲，鄉塾推敬。龍翰之姿，在尺木而將矯；驥足之徑，居百里而未申。公納陰陸之金精，應文昌之寶緯，含百練而」凝質，絶千里而馳光，揭日月而傍照，懷風雲而上聳。立言無玷，樹德務滋。逸氣掩於關中，神契通於圯上。揚名基孝，載深五起之規，約身由禮，克越十」倫之躅。能掌之義，早殉於髫年；馬革之誠，」夙彰於丱歲。加以屈壯夫之節，尤緝睢渙之文；略非聖之書，方礪昆吾之寶。屬炎精淪昧，習坎橫流，火炎玉」石之墟，龍戰玄黃之野。公遊道日廣，締交無沫；率閭左而貌聚，候霸上之禎祥；乃於粉閈之閒，崤陵之地，因稱大總管懷義公。於是繦負波屬，接淅雲」歸。于時王充竊號晉京，李密稱師鞏洛，聞公威武，將恃爲援，俱展情素，形乎折簡。公諳其窮井之微，鄙其挈瓶之儒；枕戈蓄鋭，深拒固閉。」皇家發迹參墟，肇基霸業，謳歌允集，征怨在期。將指黃圖，行臨絳水。公乃遣使輸款。高祖深相嘉歎，拜右光祿大夫，錫賚優洽，并降璽書，俾定」河南之境。公英謀雅算，喻伏波之轉規；決勝推鋒，體常山之結陣。肅清崤澠，緊賴攸歸。因統所部，鎮于陝服。受相府司馬劉文靜節度，每陳東略之計，」益見嗟賞，遂進下同軌，以置函州。又進擊僞熊州刺史鄭仲達，大敗之；所在城聚，相繼投款。高祖稱善，賚繒綵千有餘段，名馬五匹，并金裝鞍」勒自副。義寧二年，隱太子之東討也，以公材光晉用，譽重漢飛，戰有必勝之資，威有□鄰之鋭，授第一軍總管；先鋒徇地。靈昆平築，開月壘而授□；春」路秋方，耀星旗而舉扇。王充選其毅卒，折衂於前；李密簡其勁騎，通亡於後。軍容之盛，咸所崇挹。頻賚金帛，不可勝言。尋被召入京奉見，恩貸」綢繆而備申誠款，載隆賞册，乃拜通州刺史。嗚謙自牧，坐樹辭功。福潤佇才，班條授職。薛舉狼據北地，」太宗親總羌戎。公先登之勳，有超恒准。賜奴婢八十口，絹綵千餘段，金一百卌挺。方欲克定三川，敕還陝郛，轉漕飛芻，所寄允□，簡在授上柱」國。啓八難以佐漢，開十册以平袁；升蔡賜之隆班，踐昭陽之顯級。武德元年，轉運糧儲，至於澠池，王充將郭士衡等，潛兵而至，公掩擊大破之。二年，有」賊蘇經寇掠陝州之界，州將頻戰不利。高祖聞之曰：此賊非猛士無以殄滅。命公討焉。公智蓋三宫之端，威下九天之上；顧眄之頃，嗤類靡遺。」高祖又降書衷美。尋進擊陸渾，授馬軍總管，經略熊州之地。至黄澤，遇王充統領馬步五萬，將逼熊州。雖衆寡不侔，主客異勢；牙璋狎至，羽檄交馳，三」令五申，風驅雨邁。飲淇之衆，反接轅門；倒戈之旅，泥首請命。而茅賦疇庸，抑准恒序，賜爵新野縣開國公，雜綵上駟，並金鞍寶勒。敕曰：卿宜自」乘之。丹石之心，上通宸照；青驪之貺，遠逮軍功。何小薫據有虞州，兵鋒甚勁，太宗董大軍於百壁，將自圖之。命公前擊，算無遺策，戰取」先鳴。賊乃合其餘燼，嬰城自保。劉武周遣其驍將宋金剛等同聲相援。金剛先有將卒，屯據翼城，與大軍相拒，及是而遁。公從」太宗並平之。廣武之師，屢摧元惡；昆陽之陣，亟殄凶渠。既而朝于京師，命賞有逾常典。會朝廷將圖嵩洛，敕公先督軍儲。」太宗親總戎麾，龔行弔伐；公投蓋先登，揮戈横厲，屠城擲邑，涉血流腸。對武安而瓦落，俯秦坑而窒沸。竇建德鳴鏕汜水之東，王行本警柝武牢之上」；於是料敵制變，箕張翼舒。魯旗靡而俱奔，紀鄣登而咸繩。太宗特遣殷開山、杜如晦賫金銀四百餘挺以賜之。迺以所賜，分之麾下。子罕之寶，」終秘於靈臺；王孫之珍，豈留於廣廡。及東都底定，舍爵勞勤，録其前後戰功，以爲衆軍之最。除虢州刺史。露華歇於史簡，遊縟錦於仁里，一紙賢於從」事，二天絶於故人。少選敕令入朝，宴賜華腆。劉黑闥稱兵洺水，挺禍亂常；太宗折箠長驅，指期刷蕩。後黑闥將數萬衆，密邇軍幕。公率」其勁勇，截其要津，飛鏑星流，委甲鱗下。大憝既夷，懋賞斯及。復令公領兵與英公等安輯山東。徐圓朗以兖州舉兵。公從淮安王便道擊敗。太宗徵公於曹州奉見，深用嘉止。太宗居帝子之尊，極天人之望，府僚之選，允歸時傑。以公素啗威名，授秦王府右庫真驃騎將軍。」太宗儀天作貳，麗正升儲，鳳邸舊僚，咸栖鶴禁。除爲太子内率。憬彼獯戎，侵軼關輔，騎屯鎬派，塵擁渭濱。太宗遣公與將軍劉師立占募壯士；」曾未浹旬，歸公者萬有餘計。有頃，拜右驍衛將軍。九重清切，千廬嚴秘，典司周衛，實寄勳賢。貞觀元年，詔公於玄武門長上，統率屯兵。俄轉右」屯衛將軍，還委北軍之任。六年，除右武候將軍，緹騎啓行，鳶旌戒道；威而有裕，儼以能温。桂府東西王洞，歷政不賓，及在兹年，載侵邊圉。」敕公爲燕州道行軍總管。金鄰之壤，封豨咸誅；石林之地，長虵盡戮。無何，獠又翻動，圍龔、燕二州。敕公使持節龔州道行軍總管。途次衡陽，夷」獠逋竄。乃授右屯衛大將軍，改封虢國公，檢校桂州都督，龔州道行軍總管如故。懸旌五嶺，立功百越。絲言薦及，豐澤仍加，其年被召還京，依舊」右屯衛大將軍、北門上下。十二年冬，駕幸望雲校獵，次于武功，皇帝龍潛之所，令作武功之詠。淩雲散札，與佳氣而氤氳；涌泉飛藻，共白水」而澄映。上覽之，稱重焉。十五年，從幸洛陽。會薛延陁犯塞，奉敕於慶州鎮守，後檢校夏州都督。十六年四月追還，領屯兵如故。十一月授蘭州」都督，又遷幽州都督。十八年，以譴去官。洎朱蒙之緒，玄夷之孽，背誕丸都，梟鏡遼海；王師底伐，屬想人雄。敕爲遼東道行軍總管，授金紫光禄」大夫、洺州刺史。十九年，率師渡遼，破玄菟等，數城大陣，勳賞居多。拜冠軍大將軍，行左屯衛將軍。鑾駕凱旋之日，令公後殿。至并州，轉右屯衛」大將軍，仍領屯騎。超海之力，氣蓋三軍；橫野之功，膽雄百戰；綏遏之任，僉諧攸屬。授茂州都督。雅、邛等州山獠爲亂，以爲雅州道行軍總管。軍鋒所届，」膏原如莽，門騣晨溺，野燐宵飛。石紐塵披，五丁之道斯順；玉輪霧廓，二星之路載清。事平，拜金紫光禄大夫、揚州都督府長史。千圻奥壤，一方都會，引」朝夕之洪派，疏桐栢之長瀾。思涌觀濤，歌興伐枳，市獄晏而無擾，水火賤而盈儲。吏金斯慎，丞魚靡入；棼絲載理，夙着萌謡；交戟惟材，方勞」帝念。永徽二年，召拜左領軍大將軍。四年，累表陳誠，辭以目疾；因許優閑，尤加縟禮，授鎮軍大將軍，封如故。禄賜防閤等，一同京官職事。六年，加以風」疾。顯慶二年，從駕東巡于洛中，使名醫旬月累至。而田豫鳴鍾，庶優遊於杖國；史慈嗟劍，遽冥漠於嵩泉。以六月三日終于河南縣之顯義里」第，春秋七十有二。帝造深於壽器，鼓鞞之恨無追；朋情結於生芻，李桃之悲何已。贈輔國大將軍，使持節都督荆、硤、岳、朗等四州諸軍事、荆州」刺史；賻絹布七百段，米粟七百石；陪葬昭陵。賜東園秘器，并給鼓吹往還。仍令京官四品、五品内一人，攝鴻臚卿監護。易名考行，謚曰襄公，禮」也。粤以其年歲次丁巳十一月乙酉朔十八日壬寅，葬于昭陵。穀林之下，寒霰集於原阡；橋嶺之前，凄吹憤於滕室。准公氣掩萬夫，夙表鷹揚」之勢；譽馳三輔，先摽鴻漸之姿。舉燭齊明，拂鍾比鋭；門光揖客，家盛文朋。被忠信之介胄，涵仁義之粉澤；擅兵機之三衛，殫武略之五材。射隼開弦，飛」聲於相圃；雕龍撫翰，激韻於漢臺。外總班條，入司懸蕨，全德具美，罕倫當世。幅巾在飾，臨玉樹於長筵；琱戈靡駐，墜璧輝於悲谷。嗣子右屯衛郎將仁」政等，禮絶趨庭，哀深望岵。銜索易朽，負米何追。懼孤竹頽隴，自滅成樓之氣；拱栢摧薪，誰分夏屋之兆。故勒兹玄礎，永劭徽塵。其銘曰：」

軒丘構緒，開地分枝。通侯比躅，英衮連規。龍光照耀，驊珥參差。長發垂祉，世濟摽奇。其一。由祖惟考，毓德果行。武庫森沉，文河鏡淨。蒙劍留説，單琴宣政。」鳳穴開靈，芝庭衍慶。其二。於鑠志士，矯然秀出。基忠履孝，含文抱質。度埒黄陂，愛均趙日。昔逢世故，退潛名實。其三。黄星發覡，玄石表圖。龍飛天極，鳳翥雲」衢。爰從燭水，投謁汾隅。薦臻玄澤，亟奉明謨。其四。十守惟平，四征以肅。緑林遽翦，黑山旋覆。聲馳智勇，效光神速。行絶雲霓，方騫陵陸。其五。剖符命駕，細柳」開營。紫騮激響，朱鷺凝清。嬉遊東第，騁望西城。舉孟陶賞，寫翰緣情。其六。投紱素里，揮金卒歲。握槧懷鉛，紉蘭扈薜。奄謝東嶽，長歸北帝。石陣空留，銅鈐」永瘞。其七。陽陵甫竁，盧山墓田。行楸孕月，雙表籠煙。驚笳流唱，迴旆聯翩。圖徽雲閣，千祀方傳。其八。」

太子中舍人弘文館學士上官儀製文　梓州鹽亭縣尉張玄靚書」

（録自《考古》一九七八年第三期《陝西醴泉唐張士貴墓》）

顯慶〇五七

【蓋】無。

【誌文】

君諱登寶，衛國汲人也。自魚璜表瑞，龜兆非能，九」命稱尊，析珪分土。長源浩汗，與江漢齊流；崇基極」天，共嵩岱俱峙。祖珍，魏征西大將軍。父吉，齊光」鄴府司馬。並以三端備秀，百行齊高，允武允文，惟」忠惟孝。君稟茲餘慶，早備方圓。爰在稚年，音徽」已遠。屬齊綱紐絶，鼎命歸周。門蔭傾，陸沉紫華。不」干世禄，養性漳濱，詩酒琴書，聊以永日。加以歸心」三寶，信爲常樂之因；迴向十方，託身無尚之道。憑」斯勝業，冀輔遐齡。膏肓之疾不瘳，風燭之期奄及，」春秋八十二，殁于私宇。夫人隴西李氏，稟質華胄，」挺秀芳姿，既盡琴瑟之和，同敦嬿婉之好。但穀則」異，死方同穴。以大唐」顯慶二年歲次丁巳十一月乙酉朔廿二日丙午，」合葬於故武城内。恐年深代遠，谷變陵遷，託諸金」石，冀無忘焉。乃爲銘曰：

龍韜祕策，牧野鸞揚。甫」清氛沴，河海開疆。蟬聯纓黻，世襲忠良。允文允武，」如珪如璋。」驚川電逝，隙駟遄飛。石火難固，危泡易傾。一歸蒿」里，萬古荒塋。唯餘令範，永播高名。」

（録自《考古》一九五九年第七期）

顯慶○五八

【蓋】失。

【誌文】

唐故支君墓誌銘并序」

君諱懷，字信，洛州洛陽人也。林宗則漢時令哲，伯道則晉」代名賢，故知蘭桂雖秋，逢春更馥；荊衡久翦，覩日成林。流」質後昆，豈得而忘言者也。祖明，在隋季年，策身州府，征討」有勳，授宣惠尉。驅馳鞅掌，無憚劬勞，所在效誠，勤庸著績，」又授建節尉。父仁，雅嗣門風，操履貞潔，不居俗網，身處林」泉。君詞超仁智，言出有章，懿列羣朋，雅紹先宗之首；神情」挺秀，器標衆友之前。孝敬表於閨門，仁義洽於州里。四時」無以過其信，百金不足比其諾，立志無違，出言必踐，因心被」物，自己形人，不慕功榮，意貪賢仕，閑居養志，不汲汲於榮」華；樂道忘憂，豈戚戚於貧賤。逍遥自得，旨酒盈罇。福善無」徵，輔仁斯謬。粤以顯慶二年十一月十八日，卒於私第，春」秋七十有七。即以其年歲次丁巳十二月乙卯朔，十九日」癸酉，葬于洛城之北長崗之隈。徒使瞰洛踞邙，無□登臨」之望；瞻嶠眺鞏，永絶遊陟之蹤。縱其晝夜俱明，窀穸終無」暫曉，定知朝光一落，未屬魯陽之麾；氣絶已度三辰，何處」神香之救？千秋不朽，希遇莊周；百載含靈，恩逢西伯。嗚呼」哀哉！乃爲詞曰：」朝光不住，物性短倏，哲人斯委，身去名留。池臺絶迹，墳壟」魂遊，於兹永别，何處相求？其一。靈轜背洛，神旐歸邙，人悲泣」淚，猨啼斷腸。松門慘惻，原野蒼芒，雲愁翠嶺，風悲白楊。其二。」

顯慶二年十二月十九日造」

（周紹良藏拓本）

顯慶〇五九

【蓋】失。

【誌文】

大唐故處士安君墓誌銘并序」

君諱静，字處沖，河南洛陽人也。昔夏后承天，派隆基於朔」北；魏皇統曆，胤華胄於周南。或濟俗康朝，功參徵管；或鴻」名盛德，才同王佐。文宗令望，標映一時；忠規素範，騰芬百」代，豈止金門七葉，楊氏五公而已哉。祖嶷，齊河陽鎮將，□」高□下，氣凌雲甸；父遠，隋文林郎，模楷人倫，師表雅俗。□」清神内澈，如抱夜光，機爽外融，若懸朝鏡。志輕軒冕，煙霞」之趣彌高；性狎泉林，簪紱之情遂遠。怡然神王，難得親疎；」寂矣忘骸，不關貴賤。鏡浮生之遽促，植來果於福田，鑒大」夜之遐長，祛往緣於慾界。深該六度，妙蘊四禪。豈期祐善」無徵，輔仁乖驗，金箱玉質，與春露而先危；蘭領芝枯，等秋」葉而俱盡。粤以顯慶二年十一月廿二日遘疾，卒於私第，」春秋六十有二。即以其年十二月十九日葬於北邙平樂」鄉安善里，禮也。長子行旻等，想風樹而增欷，撫寒泉以痛」心，懼陵谷之有遷，紀芳猷於豐石。嗚呼哀哉！乃爲銘曰：

巍巍茂族，赫赫昌源，如珠耀浦，類玉暉崐。六奇秘策，七葉」高門，公侯遞映，朱紱華軒。其一。盛矣徵君，邈哉處士，禮潤初」榮，義資終始。晦跡青丘，齊衡黃綺，慎斯三惑，成兹四美。其二。寂寥蒲海，迢遞葱河，始欣中日，還傷逝波。霧縈丹旐，風傳」薤歌，塋臨月鏡，隧掩雲羅。其三。三千尚遥，百齡俄畢，幾悲冬」夜，頻嗟夏日。掩彩少微，潛形幽室，勒銘泉壤，式昭貞質。」

顯慶二年十二月十九日處士安君墓誌銘」

（周紹良藏拓本）

顯慶〇六〇

【蓋】失。

【誌文】

唐故趙君墓誌銘并序」

君諱令則，南陽白水人也。天星垂曜，命氏鳥翼」之先；地紀疏瀾，遠跡河源之表。清流獨濬，逸相」孤征，假寐大夫，挺英聲於齊室；司徒□揖，闡□」響於晉朝。五鹿齊宗，三烏等族，乃祖乃父，惟宦」惟勳。君懷肅謙，克懃克儉，允文允武，立德立言，」令預偏鍾，英姿特稟，疏齋小牖，慰賞淡交，靜夜」良晨，優遊雅性。豈謂電波促夕，薤露趣晨，忽迫」短齡，掩悲長夜，春秋卅有一。粤以大唐顯慶二」年太歲丁巳十二月乙卯朔九日癸亥，終於洛」州洛陽縣餘慶鄉通遠里。即以其月十九日，葬」於北邙之嶺。惟君幼年翹秀，晚節彌芳，秋菊春」蘭，宜其不朽，昭斯景行，勒此幽扃。嗚呼哀哉！乃」爲銘曰：」廓矣宏標，猗歟勁節，仁智交暉，椒蘭互烈。克諧」允若，温恭濬哲，金固石堅，冰清玉潔。其一。」隙影難留，遄波易灌，寂寂空帷，寥寥虚蓋。一去」人間，長歸物外，金石永久，聲名遠大。其二。」

顯慶〇六一

【誌文】

故大張優婆夷灰身塔。大唐」顯慶三年正月四日，有出家」女善□比丘尼爲慈母敬造。」

（北京圖書館藏拓本）

• 顯慶〇六二

【蓋】 王君之銘

【誌文】

唐故王君墓誌」

君諱段，字通，其先江東人也。鴻基迥」構，令問流於漢朝；茂實高騰，逸響標」於吴郡。祖彪；父如。君藉蔭冠冕，資潤」膏腴，孝敬表於閨閭，仁義洽於州里。」四時無以過其信，百金不足比其諾。」立志無違，出言必踐。豈意福善無驗，」仁義非徵，以顯慶元年十二月廿二」日卒于私第，春秋六十有八。即以二」年歲次　正月壬寅朔十四日癸」酉葬于邙山之陽，禮也。恐陵谷遷窆，」乃爲銘曰：

雅度之君，如江之量，」虎略龍詞，辯才衷壯。食珠祲始，蘭枯」負杖，將軍掩涕，司空息望。」

（周紹良藏拓本　開封博物館藏石）

顯慶〇六三

【蓋】高君誌銘

【誌文】

唐故高君墓誌銘并序」

君諱達，字玄通，渤海人也。洪波峻極，聳幹陵雲，焕」爛縑緗，可略言矣。祖韜，齊校書郎；父元稱，青州臨」淄縣令。或逶迤鳳闕，既炤灼於青編；或製錦一同，」時稱三異之美。君乃稟兹餘緒，構此崇基，神彩共」巖電爭飛，逸氣與松風競遠。大業年中，爲宣州秋」浦縣尉，非其好也，掛冠而去。每以朵頤作誡，高蹈」唯清，放志丘園，無情好爵。既而天不且慭，穹實殲」良，無諧玄牝之談，翻應處星之變，以顯慶二年十」二月廿八日，終於私第，春秋六十有二。夫人上谷」安氏。挺貞專之志，懷婉淑之姿，四德無愆，三從有」裕，以貞觀十年，溘隨零落，春秋卌有五。可謂成龍」兩劍，忽爾俱沉；桂井雙桐，俄然盡朽。以顯慶三年」正月廿三日，合窆于平樂鄉之邙山，禮也。恐年代」悠遠，丘隴不存，敬述清輝，鐫之貞石。其詞曰：」

鬱鬱宗枝，峨峨華胄，太號珪璋，攸推領袖。韞粹騰」暉，梢雲挺秀，□□龍盤，方褰眉壽。猗歟淑儷，舊挺」貞賢，早辭白日，□宿玄泉。今來同穴，一閉何年？聯」題琬琰，永播芳荃。」

（周紹良藏拓本　河南千唐誌齋藏石）

顯慶〇六四

【蓋】失。

【誌文】

大唐故慕容夫人墓誌銘」

夫人諱麗，字仙娥，相州鄴縣人也。自分族岐宇，□」伯振導於吴風；顯望臨漳，俊恪揚聲於燕地。洎□」晉宋，代有其人，爰歷周齊，時稱有道。夫人少資□」誡，長蹈婦圖，琴瑟克諧，叶人倫之綱紀；莊敬斯□，」符内則之容言。故得譽滿閨門，聲華鉛素。雖復□」公守職，曹氏先亡，自誓之信逾明，守操之心彌潔。」方謂霜筠候歲，擬寒松而後彫；豈徒夜景馳暉，與」旋魄而俱晦。以大唐顯慶二年七月十六日卒於」思順里第，春秋六十有五。嗚呼哀哉！以大唐顯慶」三年歲次戊午正月甲申朔廿三日景午窆於邙」山之陽平樂之界。孝子壽州霍丘縣尉師，痛藏舟」壑，空悲陟屺之情；想變桑田，遽勒佳城之記。其詞」曰：」

族分岐宇，望洽漳濱，譽光燕趙，威振吴秦。英賢弈」葉，學植紛綸，克生淑媛，載誕夫人。其一。湘川謝美，洛」渚猶神，善光蘭室，□滿桑津。泉扃掩夜，隴樹徒春，」勒兹玄礎，式播清塵。」

（周紹良藏拓本　開封博物館藏石）

顯慶〇六五

【蓋】失。

【誌文】

大唐郭君故夫人丁氏墓誌銘」

夫人諱貴娘，字兕子，河南洛陽人，齊丁公」□之後裔。祖鍾，周柱國、宜、涇二州別駕；績」用之美，高步當年。父唐處士信之第三女」也。夫人識標明朗，性履幽閑，光備盛儀，歸」嬪君子，義均秦晉，時比潘陽。以如樂之和，」盡如賓之敬，豈唯婦工纂組，婦德言容而」已焉！綏福之貺，謂偕老之有徵；仁壽之期，」嗟與善之無驗。以顯慶三年正月三日，終」於思順里之第，春秋廿有四。即以其年正」月廿三日殯於邙山，禮也。悲歲律之窮紀，」傷逝川之日度，趣荒埏於太陰，背叢臺於」雲路。乃爲銘曰：」於穆貞順，猗歟令德，淑慎衿禴，從容閫閾。」神虧福昌，運促徂光，泉寒夜永，地久天長。」敢題幽石，實播遺芳。」

（北京圖書館藏拓本）

顯慶〇六六

【誌文】

光天寺故大比丘尼妙德法」師灰身塔，大唐顯慶三年二月」八日弟子妙意、寶素等敬造。」

（北京圖書館藏拓本）

顯慶〇六七

【誌文】

聖道寺故大比丘尼僧愍」法師灰身塔記。大唐顯慶三年」二月八日弟子等法義敬造。」

（録自《鄴下冢墓遺文二卷》卷上）

顯慶〇六八

【誌文】

大唐化度寺故僧海禪師，年六十有六，俗姓劉，綏州上縣人也。永徽五年十一月八日卒，禪衆以顯慶二年四月八日於信行禪師所起方墳焉。

顯慶三年歲次二月廿五日癸巳建。

（録自《十二硯齋金石過眼録》卷九）

顯慶〇六九

【蓋】失。

【誌文】

唐故王夫人誌銘并序」

夫人姓王，太原人也。洪流泓邃，神峰淩構，靈根」岳峻，玄柯雲茂，英標挺業，泉鏡玉潤，於是代植」明勝之高賢，蘭風應運而啓振矣。父隋任熊州」鷹揚郎將，卒於官第。夫人屬大業喪亂，兄弟分」離，歸路莫從，遂居京洛。既乏慈訓，早適宋氏之」門，貞固有儀，實比女宗之德，禮行四備，孟姜無」以儔，秋績春蠶，組紝於焉能具。既而風燭難停，」時光以謝，春秋六十有八，以唐顯慶三年太歲」戊午三月癸未朔八日辛卯卒於私第，即以其」月廿日葬於河南縣界平樂鄉邙山之陽。南瞻」嵩洛，魂一逝而無歸；北眺黃河，神九昇而不返。」空交衆子，撫棺慟而碎肝腸，傷感姻親，亦悲切」糜潰。只恐河川更改，海變成田，嗚呼哀哉！乃爲」銘曰：

夫人稟質，比德坤儀，禮行君子，一醮」不移。勤脩婦道，撫養無私，小心翼翼，邦國所知。」禍不擇門，喆婦斯及，靈轜既駕，親戚傷悒。送之」幽壙，孤墳獨立，一去無歸，徒交號泣。」

（周紹良藏拓本　河南千唐誌齋藏石）

顯慶〇七〇

【蓋】失。

【誌文】

君諱紹業，字弘業，汝南安城人也。昌源浩淼，崇基峻極，延配天」之遥緒，系卜年之遐慶。文公大聖，克佐翦商之業；太尉深謀，光」復纂堯之緒。龜鼎之望，弈嗣逾光，盛德明顯，聲塵不昧。曾祖」靈起，梁散騎常侍、桂州刺史、保城肅侯；祖炅，陳南豫州刺史、」儀同三司、車騎大將軍、杞部尚書、梁城郡忠壯公；父法尚，隋」金紫光禄大夫、卅八州諸軍事、左武衛大將軍、衛尉卿、譙郡僖」□；□德備文武，立功光乎帝載；或材兼將相，遺烈貞乎臣道。君」□□德之休美，履中庸之上靈，孝友成姿，温恭禀性，起家爲」□穆皇后挽郎。君體名利之非榮，悟寵禄之爲縶，於是滌情塵」□，契道環中，得喪俱遺，物我無競。韜光岳立，朱門非棲託之地；」藏器川渟，白社爲寄寓之所。桂罇留月，長揖許詢；松調臨風，還」依叔夜。方期積慶輔仁，暢百年之行樂；天不與善，悲一瞬之古」今。以顯慶二年□月十九日寢疾彌留，奄從川閲，春秋卌有四。」夫人南陽趙氏，浚儀男趙玄之第三女也。毓四德於閨壼，總六」行於庭闈，琬琰稱姿，芝蘭叶性。每惟黔婁之妻，顧仁義而尊謚；」秦嘉之婦，感恩情以送終。是用悼切深衷，躬親葬禮，粤以顯慶」三年歲次戊午四月癸丑朔八日景辰葬於邙山之陽，禮也。子」道沖等，懼樵蘇罔禁，丘隴易平，勒貞芳於翠琰，紀遺德於佳城。」其詞曰：

浩浩昌瀾，巖巖峻趾，開國承家，建侯命氏。紛綸篆籀，涣汗縑史，」業佐經綸，材苞杞梓。爰挺異人，名器非假，棄忘朱紱，棲遲白社。」藻佚彫蟲，談高非馬，留連風月，從容朝野。馳光西落，逝水東流，」九京寂寂，萬古悠悠。松門露泣，楊逕風秋，銘芳翠琰，紀德泉幽。」

唐故宣義郎周君墓誌銘。」

（周紹良藏拓本）

顯慶〇七一

【蓋】失。

【誌文】

大唐故徐君」

君諱德，字信，兖州金鄉人也。若夫華胄層基，」晉師啓其洪跡；靈源遠派，昌伯嗣其休烈。發」蕚瓊條，傅芳蕙苑，盛德播於前載，慶緒流於」後昆。祖昇，隋任襄州刺史；道敷南服，惠浹銅」谿。父志逸煙霞，情符風月，養素衡泌，棲神丘」壑。黄金契其一言，白珪重其三覆。加以性偶」泉石，雅尚賓遊，風帳辰清，傾縹瓷於桂醑；丘」琴夕奏，韻白雪於鵾絃。而池臺遽傾，生平已」矣，尺波不息，與逝水而同奔；崇基落陰，忽西」州而斯墜。以顯慶三年三月十五遘疾，終於」私第，春秋六十五。即以其年歲次戊午四月」癸丑朔八日而歸窆於邙山，禮也。嗣子世表」等，痛深荼蓼，結恨倉旻，瞻屺岵而長號，仰風」枝而茹慼。懼陵谷之遷貿，紀徽烈於泉户。乃爲銘曰：」

德跡兆基，匡山祚始，綿綿遠慶，峨峨峻峙。公」侯遞襲，縑湘載美，論道棘林，曳裾槐市。」

（周紹良藏拓本　河南千唐誌齋藏石）

顯慶〇七二

【誌文】

故清信士」呂小師灰」身塔。」

大唐顯慶」三年四月」八日妻戴」敬造。」

（北京圖書館藏拓本）

顯慶〇七三

【蓋】 失。

【誌文】

大唐故王君墓誌銘并序」

君諱法，字客僧，太原人也。宏基長袤，發周源之」膴膴；洪波遠派，起秦野之滔滔。故休璉裁書，高」子雍之宿德；伯喈倒屣，異仲宣之逸林。自此迄」今，鼎鼐無替。祖煞鬼，周任右衛大將軍；父伯仁，」任千牛；並氣概丹霄，志逾翠阜，徵蘭心於百畝，」符桂質於九疑。君夷遠夙彰，昭華早著，不假白」珪之訓，周慎已隆；匪待朱弦之誡，温恭斯備。加」以情田獨映，凝玉岫而摽貞；心鏡孤暉，爛珠浦」而齊潔。遂使德隆泉石，道勝丘樊。望玄門以解」頤，想鄉而大息者，志□禄利也。冀妙理可憑，心」迹與法雲俱映；愛流方濟，舟壑與惠日俄沉。春」秋六十有八，顯慶三年歲次戊午四月癸丑朔六」日戊午終於私第，以其年四月廿日葬於邙山，」禮也。恐浮天浴日之水，將龜山以共高；偃月陵」陽之峰，與鼇波而成沼。敢追芳烈，乃述銘云：」

秦標茂族，漢挺華宗，絲振響，金石傳功。伊我君」子，異幹分叢，孝惟橋梓，林架椅桐，祈禱無兆。」

（周紹良藏拓本　開封博物館藏石）

顯慶〇七四

【蓋】失。

【誌文】

張君夫人王氏」

夫人諱媛，字□，琅琊臨沂人也。爾其崇基聳峙，」冠惟岳於嵩華；洪原派分，表洱流於江漢。是知」王離王翦，昭晰嬴秦之書；王吉王昌，布濩炎劉」之策。祖讚，父榮，並矯矯惟直，肥遁居貞，恂恂善」誘，安排處順。脱屣榮利，棲息衡門，瑩磨道學，□」捐魏闕。夫人稟質清貞，幽閑之性自遠；温恭成」德，婉淑之道逾深。爰始副笄，結褵張氏，椇榛脯」脩之敬，冠母儀於遂古；餈飩酒醴之饋，推婦德」於兹日。只應保斯遐壽，訓稚子於餘機；祚此遐」齡，敬如賓於舉案。豈謂流星發匣，長淪飛劍之」魂；夜月傾臺，永歇遊鸞之影。以顯慶三年四月」廿六日寢疾，卒於私第，春秋卌三。以五月廿一」日殯於邙山。嗚呼哀哉！乃爲銘曰：」

咨惟夫人，清徽遠映，婉娩淑德，幽閑婦性。椇榛」備禮，温恭致敬，容止可尊，發言成詠。黯黯西傾，」滔滔東逝，嗟彼□□，傷兹不待。寶鏡徒懸，紅粧」已改，夜臺雖□，□芳尚在。」

（北京圖書館藏拓本）

顯慶〇七五

【蓋】失。

【誌文】

大唐故韓君墓誌銘并序」

君諱承，字行慈，宜陽人也。自帝標司辰，姬水降承家之慶；太叔」祚隕，爰超建國之封。岳峙岧嶢，巖巖有泰山之峻；長源渙汙，滔」滔湧江汜之流。表慶星珪，業隆茅社，挺天收其夐古，播清暉其」自遠。祖德，齊廣平郡守；褰帷南面，道茂羣龍，敷五禮於一圻，暢」六條於千里。清貞導俗，室有懸魚；不苟臨財，去便留犢。父節，隋」南陽果縣令；惠敷百里，俗屏三欺，茂譽流蝗，飛芳馴雉，調絃勸」俗，恩洽蒲鞭；叩火湮炎，雨期車傳。惟君神機内映，禀秀天心，令」範外揚，標奇恭德，斬剡創鉅；孝暢二連；承顔慈旨，養隆高閔。弱」齡奇嶷，晒芳名於月中；幼號神童，目無雙於日下。飄飄逸藻，勢」迴陵雲；昂昂野鶴，齊芳松桂。萬言一諷，靡待三冬，廟美清明，巍」巍建表。而韜光晦智，潛迹泥龜，寓性丘園，沉名處默，鴻毛賤□，」蟬翼輕榮。豈意壯年，卒乖三揖，福謙虚效，俄傾夜舟，以顯慶三」年七月廿八日，卒於思順之私第，春秋卌有三。君偉器天然，著」垂髦之歲；珪璋媲潤，顯佩觿之年。後已牧謙，滄溟比量，覺後先」覺，知機其神。藿靡春蘭，露團零落；手茸秋菊，霜濃勁彫。豈止悲」悼親朋，實乃悽嗟行旅。以其年歲次戊午八月辛亥朔廿二日」壬申，窆於北芒之陽，禮也。冥冥長夜，鬱鬱佳城，日昏隴隧，風切」松聲，冀無□於照乘，用有述於餘馨。銘曰：」

赫哉茂祖，美矣文昭，騫帷坐嘯，卧治來謡，澤流五美，恩隆六條。」顒顒茂考，秩秩德音，烹鮮善割，樂化鳴琴，殄氣樹善，政洽黎心。」惟兹令胤，嘉猷澄廓，白珪留信，黄金重諾。翹翹鳳雛，昂昂野鶴，」學富書林，材超許郭，門揭青鸞，室棲黄雀。芳桂摧殘，蘭蓀零落，」隴隧沉陰，松風蕭索，用誌芳猷，銘諸泉閣。」

（北京圖書館藏拓本）

顯慶〇七六

【蓋】失。

【誌文】文末缺十三字，當在石側，失拓。

唐故陪戎副尉劉君墓誌銘并序」

君諱珪，字小胡，洛陽人也。其先出自有周。若夫」幽根磐礴，標令望於沛澧；枝幹扶疏，派猷風於」伊洛。祖昂，父胡，斯並道高雅度，器量優深，遨遊」乎禮義之場，偃息乎詩書之囿。唯君禀靈山岳，」淑氣瀆川，少有英姿，長多挺特，推誠體國，移孝」從忠，授受唯庸，用彰厥德。夫人爾朱氏，夙殖勝」地，懿美閨闈，秦晉好求，共歡笄冠。六行周於鄉」曲，四德備於閭閻，豈而歲序遄流，居諸易住，暑」□逾邁，若不員來，寢疾彌留，俄隨風燭，粤以顯」慶三年八月十四日殀於豊財坊之私第，春秋」六十有九。即以其年歲次戊午八月辛亥朔廿」三日壬申，合葬於芒山。哀子君達，生事既畢，死」事未修，□宅卜居，建兹塋域。仍恐龜長筮短，陵」谷貿遷，勒此玄銘，永標千古。其詞曰：」邈哉敻古，鏡彼清流，迺祖迺父，微恭懿柔。俱標」杞梓，各擅琳球，覿玆篆籀，扇彼英猷。其一。龍輀就」駕，陟彼山崗，冷冷雲旆，霏霏霧翔。索索高風，蕭」（下闕）

（北京圖書館藏拓本）

顯慶〇七七

【蓋】失。

【誌文】

君諱恒貴，洛陽人也。若乃神交圯上，子房爲帝者」之師；志惟博物，茂先實興王之宰。備諸簡册，可略」言焉。祖孝，從宦齊朝；父嵩仁，冠冕周代；并望重一」時，流芳四海。君承華貴胄，籍慶嘉聲，雅度弘深，風」格清遠，匪琢成價，不扶自直，鄉閭仰其仁惠，友朋」歸其信。屬隋室云季，海内播遷，君眷懷桑梓，保安」家室，是以屢。既而四大浮假，百一虚危，痾疹彌留，」至于大辭微責，偃息丘園，慕梁竦之高風，庶郭泰」之徽烈。漸顯慶三年八月十四日，終於里第，春秋七十有」四。即以其九月六日葬于北邙之原，禮也。君自幼」及長，資忠□孝，明鏡常□，虚舟不忤，日烏易轉，隙」駟難留。大限有期，小年俄盡。然恐山移柳路，海變」桑田，式陳景行，記之泉户。其銘曰：

立功西漢，望」重南陽。暉華簡牒，特達珪璋。君之降靈，載誕惟貞。」夙承嘉譽，早樹英聲。立言必信，在物惟善。志合松」筠，器同瑚璉。燭風易滅，和鵲難逢，已矣魂爽，冥謨」何從？隴月西傾，驚波東逝，千秋萬古，空餘蘭蕙。」

（河南千唐誌齋藏石）

顯慶〇七八

【蓋】失。

【誌文】

大唐馬處士墓誌銘」

處士諱壽，字長壽，扶風人也。高祖達，梁荆州刺」史；曾祖賢，周河南縣令；祖方，儀同勳衛校尉。自」趙城開國，馬服分宗，緬諸前典，盛緒斯在。暨紗」帷垂範，銅柱標勳，鬱矣家聲，播而無泯。處士誕」生華胄，情踈俗務，依藝遊仁，邈焉高蹈，博該墳」典，振葛川之遺風；立性無愠，邁裴遐之寬雅。繁」華始茂，奄悴嚴霜，福善無徵，俄隨朝露，春秋廿」有七，顯慶三年九月七日寢疾，物故于京邑私」第。即以其月十八日葬京城南杜陵原之崗，禮」也。二親哀纏舐犢，痛碎明珠，撫櫬摧懷，倚門何」望？玄泉既啓，黄腸已裁，勒斯貞石，銘諸夜臺。嗚」呼哀哉！乃爲詞曰：」

英明處士，卓犖伊人，智周於物，德潤其身。志希」高尚，心研典墳，耽思靡怠，流麥標勤。俄驚逝水，」遽逐遊魂，卜襲云備，儀葬實陳。玉狗司夜，金雞」御晨，一扃泉户，千載無春。」

顯慶三年九月十五日」

（周紹良藏拓本）

顯慶〇七九

【蓋】 失。

【誌文】

張氏亡女墓誌銘　父士階撰」

安定張氏之女曰婉。贈秘書監府君諱翔之孫，湖州」刺史士階之息女也。性聰明孝友，柔謙敏悟，故其父以婉」爲名。初生於長安新昌里，未免□而隨父□幕於夏口，時」年始三歲，予嘗從公宴罷，被□而歸，則頹惛惛無覺知，」婉侍坐于側，終夕不寐。後喪同□兄，哀過乎人，雖喪紀已終，日」月逾遠，每因中表言及，或偶見其平生筆硯戲弄之物，未嘗」不嗚咽涕流，感動左右。而又雅好文墨，居閑覽玩篇籍，或優」劣是非，無不暗符先賢微旨。況乎常與從父從祖昆弟姊妹□」數輩同居，婉獨常無尤色不競，炯然有常，是以卒歲無間言」於其間。及抱疾彌留，忍恨訣別，予與其母親對之悲泣，乃曰：死」生之理，彭殤一致，何不思某氣絶之後，與未有某時何異。奈何」不以此割棄而悲泣如是乎？嗚呼，婉之聰明孝友柔□敏悟」也如此。予方求賢□，未遭良匹，天不與命，何哉？□慶三年六」月十一日奄然終于吳興郡舍，甲子纔廿春矣。以其年九月廿」二日歸窆于洛陽金谷之舊原，且懼陵谷易遷，焉得無」記。予遂忍哀瀝血而書于片石云。」

天之蒼蒼，地亦茫茫，胡生此孝哲，而夭其穠芳？嗚呼！天地」陰陽之於人，不啻爲父母。胡斯夭之太甚，而丹旐獨歸」於故鄉？父之痛哭，母之哀傷，自朝及暮，涕濡千裳。且人之生也有」涯，況吾老矣，苟未目瞑，抱斯恨兮不□□□」

（北京圖書館藏拓本　開封博物館藏石）

顯慶〇八〇

【蓋】張夫人誌

【誌文】

唐舒州同安縣丞爨君故夫人張氏墓誌銘并序」

夫人諱端，南陽人也。昔秦史博物，燮理中陽；韓相異倫，贊謀」炎漢。故紅蘭挺秀，播芳烈於江干；丹桂標奇，擢貞枝於楚澤。」豈唯鏘金凰闕，鳴玉龍樓，暉映縑緗，博聞邦國。祖方德，周成」都縣令；父珍，隋太常丞；並道架松筠，志踰冰雪，風儀秀舉，雅」量泉回。韻下雕梁，切遺塵於仰秣；調高時彥，舞飛鸞於郊畿。」夫人耀彩華宗，凝神茂族，仁成早歲，貞表幼年。秀異著於門」風，宏姿彰於懋範。於是情高霧表，耿長松以標心；性逸霞端，」灼脩竹而凝志。均一斯在，四德備焉。納綵閨闈，嬪於貴族，峻」節與秋霜共潔，明允將春景同輝。望桂薄而齊芬，俯冰沼而」融朗。久敬超於敞婦，如賓溢於梁妻。惇慈惠於童孫，流洽愛」於膝下。導之以禮，引之以仁，咸構堂基，母儀之謂。何悟金波」落箭，漂輕舟而不留；玉岫摧峰，掩藍田而埋照。越以顯慶三」年九月六日終於清化里私第，春秋六十有四。以其月廿三」日權殯於北邙山之陽平樂鄉，之禮也。長子務本、次子知□，」摧心陟岵，隳膽瞻閭，恐陵谷之貿遷，□音暉之易黯，龜謀襲」吉，安措非遥，敬述芳風，勒之沉石。其詞曰：」

神基綿邈，冠冕當朝，紛綸珪組，清切瓊瑶，如山比峻，如木斯」喬。既挺英秀，派流斯系，琴瑟克諧，松筠等契。德洽珪璋，行逾」蓀蕙。朝露何幾，夕照難留，鏡奩却月，長簟生秋，歌筵鳳來，絃」絶□□。風淒薤露，霜靄鳴瑺，雲生擁蓋，塵起侵□。朝去蘭□，」夕掩玄堂，春秋遞謝，蘭菊傳芳。」

（周紹良藏拓本　開封博物館藏石）

顯慶〇八一

【誌文】

大唐王居士塼塔之銘　上官靈芝製文　敬客書」

居士諱公，字孝寬，太原晉陽人也。英宗穎邁，遠胄隆周；茂緒遐昌，鬱冠後魏。樂府歌其載德，天下挹其家聲，具詳圖牒，豈煩覼縷。居士早標先覺，本遺名利，遍覽典墳，備窮義窟。覩老莊如糟粕，視孔墨猶灰塵，得給園之」説，罄求彼岸之路，勵精七覺，仰十地而克勤；」肝食一麻，欣六年之顛頷。方期拔除煩惱，永」離蓋纏，何悟積善始基，處悲生滅，以顯慶元」年十一月廿九日寢疾，終于京第，春秋七十」有三。即以三年十月十二日收骸，起靈塔于」終南山楩梓谷。風吟邃潤，寶鐸和鳴，雲散危」峯，金盤吐曜，道長運短，迹往名留，不刊介石，」孰播徽猷？吁其嗟焉！乃爲銘曰：」

懿矣居士，明哉悟真，幽鑒彼岸，妙道問津。苦」節無撓，貞心剋勤，顧邈三有，超修十輪。俄隨」怛化，遽此遷神，巋然靈塔，長欽後人。

（周紹良藏拓本）

顯慶〇八二

【蓋】失。

【誌文】

唐故隋邵州録事參軍楊君墓誌銘并序」

君諱道綱，弘農華陰人也。鴻胄綿邈，踈峰抗仙掌之高；珪組」陸離，導源委箭馳之濱。故家風逸於蠹簡，譜諜焕於蓬山。豈」止鐘鼎相暉，英才相閒而已。祖季，周銀青光禄大夫、左衛將」軍、正平公；父恭，隋長清令，又遷任和州長史；咸以德冠雄豪，」望兼士子，躡前軍而布教，道架李公；踵蒲邑以垂仁，風超季」路。君降祥德水，鏡玄泉以洌清；分祉蓮峰，標丹巘而孤映。酌」八儒之腴潤，挹三史之菁華，敦孝悌於九親，重然諾於三友。」信成學著，釋褐直兵曹品子左勳侍，秩滿授邵州録事參軍」事。俄屬亂離，豺豕爲害，及庇身有道，屏跡蓬門，不以榮利存」懷，虚寂爲事，施捨無倦，怡然自得。不謂養素丘園，未窮頤壽，」輔仁無驗，俄閲東川，越以顯慶三年歲次戊午九月庚辰朔」十二日辛卯終於立行里私第，春秋六十五。以其年十月廿」三日殯於邙山之陽，禮也。經洛川而北轉，去帝城而南顧，寒」庭寂而淒風興，哀笳凝而悲歲暮，敢述德於遺迥，勒沉石而」永固。其詞曰：」

綿綿遠胄，滔滔鴻族，基啓周原，聲馳漢籙。金挺其華，文摛其」縟，系終知慎，君其如玉。非禮不履，非道不遊，四德無昧，六藝」斯優。孝惟其志，色斯其柔，友于在順，順悌是求。天道輔仁，於」茲獨閟，琴停霞卷，書筵罷肆。池月鏡以流暉，竹徑爛兮凝翠，」何野外之松聲，振悲風於幽隧。」

顯慶三年歲次戊午九月庚辰朔十二日辛卯。」

（周紹良藏拓本）

顯慶〇八三

【蓋】失。

【誌文】

大唐故王夫人墓誌銘并序」

夫人王氏，太原人也。靈岳峻趾，啓非熊之繇；湍水昌」源，系彤龍之緒。璇流演派，均箎淮於王族；玉葉分滋，」陋芝根於虞裔。高祖明，魏光州刺史；父儜，孝政汝南」王友；寄重惟□，南楚嗣褰帷之化；文高命岐，西園偶」飛蓋之遊。夫人體離毓範，襲金牓以資神；儀宿摛精，」儷珠星而效祉。約柔規乎邃闈，婉貞操於通門，鑒史」循圖，豈資明於鸞鏡；纂仁織義，非假妙於鵷機。加以」孝思潛通，純心孤劭，□及笄總，奄罹□罰，勺飲不入」口者，遂□于旬，時虞嬐哀，痛深吴主之喻。□□貞觀」廿二年十月二日，卒於私第，春秋六十。夫人春秋六十」一，」以顯慶三年九月廿七日，卒於延福里。以其年十月」廿四日，殯於邙山之陽，禮也。攀風樹而無及，扣寒泉」而撫心，思勒銘於玄壤，庶□播於徽音。其辭曰：」

渭濱投釣，營丘建國，舄奕家風，葳蕤祖德。誕茲淑令，」載光嬪則，茂實遐宣，芳猷允塞。喻鯉侔齊，求凰偶鄭，」樛木貽祉，河洲佇□。劍匣增輝，玉房交映，文華體雪，」心齊明鏡。四序相推，六龍空警，五福虧祐，三春墜穎。」素俎俄撤，令範長存。」

（北京圖書館藏拓本）

顯慶〇八四

【蓋】失。

【誌文】

君諱賢，字洪相，元出清州暴也。周文王之孫叔」懷是也。乃德俠弘遠，變首成龍，乃致太平，神基」夐遠。迢迢麗筆，列封諸侯；迹迹巧詞，遂封叔懷」於暴城侯，因宦任官，子孫遂居潞部。曾祖諱」歲，齊任并州郡守；珪璋之望，早著人謠；推擇」能，宿光行士。祖諱林，隋任洛州河南縣令；道秀」人宗，行高士則。父前任鄉正；家門宿悌，所任」官五袴盈朝，清風滿潞。何其九絶，忽爾斯惟。既」而逝水難旋，危花易洛。春秋六十有七，卒於私」第。顯慶三年歲次戊午十月庚戌朔廿四日癸」酉葬在潞州城西八里，東瞻壺口，西望漳河，南」覩羊頭，北觀三隴。恐山谷翻移，勒爲銘記，其詞」曰：風流高遠，乃側典模，鏗鏘鳳闕，策馬佳衢。」參裔執轡，出入京都，死然檄命，淚下嗚呼。其一。」簪來不簪，冠來不冠，四馬六轡，永絶鳴鸞。傷離」親故，逢歡不歡，潛然落桂，痛矣埋蘭。其二。白駒過」隙，風樹飄零，玉山頹殞，竹栢摧青。魂飛高漢，氣」入幽冥，五神漂曼，類等浮洴。」

（周紹良藏拓本）

顯慶〇八五

【蓋】　失。

【誌文】

唐故驍騎尉宋君墓誌銘并序」

君諱義，字文，廣平人也，今寓居洛陽焉。爾其靈根濬玄丘之」水，休蒂抗瑶臺之雰，閒文藻於楚臣，挺謨謀於代尉。由是蘭」薰春景，菊茂秋暉，繡軸金章，英華無昧。祖興，隋荆陽令；父師，」隋鷹揚；並音儀逴遠，器宇弘深，激繡羽以搏空，絃歌在奏；鼓」綵鱗而躍浪，劍影衝津。君含章竹浦，瀓玉潤以飛英；秀異芝」鄽，映金柯而凝彩。於是學總書部，妙盡玄宗，潛思文華，泯然」遺慮。及其溫清旦暮，許諾無違，時恭取安，有虧忠讜，志存微」效，功冠雄豪，授驍騎尉，遂有終焉之志。既而行吟野望，託遠」性於松端；負杖清渠，鑒心鏡於冰沼。琴揮延壽，賦寫行天，優」哉自得，奄然歸盡，去貞觀十六年九月五日，終於景行里私」第，春秋五十有一。夫人趙氏，趙郡人也。情婉璧池，雅量凝於」春渚；貞標桂魄，峻節著於霜潭。自行高援，金石斯清，澹萬頃」以澂親，踈百丈而庇族。不謂清風朝緊，落階樹以凋瓊；逝水」昏驚，飄輕舟而徙葉。去顯慶元年十二月二十九日，終於景」行里第，春秋五十七。以顯慶三年十一月十七日，與君同窆」邙山，禮也。嗣子法神等，敢述德於遺訓，鐫沉石以傳芳，庶山」河之有改，冀萬載而彌光。其詞曰：」

芳烈綿邈，祥降玉筐，涉周步漢，佩紫懷黃。蘭菊終古，時惟貞」良，孝敬可則，家道斯長。何松桂之落蔭？奄芝蕙之停芳，空述」德而遺行，悲風振於白楊！」

顯慶三年歲次戊午十一月庚辰朔十七日。」

（北京圖書館藏拓本）

顯慶〇八六

【蓋】失。

【誌文】

大唐洛州洛陽縣洛川鄉明陽里鄭國公府前典籤」潘公張夫人之墓誌銘并序」

若夫疏層峰於日觀，派餘浪於天津，其有禀坤德以」凝姿，處巽位而爲範者，其在夫人乎？夫人諱寀，河南」洛陽人也。祖纂，齊河陽令；惟良是屬，共理攸推，德冠」朝英，道稱人傑。父矩，翼龍輿於紫禁，展驥足於金□，」左右致格心之言，化邦國流不空之詠。夫人挺秀□」於婺彩，姿麗範於娥靈，洎結褵之有從，每獻蘭而受」賜。展賓儀於饁耨，沮貧志於拾遺，絶雅節於絃歌，□」風花於霏雪。高文麗則，摛月扇於繁霜；佐彼小山之」賓，成此大家之稱。嗟乎！珠碎星儀，掩夜暉於漢曲；璧」虧月彩，晦朝鑒於樓前。以顯慶三年十一月十一日」卒于斯第，春秋六十有六。即以其年十一月廿□□」于河南北山平洛之里，禮也。有子元一，儀□□□□」縣主簿。怨代耕之無養，思負米其何從，貫□□□」心，訴昊天而瀝血，懼桑海之變易，敢紀烈□□□。□」呼哀哉！乃爲銘曰：」

降生淑美，蘊兹容德，以表婦儀，爰成母□。□□□□，」懸車奄息。其一。吹喧山道，挽斷松區，風肅□

□，□□□蕪，」于嗟兮辭白日，惻愴兮奄黄壚！其二。」

（北京圖書館藏拓本）

顯慶〇八七

【蓋】大唐太子左衛杜長史故妻薛氏墓誌銘（蓋文據《陝西金石志》卷九補。）

【誌文】

大唐太子左衛杜長史故妻薛氏墓誌銘并序」

夫人諱瑶華，河東人也。緜宗貴烈，疊照搢紳之林；勝躅殊」聲，累冠高華之秀。並光惇史，咸振甿謡，近懿今芳，可得而」略。曾祖胄，大理卿、刑部尚書、内陽文公；祖獻，工部侍郎、泉」資定隴四州刺史、贈洪州都督、内陽穆公；父元嘏，通事舍」人、朝散大夫、行益州晉源令；或材挺國楨，或譽標時彦，英」明相纘，璁珩代襲。夫人誕靈鴻族，育彩瓊田，幼資神穎，長」而懿淑。太子左衛長史、上輕車都尉京兆杜延基，籍望清」華，聲芳寓縣，求我令德，宜其室家。夫人展禮惟勤，薦虔誠」於蘋藻；承夫思順，終克諧於琴瑟。羡柔芳於懿戚，溢惠譽」於中閨。藹藹嘉聲，雜紅蘭而灑馥；亭亭潔操，鑒皓月以分」暉。既而朝露易侵，慘沉痾之遽積；隙光遄徙，愴宵簟之俄」空。以顯慶二年十一月十二日遘疾卒。時年廿六。粤以三」年歲躔戊午十二月一日己酉，安措于少陵之南原。想音」容之未遐，歎居諸之驟易，感人神之方曠，痛顯晦之悠隔。」嗟鳳去而聲銷，悵鸞沉而影寂。閲殊美於柔翰，寄餘哀於」貞石。其銘曰：」

舄弈高門，蟬聯遐祉，虹珪交暎，文軒疊軌，效功垂德，飛芳」擅美，照灼清猷，紛綸緗史。其一。餘慶是襲，載誕淑靈，温儀粹」行，玉麗蘭馨，動容中軌，敷辭有經，浹華邦族，飫美閨庭。其二。始暉朝景，行悲夜壑，月掩娥沉，星潛婺落，露凋芳秀，霜摧」豔蕚，潘悼已深，荀傷可度。其三。靈軒夙駕，素幌晨空，霜塗咽」泣，曉挽鏘風。幽扃杳藹，寒野蒙籠，千秋已矣，蓄恨何窮！其四。」

（周紹良藏拓本）

顯慶〇八八

【誌文】

□□故大都維那慧雲法師灰身塔。」大唐顯慶三年十二月八日弟子等」□□王□□□密娘娘子英臺敬造。」

（北京圖書館藏拓本）

顯慶〇八九

【蓋】失。

【誌文】

大唐故朝散大夫洛州司兵薛公墓誌銘」

公諱忠，字處惇，河東人也。曾祖清漳令，人」弗能誣，鳥馴無懼。祖通，高尚其志，不屈公」侵，雖弓旌屢至，不可而奪。公武德之際，擢」自青衿，釋褐熊州司兵參軍。以沉淪英俊，」遷洛州司兵參軍。雖日月貞明，風雲尚慘，」仍授淮陽王行軍長史。討賊劉闥，公爲王」前驅，輕生重氣，致身授命，死王事其如歸，」春秋卅有六。以武德五年十月八日名存」身殁，命也如何！以顯慶三年十二月十二」日，改殯於邙山之阿，庶使流芳萬葉，用刊」貞石。其詞曰：

名節所歸，爰資文武，」采度德義，光□一區宇。不墜在余，爲物規」矩，一銘幽石，英傳萬古。」

三年歲次戊午十二月己酉朔十二日庚申誌銘并序。

（録自《芒洛冢墓遺文五編》卷二）

顯慶〇九〇

【蓋】失。

【誌文】

唐故霍君墓誌銘并序」

君諱萬，字萬敵，河南洛陽人也。昔宗周之有天下，」封叔度爲霍侯，枝流以國爲族，此乃君之系也。燮」諧霸王，代有其人；濟俗匡時，光乎史牒。長源川流，」既浩汗而難尋；嶽峙洪基，差一二而綳縷。祖某，周舉孝廉；父漢胡，有齊徵仕。惟君家□玄默，性向陸」沉，近代已來，不從弓問，夙標奇節，□□里之式瞻；」幼立仁□，實倫黨之推許。頹義遽謝，逝水翻波，人」事從之，颯如晞露。君春秋六十有九，粤以顯慶三」年十一月廿二日卒於私第，則以其年十二月十」三日窆於邙山之陽，禮也。臨川背嶺，起伏千眠，霜」巖嘯□木之風，寒□結凝煙之陣，哲人斯殄，歎倍」牛山，悲慟賢□，豈惟陟岵。嗚呼哀哉！乃爲銘曰：」

於穆霍君，公侯之孫，性向玄默，耿節異倫。昊天不」恤，殲我良人。淒涼祠宇，寂寞荒墳，非先而後，知復」何云！」

大唐顯慶三年十二月十三日殯。

（周紹良藏拓本　開封博物館藏石）

顯慶〇九一

【蓋】失。

【誌文】

大唐故顯慶四年二月二日張達妻李夫人墓誌銘并序」

夫人本隴西成紀人也。昔崇基括地，構茂緒於鄧林；挺秀」干天，派疏潢於霄極。自伯陽周室，騰茂績以遺芳；元禮漢」朝，立模楷而無朽。因兹以降，英賢閒出：曾祖彦，漢陽太守；」祖弘，魏本州大中正、東武太守；父通，齊州司户。并德重搢紳，望高雅俗。加以恩威夙著，光贊顯於六條；化洽庶平，扇」仁風於千里。夫人稟夫高胄，令譽早聞，雅素清徽，風儀婉」順，藴春蘭而共美，□秋月以凝華。年甫初笄，出適張氏。於」是百兩來儀，與秦晉而方駕；二門地胄，共潘楊而並運。故」能閨閫盡禮，内外克諧，勗還魚之至清，挺埋羊之遠慮。既」而東川遽閲，西景難留，未驗名香，先虧上壽，以顯慶三年」歲次戊午十二月己酉朔卒於景行坊之私第，春秋七十」有八。即以四年歲次己未二月戊申朔二日己酉與張君」會葬於洛州北邙之陽。張君屬隋季分崩，羣雄競起，君以」壯志居心，英風冠勇，乃盡節於戎略，碎明珠於螻蟻。今以」吉辰令月，龜筮叶從，若有魂靈，安其宅兆。嗚呼哀哉！乃銘云爾：」

滔滔漢水，鬱鬱巖廊，門傳軒冕，代襲忠良。文華琬琰，秀傑」含章，彬彬特達，濟濟鏗鏘。其一。夫人閑雅，冰鏡澄清，光暉玉」潤，逸響金聲。風流館閣，譽美閨庭。四德咸備，六行齊貞，霜」彫秋苑，花落春坰。其二。梁木既摧，芳條斯折，歎惟佳媛，神儀」永絶。雲低松蓋，風悲露結，勒此玄貞，庶傳芳烈。」

（周紹良藏拓本）

顯慶〇九二

【蓋】失。

【誌文】

唐故處士洛州河南縣成君墓誌銘」

君諱朗，字寬，東平人，周文王第五子成叔」武即其先宗也。祖禎，齊朝散大夫；父壽，隋」朝議郎。君承華蕙圃，禀潤玉山，志逸珪璋，」性諧冰澡，糟粕榮宦，心留道門，悟譴有之」輪迴，識妙無之空滅。遂乃側金淨土，薦寶」天宮，犀提景福之堂，般若衆香之宇。果緣」夙殖，釋謝今生，粤以顯慶四年二月二日」卒于立德坊之第，春秋六十有四。即以其」月廿五日葬于河南縣平樂鄉之原。嗚呼」哀哉！恐代歷多年，徽音靡嗣，敬憑玄石，式」紀芳猷。乃爲銘曰：」

姬水浴神，岐陽啓胄，析珪淮汭，剖符泗右。」詒厥孫謀，保□爾後，代毓雄傑，克光前緒。」君侯挺俊，英列是生，志遊方外，惟晦惟明。」奄辭華宇，瘞彩墳塋，千秋茂則，萬葉無傾。」

（北京圖書館藏拓本　河南千唐誌齋藏石）

顯慶〇九三

【蓋】大唐故楊君墓誌之銘

【誌文】

唐故楊君墓誌并序」

君諱士，字宗，弘農華陰人也。僕下湞出豫，獨濟樓船之功；雄」振藻含章，總擅雕蟲之美。朱輪累轍，東都踵臺曜之華；儒墨」泉海，關西承擬聖之迹。自斯以降，無替家聲。父郎，隋相州臨」漳縣主簿。清白流於百代，雅望重於一時，爲搢紳之模楷，作」人倫之水鏡。君岐嶷夙成，神情早茂，藍田珪璧，詎待琢磨，丹」穴羽毛，無藉脂粉。過庭有問，自奉立身之方；觀橋必趨，早知」誠敬之節。學該典奧，思出揣摩。至若孔壁漢簡之精微，盜械」豹文之幽蹟，書鞭有賦，據鞍獻草，求諸前古，無謝昔人。弱冠」以人事多故，削跡朝市，俄逢隋曆中丕，亂離支喪，藴斯雅度，」屈而不申。皇唐重舉天維，更懸日月，物色奇士，夢想幽人，牓」道樊林，翹車分騖。君首膺旌賁，待問王庭，尋除石州臨泉縣」令。下車而仁風載穆，彈琴而頌聲自遠，始覃單父之化，終立」桐鄉之祠。永徽五年十月三十日，春秋七十有四，卒於官舍。」夫人同郡申氏。母儀之則，事有可稱，琴瑟克終，俄同幽隧。粵」以顯慶四年歲次乙未三月戊寅朔二十五日壬寅葬於北」邙之原。長子志玄，哀號厚地，痛極昊天，冀盛業之無泯，勒玄」石於幽泉。乃爲銘曰：」

鱓魚有慶，大鳥降祥，台華繼踵，忠節克彰。四代公輔，五葉載」昌，名傳竹素，功被旗常。其一。少華削成，惟人表靈，負荷基構，早」嗣家聲。翰林條蔚，學海泉清，長岑有志，材命難并。其二。將尋丘」隴，永離城闕，素蓋徘佪，丹旐出没。隴樹含風，山庭照月，一樹□」櫃，空傳年閥。」

（周紹良藏拓本）

顯慶〇九四

【蓋】失。

【誌文】

隋故處士成君墓誌并序」

君諱愿壽，字愿壽，其先燕趙盛谷人也。源潔流」清，湧滔天之巨浪；根深林茂，聳拂日之脩條。曾」祖長，齊建節尉；父高，隋温縣尉；君隋内騎直長。」並依於德義，履道行仁，謀謨帷握之間，決勝千」里之外。及皇威遠被，長蛇已翦，爲法受屈，隨」例去官。幸遇明時，優遊京洛，寵辱喜慍，不形於」色；窮通得失，無分於心。閑居隘巷，履道從容，志」守丘園，敬崇三寶。既而幽冥得道，西域採花，四」大颯然離魂，同涅盤而寂滅。且天長地久，日往」月來，萬物推遷，大鑪銷鑠。君春秋卌八，開明元」年正月十二日卒於私第。夫人李氏，隴西狄道」人也。年甫廿，作嬪成室，夙植業隆，天賜遐壽，」皇恩遠被，詔授武濟鄉君。春秋九十，忽以顯」慶四年三月八日卒於思恭里第，即以其月廿」五日合葬於清風鄉，之禮也。嗚呼哀哉！乃爲銘」曰：

赤雀呈瑞，白魚顯質，分組于周，開疆」在畢。積德延壽，終期元吉，機運既速，生涯」□久。椿歲未長，遐年詎壽，勒兹玄石，傳芳不朽。」

（周紹良藏拓本）

顯慶〇九五

【蓋】失。

【誌文】

大唐故將仕郎張君墓誌銘并序」

君諱□，字安都，其先南陽白水人也。三代祖徙」居於洛，故今爲洛陽縣人焉。曾祖肅，周任魏州」長史；祖午，齊任百工監。聯華金碧，接秀松筠，道」着當年，芳流絶代。父嘉，隋任荆州司户。藏光内」朗，含景外融，撫職荆門，流聲楚塞。君孕暉珠」浦，發彩瓊田，價重連城，聲高接乘。學綜墳典，道」光時俗。託情林壑，棄想簪纓。貞觀年中，授將仕」郎，於是棄微班以高蹈，捐輕爵以遐棲，追逸迹」於桃源，躡幽蹤於桂巘。冀接攀霞之客，將隨履」霧之遊。不津液於西山，奄遊神於東岱。以顯慶」四年三月十五日終於私第，即以其年四月三」日葬於芒山之陽，禮也。一子文經，思罔極以長」號，對神筵以永慟，瞻素車而灑血，望丹旐以□」心。以爲岸谷盈虛，人事今古，既潛神於壙室，遂」紀石於泉户。其爲銘曰：

顯允丕緒，猗歟茂族，」樹本南陽，分枝西蜀。飄飄楊櫝，寂寂蒿萊，晝移」華閣，夜閉幽臺，一辭人事，萬古悲哉！」

（周紹良藏拓本　開封博物館藏石）

顯慶〇九六

【蓋】　大唐故司徒并州都督上柱國鄂國忠武公夫人蘇氏墓誌之銘

【誌文】

大唐故司徒公并州都督上柱國鄂國公夫人蘇氏墓誌銘并序」

夫人諱娍，京兆始平人。疏天表慶，北正啓其昌源；括地開基，南山竦其層構。時經百代，事」歷三古，舄弈旗常之緒，蟬聯鐘鼎之盛。豈止陳留耆舊，多爲海内英賢，在楚則蘇縱以忠」烈聞，居周則蘇秦以遊説顯。漢閣圖庸，子卿預名臣之列；魏簡書事，文師非佞人之枕。曾」祖毅，後魏金紫光禄大夫、太府卿，贈冀州諸軍事冀州刺史，安定縣開國公。面棘論道，佩」紫垂芳，當年吐帷幄之謀，既殁表哀榮之錫。祖元吉，齊秘書丞、代州諸軍事代州刺史、洛」川子。竹使膺符，蓬山啓陝，譽光石室，威讋蹛林。父謙，齊南安王府西曹祭酒、隋儀同三司、」檀州諸軍事檀州刺史、柱國、樂陵縣開國侯。詞清風月，氣軼煙霞，隋之得人，於斯爲盛。夫」人稟靈華族，秘彩公宫，少挺閑婉之姿，夙表柔明之質，茂言容於丱始，馥蘭蕙於髫初。未」笄之歲，遊心典則，固留連於曹戒，每反覆於張箴。展義觀詩，既含情於體雪；

動容依禮，必」局志於履冰。警松筠以垂節，飾珪璋以潤已。爰自華宗，來儀盛族，義高秦晉，譽睦潘楊，祇」肅蘋藻，敬恭朝夕，移孝養於舅姑，資婉順於娣姒。德茂閨闈，化行邦國。既而過隙不留，閱川難駐，怨彼蘭閨，方春落彩；驚斯松蓋，先秋斂色。以隋大業九年歲次癸酉五月丁丑朔」廿八日甲辰終於馬邑郡平城鄉京畿里之第，春秋廿有五。鄂公傷伉儷之長往，惜音儀」之永謝，思葛覃而動詠，賦長簟而傷神，以貞觀八年十一月廿二日旌誌於舊殯之所。公」以位顯望隆，勳高德重，同伊呂之先覺，捬吴鄧於後塵，而懸車告老，用安靖退，赤松之遊」無驗，頹山之痛遄及，爰發明詔，陪葬昭陵。」聖上感草昧之鴻勳，聽鼓鞞而流思，用依同穴之典，式備文物之儀，乃遣公孫潞王府倉」曹參軍循毓馳驛迎夫人神柩於先塋，仍令所司造靈轝發遣，葬事所須，並令官給。將至」京師，又敕所司整吉兇儀衛迎至于宅，又遣鴻臚卿琅耶郡開國公蕭嗣業」監護，復下詔曰：贈司徒并州都督鄂國公敬德故妻蘇氏，貞婉馳芳，柔明擅」美，爰資令範，作儷高門。薤露遄悲，蘭儀早謝。同穴之義，雖申於縟禮；從爵之典，未被於徽」章。宜展恩榮，式旌幽路。可贈鄂國夫人。粤以顯慶四年歲次己未四月丁未十四日庚申」合葬於昭陵東南十三里安樂鄉普濟里之所。夫人內潤珪璋，外資貞淑，淨」方折於神府，皎圓鏡於心靈，禀叔皮之文彩，得春秋之儒行。遠近婚姻，重敬姜之禮法；中」外親表，揖謝氏之高明。宜其輔佐君子，克諧琴瑟，成孟昶之元功，體山濤之識量。倏軫沉」溪之恨，俄辭異室之歡。其子銀青光祿大夫、行衛尉少卿、上柱國寶琳，早遇偏艱，晚丁極」罰，痛因瘡巨，恨結風枝。緬惟顧復之恩，長違懷袖之託，思題墓版，用飾泉扃。其詞曰：」

悠哉帝緒，赫矣神功，胄因顓頊，門承祝融。保姓受氏，祖德家風，旗常不墜，鐘鼎斯隆。爰誕」邦媛，承家載德，率性昭儉，因心去惑。令問蘭薰，芳猷蕙塞，日惟閨範，是稱女則。四德云盛，」六行兼脩，馳聲中谷，播美河洲。道叶嘉耦，仁成好仇，恪勤組織，虔恭庶羞。鳴鳳宜家，河魴」引釣，眷言前美，德音愈邵。凝華外發，含章内照，式備禮儀，率由名教。日月安窮，春秋遞襲，」素魄方皎，白駒俄戢。寒泉夜深，飄風朝急，感蓼莪而逾遠，訴穹蒼而靡及。容衛如在，報施」何依？盧山玉匣，滕室泉扉。千年暫啓，萬古同歸，唯餘貞石，克播清徽。」

（周紹良藏拓本）

顯慶〇九七

【蓋】失。

【誌文】

唐故處士李君」

君諱兒，字智方，洛陽人也。若乃道洽虚玄，啓父□□」龍德；藝周刑憲，虞氏詢其馬喙。是以騰芳千古，聲溢」百王，程不識有同位之榮，孔文舉幸通家之好者矣。」君承徽祖武，籍慶風猷，宇量弘深，襟神宏遠，學苞六」藝，體兼四美，道備人倫，信周鄉邑。宜其與善，永保垂」堂，天道茫昧，舟壑推運，貞觀十二年五月十三日，奄」然遷逝，時年五十有六。夫人鄒氏，魯鄉之貴族，孔父」之華胄也。傳芳桂苑，濯質清流，四德夙聞，六行該備。」自待年華閫，作儷高門，教深中饋，訓光内則，事上懷」恭順之志，逮下軫憂勤之心。與善無徵，奄從運往，顯」慶四年三月廿三日，卒於私第，春秋八十有二。粤以」其年歲次己未四月朔十四日同葬於北」邙之原，禮也。然恐年代推遷，丘陵變改，式題方石，記」之泉路。其詞曰：」
九土初分，二儀肇判，命氏唐虞，開基周漢。珪璋照曜，」文明輝煥，長波可挹，餘芳足玩。君之降生，載
誕惟貞，」□承嘉譽，早樹風聲。逑惟宋子，儷美周卿，松筠叶契，」秦晉齊榮。前亡後落，異室同歸，方
開舊隴，更飾新幃。」空留遺愛，永謝清暉，略陳景行，藏諸夜扉。」

（北京圖書館藏拓本）

顯慶〇九八

【誌文】
光天寺故大比丘尼智守法師灰身塔。大唐」顯慶四年四月十四日第子等僧虔敬」造。

（北京圖書館藏拓本）

顯慶〇九九

【蓋】大唐董君夫人戴氏銘

【誌文】
唐故朝請大夫董君夫人戴氏墓誌銘
夫人諱滿，譙郡人也。唯祖唯父，高涉華庭；乃」戚乃親，芳之帝里。因宦遷播，流寓雍州，既稱」崇基，
蟬聯不絶。亦其鴻源遠派，濺日浮天，丕」緒扶疏，干雲蔽月。夫人禀性温柔，媲春雲而」等潤；叡情貞

潔，將秋月以齊明。豈謂嬰痼纏」痾，奄從窀穸，粤以顯慶四年歲次己未二月」戊申朔廿五日壬申卒於長安縣弘安鄉嘉」會坊私第，春秋六十有二。即以其年四月丁」未十四日庚申葬於城西龍首原，之禮也。將」恐陵谷遷移，餘芳莫傳，刊於琬琰，記其令德。」其詞曰：」

猗歟戴氏，鴻源茂隆，誕生令淑，克繼家雄。潤」等雲澤，貞方月融，甯期恍忽，不盡遐終。其一。隙」駟難留，尺波易擲，豈悮忠貞，奄從窀穸。坰野」冥冥，泉宮寂寂，顯晦斯殊，徒追痛惜。其二。」

（《陝西金石誌》卷九）

顯慶一〇〇

【蓋】大唐故司徒并州都督上柱國鄂國忠武公尉遲府君墓誌之銘

【誌文】

大唐故開府儀同三司鄂國公尉遲君墓誌并序」

若夫良臣誕秀，應星躔之象；烈士殉功，託風雲之會。故能弼成帝道，肇開王業。是以淮陰豹變，終翼漢圖；渭渚鷹揚，遂遷殷鼎。然後」疇庸疏爵，誓彼河山，懿德嘉猷，潤兹金石。揚名不朽，其在斯乎？公諱融，字敬德，河南洛陽人也。重山昭慶，玉理導其昌源；流星降祉，」石紐開其遠胄。自幽都北徙，弱水西浮，派別枝分，承家啓祚。曾祖本真，後魏西中郎將、冠軍將軍、漁陽懋公，贈六州諸軍事幽州刺」史；祖孟都，齊左兵郎中，金紫光禄大夫，周濟州刺史。並風神秀朗，器宇瓌傑，總七萃於兵鈐，控六條於刺舉。父伽，隋儀同，皇朝」贈汾州刺史，幽州都督，幽、檀、嬀、易、平、燕等六州諸軍事，幽州刺史，常寧安公。襟清懸鏡，量澈澂陂，道悠運倏，中年早謝。」聖朝永懷遺範，縟禮追榮，恩洽九原，寵光千載。公稟剛柔之德，秀岐嶷之姿，下列將於文昌，凝閒氣於神岳。忠孝之道，發自齠初；溫」恭之操，彰乎丱始。年甫十二，雄略載馳，嘗遊野澤之間，乃潛籌兵衆，陰爲部勒，結構茅草，擬儀行陣，其因風而動者，便令斬伐。昔鄧」艾之遊山澤，規置軍容；孫武之試宮闈，准繩兵法。比事前烈，芳猷孤映。隋煬帝申威海外，薄伐遼陽，征駕南轅，乘輿西反。公時領千」騎迎于幽州。有山賊翟松柏、劉寶强等擁兵數萬，據山斷道，公乃率麾下百騎以擊之，矢石纔交，賊徒殲殄，獲馬三千匹，俘虜五萬」人，以功授朝散大夫。又擊王須拔、歷山飛等，以功授正議大夫。時劉武周鴟張塞表，狼顧邊垂，公委質行閒，任輕都尉。屬」皇運聿興，霸圖伊始，舉赤旗於晉野，杖黄鉞於參墟，爰委茂親，董兹戎律。太宗躬整兵甲，以擊武周，獲其偏裨，凶徒迸潰。公乃率其餘衆，投誠拜款。辭袁之節，抗迹於前荀；去隗之誠，比肩於往竇。即授秦府統軍。于時王充竊據伊瀍，偷安神器；建德擁」兵趙魏，潛規問鼎。託輔車之勢，運連鷄之謀。太宗受脤東征，公參謀盛府，雖神謀妙略，允叶聖衷；斬將搴」旗，實資雄傑。此二役也，策勳居最，累降恩錫，用旌軍賞。武德九年，拜左衛大將軍，尋除右武候大將軍。六校嚴肅，八屯巡警，聲馳削」樹，寄重銜珠，雖馮異之望重東京，衛青之名飛西漢，無以尚也。加太子左衛率，秩高千石，兵總萬人，夙奉龍樓，劬勞鶴禁，凌道胤而」高視，駕處默以長驅。其年突厥大掠于涇州，詔公爲涇州道行軍大總管，縱兵奮擊，所獲萬計，賚金鞍勒駿馬十匹。又以」公昔陪戎幕，早預軍謀，賜絹一萬匹，金銀各千兩，拜上柱國、吴國公，食實封益州一千三百户。故勒丹書而誓信，燾黄土以疏封。邑」啓東吴，踵太伯之遐軌；境連南越，嗣黄歇之清塵。除襄州都督，襄、鄀、鄧、淅、唐五州諸軍事、襄州刺史。建旗奧壤，分竹名藩，道着褰帷，「威懾浮江之獸；仁深露冕，恩流出境之蝗。既而紫塞紓餘，城鄰十角；黄圖彌望，地分三輔。連帥之重，允屬勳賢，除靈州都督，鹽、環、靜」等四州諸軍事，靈州刺史，尋加光禄大夫，行同州刺史。貞觀十一年，封建功臣，册拜使持節宣州諸軍事宣州刺史，徙封鄂國公，食「宣州實封一千三百户，仍命子孫承襲。又拜光禄大夫，行鄜州都督，鄜、坊、丹、延四州諸軍事，鄜州刺史。十六年，以本官檢校夏州都「督，夏、綏、銀三州諸軍事，夏州刺史。公居滿誠盈，成功不宰，深鑒止足，固辭榮位。於是敷衽陳辭，叩帝閽而披款；如絲成「旨，發皇鑒而重違。十七年，抗表致仕，乃拜開府儀同三司，禄俸防閤，並同職事，六日一參。又降詔圖畫公」等於凌烟之閣。越思范蠡之功，方申鎔鑄；漢述霍光之美，乃絢丹青。儔今望古，彼多慚德。屬辰韓負險，獨阻聲教，憑丸都而舉斧，恃「浿水而含沙，太宗爰命六軍，親紆萬乘，觀兵玄菟，問罪白狼。乃授公左一馬軍大總管。被堅執鋭，陷敵先登，雁翼晨開，「翦風雲而摧八陣；魚鱗曉布，蹈湯火而入重圍。載奉神麾，躬參駐蹕，援桴纔振，雜種分崩，獻凱疇勳，榮高列將。而歲在「懸車，恩隆呪鯁，散金娱老，疏太傅之遺榮；留劍待終，陸大夫之宴喜。方當聿膺多福，遠錫遐齡，而閱水不追，尺波東逝，馳暉永謝，寸「景西沉，顯慶三年十一月廿六日終於隆政里之私第，春秋七十有四。皇情軫悼，爲之流涕，於雲龍門舉哀，輟朝三日。乃「敕京官五品以上及朝集使等就宅弔慰，贈司徒。乃下詔曰：飾終之典，實屬於勳賢；追遠之恩，允歸於器望。故開府儀「同三司、上柱國、鄂國公敬德：志局摽舉，基宇沉奥，忠義之事，歷夷險而不渝；仁勇之風，雖造次而必踐。迺誠申於霸府，茂績展於行「陣，西漢元功，韓彭非重；東京名將，吴鄧爲輕。著恭肅於軒陛，馳聲猷於藩嶽。方隆朝寄之榮，便追止足之分。闡雄圖而兼濟，植高操「而孤往，道映千古，譽光百辟，與善俄褰，殲良奄泊，永言遺烈，震慟于心，宜崇禮命，式旌幽壤。可贈司徒，使持節都督并、汾、箕、嵐等四」州諸軍事，并州刺史，餘官封如故。所司備禮册命，給班劒卌人，羽葆鼓吹。贈絹一千五百段，米粟一千五百石，陪葬」昭陵。葬事所須，並宜官給，并賜東園秘器，儀仗鼓吹，送至墓所，仍送還宅，并爲立碑。仍令鴻臚卿琅耶郡開國公蕭嗣業監護，光禄」少卿殷令名爲副。務從優厚，稱朕意焉。惟公器宇嚴峻，牆岸夷邈，珠角奇徵，山庭異表，夙挺公侯之望，早馳將帥之能。逸氣凌雲，觸」雷霆而靡撓；貞心貫日，契金石而不渝。運偶經綸，時逢草昧，坐揮三略，策藴龍豹之韜；遥制六奇，力騁貔貅之勢。左甄右落，殲窫窳」而冰銷；箕張翼舒，掃欃槍而霧廓。及道符魚水，契叶鹽梅，依日月之睒光，排閶闔而遐舉，爵兼千乘，位重六軍，飛纓曳綬，腰金鳴玉，」登朝體國，義貫王臣，忠圖讜議，屢陳天扆。守訥緘言，韜其湧泉之思；而慎剛持操，晦其扛鼎之材。事君盡禮，致欽明於」堯舜；奉國忘身，保忠貞於鄧李。貽訓隆侈，履操沖撝，林泉與廓廟同歸，紱冕與薜蘿齊指。方陪翠蓋，奉介丘之儀，遽掩玄扃，深蒿里」之痛。顯慶四年歲在協洽月次中吕十四日庚申陪葬昭陵，詔謚忠武公，禮也。龜謀葉兆，旵旌啓轊，落日沉兮楚挽哀，郊風急」兮邊簫咽。山門晦兮夕霧黯，松徑昏兮愁雲結。嗟寶劒之孤懸，歎瑶琴之永絶。有子銀青光禄大夫、上柱國、衛尉少卿寶琳，思履霜」而切慮，仰風樹而銜哀，感寒林之落笋，痛夏枕之凝埃。恐陵遷而海變，圖茂範於窀臺。乃爲銘曰：」

烈山鎮地，弱水浮天，藴靈邃古，衍慶遐年。台衡舄弈，軒冕蟬聯，誰其繼美，芳流在旃。猗歟矯翰，鬱摽奇節，夙挺天姿，早飛人傑。氣薄」霄漢，操淩冰雪，比玉齊温，方珠共潔。時逢鵲起，道屬龍飛，瞻雲吐秀，捧日揚暉。翼宣宏略，光贊沉機，乾坤載造，宇縣攸歸。刑馬著功，」紐龜分職，譽高領袖，道參槐棘。肅肅鈎陳，英英鼎食，國之禦侮，邦之司直。嘉庸克遂，居寵若驚，懸車告老，挂冕辭榮。烟霞逸志，山水」幽情，俄歸樗墓，遽掩滕城。畢陌陪塋，盧山即兆，雲低隴路，日沉松杪。宰翔仙鶴，埏悲瑞鳥，大樹空存，夜臺難曉。」

（周紹良藏拓本）

顯慶一〇一

【蓋】失。

【誌文】

唐故絳州夏縣丞張君誌文」

公諱弘，東京洛陽人也。爾其疏瀾白水，導派燉煌，茂族」流輝，盤基焕彩。是以術生五里，南漢旌遠系之奇；道發」九丹，西蜀表長源之異。徽題篆素，可略言焉。祖伯，齊任」邛州刺史。執銅莅職，戴玄弁而宣條；分簡臨蕃，贊皇」歌而警俗。父朗，隋任柳州龍城縣令。文踰五樹，絢春旦」之開霞；德越九思，美□霄之合璧。鼓琴字俗，百里斯清；」高枕調人，一同流詠。公弱言有志，雅量難窺，苞筆海於」胸中，覩文濤於目際。三端並發，如瀑布之下層崖；五音」競申，猶鼓氣之諠幽谷。每自言曰：夫三尸不變，欲出塵」而無由；九液亘尋，成道骨其何日？從吾所好，豈非樂哉！」是以刷羽龍門，尺木斯具，釋褐任絳州夏縣丞，又轉授」東宮典倉署丞。前後守秩，懸秦鏡以鑒形；兩代奉公，焕」魏珠而照物。既而積慶無效，福兮禍倚，春秋六十有八，」以顯慶四年四月廿三日卒於第，閭伍悽惋，邑里增哀，」豈止織婦投機，春夫不相而已。嗣子孝德，俯從泣血，陟」岵何依，悲感九清，悼深八濁。乃以其年五月八日瘞於」洛汭鄉邙山之陽，禮也。俾夫玄廬靡鑠，黄埸有紀，式鐫」金響，以振清猷。其詞曰：」峻祉重光，長源疊彩，夏璜無考，璠璵罕類。金石克諧，松」筠無改，質玉鳴絃，名留響珮，梁木斯摧，神鑒罔昧。」

（周紹良藏拓本　河南千唐誌齋藏石）

顯慶一〇二

【蓋】失。

【誌文】

大唐故夫人王氏墓誌銘并序」

夫人姓王，字摩，太原人也。崇基巘崑，」峭峙聳於崐岑；枝葉扶疏，鬱茂華於」弱木。於是紆青拖紫，疊跡於軒墀；鳴」珮垂旒，摩肩於文石。祖楷，周征北將」軍；父⿱林壴，隋幽州鎮將。夫人降婺女之」星精，稟歸妹之淑氣，加以婦道母儀，光乎閭里，年十有五，女於季氏。粤以」顯慶四年五月九日卒於私第，春秋」六十有五。即以其年五月廿六日瘞」於河南縣平樂鄉邙山之原□□。□」辭楚國，塋域長封。嗚呼哀哉！乃爲銘」曰：

峩峩峻極，亭亭高榦，旒珮鑑」鏘，朱紫焕爛。母儀閈闠，婦光閭閈，永」掩便房，佳城長歎。」

（周紹良藏拓本）

顯慶一〇三

【蓋】失。

【誌文】除人名外，與顯慶二年一誌同文。

大唐故支君墓誌銘」

君諱懷，字通，洛州河南人也。林宗則漢時令哲，百道則」晉代名賢，故知蘭桂雖秋，逢春更馥；荆衡久翦，覩日成」林。流質後昆，豈得而忘言者也。祖壽、父賢，並雅嗣」門風，操履貞潔，不居俗罔，身處林泉。君詞超仁智，言出」有意，懿列羣朋，雅紹先宗之首；神情挺秀，器標衆友之」前。孝敬表於閨門，仁義洽於州里。四時無以過其信，百」金不足比其諾。立志無違，出言必踐，因心被物，自已形」人。不慕功榮，意貪賢仕。閑居養志，不汲汲於榮華；樂道」忘憂，豈戚戚於貧賤。逍遥自得，旨酒盈罇。福善無徵，輔」仁斯謬，粤以顯慶四年六月十四日卒于私第，春秋卌」十有一。即以其年歲次己未七月景子朔九日甲申葬」于洛城之北長崗之隈。徒使瞰洛踞邙，無復登臨之望；」瞻峭眺聳，永絶遊陟之蹤。縱其晝夜俱明，窀穸終無暫」曉；定知朝光一落，未屬魯陽之麾。氣絶已度三辰，何處」神香之救？千秋不朽，希遇莊周；百載含靈，恩逢西伯。嗚」呼哀哉！乃爲詞曰：」

朝光不住，物性短脩，哲人斯委，身去名留。池臺絶跡，墳」壟魂遊，於兹永別，何處相求？靈輴背洛，神旐歸邙，人悲泣淚，猨啼斷腸。松門愴惻，原」野蒼芒，雲愁翠嶺，風悲白楊。」

（周紹良藏拓本　開封博物館藏石）

顯慶一〇四

【蓋】失。

【誌文】

大唐故田君墓誌銘并序」

君諱通，字仁舍，洛陽人也。蓋魏將軍疇者，即其先也。含章」耀彩，高步雲臺，銀艾昭華，鏘翔禮閣，英髦無替，其在茲乎？」祖虔高，蓬萊鎮將；父運，隋左驍衛長史。并脫穎雄傑，冠冕」時彥，晞朝霞而摛秀，度清霄而布誠。君異自齔齠，著於至」學，立言必於信善，建德存於淳孝。所以行軼鄉閭，忠符士」友，望形影而響和，聆嘉聲而馳騖者，歸諸至道焉。及隋運」告終，中原猋起，棄桑梓而竄幽谷，避勍敵而庇所親。自逢」屬有道，年過强仕矣，於是遠交豪傑，近友高才，玩」秋水之遊魚，悅春林之戲鳥，吟詠情性，流連酒德，輕財重」義，意盡平生。冀氣靄蘭臯，倚杖聽鸎鳴之響；露垂□岸，側」弁欣傾酹之歡。不謂濤落荆門，曉光沉於月峽；葉飄吴嶺，」高風盪於桂舟。越以顯慶四年五月廿六日終於立行里」私第，春秋八十有八。夫人韓氏，穎川人，漢太司馬增之後」也。素符四德，早契二儀，婉琴瑟以諧情，順蘭薰而叶性。不」謂無祐，先摧桂枝，去永徽五年五月廿八日終於私第，春」秋七十有三。今以顯慶四年七月十日與君合葬於邙山，」禮也。嗣子路孫等，傷龜筮既襲，辰時叶吉，廣柳靄於離庭，」薤歌凝於清室，敢撰德於素旒，庶千秋之有秩。其詞曰：」

二族枝幹，扶踈切漢，珠玉交映，賢作冠，奄長簟之塵飛，增」松風之漫漫。」

顯慶四年七月十日記。」

（周紹良藏拓本）

顯慶一〇五

【蓋】失。

【誌文】

唐故萇夫人墓誌并序」

夫人妙姿□人也。萇弘之苗裔。祖賓，齊定遠」將軍；父□，安陵令。揮文藻而見進，達七札」以昇朝，代襲簪纓，異人相間。夫人洛霞慚映，」桂魄垂精，沉寂蕭然，幽閑自得。年十有六，適」於張氏。母儀素備，婦德久彰，聲播一時，芳傳」萬載。豈謂逝川易住，隙駟難留，遽落鮮葩，奄」同長夜。以顯慶四年七月四日卒於私第，春」秋七十有九。夫人風標柔譽，載睦閨儀，動韶」詠於蘋蘩，蹈禮容於鷄曙。以其月十六日葬」於河南縣平樂鄉之原，禮也。恐山崩川竭，谷徙」陵遷，勒鐫盛迹，盡劫窮年。烏呼哀哉！乃爲銘」曰：

姬年受氏，代秉王庭，聲馳六輔，譽掩五營。其一。」迅速金烏，蒼芒玉菟，流影不停，如螢夜度。其二。」灼灼徽範，玄扃自守，泉路有窮，芳塵不朽。其三。」

（周紹良藏拓本　河南千唐誌齋藏石）

顯慶一〇六

【蓋】失。

【誌文】

唐故隋并州司兵張君墓誌銘」

君諱義，字弘義，河内脩武人也。原夫靈根疏壤，濬漢水而凝波；休」蒂導源，增方城而孤跱。英才間出，秀異挺生，策名行於青編，閟洪」伐於延閣，豈止菁華銀艾，赫弈金羈者也。祖通，後魏益州司馬；父」寶，周齊州長史。並以音儀逴絶，器宇弘深，激繡羽以搏空，鼓綵鱗」而躍浪。於是飛聲玉壘，翊亮洽於清歌；擅響天齊，贊契光於神惠。」君含章以浦，挺秀理峰，瀲玉潤以飛英，抗瓊枝以凝彩，潛思三史，」學松以儒，命駕契雞黍之歡，朝夕盡温清之禮，學優行著，策最文」華，授并州司兵。俄而膠船没漢，乾象闇於天文；長鯨横海，川祲昏」於地理。蒸人潰散，方嶽猶危，日逐警刁斗以南侵，柳塞映弧弓而」北斷，投名奉節，躍馬横戈，殄龍堆之遺虜，翦金徽之戎羯，勇超百」萬，功冠一時，詔授儀同三司。既而意氣可稱，忠貞克」著，用申微尚，固請歸田，敕給永年，任自安養。是以遠」求勝躅，竄跡河南，卜居瀍右，怡然適意。遂乃行吟渌野，寄情地於」松端；負杖清渠，鑒心鏡於冰沼。賦寫行天之詠，琴揮延壽之歌，塞」空寂於四禪，定真如於八解，優哉自得，百物無營。何其仁輔無徵，」俄景落於悲谷；虚林方靜，奄夜壑而風摧。越以顯慶四年七月十」日終於立行坊私第，春秋七十四。以其月廿七日權殯於平樂鄉，」禮也。嗣子玄敬，恐青山切漢，同洿葉而爲沼；玉浪浮天，將桂嶺而」齊峻。敢鐫遺烈，其詞云爾：」

披雲布族，亘地凝華，盛傳周漢，譽浹龜沙，清奪金石，秀表烟霞。郁」穆夫子，紹彼洪族，藴德松筠，含貞金玉，志不求多，與物無欲。輕鄙」天爵，栖心脨躅，何晤福扃，西光遽暮。」聖駕靈輀，殯階撤祖，月下松廊，雲除蕙路，景行芳烈，千秋顧慕。」

（周紹良藏拓本　河南千唐誌齋藏石）

顯慶一〇七

【蓋】失。

【誌文】

大唐洛州洛陽縣洛川鄉前冀州南宫縣尉張公」直妻楊夫人墓誌銘

若夫疏層峰於日觀，派餘」浪於天津，其有稟坤德以凝姿，處巽位而爲範者，」其在夫人乎？□□大娘，洛陽人也。祖苟，晉河内郡」守。惟良□□共理□□，德冠朝英，道稱人傑。父寶」德，文林□□□□俊彦，侍詔金門，上格心之言，流不」空之詠。□□□□容於□彩，姿麗範於娥靈。洎結」褵之有從，每獻蘭而□賜，展賓儀於饁耨，沮貪志」於拾遺，絶雅節於絲歌，掞風花於霏□。高文麗則，」摛月扇於繁霜，佐彼小山之賓，藴此大家之稱。嗟」乎！珠碎星儀，掩夜暉於漢曲；璧虧月彩，晦朝鑒於」樓前。以顯慶四年六月廿三日，卒于斯第，春秋□」十有七。即以其年八月九日，葬于河南北山郟鄏」之里。有子善才，任慈州吉□縣主簿。怨代耕之□」養，思負米其何從，貫霜露以摧心，訴昊天而泣血。」懼桑海之變易，敢紀烈於彤鐫。嗚呼哀哉！乃爲銘」曰：

降生淑美，藴兹容德，已表母儀，爰成婦則，藏」舟靡固，懸車奄忽。其一。吹喧山道，挽斷松區，風蕭□」野，霜已寒蕪，吁嗟兮辭白日，惻愴兮奄黄壚。其二。」

（録自《芒洛冢墓遺文五編》卷二）

顯慶一〇八

【蓋】失。

【誌文】

維大唐顯慶四年歲次己未八月一日乙巳朔十」六日□申，故呼論縣開國公新林府果毅公諱陁，」字景，□□會稽人□。□□洪源淼淼，上派浪於天」漢，□□□□，下無□□□軸。長柯森聳，權輿草昧」之初；巨幹扶踈，□□□□之始。洎乎運歸正絡，波」息四溟；道屬張□，□□五嶽。以公家稱金穴，優遊」學海之中；室號銅陵，偃蹇文園之内。兼復風摽東」辥，作貢蟬聯；早譽西琳，稱珍弈葉。於是詔授呼論」縣開國公，仍守新林府果毅，遷居洛陽之縣。若迺」陪京溯洛之所，士至雲浮；面郊後市之場，賓來霧」集。可謂顒顒昂昂，令聞令望者矣。既而朝烏靡駐，」虞泉有匿景之津；夕菟難停，濛汜載潛光之濟。彼」蒼不忍，積善無徵，殲我良人，□身難贖，春秋七十」有九，以貞觀七年三月廿七日薨於私第。以顯慶」四年八月十六日合葬於東都北邙之山，禮也。芳」猷烈□，往事依希，樹德旌功，曾何髣髴。嗚呼哀哉！」乃爲銘曰：」

來時允謝，景落則昏，先摧杞梓，早碎珵琨。長關地」□，永閉泉門，彼蒼斯忍，曾無贖魂。」

（武漢大學歷史系藏拓本　河南千唐誌齋藏石）

顯慶一〇九

【蓋】失。

【誌文】

大唐故駙馬都尉衛尉少卿息豆盧君墓誌銘并序」

君諱遜，字貞順，河南洛陽人也。太祖武皇帝之外孫，太宗文皇帝之甥也。原夫」星街北鎮，氣雄高柳之鄉；日域東臨，威震扶桑之□。及祥分玉板，運圮金行，盛王業」於雀臺，肇霸圖於龍塞。辭燕入魏，既得姓於□□；□北徂南，遂成功於翼主。故得門」傳戈鼎，業擅緗圖。包宏散以孤征，總□□而□□，□□史册，可得言焉。曾祖通，洪州」總管沃野公，謚曰安。道濟風雲，德□麟□，□□□□□，□□□□□鹿於朱軿，落鳴」烏於玉輦。百僚既肅，共仰金□□□□□□□□□□□□□。祖寬，禮部尚書、左衛」大將軍、光禄大夫、行岐州刺史、□□□□國公，贈特進□、州都□□□□海岳擒靈，」辰象提氣，風格沉肅，凝映士林，局量宏深，罔羅天宇，齊□□而□□，□□傳而並馳，」榮數極於生前，縟禮繁於身後。父懷讓*，駙馬都尉、尚輦奉御、衛□□□、太府、衛尉少」卿，地望高華，音容韶令，家延帝子**，室茂王姬。同遊劍水之龍，獨跨□□之鳳。君即衛」尉第三子也。親長沙長公主，□珠台於婺象，分玉種於藍田，□□□□，□朝光以動」色；彩澄飛月，凝夜景以含□。故□日稱奇，髫初表嶷，爰從戲馬，即□□□之材；肇自」乘羊，方冘河東之美。豈止□烏早歲，獨茂重玄；元鳳夙齡，亟工柔□。及悲纏集蓼，痛」結匪莪，標氣就淪，愒陰□殞。雖年代浸遠，風枝之恨罔渝；苴□外□，□露之情尤切。」至若教成斷緯，業就離經，筆海浮天，鏡琁波於抃岳；談叢麗日，敷□□於□林。加以」族茂燕垂，氣凌河右。弓開明月，碎密葉於楊堋；騎轉浮雲，散輕塵於楸埒。故得薦紳」屬望，披薜馳心，猶泱羽之仰丹禽，若涓滴之歸滄海。豈謂寒風曉拂，□□桂於初華；」繁霜夜零，翦庭芝於方秀。嗚呼哀哉！粤以大唐顯慶四年四月十七日卒於雍州萬」年縣之常樂里第，春秋一十有七。即以其年太歲己未八月乙巳朔廿八日壬申遷」窆于萬年縣少陵原，禮也。君以膏粱景族，懿戚豪家，生於鍾鼎之□，□□簪裾之會，」而天資澹雅，性與謙恭，無累煙霞之心，自得風塵之表。惜其英資□□□□於明時，」盛德芳華已淪於厚穸。長沙主□□玉之□沉，□掌珠之永碎，□爲牛眠託葬，薄謝」鵾鳶；馬鬣開封，竟資螻蟻。故□□□□□損□□□□□照□駕，見滕公」之白日；泉飛□鶴，芬睦子之陰□。□□□□□□□□□□夕轉寒□擁而嘶馬，秋」風驚而楚□惟桑田之方易，懼舟壑□□□□□□□玄扉□□猷之永扇。其詞曰：」

地隔紫蒙，星分柳塞，山川肸響，風雲晻曖。□□□□□，□□匪昧，上谷辭燕，中山入代。」三公垂績，一敷前載，就日標華，浮霄引概。衛尉含章，芳聲閒起，職移丹棘，花飛穠李。」門慶斯來，篤生君子，玉瑛方潤，璧山齊美。筆海鯨分，詞林鳳峙，日烏空落，蕃羊塹擬。」謙恭神授，孝友天成，煙霞自重，戈鼎攸輕。方遊星閣，奄閟泉扃，將華落蘂，方秀摧榮。」百身何贖，千祀徒名。帳引秋蟲，檐飛暗翼，畫柳朝引，素騏夕急。荒隴沉暉，寒郊寡色，」□□遽返，歸魂何極？空餘素範，方標懿植。」

（周紹良藏拓本）

* 父懷讓 「父」拓本作「東，」疑原字漫漶後重剔致誤。

** 家延帝子 「帝」拓本作「甲，」疑原字漫漶後重剔致誤。

顯慶一一〇

【蓋】失。

【誌文】

大唐處士郭君故夫人楊氏墓誌并序」

夫人諱媛，字叔姬，河南縣洛陽人也。隋滑州長史」賨之孫，安陸郡竇城府鷹揚郎將□之女也。降靈」濯錦，發跡蓮峰，文質相沿，聲塵繼軌，詳諸簡牘，此」略言焉。夫人稟訓閨闈，資範箴誡，虔恭備禮，令淑」惟儀。及乎百兩言歸，三星在户，餈飩之饋，譽洽宗」姻；黼繪之妙，聲芳鄉閈。既而風煙飄忽，晦朔循環，」與善無徵，遽捐館舍，以顯慶四年歲次己未八月」乙亥朔七日辛亥，終於思順里第，其年春秋六十」有四。即以其月廿八日壬申葬於邙山。嗣子行徹，」敬承慈訓，遵仰母儀，霜露深悲，寒泉增慟。仍恐桑」田屢變，德問銷沉，欲誌佳城，勒兹貞石。銘曰：」

寂寞子雲，紛□伯起，南蜀翰林，西京孔子，弈葉貞」凝，聯綿休美。夫人令淑，稟訓中闈，六德斯備，百兩」于歸，賓夫□盥，訓子停機。逝水滔滔，危途冉冉，華」屋長辭，幽扃永掩，淚結孫衣，哀纏潘簟。郭門車轉，」挽路途窮，隴深結霧，松高聚風，春蘭秋菊，惟始惟」終。」

（北京圖書館藏拓本）

顯慶一一一

【蓋】失。

【誌文】大唐王君墓誌」

君諱約，字伏仁，太原人也。其清源遠派，弈葉光輝，遞代」相承，子孫標秀，固以葳蕤圖史，炳發書詩，器宇弘深，」英風挺特。祖惲，齊任恒州司法；有志無時，薄宦遊于」卑位。父興，隋任豫州汝陽縣丞。公清廉在慮，不獨美」於慎知；恩煦庇人，豈直哥於來晚。是以價逸士林，名」重邦彥。情田秀舉，瑩仁義於蘭蓀；心鏡清通，振貞順」於松桂。將欲耀彩金門，申材玉鉉；不謂逢於黜額，退」守丘園。遂乃韜光，怡神養志，且延時景，望畢天年。豈」意身染瘵痾□膏肓縈滯，非醫緩之能知，瘝恫彌留，」豈嚴君之識卦。於是蕣花宵落，忽同逝水，春秋五十」有七，以顯慶四年六月廿日卒於河南縣思順坊之」第。即以其年七月九日窆於邙山，之禮也。斯乃香煙」戒路，散氤氳於四空；朱旐降天，□孤魂於九野。靈轜」迴軌，行雲爲之徘徊；孝子崩摧，飛禽頡頏，庶恐寂寥」終固，地久天長，海變爲田，陵渝成谷，聿脩斯製，旌表」泉門。幸同日月以長懸，等乾坤而不朽。嗚呼哀哉！乃」爲銘曰：

猗歟乃祖，邈矣彌芳，策名委質，效節」勲王。奇材遠振，地久天長，誕滋茂族，令問令望。」伊君特達，卓犖不羣，棄彼餘緒，混俗榮身。忽摧荆岫，」碎質成塵，嘉奠空設，醼醑虛陳，哀哉隴樹，窀穸誰聞？」

（北京圖書館藏拓本）

顯慶一一二

【蓋】失。

【誌文】

大唐故北平縣令董府君墓誌并序」

君諱明，字德淹，隴西成紀人也。長瀾淼漫，深林□薄，」方唐杜之代族，比臧文之不朽。祖裕，周給郡司馬；父」由，隋永城縣令。並風力恢度，譽表時英，清政善謡，備」之人口。公神情秀挺，宇量沖深，至道生知，孝友天植。」解褐任隆化府帥都督，遷左屯衛府長史，俄遷高陽」郡北平縣令。中牟三異，見美於魯生；單父鳴琴，傳芳」於密子。同日而論，公之尚也。公歸政家園，蕭然自得。」不謂霜露先侵，封崇郊隧，大漸之辰，年七十有八。夫」人郗氏。鄒魯貴姓，卿相□門，代傳鐘鼎，家承箴訓，教容教德，言告言歸。豈意天禍哲人，奄歸蒿里，春秋七」十四，以顯慶四年十月十一日卒，即以其月廿七日」合葬于邙山平樂鄉原，禮也。昔之合葬，季武子之西」寢；今之同穴，長平侯之北陵。況玉匣雙龍，共没延年」之水；明珠兩鶴，同歸紫蓋之松。其銘曰：」

綿綿令緒，赫赫宗祧，逝年既永，德音孔昭，言刈其楚，」之子唯翹。猗歟代載，承家之祉，信以交朋，仁以成已，」濯纓登□，騰驤千里。祐善虛言，朝光詎久，迅如驚電，」奄齊過牖，偕老同寢，共歸丘阜。寒山摇落，荒隴衰蕪，」悲悽霧沼，薤咽霜塗，窮泉長掩，誰測幽都。」

（周紹良藏拓本　開封博物館藏石）

顯慶一一三

【蓋】范君之誌

【誌文】

唐故范處士墓誌銘并序」

處士諱信，字進達，汝南人也。漢萊蕪令嵩，即其後也。樞」機喋喋，擅秦庭之罔敵；淡醴陶陶，專漢代之無係。是以」冠飄蓮岳，弁切雲臺之星；蓋轉花叢，馬疊桃蹊之路。祖」建，韜迹周代；父休，肥遁隋朝。並德潤松筠，清浮玉露，超」菊潭之澂澈，架楚山而秀舉。處士素懷蘭芷，雅符珪瑱，」表冰潔於髫年，見忠孝於弄歲。及自成立，學術可稱，方」策異禮闈，質疑崇正。遂逢隋季，匿迹深棲，自庇欽明，」飲德忘日。於是虚襟嘯侶，命酒弦琴，方駕篋金谷之阿，」相攜走銅駞之路，不知其不可也。冀談玄一室，識元方」之志誠；何景落十枝，廓子禽之庭聞。春秋七十，以顯慶」四年歲次己未九月乙亥朔十五日己丑終洛陽敦厚」里私第。其年十月卅日權殯邙山陽。嗣子威禮，感丹青」易歇，漆經難久，陔岵陰遥，年代遽促，冀遺烈之無昧，敢雕鐫於實録。其詞曰：」

仰玄胄之芬馥，魯史盛其同盟。自有周之布葉，迄于今」而飛纓。伊夫君之顯允，自弱冠而凝清。雅逢時之屯否，」乃得性而通情。及預身於有道，亦不染於榮名。寄心」神於正覺，重道義而財輕。玩得一之微妙，樂八解之歸」貞。何福慶之無驗，奄中曦而早暝。仰德音之無昧，悲日暮之松聲。」

（周紹良所藏拓本）

顯慶一一四

【蓋】大唐故皇甫君墓誌銘

【誌文】

唐故吉州廬陵縣丞皇甫君墓誌銘并序」

君諱弘敬，字文欽，京兆杜陵人也。微子以至德」啓基，宋段以功高命氏，爰洎漢晉，代有其人。祖」諱德，隋任普州刺史。懿範清規，每懷沖虛之道；」安排喪偶，不以毀譽形言。父諱良，隋任同州長」史。贊鳥旟於千里，惠化周通；展驥足於百城，威」風遐暢。君名酋丱齒，譽妙髫年，處鄉閈以翔英，」入圓邕而警韻。釋褐齊王府執乘。晨臨修竹，御」浮雲於碧枝；晚映曲池，駿流水於翠瀲。故得聲敷」藩底，績簡文昌，改授廬陵縣丞。毓黎氓於江」介，方輔茲製錦，冀百里以刑清；貳彼鳴絃，庶一」同而教肅。與善茫昧，遘疾彌留，以顯慶四年十」月十五日終于休祥坊之第，春秋五十五。其月」卅日葬於龍首原隆安之里。鄰春輟相，悲玉水」之揮泉；行旅不哥，鯁瑶峰之落嶠。勒銘玄石，永」樹芳徽，其詞曰：」分珪疏德，析壤資明，時殷朝彦，代阜人英。警策」流美，徽豪滋馥，遽閟黃壚，寧窮朱轂。輴迴羨路，」旌落埏門，風松凄暮景，霜壠慘歸魂。」

（周紹良藏拓本）

顯慶一一五

【蓋】失。

【誌文】

大唐故徐氏路夫人墓誌銘并序」

夫人路氏，洛州河南人也。代襲簪纓，家傳冠」冕，年甫十八，出適於同縣徐氏。德行貞祥，容」止沉靜，言辭可則，舉措成規。治身盡淑慎之」儀，事失（夫）隆伉儷之好，閨門有序，闈政無違。方」期貽範後昆，享茲遐壽；」而神不祐善，痼疾彌」留，以顯慶四年閏十月六日終于章善里，春」秋七十有二。遠近傷悼，鄰里悲嗟。處士卿學」業優深，文才秀逸，爰在弱冠，延譽已高，無悶」丘園，是輕軒冕。方欲弘西河之教，闡北海之」風，降年不永，遽先朝露。夫人誓心守節，相次」彫零。即以其月十七日葬於洛城北原，禮也。」長姪信徵，悲過隙之易往，恐陵谷之難常，追錄芳猷，式鐫貞石。其銘曰：

春秋遞代，氣象環周，奔光易往，人生若浮。痛」矣□□，奄然物化，辭此明時，閟茲□夜。光陰」難駐，陵谷易遷，勒茲磐石，永固幽泉。」

（周紹良藏拓本）

顯慶一一六

【蓋】失。

【誌文】

大唐故陪戎副尉安君墓誌銘

君諱度，字善通，長沙人也。其先弈葉相承，根扶」疏而不朽；洪源遠派，等松竹而長榮。祖陁，齊任」滁州青林府鷹擊郎將；父定，隋任河陽郡鎮將。」並志操凝遠，心神迥邈，撫臨兵衆，恩等春陽。君」齠年早惠，夙著嘉聲，玉潤優遊，逍遥自得，珪璋」間發，挺思雲松。君往以大唐起義之功，帝授」陪戎之職，遂豚跡閭里，不仕王侯，孝敬於家，恭」己無犯，悠悠養志，嗟時逝而不停；屑屑終晨，歎」隙駒而易往。以顯慶四年歲次己未閏十月甲」戌朔寢疾，卒於敦厚之第，春秋七十有八。即以」其年十一月癸卯朔七日己酉葬於洛陽城北」邙山之陽，禮也。既而神香遥遠，空傳西域之名；」瓊草難求，唯聞蔓倩之説。奄然零落，可不悲哉！」將恐海變陵移，櫢遷時逝，故題玄石，勒銘云爾。」其詞曰：

鬱鬱長松，昂昂直上，蓮峰拂桂，岧」嶢獨往。悲纏里閈，鄉閭遐想，哀哉興感，倏無髣」像，如彼素月，開霞獨朗。」

（北京圖書館藏拓本　河南千唐誌齋藏石）

顯慶一一七

【蓋】失。

【誌文】

唐故李府君墓誌銘并序」

公諱三，字達，隴西城紀人也。若夫氣標真景，猶龍之」道鬱興；徵感精誠，射虎之功昭著。亦有揚妙音於漢」邸，協律馳芳；懸藻鏡於晉闈，納言騰譽。斯並詳諸史」册，可略言焉。曾祖纂、祖愿，並德量宏深，器宇弘廣，金」聲外振，玉質內融。父考達，志操貞□，機神鑒朗，實人」英之師範，信士彦之楷模。公則道備二儀，克修六行，」資仁成性，挾義安懷，忠果率由，孝慈冥至。不干榮秩，」雅叶逍遥之情；志逸丘園，深陶放曠之趣。每以清飈」動篠，眷叔夜以嬉遊；湛秀凌空，仙玄度而留賞。豈謂」草塵易落，薤露俄晞，水逝如斯之川，景沉崦嵫之岫。」粤以顯慶四年閏十月廿二日寢疾，卒於私第，春秋」五十有三。即以其年十一月十八日，葬於北芒，之禮」也。仍恐年移陵谷，代易桑田，無分插鏡之山，永閟佳」城之地。嗣子辯言等，痛切荼蓼，悲逾毀滅，顧繐帳以」心摧，仰靈衣以氣絶，摭生平之茂實，庶敢刊於貞碣。」其詞曰：

猗歟盛族，赫弈華裔，天驥東道，真人」西邁。龍門以闢，玄文乃制，挺生夫子，風流逾泚。紹堂」剋荷，敦詩閲禮，盛德易昭，玄扃難啓。松昏霧密，風悲」林際，勒銘幽隧，芳猷罔憩。

顯慶四年十一月」

（北京圖書館藏拓本　開封博物館藏石）

顯慶一一八

【蓋】張夫人誌銘（「夫人」二字合文。）

【誌文】

唐故張夫人墓誌銘并序
夫人諱英，河内修武人也。靈源濬沼，疏崑閬之」洪波；茂松森蔚，分大野之叢薄。豈止花雕艾紱，」雲藻遺風。祖子，隋鷹陽郎將；父善，隋相州臨漳」縣令。並叡哲早聞，雄豪夙著，架霜松而孤秀，徵」菊浦而凝清。夫人即臨漳之第二女也。素履義」方，夙符高行，組紃標志，明艷徵容，時合笄年，歸」於趙氏。自嘉運成德，唱和齊塤，冀蓮萼雙暉，與」劍池而無徙；豈桂枝摇落，共曉月而俱沉。春秋」卅有四。越以顯慶四年十一月廿七日，終於景」行里私第。以其年十二月十二日殯於邙山，禮」也。曉撤樽俎，夙駕靈輴，蓋飄飄兮北上，魂怳怳」兮南移，述音儀於玄石，庶彌久而不虧。乃爲銘」曰：」連芳茂族，分萼華宗，仁成早歲，孝著唯童。家稱」高行，黨述容功，何福無祐，俄彫井桐。去昭昭之」白日，襲修夜之悠矇，泉石虚寂，松檟增風。」

（北京圖書館藏拓本　開封博物館藏石）

顯慶一一九

【蓋】失。

【誌文】

唐故段夫人墓誌銘并序」
夫人諱金，樂陵人也。望重兩京，疊桂彩而孤映；簪」纓二晉，鏘珮響而聲遥。豈唯相間英雄，乃代多君」子。祖德，齊冀州南宮縣令；羽翼當時，傾清貞於隋」代；父達，光州光山縣丞；英風家國，著忠鯁於」皇朝。夫人誕秀華宗，表祥鴻胤，飛秋霜而挺質，明」艶秦姬；播春煦以弘仁，峻齊謝女。年華質縟，歸此」韓門，藝業難儔，婉淑無比，明允冠於泉玉，高行架」於芳金。故能保此安和，享兹眉壽。冀澂訓於州里，」母德彌煩；何景福之虚徵，奄然歸盡？春秋八十。粤」以顯慶四年歲次己未十一月癸卯朔廿一日癸」亥，終於章善里私第。以其年十二月癸酉朔廿四」日景申權殯於邙山之陽，禮也。長子端、次子雲蓍，」悲寒泉而增歎，哀陟岵以摧肝，恐碧溜爲峰，翠微」成沼，敢鐫芳烈，勒兹以銘。」族茂兩京，榮高二晉，蓋華芝影，蘭清玉振。誕兹明」允，慶標弘度，謂祐輔仁，奄歸泉路。壽堂虚寂，綺帳」塵飛，松風颼颸，夜月空暉。」

（北京圖書館藏拓本　河南千唐誌齋藏石）

顯慶一二〇

【蓋】失。

【誌文】

唐故都水監舟檝令孟君墓誌銘并序」

君諱普，字玄德，琅邪平昌人也。曾祖昇，魏博州刺史、」廷尉、衛尉卿；祖仲康，齊銀青光禄大夫、都官郎中、漁」陽太守；父公行，隋咸陽縣令、將作監丞、將作少監。並」體道垂範，□行修己，效官九署，分職兩京，爲冠蓋之」稱首，標羽儀之盛烈。君温恭表譽，德義流美，爲箕之」風允著，析薪之業克隆，解褐隋景義尉、將事郎，」皇朝授登仕郎、觀州東光縣丞、江州司倉參軍、絳州」絳縣丞、舟檝令。惟君早紆黄綬，屢贊銅章，朱帷之務」是參，玄冥之任斯弼。恂恂鄉黨，抑抑威儀，寧只六行」兼修，固亦三鋒式備。豈期景沉流電，露迫朝光，希假」寐於鈞天，溘遊神於厚地。顯慶四年十一月十六日」終於私第，春秋六十二。五年歲次庚申正月壬寅朔」五日景午窆於洛州洛陽縣清風鄉月城里邙山舊」塋。胤子郢州長壽縣主簿瓊，訴穹蒼而永慕，痛風樹」之長違，敬刊石於泉户，庶無絶於音徽。銘曰：」禮源垂裕，仁里騰芳，誕兹令德，操履含章。馳名弱歲，」高步周行，六條掌一，專城作貳。抑揚具美，蹉跎末位，」東歸溜遠，西鶩光沉。池臺草被，蘭菊風侵，千齡滅景，」萬古遺音。」

（北京圖書館藏拓本　河南千唐誌齋藏石）

顯慶一二二

【蓋】失。

【誌文】

大唐故張居士墓誌銘并序」

君諱振，字文遠，南陽人也，漢河間相之後。祖亮，周」淮陽郡守；父會，隋陳留縣令。君稟氣玄黄，凝神秀」峙，早標孝友，夙挺英髦，志洽山林，散襟期於泉石；」道符黄老，瑩機府於煙霞。放曠閑居，逍遥逸趣。藻」非高蹈之懿，蘿薜偶雅操之神。揮孫登之一絃，重」榮啓之三樂。不希九辟，罕務七徵，清文蔚以成章，」麗槧涣而流詠。蔭雲日擊壤，沐河海以陶甄，庶角」里以齊驪，冀絳父而接衽。不謂曦光難駐，薤露易」晞，玉樹俄摧，金箱奄碎，粤以顯慶四年十二月廿」七日薨於私第，春秋六十有一。嗚呼哀哉！即以五」年歲次庚申正月壬寅朔八日己酉，窆於洛都城」北北邙之山。既而雲愁丹旐，月思素輪，水咽晨悲，」松風夕慘。將恐泉源亟改，舟壑屢遷，勒石幽扃，庶」傳不朽。乃爲銘曰：」厥矣綿簡，興焉夐年，頻傳兩漢，蟬榮再遷。其一。枝幹」相輝，波瀾不絕，崇基以峻，茂緒而哲。其二。惟君載誕，」幼挺嘉聲，怡神墳籍，寢心簪纓。其三。蕙問俄銷，芳名」已歇，雖銘泉壤，□□不竭。其四。」

（周紹良藏拓本）

顯慶一二三

【蓋】失。

【誌文】大唐故翟君墓誌銘并序」

君諱惠隱，其先洛陽人也。三代祖徙居於洛，故今爲」洛陽人焉。祖紀史直，任魏州長史；父道生干齊，任百」工監丞；華碧接秀，松筠。道著當年，芳流絕代，藏光內」朗，含景外融，撫職荆門，流聲楚塞。君孕暉珠浦，發彩」瓊田，價重連城，高接乘。學綜墳典，道光時俗，託情林」壑，棄想簪纓。於是棄徵班以高蹈，捐輕爵以遐棲，追」逸迹於桃源，躡幽蹤於桂巘。冀接攀霞之客，將隨履」霧之遊。不津液於西山，奄遊神於東岱，以顯慶四年」五月廿二日卒於綏福里，即以五年二月二日殯於」芒山清風鄉之原，禮也。嗚呼哀哉！潛神於壙室，遂紀」石於泉户，其爲銘曰：」

顯允丕緒，猗歟茂族，樹本南陽，分枝西蜀。載德光遠，」慶鍾綿胄，託迹林壑，」忘懷寵辱。佇冀霞秪，忽悲風燭，擇辰闢壤，瞻原改卜。」時變灰管，年移陵谷，敢勒貞金，式傳英躅。」

以顯慶五年二月二日殯於芒山清風。

（周紹良藏拓本　開封博物館藏石）

顯慶一二三

【蓋】　失。

【誌文】

大唐故王君墓誌銘并序」

竊以穴處嬉遊，潛泳深泉之下，巢居輕舉，棲景茂林」之上，斯並見乎所見，然乎所然。乃知行藏異塗，叶乎」仁智之性；靜躁殊質，均乎動潤之好。君諱進，字悉達，」太原晉陽人也。乃祖乃父，在魏在隋；一行一言，著謠」著録。君少無檢局，長崇放蕩，志惟樂事，住不求聞。非雖」復絳紗之業或虧，白圭之謀是務，若卜商之礐魯，猶」猗頓之問陶。所以資擬蜀中，詎適汶山之地；聲侔關」右，寧慚蘭草之家，有爵邑之榮，方期鼎食之貴。所」以親戚是愛，里閈攸歸，故能希道德於壺公，欽數術」於梅子。庶太山請命，還遘張臣之方；豈謂京兆降靈，」先應成都之旨。以大唐顯慶四年十一月廿七日卒」於福善坊之第，春秋六十有七。以大唐五年歲次庚」申二月壬申朔二日甲戌合葬於邙山之陽。嗣子大」義，痛深陟岵，悲切凋松，懼碧海之成田，勒玄礎而爲」記。其詞曰：

姬水疏源，淮流罔輟，代崇裘冶，門稱閥閲，」或承餘祉，克光前烈。晨趨機事，晚謝藏拙，韜景光塵，」混味醻歆。輔仁云爽，驚精誕説，滕馬悲鳴，周簫哀噎。」山原啓乎幽隧，荒路窮乎去轍，風入松而響哀，雲低」隴而氣結。泉扃或掩，薤歌徒切，琬琰斯彫，英華靡絶。」

（北京圖書館藏拓本　河南千唐誌齋藏石）

顯慶一二四

【蓋】失。

【誌文】

大唐故賈君墓誌銘并序」

君諱元叡，字元叡，河南洛陽人也。若夫遠祖」發芳根於嵩嶽，振翠葉於長沙，自兹以降，羽」儀□□。君年四歲而喪父，母乃撫養幼孤，保」乂大家，免諸艱艱。君秀而令問，學綜優長。方」欲□□□於遐紀，奉慈母於育恩，天地無心，」不幸而死，以顯慶五年正月廿二日卒於清」化里第，年十七，未有伉儷焉。即以娉衛氏女」爲暝婚，衛夫人也。淑□艷發，令範□闈，□洛」浦之迴風，等秦娥之奔月，□同蕭史之□仙，」豈謂共歸於蒿里。嗚呼哀哉！以其年二月二」日合祔於北芒之嶺。恐陵谷遷改，誌諸銘石。」其辭曰：」

惟子之先，□葉冠冕，爰曾爰祖，乃光乃顯。篤」生吾子，非義不踐，如何夭折，隨化而□。其一。」□與衛氏，縝髮光鑒，淑穆閨房，蕙姿□艷。蕭」蕭丘壠，悽悽哀歛，雙魂長閟，何時□□。」

（北京圖書館藏拓本　開封博物館藏石）

顯慶一二五

【蓋】 失。

【誌文】

大唐朝散大夫行晉安縣令蕭府君故夫人柳氏墓誌銘并序」

夫人諱　，字　，河東解也。自公孫得姓，傳遠構於西周；柳」下垂仁，播奇聲於東魯。亦有平陽作守，見重於當時；驃騎論」功，流芳於來葉。國華人傑，史册詳焉。迺祖惔，梁尚書右僕射、」安南將軍、相州刺史，贈撫將軍曲江縣穆公；雅道光朝，清風」振俗。高祖暉，侍中散騎常侍；豐貂左珥，獻替巖廓。曾祖顧言，」隋内史侍郎、秘書監、漢川郡康公；學究蓬山，文同筆海。祖遜，」隋晉王府典籤、扶樂縣令；苞蘊上才，優遊下邑。父尚真，司門」員外郎、殿中丞、洛陽縣令；攀龍鱗而迥奮，附鳳翼以高搏，自」致青雲，家聲不墜。夫人生自華宗，伏膺教義，齠年綺歲，有若」成童，故以非法不言，淑慎聞於親戚；非禮不動，令譽浹於閨」門。年十有九，言歸蕭氏，作嬪君子，婉順居情；主饋中闈，恭勤」在念。蕭公作宰綿虒，同王生之驅轡；夫人言從外禮，猶待姆」而升車。既而遠届銅梁，□登玉壘，經途遐阻，遂染沉痾。與善」無徵，奄然長往，春秋廿有三，終於晉安之公館。嗚呼哀哉！神」香罕遇，寧留上月之容；仙草難期，詎反春翹之茂。粵以顯慶」五年歲次庚申二月十三日歸葬于洛州河南縣之北邙原，」禮也。懼陵谷遷貿，東海變於桑田，勒此遺芳，永旌明於泉户。」乃爲銘曰：

峩峩華冑，瀰瀰長流，植根東魯，析胤西周。或」將或相，且公且侯，門傳鐘鼎，家襲箕裘。誕茲淑令，作儷高門，」秦晉之匹，潘楊之婚。譽流紃組，德懋蘋蘋，言從其慧，行歸于」温。蘭桂方芬，松筠將茂，如何不永，遽彫春秀？婺影難留，朱幡」奚救，痛兹泉户，摧斯華媾。」

（周紹良藏拓本）

顯慶一二六

【蓋】似無。

【誌文】一石前後分刻。

梁太子洗馬秘書丞仁化侯隋博州深澤縣令蕭公夫」人袁氏墓誌銘并序」

夫人諱客仁，字令姿，陳郡陽夏縣人也。氏胄之興，其來」尚矣，傳諸史册，可得而略之。若乃守善道以□□士之」名，存仁義以著純臣之節。踵武迭稱，一門而已。高祖昂，」梁尚書令、司空公。革命之初，天下既定，唯公不至，時人重之。曾祖君□，梁侍中、左人尚書。不墜家聲，實惟才子。」祖梵，梁始安王文學、南郡王友。名高東箭，譽美西園。父」弘略，陳丹陽□。有文有武，箕裘載襲；令望令問，負荷剋」隆。夫人騰暉蘭畹，發秀芝田，質操閑遠，志識明贍，四德」聿脩，六行無點，□□霜以潔其志，邁松筠以著其節。仁」化侯以洪族高門，國華時儁，一代王子，累葉帝孫，好合」所歸，舊□斯俟。夫人年十有四，禮備外成，移天有屬，言」歸于蕭氏。蘋藻致肅恭之禮，紝組展恪勤之跡。加以志」存清白，弗尚彫綺，出不冶容，入無廢飾，琴瑟克諧，箕箒弗替。逮于貽慶莫徵，偕老徭應，仁化侯降年不永，中途」夭折，夫人徙□成學，斷織垂訓，諸子或年始成童，或未」勝□□，莫不躬親撫育，教以義方。未幾之頃，遭有隋之」亂，孤寡相攜，莫能自立。於是弱而守德，貧而不濫，切倚」廬之望，□□義之道。幸屬隆平之□，□旌賁之秋，孤幼始登名級，於是稍展榮養。」（以上前石）永徽三年，忽感風疾，藥石爰備，和扁□□，□日□頤，□」從□往，以顯慶四年歲次己未七月□□朔二□□□，」春秋八十有三，葬于雍州萬年縣□□里□□□□□□子曰繕，陟屺長望，終無噬指之期；積粟□閒，寧有反」哺之日。以五年二月十三日遷祔于仁化侯之舊塋，式」紀芳猷，乃爲銘曰：」

忠孝之門，鐘鼎之族，令德令問，且官且□。□道祚謙，積」慶貽福，箕裘靡替，公侯必復。必□□謂？自致公卿，箕裘」何謂？成仁令名。全行全勣，粤□粤明，陰祇降祉，淑媛是」生。功容莫愆，言範無替，志稟恭肅，情資孝悌。美乎紝組，」勤歟潔齊，秦晉潘楊，瑟琴伉儷。與善愆應，有喪移天，未」臻偕老，遽夭壯年。字孤勞止，晝哭哀纏，守義成節，斷織」能賢。勣箴宣條，功參薄伐，登朝既遠，□□靡闕。閱水東」鶩，奔羲西没，未極百齡，遽悲千月。龜筮□襲，□今是祔，」□迴迴以乘風，松黯黯而□霧。華屋近而□□，泉塗遠」而將赴，擗厚地其何及，□高天而靡訴。」

（周紹良藏拓本　開封博物館藏石）

顯慶一二七

【蓋】失。

【誌文】

唐故番禺府折衝都尉上柱國平棘縣開國公紇干公墓誌并序」

君諱承基，字嗣先，鄴人也。若夫系緒姜源，控清瀾於態水；胄參姬始，削丹巘於」峰蓮。是知以德標宗，大夫騰芳於魏册；以功命氏，光禄流響於晉圖。既而悉拔」韜名，蹈江漢而遐舉；子沮揚己，分若木以連輝。故知十姓所以聿興，八王於兹」啓邑。貂璫赫弈，冠冕蟬聯，詳諸簡牘，可略言矣。曾祖良，齊征南大將軍、開府儀」同三司、相州刺史。察政訓甿，獿鳥窮其索隱；敦禮崇信，候馬契以中孚。清白居」心，飲吴泉而彌潔；廉慎藻性，種休葵而示儉。祖雄，隋隴東王府司馬兼司州刺」史。曳履猨巖，聲高枚馬；鏘金梟渚，藻麗應徐。託乘小山，攀丹桂而爲賦；飛軒茂」苑，鑒素月以裁詩。露冕下車，塗聞五袴之詠；褰帷高視，野著兩歧之謡。並綺歲」知機，齠年敏對。公器宇恢廓，識量弘遠，動不違禮，静則依仁。莅職效忠，居家盡」孝，藝殫七德，蘊武略於鈐符；智窮十部，架文鋒於情府。洎隋道淪喪，」皇運膺期，乾綱重張，坤維再紐。公披荆覓路，窺霧瞻雲，戴鶡澄氛，腰虵静沴。飛」狐進討，揚隼旆以先登；白馬旋軍，挺霜戈而後殿。武德之末，獯獫强梁，控弦宜」鹿之川，飲馬涇陽之浦，侵斥中夏，搔擾邊亭，連烽時警，飛書日至。公雄勇奮發，」列眥衝冠，拜受神算，毗輔驅轂，朝至暮捷，所向無全。殄封豕於余吾，轒轀碎」而咽水；斬修虵於沙漠，穹廬積以成山。飲至策勳，公居稱首。以公勤誠克著，績」效可嘉，授公祐川府折衝都尉、上柱國、平棘縣開國公，食邑一千户，賞物五千」段、奴婢卅，甲第一所，上馬五十匹。聖恩重疊，榮顯相仍，于時奬擢，超冠倫伍。」永徽之初，改授廣州番禺府折衝都尉，餘官封如故。五嶺襟帶，百越咽喉，控接」甌閩，連居題鑿，董斯戎禁，禦徼伺邊，積善無徵，淹時遘疾，春秋五十有三，以顯」慶元年九月十七日卒于番禺里第。長幼興悼，哀同鄧子之悲；緇素傷嗟，實甚」羊公之哭。大子師倫等，痛貫心靈，哀纏風樹，幾於毁滅，杖而方起。粤以顯慶五」年歲次庚申二月壬申朔十三日甲申遷窆於東都北邙山，禮也。庶南望雄峰，」羨喬仙之來往；東鄰夷嶠，慕孤竹以甄貞。而海變爲田，峰移成谷，敬刊玄石，無」虧令德。其詞曰：」

弈弈華胄，綿綿貴宗，分枝若木，引派潢潦。材光杞梓，譽」繕鼎鐘，在家惟孝，莅職惟忠。箕裘是襲，良冶斯隆。其一。宜鹿立功，平棘樹德，行窮」規範，言該矩則。名播漲南，聲馳朔北，四調諧合，六藝温克，既出而處，或語而默。」其二。黯黯沉日，滔滔逝波，風零夏葉，霜殞春柯，笳吟薤唱，鐸應蒿歌，瑩沾秋露，遂」覆寒莎，人蹤蕪没，獸跡逾多。其三。郊松飈飈，宿草萋萋，黄鳥空思，白驥徒嘶，夜吠」蒭狗，晨鳴瓦鷄。雲昏壟暗，霧起墳迷，庶芳猷兮不朽，將天地兮俱齊。其四。」

（周紹良藏拓本　河南千唐誌齋藏石）

顯慶一二八

【蓋】失。

【誌文】

大唐故承務郎崔君墓誌銘并序」

君諱誠，字守誠，博陵安平人，太公望之胤。遠祖」子玉，列乎前史。高祖秉，魏司徒公；大父子博，隋」虞部侍郎、泗州刺史；父文康，雍州池陽縣令、和」州司馬。自兩漢已還，逮乎兹日，簪纓文學，弈葉」無替。家風閥閱，縉紳攸仰。君蘭畹滋芳，崐峰挺」穎，過庭有立，昇堂聞道，大學□清，就業餘金，擢」第四科，俯登一命，授吏部承務郎。方參鵷侶，整」六翮於雲路；忽悲唐肆，躓千里於虞泉。貞觀十」二年遘疾，終於長安里第，時年廿三。春秋常事，」著蔡襲吉，大唐顯慶五年歲次庚申二月壬申朔」十三日，爰於邙山之陽遷厝先君墓次。海水儻侵，」金聲可識。迺爲銘曰：」慶發玉璜，望擬河魴，門高卿相，人秘珪璋。若人」楚楚，其調昂昂，從師專業，就養無方。學優待聘，」觀國之光，班名人爵，高步文昌。何言不弔，奄遘」斯殃？荒埏寂寂，大野茫茫，人悲山徑，鳥思松行。」

（北京圖書館藏拓本　河南千唐誌齋藏石）

顯慶一二九

【蓋】　樊君墓誌

【誌文】

君諱寬，字弘度，蒲州河東人也。周樊侯之遠胤，漢南陽令」德雲之末孫。若夫長源帶地，共德水而齊流；崇基極天，與」嵩岱而俱峙。祖贍，齊右衛將軍寧都公；英規振遠，雄略從」横，同夏日之威，比秋霜之勵。父臣，隋刑部主事；神機鑒朗，」懿德鈎深，朝野挹其楷模，縉紳欽其令範。君家承閥閱，敷挺」秀儀形，稟天質以貞明，不錭鏤而成寶。汪汪萬頃，湛雅量」於黄陂；千丈森森，秀和松之直幹。敦信義於交友，盡敬愛」於閨門，爲宗族之珪璋，實鄉閭之領袖。屬隋季版蕩，天下」分崩，戢曜潛輝，不干名利。玩琴罇以取適，託泉石以娱情，」高蹈風雲，蕭然自逸。方憑賞趣，望保遐齡，膏肓之疾未瘳，」風燭之期奄及，春秋卌有九，没於私寢。夫人韓氏，稟閨帷」之訓，秀絶代之姿，六行發自生知，四德元資天縱。初笄之」年，歸於樊氏。虔恪朝夕，禮則無虧；嬿婉温柔，瑟琴方韻。降」年不永，早遘天傾，誓守兩髦，閒居孀獨，悲懷紆鬱，遂結沉」痾，先後異時，同歸窀穸。長子師廣，弱冠早亡；三女見存，出」成他族。其女等傷禋祀之無主，痛神靈之靡依，荼蓼縈心，」哀懷罔極，共營泉室，孝備始終。以大唐顯慶五年歲次庚」申二月壬申朔十三日甲申合葬於故錢坊東北一里。恐」高岸爲谷，大海成田，託諸金石，冀無忘焉。乃爲銘曰：」

門承積善，餘慶方隆，鐘鼎代襲，蟬聯靡終。哲人繼武，克紹」光融，如金如玉，惟孝惟忠。其一。驚川易逝，隙駟難留，蕭蕭風」樹，微微夜舟。一歸郊野，萬古荒丘，唯餘令問，永播芳猷。其二。」

（周紹良藏拓本）

顯慶一三〇

【蓋】失。

【誌文】

宋君墓誌并序」

君諱豐，字仲饒，其先廣平人也。因曾祖任洛陽，」遂家焉。君幼漸家風，長懷大度，常以榮寵不足」可加，有善不名，有學不仕，逍遥閭里，養性丘園，」重義輕生，夙敦然諾，松筠爲志，水鏡居懷，内睦」宗禋，外毗鄉黨，節儉惟操，仁孝宅心。方欲享彼」期頤，以登遐壽。豈意輔德虚陳，儵焉夭逝，粤以」顯慶五年二月十六日卒於私第，春秋七十有」七。即以其年歲次庚申三月壬寅朔一日壬□」葬于北芒之南原洛陽縣清風鄉，之禮也。□□」谷遷移，英聲暝昧，乃鐫玄石，以表芳猷。□□□」哉！乃爲銘曰：擾擾俗塗，悠悠羣品，集苦一生，□□□，□□」聚沫，散同拾瀋。其一。即宮曠野，□□□□，□□□」響，隴月徒明。物是時異，□□□□，□□□□。□□。□□□□，」階闥猶新，思想行□，□□□□，□□□□，□□」何辰。其三。生離死□，□□□□，□□□□，□□□□」□，一捐城堺，□□□□。其四。」

（周紹良藏拓本　河南千唐誌齋藏石）

顯慶一三一

【蓋】失。

【誌文】

唐故鄜州直羅縣丞張府君墓誌銘并序」

君諱德操，字修真，范陽方城人，漢文成侯良之後也。自名參七聖，」翌升龍之徇齊；□推三傑，興斷虵之神武。而後窮河之勣，飈舉一」時；衝斗之奇，景□□載。祖達，隋沂州顓臾縣令。化感朝翬，教清夜」鵲；行有枝葉，明稱水鏡。父元信，隋大業中歷沔陽、新安二郡主簿。」能足康邦，才堪華國，道長運短，調下聲悲。君潤岸生姿，折流分彩，」驪光迴映，虹氣交暉，幼智無涯，察桂輪而響應；老成有素，瞻李徑」而先知。蘭室之言，遠應千里；槐市之業，擅美一時。起家隋巴陵郡」書佐。俄而世道多故，國難不夷，掎鹿無從，瞻烏靡託，永言穀恥，於」茲卷懷，慶偶昌期，爰隨捧檄，除邛州蒲江縣尉、婺州龍丘縣主簿，」鄜州直羅縣丞。屢贊愛人之歌，幾聞去思之詠。君雅好疏放，志輕」軒冕，丘壑自取，職事成勞，聯爲三徑之資，暫屈一同之佐，既無取」於榮進，自得性於琴樽。有蔡氏之書籍，邁韋門之鄒魯。詞林擢秀，」映和松之千丈；學宇標深，埒孔垣之數仞。歸來已賦，優遊在茲，座」右可銘，芬芳逾遠。嗟乎！景未懸車，已息虞泉之駟；固夫夜壑，忽負」逝水之舟，以今顯慶五年歲次庚申二月五日遘疾，終于洛陽縣」之從善里第。即以其年三月壬寅朔八日戊□移窆于邙山之原。」將恐佳城復見，識夏侯之所居，皐門可望，表司馬之攸厝。嗚呼哀」哉！迺爲銘曰：」

在漢帝師，決勝標奇，有晉王佐，博物生知。道流華緒，德茂繁枝，餘」慶必復，伊人在斯。其一。髫年通理，松筠表性，淡水虛舟，靈臺明鏡。□」隨雲起，書勤雪映，牽絲筮仕，結巾從政。其二。頻參製錦，屢佐鳴絃，馴」鷄化洽，尚草風宣。儋山弛險，泗水迴漣，未窮千月，俄悲九泉。其三。荒」涼野徑，迢遰山莊，泣霑露草，哀聽風揚。冤深玉樹，恨結金箱，空餘」蘭菊，終古傳芳。」

（北京圖書館藏拓本　河南千唐誌齋藏石）

顯慶一三二

【蓋】失。

【誌文】

大唐故劉君墓誌銘」

君諱延壽，字長年，河間人也。茂系稟於祁」年，鴻源派於姬日，英髦接武，忠讜蟬聯，餘」慶所鍾，蔚乎不絕。曾祖仁基，交州都督；祖」永日，遂州刺史。今問令望，獸去珠還；惟清」惟勤，賣刀留犢。英聲茂結，家諜詳焉。君稟」性生知，不干榮利，志惟恬澹，學尚希夷。盡」孝養於閨庭，竭忠誠於寮寀。汪汪焉莫測」其涯，慆慆焉樂天知命。且東川不息，西景」難停，遘疾彌留，和緩無救，以顯慶四年八」月卅日，終於欒城里私第，春秋六十有一。」五年四月十五日窆於北邙山，禮也。嗟乎！」白日何促，玄夜何長，宿草方鬱，新松已行。」哀子切風樹之痛，朋友慟漬酒之傷。恐陵」谷之云改，鐫貞石而傳芳。」

（北京圖書館藏拓本）

顯慶一三三

【蓋】失。

【誌文】

大唐尚書都事故息顏子之銘」

諱襄子，字智周，瑯琊人也。年一十有六，」以顯慶五年四月廿七日卒於雒陽縣」章善里私第。其年五月二日，殯於平樂」鄉界。文林郎劉毅故第二女結爲冥婚，乃爲銘曰：

曲洛遥源，崇邙迴構，開靈」誕哲，摛祥毓秀。家擅簪裾，門光領袖，業」著金石，功昭篆籀。爰挺英妙，幼標成德，」道綜丘墳，藝苞儒墨。柘弓佇賁，奔箭俄」移，方春蕙落，先夏蘭萎。光庭璧碎，耀掌」珠虧，空傳令範，永閟芳儀。叶偶潘楊，疏」芳蘭桂，寶婺均彩，金娥比麗。百兩行遵，」九泉俄翳，昭途隔禮，幽埏合契。野夕雲」低，山朝月落，四象徒運，九泉何作？蓮葉」棲龜，松枝憩鶴，庶憑貞琬，流徽無作。」

（周紹良藏拓本　開封博物館藏石）

顯慶一三四

【蓋】失。

【誌文】

大唐故處士王君墓誌銘并序」

君諱楨，字弘幹，太原祁人也。鴻源分態，導濬九河。」若木敷榮，增輝十景。星橋弁轉，竦月控於錦城；雲」路蓋飛，駕霜毛於碧落。龍鐔交彩，凫舃連□，蘭菊」彌芳，徽塵逾劭。祖琛，周潼關鎮將；父機，隋任相州」鄴縣令。霓裳動軔，遥知關路之仙；冶袖安居，永絶」河宫之害。君含神獨秀，稟質孤貞，毓德基心，挹仁」裝性，漁經獵史，舒嘯衡門；思弈鳴琴，怡情□開。□」□枕石，□□埒於其巢；疏沼漱流，縱逸□於商□，」不謂箭流無舍，桑齒遽彫，隙照不停，蒿遊奄及，粵」以顯慶五年四月二十三日卒於私第，春秋四十」有二。賦樓虚掩，寂寞雲愁；琴帳空懸，徘徊月思。即」以其年五月二日瘞于河南縣千金鄉邙山之原，」禮也。山非豐雉，忽掩蓮標；地異泗濱，俄沉玉絃。恐」風煙歇滅，日月迭微，敬勒清猷，庶傳不朽。其詞曰：」

仁明石鏡，調逸煙波，箕裘累襲，鐘鼎重羅。誕兹英」哲，稟氣沖和，栖遲翰苑，游泳文河。其一。輕塵飄忽，危」露無時，陰堂永閟，白日長辭。周簫悽愴，夏□委遲，」山門霧咽，松帳風悲。其二。」

（河南千唐誌齋藏石）

顯慶一三五

【蓋】失。

【誌文】

君諱明，字暉粲，潁川長社人也。軒黄之苗裔，堯司徒公后稷棄」後也。故能殖其嘉穀，拯四民之阻饑；倉稟盈儲，安萬方之强盛。」遂得福流胤嗣，衣纓不絶。十一代祖啓，漢景帝後元三年爲大」司馬，封潞縣侯，食邑屯留，子孫因即家於此焉。曾祖居，魏封安」樂侯；祖洪，齊天保年中封諫議大夫、安德王輔佐；嚴毅肅恭，幕」府欽其令範。父先，隋開皇二年州貢明經，行修廉潔孝悌，敦册」甲科，起家游騎尉，至大業初，任上黨郡主簿。職總羣司，能官平」恕。後行長子縣令。俯臨邑宰，字育奇術，黎庶俱賀來蘇；矜恤多」方，士女咸稱至晚。君即其第二子也。夙彰令譽，懷鄗原之風彩；」志行修整，抱鄧禹之徽猷。然洞曉幽微，機神朗悟。屬唐啓運，先」赴義旗，勇決驍雄，摧破武周兇黨，秩授朝散，酬報鴻勳。然識道」德之洿隆，知榮辱之倚伏，雖珮戎職，非其好也。於是丘園守素，」體道居貞。上玄不鑒，春秋七十有四，顯慶四年二月十九日丙」寅，掩從風燭。哀哉命也。其妻馮氏，乃隋驃騎將軍潞州刺史馮」科之孫女也。貞惠淑慎，聖善母儀，肅穆閨闈，防閑内則，可謂賢」妃良匹。風□不□，相次俎落，以大唐五年實沈之歲，從其物化。」即以其年冬月辛丑朔九日己酉合葬於屯留縣西廿二里三」峻山之陽，禮也。恐田成碧海，谷變蒼山，故銘記于泉户焉。烏虖哀」哉！乃爲頌曰：

穆穆軒黄，明明后稷，貴賤彰顯，嘉禾播殖。」休烈鴻猷，貽芳垂則，胤嗣英哲，皇王羽翼。其一。君之繼軌，構緒」緜長，堂基不墜，負荷克昌。雖沾戎秩，不以榮光，居貞體道，物表」翱翔。其二。其妻馮氏，高門盛族，來適君子，彰斯令淑。桂轉」彌芳，蘭移更馥，不意霜災，俱從風燭。其三。」驍騎尉苗君墓誌銘立　大唐顯慶五年五月九日殯葬銘記。」

（録自《山右冢墓遺文》）

顯慶一三六

【蓋】失。

【誌文】

故大唐處士趙君墓誌銘并序」

君諱軌，字師立，南陽□人也。聳蓮峻趾，冠□□□□」雲；委箭昌源，□谷王而括地。擅昭令譽，馭日□□，□」聽妙□，□懸合奏，珠綦疊跡，金鈕聯華，休祉昭於□」昆，茂烈昭於來嗣。祖隆，周荆州刺史；父虎，隋任蜀□」府文學。並風含韶秀，性履淹詳，實曰國華，是稱人傑。」君弱齡沖素，幼齒清貞，浴德文河，澡身學海，席□□」孝，居簡尚仁，調逸麗琴，思窮秋弈。教義聞於州里，邕」睦叶於閨庭。式鏡人倫，實光時範。不謂悲泉掩日，夜」壑遷舟，未叶徵松，俄圖就木，粤以顯慶五年四月廿」二日卒於私第，春秋六十有一。金蘭俊友，對許月以」纏哀；淡水英交，望陳星而屑涕。即以其年五月九日」窆於河南縣千金鄉邙山之原，禮也。薤歌曉引，柳駕」晨趣，蟻幕長幽，龍□永閟。恐光陰相襲，年代彫訛，庶」勒玄銘，式旌泉壤。乃爲銘曰：」

剖符千里，總肆三軍，乃祖乃父，允武允文。爰降明□，」綺□蘭薰，貫穿子史，吟咏典墳。其一。逝川無舍，馳景不」留，梁摧孔歎，榱崩産憂。龍蟠一掩，蟻□千秋，蕪城露」□，大野雲愁。其二。」

（北京圖書館藏拓本　河南千唐誌齋藏石）

顯慶一三七

【蓋】無。

【誌文】塼。

維大唐顯慶五年歲次景申五月辛」丑朔廿日庚申，岸頭府校尉劉住隆」妻王氏之墓。」惟夫人諱延臺。志性忠貞，慈深」素質，家風遠振，五德備躬。不期積善」無驗，乃忽染患，醫藥方療，其疾不」瘳，遂於其年五月十七日亡背。何期」一旦忽棄芳蘭，親族爲之悲號，鄉」閭爲之歎惜，嗚呼哀哉！」

（録自《高昌磚集》）

顯慶一三八

【蓋】失。

【誌文】

大唐故王郎將君墓誌銘并序」

君諱力士，太原江東人也。祖榮，隋左屯衛大」將軍；父諱禕，隋金精光禄大夫、倉州刺史。君」唐東宫郎將，以貞觀八年五月十九日染疾，」卒於思恭坊之第，春秋六十一。即以其年七」月廿七日殯於河南縣平樂鄉之原。夫人姓」逯，涼州長史第五女也。出自誠孝之門，長於」仁義之室，加以志求無上，遵貝葉之微言，遂」南山之壽。昔宣尼有兩楹之痛，如來有涅般」之説，行年八十，以顯慶五年歲次庚申六月」庚午朔廿一日庚寅捨壽通利坊之第。嗚呼」哀哉！即以其年七月庚子朔七日丙午與王」君合葬於平樂鄉北邙山李村東北一里，禮」也。嗣女大娘，仰昊天之莫報，敬撰德徽，乃爲」銘記。」

（周紹良藏拓本　河南千唐誌齋藏石）

顯慶一三九

【蓋】失。

【誌文】

唐故張君墓誌銘并序」

君諱泉，字義深，洛陽人也。若夫幽根磐礴，標令望」於南陽；枝榦扶踈，振芳名於伊洛。祖崇獻，齊任定」州長史；父令賓，隋任上輕車都尉。斯皆並道高□」度，器量弘深，優遊乎禮樂之園，散慮乎仁義之圃。」惟君稟靈川瀆，挺質琨珸，桂馥蘭芬，金聲玉亮，崇」蹤大隱，無求干禄之心；遁跡閑居，有懷自怡之志。」敦駕千里，瑩山公高陽之塗；偃仰寸陰，暉文侯軾」閭之軌。飲河期足，不羨長流；栖止蕃籬，未欽喬樹。」豈而逝川迅閲，落景湍淪，命也如何，溘從朝露。粤」以顯慶五年六月十七日寢疾，卒於陶化里之私」第，春秋五十有六。夫人王氏威仁。齊廉、定二州刺」史寧之第二女也。夫人女誡夙全，母儀斯著，克隆」內訓，模軌閨庭。與善無徵，奄從風燭，以永徽六年」八月廿九日卒，春秋五十有四。遷神於登仕郎。即」以其年歲次庚申七月庚子朔十日己酉窆於邙」山，禮也。仍恐龜長筮短，陵谷遷移，勒此玄銘，永鑒」千古。其詞曰：

魂轜就駕，陟軔高崗，冷冷雲旆，霏」霏□翔。索索悲風，蕭蕭白楊，泉門掩瘞，人事悽涼。」

（周紹良藏拓本　河南千唐誌齋藏石）

顯慶一四〇

【蓋】失。

【誌文】

唐故司户桓君墓誌銘并序」

君諱鋭，字仁毅，洛陽人也。其先出自有晉大司」馬元子之後。若夫棄官亮節，墳死吉以抗天威；」獲菓舉拜，表真儒而來帝嗟。自茲已降，弈葉英」華。祖巖，齊河南郡司功；父卿信，隋任州主簿。並」聲馳庶彥，道映羣公，遐邇猷儀，縉紳規矩。公幼」挺温雅，性檢操以深仁；長習詩書，藝泠符其至」德。安排取順，將追大隱之蹤；徙倚門傍，用小繡」羅之利。豈其赤波電謝，白日□光；含風素零，蘭」芬輟馥。積善之慶，何期爽歟，以顯慶五年七」月一日終於嘉善里第，即以其月十日殯于邙」山之陽。嗣子行師，恐岸貿陵移，芳音不紀，勒茲玄石，以播無窮。」

邈矣遐胄，派別枝分，稱儒必顯，作論唯新。盛德」將祀，代有其人。」哀哀孺慕，慽慽孀悲，欑塗已撤，柩輅逶迤。雲呈」氣哽，風悽去晰，三千白日，往矣何期？」

（録自《芒洛冢墓遺文續補》）

顯慶一四一

【蓋】失。

【誌文】

大唐武昌監丞韓行故夫人解氏墓誌」

夫人姓解，名摩，字弘妃，雁門人也。後因」隨任流播，又貫洛州洛陽縣上東鄉歸」仁里。祖，齊鎮東□軍、河間太守；父賓，隋」衡州司户書佐。夫人金宗自遠，玉葉久」傳，四德無虧，百行咸備，永徽六年十二」月二日染患，卒於鄂州武昌冶監公第。」以顯慶五年歲次庚申七月庚子朔十」六日乙卯窆於洛陽邙山張方里，春秋」六十有七。稚孫洛等攀號抽割，悲纏行」路，嗚呼哀哉！乃爲銘曰：」懿德罕今，芳姿絶古，□聲雁塞，飛瓊洛」浦。其一。福善無徵，餘慶安在？曦車既往，逝」川不待。其二。桑海更變，陵谷互遷，故題斯」石，紀彼幽泉。其三。」

（北京圖書館藏拓本）

顯慶一四二

【蓋】失。

【誌文】

唐故昭武校尉任君墓誌銘并序」

君諱德，字愿德，樂安人也。族濬滎河，委葱山而淡溜；地」潤蘭野，茂華薄而飛英。故名重羽儀，譬漢册於朝右；志」高徽尚，照蜀鏡於朋端。前暉後光，鍾慶斯遠。祖儉，齊晉」陽令；父廉，齊著作郎。並瓌表秀溢，深衷凝遠，道勝蒲密」之政，踵張趙以垂風；名越蘭臺之英，匾班賈而分彩。君」告祥德水，鏡玄泉以洌清；貽祉華宗，婉崇光而秀潔。酌」八儒之腴潤，業行可謨；穿七札以標奇，多藝斯在。重然」諾於三益，敦孝悌於九親。鄉曲議其風規，月旦許其美」價。功成節效，榮秩顯加，授昭武校尉。五營振響，劉歆不」足儔；四校高能，任宏莫之擬。方申遠□，奄落中曦，春秋」五十三，去貞觀十七年十一月廿七日，終於毓財里私」第。夫人樂氏諱令姿，靈壽人也。凝華桂薄，載德灼於陰」暉；稟粹瑶巒，貞規彰於懋範。年甫二八，言歸任氏。既叶」如賓之敬，方篤齊眉之好，遽虧終吉，奄喪所天，保乂孤」遺，庶弘慈母。豈其風摧蕙畹，凋瑛下於霜庭；不褰同穴，」星影韜於劍渚。春秋七十，粤以顯慶五年七月十四日，」終於敦厚坊私第。以其月廿七日與君合葬於邙山樂」安公之域，禮也。去蘭房之步步，赴蒿里之芒芒，庶音儀」之可挹，歷千載而彌光。其詞曰：

裂漢源開，干雲族布，」雙標杞梓，孤分簡簵。玉潤珪璋，音調武濩，桂掩星花，劍」弢龍步。松風颼颸，音跡增僁。」

（北京圖書館藏拓本　開封博物館藏石）

顯慶一四三

【蓋】 失。

【誌文】

唐故二品宮墓誌銘」

故二品宮人者，不知何許人，莫詳其氏族，」竊以恭承青瑣，陪厠丹墀，妙簡良」家，簉茲盛列。且宮人温柔儉素，明敏早謙，」虛心以待物。盡禮而事上，周行唯見恭順」之容，儕伍不睹喜慍之色。夙希景仰，早預」宮班，椒庭共號女師，彤管咸書悦美。以斯」淑慎，冀享遐年，與善無徵，殲良俄逮，春秋」若干，以*以大唐顯慶五年七月廿日辰」時，卒於坊所，嗚呼哀哉！即以其月廿七日」葬於洛陽之北原，禮也。但葬事供須，」敕令官給。慮其岸谷生變，舟壑有遷，勒石」幽扃，庶傳不朽。銘曰：」

洛川流雪，飄揚暫明，巫山行雨，倏忽還晴。」風日已逝，閲水空驚，一隨化往，千祀飛名。」

（北京圖書館藏拓本　河南千唐誌齋藏石）

＊ 若干以　三字下原刻「五十六」三字被覆蓋。

顯慶一四四

【蓋】 失。

【誌文】

唐故常夫人墓誌銘并序」

夫人諱玉，河內郡人也。同韋家之去邑，等□」□之□居，爰自周土，聿來豫地，唯祖及父，挂」冠隱迹，吟嘯風雲，妙得康成之方，懸悟務先」之術，洋□郁□，故難覼縷也。夫人資靈以化，」□善而生，儀彩閑華，風神凝婉，珪璋外發，琬」琰內成，託好玄宗，歸依覺寶，以斯上善，宜保」遐年。豈謂三壽方申，百齡先謝，以顯慶五年」六月廿四日卒於□□，春秋七十有二。以其」年七月安厝於北邙之里。篆石幽壤，貽諸來代。其詞曰：」

家傳素業，族有舊聞，桂生因地，性自能芬。跡」存俗裏，心階法門，運何促，暫合還分，終化黃」壤，空峻丹墳。」許允之妻，姜詩之麗，識邁前迹，行之□契，發」言可佩，動容得禮，方期遠祚，終溫且惠，當夏」摧蘭，先秋彫桂，遽奄佳城，名存身翳。」

（周紹良藏拓本　河南千唐誌齋藏石）

顯慶一四五

【蓋】失。

【誌文】

唐故南陽張府君墓誌銘并序」

君諱懷文，河南洛陽人也。原夫良居漢幄，是曰師臣；華處晉」朝，實惟鼎輔。控長源而紀地，疏峻趾以極天。己□□日之流，」幾見干雲之岫。父嵩，隋殿中別駕；調下張高，德充運□。君丹」穴生姿，藍田育彩，九苞藴異，豈繪事以成章；十乘爲珍，匪珍」□之有瑩。年甫弱冠，道足康邦，累有弓旌，確乎不拔，蓋以識」窮機變，鑒盡玄微，寧隨蹈海之夫，恥就鞭山之后。俄然隋氏」失御，運屬土崩，奸雄競逐，邑居瓦解，驅馳杖策之日，栖遑擇」木之辰，慇憂切於一生，荏苒窮乎二紀。千齡啓聖，九有升平，」年迫懸車，時過投斧，居常以俟，抱德就閑。既而夢豎成妖，雖」秦醫而莫愈；栖鵩告殄，亦張氏之先知。以貞觀十五年正月」十二日寢疾，終于家，春秋六十有一。夫人渤海高氏。禀性幽」閑，率由孝敬，舉□閨閫，道冠□□。嗟乎，□竈未成，生涯已極；」芝田尚遠，幽途遽催。以今顯慶五年七月十五日終于私第，」仍以其年八月四日合葬于邙山之原。慮桑田之成渚，懼□」路之迴□，嗚呼哀哉！乃爲銘曰：

文成遠裔，仁□遺風，流芳不絶，播美無窮，出身事主，□孝爲」忠。惟君挺秀，室居言善，未遇周熊，多逢桀犬，風馳電□，萍□」蓬轉。大椿虧壽，□□聞歌，埏□宿草，松長懸蘿，令兹邦媛，同」託山河。昔居□里，秋謝春臺，今依冥録，叢棘荒萊，白日徒閉，」玄石寧開。」

（周紹良藏拓本　開封博物館藏石）

顯慶一四六

【蓋】大唐故李夫人墓誌銘

【誌文】

唐故會稽縣丞李府君夫人韓氏墓誌銘并序」
夫人諱　，潁川人也。觀夫桃源鼓浪，演茂族之」綿遐；瓊岳侵雲，標華宗而迥架。故龍額圖功於」麟閣，弓高流譽於春秋。自此迄今，其任無替。祖」朗，後魏平東將軍、營州刺史；父軌，皇朝中州」司法、固安令。咸以明燭冰鏡，貞絜松筠，譽滿六」條，光馳百里。夫人即固安之長女也。夙挺嫺雅，」早符令德，清暉玉岫，貞愈桂林，言行中規，作嬪」李氏。於是婉諧琴瑟，郁爾芳蘭，耀彩閨闈，凝暉」娣姒，實有裕於儀範，方習教於端仕。不其樹動」金風，光沉珠浦。粤以顯慶五年七月廿五日終」於河南縣立德坊私第，春秋七十有二。以其年」八月十六日殯於邙山之陽，禮也。子思彦，恐菊」潭朝徙，松山夜沉，敢勒芳猷，其詞曰：」
邈哉玄胄，佐堯仕周，如蘭秀夏，如菊芳秋。百齡」冠冕，萬代公侯，惟祖惟考，夙振徽猷。篤生四德，」紹彼前芳，臨詩辯義，採微知章。豈謂無祐，奄落」斯良。露濃寒葉，風淒白楊。」

（開封市博物館藏石）

顯慶一四七

【蓋】失。

【誌文】
唐故田府君墓誌銘并序」
府君諱仁，字路孫，潁川人也。府君懷萬頃之量，」莫能抱其波瀾；藴千里之姿，詎得齊其駿足。雅」略宏度，廣矣靡周；情思深沉，峻而難造。成童遊」藝，洞經史於心匈；弱冠齒鄉，稱孝友於宗族。材」堪處棟，器足函牛，羞割雞之小榮，鄙享鮮之末」任。迺辭禄棲遁，處順安排。養志閑居，得潘仁之」深趣；面山背水，叶長統之高風。況復琴聲與清」潤俱流，詩書將雅懷共遠。於是姑務修德，以導」鄉閭。豈其積善無徵，奄從風燭，顯慶五年七月」廿三日，卒於私第，春秋五十有三。於是落蔽日」之千仞，折梢雲之百尋，悲輟鄰舂，悼酸行路。其」年八月廿二日殯於邙山之陽。恐田移霧沼谷，」哀哉！乃爲銘曰：

抑抑田侯，今古罕仇，風神散」朗，威儀雅遒。口權截截，心直休休，冠時軌訓，蓋」俗芳猷。天星遞建，地管次飛，霜露代謝，人壽」有期。遊軒滅軌，寢帳生埃，琴紘息調，書橐罷開。」

（北京圖書館藏拓本）

顯慶一四八

【蓋】 失。

【誌文】

大唐故上護軍朝議郎行邛州蒲江縣令蕭府君墓誌銘并序」

君諱慎，字　，蘭陵郡蘭陵縣人也。自玄鳥降祥，拜璽之尊斯兆；白雲入」□，革命之跡攸興。故以掩藹瑶圖，昭章玉諜，詳乎聞見，可略言焉。迺祖」梁高祖武皇帝，珠衡日角，道冠於胥庭；懷斗握衰，功高於宇宙。高祖昭」明皇帝，重明作貳，岐嶷自然，伊水仙遊，上賓于帝。曾祖中宗宣皇帝，纂」承鴻業，光啓中興，祀夏配天，不安舊物。祖吴郡王，隋大將軍，朱綬開藩，」既盡褒親之禮；閑居樂善，非無頌德之文。父武定侯，太子洗馬，弈葉重」光，盡一時之高選；風神清舉，冠當代之名流。公幼挺珪璋，早標聰令，起」家濟陰郡主簿。郭舒之方成國器，鑿齒之任遇隆重，以今況古，差不多」慙。秩滿，轉延州録事參軍。振綱提綱，從容折衷，又轉鴻臚寺主簿。道俗」紛雜，接對喧囂，公處要若閑，不屑神用，又轉臨州豐都縣令。出居百里，」□□是種；專制一邑，清謹斯在。又轉隆州奉國縣令。不言之化，谷口多」慙，距輪之請，平陵有愧。又轉紀王府録事參軍。菟菀摛辭，頡頏於枚馬；」鄴城振藻，升降於應劉。又轉豫州褒信縣令。政遵五美，化表三河，請謁」絶門，脂膏不潤。又轉邛州蒲江縣令。在任未幾，忽染沉痾，勿藥無痊，奄」然長往。江濱古老，望歸柩而傳哀；葉縣飛凫，同逝川而莫返。嗚呼哀哉！」粤以顯慶五年歲次庚申八月廿二日歸葬于洛州河南縣北邙山之」陽，禮也。嗣子承基等，悲纏陟岵，痛慈顔之莫追；敢勒遺芳，庶傳之於不」朽。乃爲銘曰：

積石遥源，商丘遐祉，誕兹聰懿，令問不已。密勿名藩，頻繁百里，提綱流」譽，享鮮著美。其一。既稱筆杪，亦號談端，良朋仰慕，忘友交懽。高衢未騁，逸」翮方摶，俄聞偃桂，遽此摧蘭。其二。殲我良人，如何不弔，幽扃無敞，泉門罷」照。愁雲變色，悲風改調，用紀遺芬，英規永劭。

顯慶五年八月八日越王府□□」學士賀紀製　□□□□□□」

（周紹良藏拓本　河南千唐誌齋藏石）

顯慶一四九

【蓋】　茹夫人誌銘（據《芒洛冢墓遺文四編》卷二補蓋文。）

【誌文】

洛州河南縣洛邑鄉關預仁妻茹氏墓誌并序」

夫人茹氏，河南郡金鄉公茹君之女。祖禰，官班千」石，家積萬鍾；父代，官及五公，門傳四馬。關君氏族，」地望高隆，於君自悦，不乖榮仕，出孝入悌，始於事」親，室家邕睦，力田崇孝。夫人弱齡之歲，四德內成；」始笄之年，一志外備。善持巾櫛，能事舅嫜。泉必赤」鯉之魚，庭湧長江之味，昌孫榮子，門表旌誠，識達」三乘，護持三寶。何期川流不息，良木早彫，春秋七」十有一，以顯慶五年八月十一日亡于私第。用其」年九月四日殯于北邙之原。墳營邃夐，北跨長津，」界域蕭條，南枕瀍洛。屢移晷刻，祖載有期，烏菟不停，」玄宮日近，望荒墳而多感，攀風樹以傷嗟。男懷負」米之悲，女發高堂之泣。又慮寒溫屢易，陵谷遷迴，」隙駒既往，桑田變改，爰遵永記，刊石爲銘。嗚呼哀」哉！乃爲銘曰：

四德俱備，一志兼施，男資庭訓，女」賴母儀。其一。逝川東注，落日西頽，永歸泉土，長志閨」闈。其二。峩峩令德，采采風儀，掩從風燭，誰撫孤遺？其三。」長男泣血，少女絶漿，神姬執杼，瑞鳥悲傷。其四。寂寂」墳壠，芒芒夜臺，泉門盡掩，鷄鳴詎開。其五。」

（周紹良藏拓本　開封博物館藏石）

顯慶一五〇

【蓋】失。

【誌文】

大唐魏君誌銘」

夫赤烏挺瑞，周胤實繁；白魚躍鱗，姬瀾爰派。而爵居五」等，望列三尊，茅社於是克昌，星珪以之爰及。榮光滋于」姬水，鳴鳳翥于岐山，盛德久而彌芳，英聲遠而逾振。祖，」水鏡涵明，凝皎徹；父，松蘭掞彩，令譽貞芳。君器淹華，含」璋秀逸，孝友于閨閈，悌順于鄉閭。而幼號神童，目無雙」於日下；弱齡奇嶷，炳芳名於月中。業暢秋書，古人佇面；」文華春菀，鳥翥毫端。道蓄金籯，精通賾隱；文鋒玉屑，摛」彩鉤深。既而捐命以蚪仁，捨生以斟義，福愆於輔德，神」□於贊賢，莊閔掩扇，鍾弦響絶，視華山之蓮，向秋耑落；」望君子之樹，先寒欻彫。既悲悼親寮，哀纏宿草；悽嗟執」友，慟切金蘭。春秋六十有四。以顯慶五年八月廿四日」卒于私第。以其年九月八日葬于北芒山之陽，禮也。日」昏埏隧，風切松吟，冀無望於照乘，用誌於徽音。乃爲銘」曰：」

於鑠遠祖，高朗令終，德侔萬載，業纂圓穹。騰蘭啓瑞，丹□」暉融。其一。奥滋綿胤，器幹深宏，學優西孔，道邁東平。汪汪溟渤，岌」岌嵩衡，美珍北棘，潤曜南荆。其二。」駟駕翩翩，遄箭涓涓，哲人其逝，不弔昊天。蕭索松徑，陰」埏，銘茲窀穸，用誌芳堅。」

（北京圖書館藏拓本）

顯慶一五一

【蓋】　高君墓誌

【誌文】

大唐高君墓誌銘并序」

君諱德，字士進，其先渤海人也。若夫崇基峻遠，」疏派靈長，在周爲同姓之封，居齊乃正卿之胤，」斯則詳諸史牒，可略言焉。曾祖泰，魏任蒲州河東縣主簿；器宇沖深，風神爽儁，光毗百里，式佐」一同。祖迴，閑居不仕；父洛，隋任建節尉；並志懷」沉靜，性狎幽貞，不規軒冕之榮，獨守丘園之樂。」君則識度夷雅，令譽夙彰，德行被於州閭，信義」傳於親友。馮公白首，空負大材；原伯素髫，俄臻」虚壙。粵以顯慶三年五月十九日終於私第，春」秋七十有九。夫人黎氏，禀質幽閑，凝姿婉粹，未」盡如賓之好，俄成同穴之悲。顯慶五年九月廿二日終於私第，春秋八十。即以其年十月三日」合葬於州城西北之原，禮也。恐年代綿遠，陵谷」貿遷，式纂徽猷，紀之泉壤。其詞曰：

赫赫前烈，」亭亭秀峙，慶發德門，人標義里。聯宗鬱構，弈代」垂祉，胤緒載昌，英賢繼軌。忽隨朝露，俄同閱水，」苦霧晨昏，悲風夜起。勒銘泉壤，流芳千祀。」

（周紹良藏拓本）

顯慶一五二

【蓋】失。

【誌文】

大唐故夫人封氏墓誌銘」

夫人姓封，渤海人也。粤以笄年，」適于柳氏，淑望洋溢，雅操孤標，」婉順以睦閨門，貞正以匡君子。」而蘭桂方茂，遽掩馥於秋霜；隙」駟不留，倏韜光於夏景。春秋六」十有五。即以顯慶五年歲次庚」申十月戊辰朔十七日甲子將」遷窆於芒山，禮也。然懼陵遷谷」貿，石徙山移，謹勒芳華，永傳千」古。」

（周紹良藏拓本　河南千唐誌齋藏石）

顯慶一五三

【蓋】失。

【誌文】

君諱敬，字化和，并州太原人也。帝軒轅之苗胄。十」七代祖郭大儒，大魏政始二年，蒙除晉州刺史，子」孫遂居晉部。和德義早彰，文同宿構，隋任貝州宗」城縣尉；和子士侃，任洪洞縣功曹；祖孫葬於洪洞」縣界。又隋季坂蕩，四海沸騰，百姓流移，萬人馳走，其」其和孫妻蓬轉萍浮，播遷此土。夫人乃是王昶胤」裔，夫人笄將兩六，即與郭氏結姻，二七之年，遂便」入室。心懷孝德，志氣忠貞，四行遍於鄉閭，七德傳」於州邑。誰謂日馭不停，俄辭風月，嗚呼哀哉！以顯」慶五年歲次庚申四月辛未朔二日壬申，春秋六」十有九，忽同秋葉。即以其年十月戊辰朔廿九日」景申葬於李村西南四里。其地也東臨大壑，西望」方山，却背瀍河，前瞻長嶺。恐山移海易，日往月來，」雕石稱傳，刊銘著美，其辭曰：

太原松竹，葉散支」分，自官晉部，英聲遠聞。子孫不替，飈播如雲，榮寵」俄然，千載追君。其一。夫人孝悌，邦邑稱揚，婦儀婦」德，閭里名彰。爲行爲仁，聲踰遠鄉，何期風月，忽爾」無常？其二。百齡俄頃，千載難迴，神形一去，魂□□來。」長埋深壤，幽房不開，泣追爲頌，嗚呼哀哉！」

（録自《山右冢墓遺文》）

顯慶一五四

【蓋】失。

【誌文】

唐故萬夫人墓誌銘并序」

夫人諱蘭，即黄帝之苗胤也。譬彼海珠，所在爲」寶。夫人資靈以化，賦善而生，儀彩閑華，風神朗」潤。作閫□於彤管，規婦順於母儀，遺義二門，緝」熙兩族。加以歸依覺寶，託好玄宗，匠宜藴德敷」賢，用表將來之譽；包仁紀望，庶飈盛跡之光。豈」謂遘疾彌留，沉阿二豎，不戢樹美，遄委梁工。粤」以顯慶五年十月十八日歿於私第，春秋卌有」八。其年十月卅日，殯於河洛之□。恐年代推延，」勒茲琁石，深谷爲岸，海變桑田，刊此奇功，庶期」不朽云爾。」

龍門之箭，遠譽標映，崑嶺之琛，舊聞嘉慶。風旐」翠旄，人哀石竟，深隴藏煙，平郊淒競。其一。族有異聞，名流歿後，空峻丹墳，嘉音徒奏。佳城」一奄，餘芳無陋，奄爾無常，嬰落沉疚。其二。」

大唐故洛州賈公得政碑」

（北京圖書館藏拓本）

顯慶一五五

【蓋】失。

【誌文】

大唐故文林郎耿君墓誌銘并序」

君諱文訓，鉅鹿宋子人也。戊巳校尉，樹忠烈於」西疆；大中大夫，布循良於東郡。其後象賢繼軌，」邁德相尋，已挂萌謡，無勞吮墨。祖儁，周校書郎；」父相，隋洹水令。並澄潭萬頃，磊落千尋，聲軼金」椒，價高蓬府。五門三冢，刊疑謬於煞青；擾雉棲」鸞，播貞暉於美錦。君横經泮沚，進業虎闈，論蓋」解頤，辯兼藏耳。開皇四年，待詔金馬。晚屬時泰，」爰應明揚，同淄川之甲科，類會稽之暮召，授文」林郎，從班例也。遂乃浪情雲壑，嘯傲煙郊，指白」水以清衿，援丹霞而潔抱。顯慶五年十月十六日」遘疾卒於私第，春秋七十有一。即以其年十一」月十二日殯於邙山之際。式圖玄石，用昭清懿。」其詞曰：」

春秋建國，炎正承家，校書祖武，洹水飛華。惟君」克構，懸符簡砂，色包潤朗，心逸雲霞。尺波寸景，」難駐難留，勞生息殁，若沉若浮。霜封廣柳，大壑」移舟，平生萬事，還成□丘。」

（周紹良藏拓本　開封博物館藏石）

顯慶一五六

【蓋】　失。

【誌文】

公諱行師，字孝□，高陽郡人也。昔姜農啓源，由耒耜而成務；」許由承祉，照日月而垂徽。濟美家聲，問望清人物；重輝祖德，」風範薄雲天。曾祖彪，魏瀛州刺史；祖康，周鎮西將軍、梁州刺」史；父緒，唐司農卿、真定郡公。或入法河海，則義緝三農；或出連城守，則光馳千里。公金柯擢秀，珠胎耀質，文高鳳艷，映蔚」書林；成逾麟角，紛綸學肆。釋褐通直郎行符王府户曹兼徐」州倉曹。締交陳后，摛藻冠春華之才；高步梁園，□彩映栖龍」之岫。以勳庸之胄，授朝散大夫行開州司馬、□真定郡公，遷」宣州長史。西馭鶴乘，上岷蛾之玉宇；東馳驥趾，□吴會之雲」浮。還邢、潞二州長史。邢山潞水，政以禮成。望府□□，官由德」懋。豈謂屏星臨職，俄增税駕之悲；天板龍徵，奄□司命之務，」二年五月，薨於公館，春秋五十□。公風徽標發，□□與金聲」俱振，流軒與鏡水同清，豈謂太岳之峰，奄成隤岫；平輿之水，」翻閲迴瀾。嗚吁哀哉！子義方等，攀松變色，鑿柱承書，粤以顯」慶五年十一月廿三日遷□平樂里。永惟盛範，方閟幽扃，爰」勒□石，敢爲銘讚。其詞曰：」

姜皇積祉，許宗永祀，其峻常羊，源清濯耳，連華國彥，弈葉高」士。其一。寧公載德，穆矣清風，□公遊藝，美矣良弓。司農會紀，佐」命惟忠，鳳墟陪運，鶴鼎論功。其二。惟公嗣業，實鍾門慶，積學山」明，清文海鏡，位資茅錫，榮承綸命。其三。逸羽淩厲，芳聲射越，藻」鑒人倫，留連風月，辰已悲讖，賢才遽歿。其四。虞歌挽□，滕城路」遥，□山月冷，寒隧雲飄，徒希再見，能類陳焦。其五。

右唐故上輕車都尉潞州長史真定郡公許府君墓誌并序」

（周紹良藏拓本　河南千唐誌齋藏石）

顯慶一五七

【蓋】失。

【誌文】

梁夫人姚氏墓誌并序」

夫人諱弟，字琰珪，安定人也。」竊聞飛□川流，表於七侯之貴；楊鑣龍躍，著乎三主」之隆。莫不曜彩緗編，浮華翠篆。大祖相，齊任吴王府」長史；父元，隋任汾州大寧縣令。或賦菟欒池，速鄒枚」而衛轂；或馴翬桑野，命恭路以扶衡。夫人擢芳蘭闥，」秀質珠田，明懿發於天姿，温柔禀於家訓。既量高識」阮，惠亞聞蘧，浮彩外融，清徽内藴。曁乎笄年有緒，爰」娉姚宗，接下韶和，承尊順睦，折蘩芰而貽訓，採芳藻」以羞蒸。豈期望娥月以方，隨桂輪而遽落，顯慶五」年十一月六日卒於私第。嗣孫乾福，孝孕絶漿，慟深」泣血。顧徙鄰而进□，撫廣被以驚號。即以其年十一」月景申朔廿九日壬辰窆於平樂鄉，禮也。

松風驚」兮荒郊慘，雲霧屯兮寒隴昏，徒寓魂於白日，終瘞質」於玄門。嗚呼哀哉！乃爲銘曰：川流華轂，龍躍金」鑣，侵雲派葉，插月抽條。□符聲懿，大寧音韶，積族玄」□，累誕瓊瑤。其一。光摛玉藻，雅敷蘭質，翠瞼蓮舒，瞭眸」□逸。步砌花庭，偃闈春室，撫下温柔，奉尊莊票。其二。大」塊遷舟，奄隨物化，鸞鏡無懸，龍輴有駕。終辭永日，長」扃厚夜，託體山阿，薜蘿無弛。其三。」

顯慶五年十一月廿九日記。」

（北京圖書館藏拓本　開封博物館藏石）

顯慶一五八

【蓋】失。

【誌文】

大唐故淄州淄川縣令祖君夫人墓誌銘」

君諱忠，字君信，范陽人也。植根天井，望重寶符，自契之湯，」凡餘一紀；亶甲居相，仍紹本宗。祖基遷耿，因封命氏，芳流」洛汭，即其後也。曾祖紹，齊青州刺史。求瘼恤隱，政美六條；」務簡年登，情兼一借。祖和，不貪榮寵，棲志閑居養性，貽神」自得。父孝，隋臨邛縣令；德行兼著，詩禮兩聞，績茂一同，政」標三異。君承斯弈葉，性洽清明，蘭桂自芬，音徽日遠，釋褐」任上林署令。可謂積善慶鍾，光敷美勣者也。既而日新其」德，無曠天官，雅量弘深，俄遷縣令。晨羊罷飲，詎媿中都；人」涣不鯤，無慙單父。以顯慶四年八月八日遘疾，終於淄州」縣，春秋七十九。夫人鄒氏，即鄒昌之苗胄。祖宗叡哲，表履」端於未萌；唯子唯孫，識歸餘之遠趣。遂使冰天寒谷，推律」以煖之；桂海温鄉，測琯而風至。夫人德惟萊婦，行潔鴻妻，」鎔範大家之儀，弈由茂先之典。既而膏腴美疾，苹茂傷年，」沉痼牀帷，亟離寒暑，以顯慶五年十一月十九日，卒於殖」業之里第。即以其年十二月七日合葬於北邙平樂鄉之」原，禮也。恐陵谷有遷貿，惟塋遂推移，紀令德於九泉，庶傳」芳於萬古。乃爲銘曰：」

君子凝烈，夫人肅清，覩龜取鑒，味道求貞。猗歟美媛，實掩」柔名，性深玉潤，志潔冰清。吉日有期，凶儀夙引，晝旐啓路，」素車□軫，迸□易窮，深哀難忍。磚堂已構，佳城方遠，白日」凝光，何當復□。愁雲□壠，悲風雜挽，驄馬徒號，魂兮詎返！」

（北京圖書館藏拓本）

顯慶一五九

【蓋】失。

【誌文】

唐故大府卿真定郡公許府君墓誌銘并序」

□□緒，字玄嗣，高陽郡人也。亹亹洪源，掩姜川而積派；巖巖□」□，□太嶽以疏基。祖德嘉聲，葳蕤策府；連芬疊藹，焕燭士林。曾」□□魏開府儀同三司；祖彪，魏瀛洲刺史；父康，鎮西將軍。或雄」圖武緯，參上將之珠星；或露冕塞襜，對惟梁之黑水。公紛綸」王葉，出雲構之隆堂；昭晰鳳毛，生翰林之艷彩。弱冠辟州主簿。」鄧華之慷慨遊趙，命偶時來；張房之攀附在留，運開王佐。于時」高祖經綸大寶，初謀伐桀之師；太宗翊贊靈圖，始預戡黎之業。」温明殿所，遂陳耿弇之言；渭水溪前，爰申吕望之計。除左武候」長史，與裴寂等同□□□之詔。義叶龍雲，仍重凌臺之畫；運」諧金礪，兼斯誓嶽之盟。歷司農太府卿，轉鄂、瓜、豫三州刺史，因」入朝，遂嬰重疾。承明謁帝，方獻替於紫廬；鈞天動心，奄□□」於金奏。春秋六十三，追贈靈州都督，禮也。惟公幼而孤邈，英拔自」然；長而賢明，器識斯遠。豈謂中台應岳，翻傷摧岱之峰；上德旌」門，終歎司農之殁。嗚呼哀哉！子行本等，悲深追遠，敬厝高神，以」顯慶五年十二月十三日遷奉北邙山平樂里，佳城永閟，魂室」長幽，敬勒清徽，乃爲銘曰：」

炎皇積祉，許國餘昌，源清潁澨，族茂高陽，連城振玉，九畹傳芳。其一。莊公盛矣，問高朝岫，武公猗歟，業昭門構。鎮西惟德，汝南之茂。其二。」紫嶽標秀，光河授靈，奇士載育，君子攸生，梢雲晞幹，上月搞名。其三。」金鄉末周，瑤棺已至，凉月宵上，淒風夕駛，空埋敬愛之書，猶是」生平之志。其四。」

（周紹良藏拓本　河南千唐誌齋藏石）

顯慶一六〇

【蓋】失。

【誌文】

唐故武騎尉賈君墓誌銘并序」

君諱欽，字長才，洛陽人也。若夫幽根磐」礴，標令望於□門；枝幹派踈，振芳猷於」伊洛。祖宜，隋任

□□□夫；父德，唐任文」林郎。兹並道高□□，□重弘深，各挺琳」瑯，俱摽杞梓。惟君□□川漢，秀質琨瑶，」少溢風雲，長閑清□。豈謂梁木斯折，哲」人殄乎，命也如何，溘從朝露。粤以顯慶」五年十二月五日卒於私第，春秋卅有」八。即以其月十九日窆於邙山，禮也。仍恐龜長筮短，陵谷遷移，勒此玄銘，永標」千古。其詞曰：

惟此賈君，禀質貞亮，挺」特琨瑶，遊豫閑放。命侣山陽，」嘯儔卑訪。其一。逝川東閲，滔滔不歸，落景」西謝，黯黯長辭，白楊蕭瑟，翠檟增悲。其二。」

（周紹良藏拓本　河南千唐誌齋藏石）

顯慶一六一

【蓋】失。

【誌文】

大唐故處士賈君墓誌并序」

公諱字德茂，洛陽人也。漢長沙傅誼之廿九代孫。若乃多材多藝，」允文允武，開國承家，出將入相，詳諸直筆，可略言也。曾祖泰，學窮」孔繫，理洞釋如，超然乘物，不交俗務。祖厝，周初起家爲州從事，四」任大中正，以升入之材，爲澧州郡守。數鍾貴其以養，三黜不捨方」直。父興，隋仁壽中，擢爲伊川府校尉，尋遷長史。軍謀禮容，□事明」習，英果雄武，遠近知名。至於鳴玉鏘金，本非所望；紆青拖紫，無或」寘情。開諸天運，佩蘭緝芰，今匪其時，唯當用日，歡此三樂，隨時放」曠，無事兹事，以終彼百齡。不能學乎唯唯，自取□爾，雖歷夷險，懷」抱晏知，於是名都勝地，兹焉必踐，留連山水，□歸旬日，可以求之」高尚，不得以塵俗論焉。公雖不矜名節而門風温雅，臣隸妻子，有」若嚴君，家人不間，斯焉是謂。顯慶三年十二月九日，負杖興歎，自」識云亡，乃誡其子曰：生者氣聚，死者氣散，聚散之間，天道常理。吾」瞑目之後，稱家還葬，不用送死妨生，以取譏悔。至十二月一日，針」石無□，卒於鬬里之私第，春秋七十有四。以十二月廿四日窆於」於斯原，得其禮也。但恐藏山潛運，高岸力移，茂實英聲，寂寥無紀，」遂鐫貞石，辭有媿云。」

源遥流廣，根深條暢，人必生知，門多將相。三代貽厥，令聞令望，禮」□二典，爲我宗匠，允文允武，齊物遊放。其一。積善無爽，誕生有德，□」□□順，懷道内直。鶉豈常處，鷇不自食，居居于于，應物動息，生我」□□，安知帝力。其二。既晦其跡，又放其言，遊心止水，翱翔禮園。同聲」必應，左右便繁，于陸鴻漸，海運鵬翻，知足常足，何避何喧。其三。□□」兆夢，負杖興歎，其言也善，深誡聚散。千丈松崩，方寸斯亂。荒埏寂」寂，長夜漫漫，勒茂實於泉扃，恐深谷之爲岸。其四。」

顯慶五年歲次庚申十二月丁卯朔廿一日丁亥記」

（北京圖書館藏拓本　河南千唐誌齋藏石）

顯慶一六二

【蓋】失。

【誌文】

大唐故□君墓誌

君諱□，字令賓，南陽人也。帝顓頊之苗裔，曾祖□□，魏征西大將軍；祖伯，齊北銀州刺史；□□，隋歷停縣；並藴山岳之高節，苞河漢之□□，奕葉光華，名流千載也。君德懷邈遠，志尚清居，怪張議之憤□，□□□之貞粹，行齊三逕，情欣五柳，隱不遂□，痼由斯起，災風濫及，先拂高花，忽於顯慶五年十二月廿六日卒於家第，春秋八十有一。但以死生契闊，幽明有殊，即以辛酉之年月己酉之日葬河陽西北九里。冥冥有分腸之痛，永永有莫覩之悲，酸哽不紀，其切刊石，題之不朽，嗚呼哀哉！乃爲銘曰：

峩峩高德，淼淼懷深，志尚沖寂，榮位無心。神情亮遠，清居可尋，道於時外，名利何侵？舒散□候，放□情沉，痼疾因動，大漸相臨。死生□闇，運往無禁，形雖忽謝，永播芳愔。

（録自《金石萃編》卷五十三）

顯慶一六三

【蓋】失。

【誌文】

唐故處士張府君墓誌」

君諱楚，即張府君雅州榮經」縣丞之第四子也。君纔登弱之」冠年，早從即代，豈謂方夏摧」蘭，未秋掩桂。貞觀十九年終」於邛州。以顯慶六年二月七」日冥婚馬氏，葬於洛陽縣北」邙之山原。懼陵谷高深，勒茲」銘記。」

（北京圖書館藏拓本）

顯慶一六四

【蓋】失。

【誌文】

唐故綿州博士張君墓誌銘并序」

君諱武，字斢，清河人也。今寓居洛陽焉。其先自」漢至周，委洪族於譜牒，或飛名魏策，或述藝梁」書，繡軸映流水之車，紫紱煥桃花之馬。豈止青」鸞表異，始興謠而去悲；玄中通氣，方變□而遷」化而已。君異挺瑶巖，含清越而融朗；奇宏珠浦，」鑒凝彩以摛光。心鏡虚朗，湛桂月而流耀；思泉」瀲映，運鼇波以驚瀾。是以藝總羣書，文莊錦績，」孝惟無假，友乃歸真。材終南之河，器准江東之」幹，釋褐綿州博士。導青襟於詩禮，訓著分庭；引」白馬之高談，德芬衿素。□謂菊潭水泮，架辨閲」逝川之流；霜歇春叢，霧氣□朝光之照。越以顯」慶五年六月一日終於綿州官舍，春秋卌四。以」六年二月七日歸殯於北邙山之陽。恐蓮虧岫，」花漸桃源。芳烈變於蒼黄，竹策朽於延閣。敬述」遺音，其詞云：茂族綿邈，莫之與京，將相稱傑，」師友唯明。允矣夫子，仰繼前英，有禮有義，分著」友生。福兮無兆，禍兮斯行，隴樹爭春，色春風隴」

（周紹良藏拓本　開封博物館藏石）

顯慶一六五

【蓋】失。

【誌文】

□唐故□□□君墓銘

君諱琳，字□璋，河南洛陽人也。其先朱襄之胤，□□□」□漢□，可謂震金柯於遠古，豈不擢翠葉□□□，□□」□□，有仁有勇，自茲已降，蟬聯靡絶，逮□□高□□，□」□釋典玄風，偃仰丘園，輕脱干禄。每至□□竹□，□真」客於玄微；爽月澄秋，論桑門於空教。□□□其名利，取」恣心神，是故邑里羨其清通，交友欽其雅操。豈謂天不」慭留，奄旋運往，君春秋八十，以顯慶六年太歲辛酉正」月丁酉朔廿三日己未卒於洛陽縣遵化里私第，即以」其年二月癸酉遷窆於邙山之巔。東仰嵩丘，則土□□」而名往；西臨梓澤，則清洛瀁而□流。嗚呼！長子曾□□」□勞之莫大，切罔極之深恩，恐丹壑與山阜俱遷，慮碧」海共桑田改變，詢之知己，敬勒芳猷，貽厥子孫，誌諸玄」石。其銘曰：」

於昭遠祖，□典□□，□□□□，光華歷代，□吴雄勇，」□□孝□。仁智信誠，德流後由。其一。猗歟處士，賤禄貴□，」□□□外，好道慕仙。高月竹□，嘯侶命□。談玄論釋，樂」□其旃。其二。悲哉逝水，永該無歸，如何哲士，翳景沉輝。□」□烈嗣，癘瘠以疤，彼蒼不慭，皇天有違。其三。森□□□，」孤鳥哀鳴，嘶嘶悲馬，愁雲無情。龍轜萎鬱，輴□□□，千」秋萬古，泉户長扃。其四。」

（周紹良藏拓本　開封博物館藏石）

顯慶一六六

【蓋】　失。

【誌文】

大唐故銀青光禄大夫使持節泰州諸軍事泰州刺史上柱國宣城以下缺。

公諱詮，字文昇，陽平清水人也。昔漢啓玄圖，伏波功參於（缺。）異人間出，公門必復，其在兹乎？祖彩，魏奉朝請禮部侍郎，周使持節（缺。）恒、懷、夏四州刺史，陽平郡開國公。神機朗察，遐邇挹其清潤，（缺。）父究，隋大興縣令、内史舍人、兵部侍郎、左武候將軍、長秋令、太府卿、金紫光禄大夫、閿鄉縣開國良公。天縱英明，□兹文武，功格廊廟，眇絶周行。公□□標星，□神冠嶽，五色儀鳳，千里友龍，藴和順而内融，挺英葉而外晰，年甫□□，志邁老成，文史見□，公卿藉甚。弱冠調補隋文皇帝挽郎兼□太子通事舍人。允該□□，稟神規於玉□，載□□辯，恢懿□於銅樓。雖名級未優，而賓實已遠。屬明□損秀，賓寮去職，自安天爵，且戢機心，□□□□□□□延時傑，庭開郭隗之館，席泛穆生之醴，以□□□所□，奏爲府屬。東平寬□，難昜樂善之資；廣陵驕□，竟速亡軀之禍。特詔府佐，僉授遠官，出爲南海郡司功書佐，從班例也。石林遐阻，銅柱遼□，翠嶺□□，滄波沃日，蠻風險詖，甿俗薦居，不藉（缺。）公履冰思□，□□初心，委質亮□，直（缺。）黄金作粟，不□都尉之（缺。）失□城之寶，惠爲令德，□□遠大，□之俄（缺。）相府子孫□□□□屈降曲成之惠。（缺。）縣令公琰以時宗（缺。）高祖太（缺。）變望氣（缺。）任下六（缺。）高祖（缺。）宣城縣開國公（缺。）日薨於州府正寢，春秋六十有三。（缺。）以顯慶六年歲次辛酉二月

□□□十九日甲申遷窆於萬年縣少陵原，禮也。（以下缺。）

（録自《關中石刻文字新編》卷三）

顯慶一六七

【蓋】失。

【誌文】

大唐故朝散郎騎都尉行太常寺永康陵令侯君墓誌銘并序」
君諱忠，字師正，燕州上谷人也。其先仕於相，因而家焉。自鶊筐」疏慶，構始賈於商丘；狼鈎濫祉，漸初源於上谷。暐緒華於錫社，」蔚族茂於俾侯，家牒圖芳，可略言矣。曾祖玉，魏燕州刺史；祖通，」齊驃騎將軍；父孝孫，隋黄梅縣令；並以龍洼躍彩，鳳穴翻儀，爰」刺六條，洞朱襜而清瘼；言籌七縱，滿彤彈以蠲荒。然則閥啓莫」京，鍾嗣武而延慶；門昭必復，緜列辟而昌緒。遂以甫從筮仕，任」東阿縣尉；俄逢擢異，補臨沂縣丞。榮秩纔終，尋遷隰州録事；時」須馭劇，遂轉新豐縣丞。仍以禮樂甄風，僉云公允，園陵潔薦，」帝曰爾諧。調太樂而洽桐禽，事永康而肅櫻真，凡所還歷，召詠」延哥，咸有登臨，疏標建準。嗟乎！時催暮槿，遄霜葉以凋陰；運爽」靈椿，驟風柯而淪影。上巡京尹，怨結章臺之眉；下涖文郎，愴對」茂陵之草。奄以顯慶五年七月十二日，卒於永康之官署，春秋」六十。即以六年歲次辛酉二月景寅朔十九日甲申，遷殯宮於」邙山，禮也。其地則却鏡榮河，川澳飾煙雲之彩；前睎仙闕，樓榭」縟冠纓之華。實象化宮，遂兆靈域。塋濱邙洛，叶應叟之生平；隴」界夷齊，得杜君之饗象。

重以對理繩而湛珠戒，將屬纊而含寶」經，風嘯宰枝，似送禪林之韻；泉悲藏壑，疑分法水之音。朱曜沉」而石栢秋，玄陰起而銀池冷。猶以鍊金舛用，帳丹竈而空留；屑」瓦或因，距翠嵩而永固。其詞曰：

文疏上谷，嬴派大梁，薦暉」龜組，疊煥貂璫。剌條贊魏，雅磬諧」唐。入陵隈而構草，遊樂府而調章。彼蒼不吊，殲此惟良，鳳玉沉」彩，龍劍銷芒。霧昏丹旐，風悲白楊，寒郊積露，荒徑凝霜，式鐫貞」石，顯允垂芳。」

（周紹良藏拓本　河南千唐誌齋藏石）

顯慶一六八

【蓋】　王君墓誌

【誌文】

大唐故王君墓誌銘并序」

君諱敏，字寶達，太原郡人也，魏太尉晃之苗裔。昔」五侯拜爵，漢社攸遵；三將綏戎，秦基是茂。簪裾代」襲，可略言焉。祖多，齊宋城令；嗚絃蒞俗，蹈單父之」嘉猷；製錦調人，履中牟之懿德。父穆，隋恒安府鷹」揚郎將；志尚軍麾，素甄戎律。公風神爽晤，器宇沖」深，英勇外彰，雄衿内發。釋褐永嘉府隊正。東征西」伐，冒霜露以忘疲，忠鯁不渝，蒙授輕車都尉。宜應」享茲多福，錫以慶餘；豈期隟影難留，奄驚風燭，□」觀年内，遂歸泉壤。夫人元氏，隋相國華之□□。□」芳麗浦，擢秀芝田，吞析木以横流，邁崐閬而□峙。」不謂積善無效，構疾靡瘳，春秋六十有四，終於洛」陽敦厚里第。即以顯慶六年二月十九日葬於邙」嶺之陽，禮也。仍恐居諸遞往，陵谷遷移，勒石幽埏，」乃爲銘曰：」峨峨茂族，浩浩長源，居漢挺德，在魏標賢。簪纓弈」葉，文武蟬聯，名高一代，芳流萬年。其一。薤曲悲長，笳」悽風□，泉路恒昏，夜臺無旭。桂月徒朗，蘭池空淥，」傷哉人代，百齡何促！其二。」

（周紹良藏拓本　開封博物館藏石）

顯慶一六九

【蓋】失。

【誌文】

大唐康氏故史夫人墓誌銘并序」

夫人姓史，洛州洛陽人也。家承纓冕，代」襲珪璋，可略而言，備諸簡册。祖□陁，呼」論縣開國公、新林府果毅；父英，左衛郎」將，襲封父邑，並謂俱承懿緒，冠蓋連華，」茂慶門傳，芳徽不絶。夫人女儀無爽，一」志貞心，婦禮有功，四德兼備，宜應壽兹」福祐，保卒遐齡。豈意天不慭遺，奄先朝」露，忽以顯慶六年二月廿三日終於私」第，春秋卅有六。即以其年三月七日窆」於洛陽城北邙山之陽，禮也。復恐陵爲」深谷，海變桒田，不紀餘芳，無傳後葉。其」詞曰：」風儀婉順，令□芬芳，蕊開春茂，遽□秋」霜。」

（周紹良藏拓本　河南千唐誌齋藏石）

顯慶一七〇

【蓋】無。

【誌文】塼。

維大唐顯慶□年二月」十五日歲次□□□□騎都」尉田慶延今月□□□春秋」七十有六，□□□□□□」□」間驚謂，絶□□□□□□」非莫知何計，□□□□□」呼應□□□墓也。」

（録自《高昌磚集》）

唐代墓誌彙編

龍朔

龍朔〇〇一

【蓋】失。

【誌文】

大唐故董府君任夫人墓誌并序」

若夫遠代，泛瀾波於風后；焕乎近葉，瀁漪連於樂安。綿古及」今，冠纓載韙。夫人夙鍾恩慶，濯質隆家，從少至長，不爲戲玩，」家人每謂之曰：何不戲乎？對曰：戲者非女人之所爲，妨女功」之事。既而年及初笄，言配君子，琴瑟協和，閨房淑穆，結蘭以」含珮爲義，織組以編綬爲仁，其德也清閑貞静守節整齊，其」功也心專紡績不好戲笑。夫婦之道，足可事御。方欲雙遊碧」沼，並鶩鸞臺。豈其沼喪一目之魚，臺失隻翼之鳥，君以不壽，」早卒於桂嶺，以貞觀十四年四月卅日瘞於邙山之側。夫人」沉痾既積，寄欲福善有痊，何謂天不輔仁，奄從運往，以龍朔」元年太歲辛酉二月景寅朔廿七日壬辰卒於私第，春秋卅。」即以其年三月十一日景午，遷窆於浮山之陽。前臨清洛，帶」梓澤而媚川；北眺黄河，與崗岑而交映。嗚呼！恐陵谷有高下」之賀，城市有遷易之期，乃勒芳猷，敬鎸玄石。其辭曰：

昭哉遠祖，焕矣令孫，福慶遐邇，鍾裔私門。大夫稱往，忠丞後」昆，枝分紫極，寧可殫論。其一。嗟爾君斯，先稱良史，如何早折，後」爲孝子。棄景沉輝，永歸蒿里，玄泉一閟，無時復起。其二。哀矣淑」美，痛惜令顔，既德有義，静約清閑。形神運化，歸骨藏山，金烏」落照，埏户長關。其三。」

（周紹良藏拓本　河南千唐誌齋藏石）

龍朔〇〇二

【蓋】　失。

【誌文】

洛州河南縣録事王君墓誌」

公諱寬，字行倫，瑯瑘臨沂人也。□夫鄰社不脩，門」風夙著，墳樹零落，孝道先彰。百里以雅望匡時，名」高東邁；將軍以英聲振俗，績□□今。並詳諸簡諜，」可略而言也。祖龍，周處士；父□□任并州録事參」軍；循名督實，挫右鉏姦，野牧不收，露商無竊。公志」好山水，尤愛典墳，疊雅思於書帷，浪遥情於琴室。」豈爲電波□夕，薤露趨晨，忽迫短齡，掩悲長夜，春」秋六十有七。粤以大唐顯慶六年歲次辛酉二月」卅日遘疾，卒於巖闕里第也。眷族親姻，悲纏風樹，」嗚呼哀哉！痛悽行路。以龍朔元年三月十九日甲」寅，與夫人李氏合葬於河南縣平樂鄉北邙山原」殯，禮也。生涯以畈，泉路方窮，愴哀笳於曉月，咽痛」俛於晨風。曾松吟兮煙景晦，宿草蔓兮林甸空，乃」爲銘曰：
□□繁恥，攸攸遠慶，列代克忠，孝心彌盛。淡水□」□，虚舟叶性，幽桂孤榮，長松曾映。其一。」□□荒
郊，冥冥長夜，靡靡宿草，烈烈行楸。苦霧朝」□，悲風夜流，援枝掛樹，凄矣誰收？其二。」
（周紹良藏拓本　開封博物館藏石）

龍朔〇〇三

【蓋】失。

【誌文】

大唐故陰夫人墓誌銘并序」
惟龍朔元年歲次辛酉四月乙丑朔，王氏故」陰夫人諱好兒，洛陽人也，卒於第里。嗚呼哀」哉！葬於洛
北邙山也。其所即東瞰下都，望姬」公之古迹；南瞻洛水，想洋洋乎美哉。西眺金」谷，乃石崇之舊
居；北距黄河，傷淼淼而東逝。」斯地也：七相五公之窀穸，萬人百姓之冥居，」宅兆安神，莫過於此。
乃爲銘曰：」
猗猰淑質，秉節貞亮，萊婦鴻妻，豈能高上。復」有令德，隨夫先唱，居室有行，亟聞禮讓。輔佐」君子，寤
寐求焉，欣欣負戴，捨耒恭虔。二門流」譽，九族芳延，比之不謝，誰居之先？夫人淑懿，」繼此洪基，福鍾有
兆，禍何自來？積善餘慶，豈」曰虚哉！哲人斯逝，運遭陽九，神從異物，靡他」恒守，刊石遐暉，殁而不朽。」
（北京圖書館藏拓本）

龍朔〇〇四

【蓋】 奇君之誌。

【誌文】

唐故處士□君墓誌銘并序」

君諱長，字師政，上谷人也。其先列仙奇相者，處士即其後也。」靈嶽降神，蔚起王公之相；長江委浪，肅表真人之居。故得秀」異挺生，英才間出，洪伐著於延閣，言行勒於青編。麗春景之」桃蹊，鶩秋朝之流水者也。祖獻；父續，隋任東郡録事參軍；并」音儀逴遠，器宇弘深，激繡羽以摶風，鼓綵鱗而躍溜。處士挺」異松山，抗瓊枝以凝彩；含章竹浦，徵玉潤以飛英。學總八儒，」簡菁華於翰苑；文該六義，綴翠羽於詞林。命駕契雞□□歡，」朝夕盡温清之禮，因斯遂性，性希微尚，息榮華於一指，遣我」物於二難。於是負杖清渠，瑩心鏡於冰沼；行吟緑野，寄情地」於松端。琴揮延壽之歌，賦寫行天之樂。優哉自得，與物俱亡。」方亂跡於脩多，澄心於寂滅；豈謂風林夜壑，凋玉樹於瑶谿；」輔仁實虛，促高春於晚景。春秋六十有六。越以龍朔元年三」月十日，終於洛陽縣豐財里私第。以其年四月九日，權殯於」邙山之陽，禮也。嗣子登仕郎玄表，感旐次荒郊，輪移洛渚，霧」黯黯而離合，雲慘慘而低舉，薤露悲兮振松檟，哀笳凝兮悽」宿楚，勒遺德於貞誌，邁千秋而流譽。其詞曰：」

茂族綿邈，莫之與京，將相稱傑，善友惟明。允矣夫子，仰繼前」英，有禮有義，無滅無生。福兮虛兆，禍兮斯行，隴樹驚春色，春」風隴上驚。

龍朔元年四月九日銘記。」

（周紹良藏拓本　河南千唐誌齋藏石）

龍朔〇〇五

【蓋】　王君墓誌

【誌文】

大唐故雲騎尉王府君及夫人魏氏墓誌銘并序」

君諱朗，字玄明，太原晉陽人也。魏司空昶即公之遠葉祖焉。」原夫控鶴伊川，肇神基於得姓；飛凫葉縣，崇靈系於高宗。由」是地表膏腴，門承簪紱，詳諸史牒，可略而言。父粲，幼挺珪璋，」時稱俊秀，光應妙選，任沂州録事參軍，因宦成周，遂居于洛」汭。君孕質崐嶺，疏枝桂林，迴秀總其繁華，遠鏡摽其特達。至」於儒宗玄府，罔不畢該；德圃仁庭，弘規疊映。武光七德，」詔授雲騎尉官。既而石火難留，逝川易往，爰遘寢疾，以永徽」六年十二月十日終于景行里第，春秋六十有三。夫人魏氏，」鉅鹿中山人也，後魏僕射收之苗裔。原夫立功受賞，大名表」於宗周；匡國佐時，宏略傳諸盛漢。紆青鳴玉，代有其人。父彦，」區寓馳聲，芳徽遠映，因宦洛邑，遂家于三川。夫人發秀芝田，」芳畹分其玉葉；承華寶樹，茂林挺其金柯。令譽幼彰，清規夙」備，凝姿獨立，似稟質於靈娥；逸□孤標，疑託精於仙婺。嚬□」有節，率禮無違。爰應摽梅，作嬪王氏，母儀既極，婦則斯殫。□」戚挹其嘉猷，鄰族模其懿範。俄而遘疾，遂致彌留，以龍朔元」年四月四日終於景行里第，春秋六十有七。知與不知，莫不」傷感，豈直輟春興歎，罷織銜悲而已哉。即以其年四月廿一」日合葬於邙山翟村之西一里。子元宗、元卿等，哀纏霜草，望」岵屺而無依；痛結樹風，悲終天而罔極。故扶匡泣血，匍匐墳」塋，乃勒茲銘，永爲不朽。其詞曰：

遐宣茂軌，廣扇弘規，徽猷綿箸，遺風在斯。脩竹摧節，高松偃」枝，令不朽，陵谷徒移。」

（周紹良藏拓本　開封博物館藏石）

龍朔〇〇六

【蓋】失。

【誌文】

大唐故張君墓誌銘」

君諱善，字嘉賓，河内南陽人也。蓋聞洪源遠」導，美著九土之中；盛烈芬敷，芳流千勝之地。」備諸史策，可略言焉。荏苒俗閒，人歌來詠，妻」孥號慟，眷屬傷心，鄰婦遂有送杵之聲，街童」有絶途之響，風雲悽愴，士友悲傷，自咎無徵，」偷延日晷。剋龍朔元年四月十一日，俄邇殞」于私第，春秋卅有五。遊神勿外，不染囂塵，夜」必九思，晝恒三省。今龍朔元年歲次辛酉四」月乙丑朔廿七日辛卯，葬于邙山之上。南瞻」伊洛，信逝水之不停；却望高崗，知陵阜之永」□。嗚呼！英聲遠振，隨二鼠而保全；懿範良規，」□四時而不朽。乃爲訟曰：

遷塗運會，鼎沸」當茲，命冀王道，竭力佐時。翼虧翮屈，忠不遂」期，名隨隙逝，與事長辭。」

（周紹良藏拓本　河南千唐誌齋藏石）

龍朔〇〇七

【蓋】失。

【誌文】

唐故七品亡典饌墓誌銘并序」

故七品宫人者，不知何許人，莫詳其氏族。竊」以恭承青瑣，陪厠丹墀，妙簡良家，簉兹盛列。」且宫人温柔儉素，明敏卑謙，虚心以待物，盡」禮而事上。周行唯見恭順之容，儕伍不睹憘」愠之色。夙希景仰，早預宫班，椒庭共號女師，」彤管咸書悦美。以斯淑慎，冀享遐年，與善無」徵，殲良俄逮，春秋六十。以」大唐龍朔元年四月廿一日卒於坊所。嗚呼」哀哉！即以月卅日葬於北原，禮。盧陵谷生變，」舟壑有遷，勒石幽扃，庶傳不朽。銘曰：」

洛川迴雪，飄揚暫明；巫山行雨，倏忽還晴。風」□□逝，閲水空驚，一隨化往，千花飛名。」

（周紹良藏拓本　河南千唐誌齋藏石）

龍朔〇〇八

【蓋】失。

【誌文】

大唐故王君墓誌銘」

君諱孫，字君順，偃師人也。其先出周□王太子晉」之苗裔。若夫幽根磐礴，□令望於晉□；枝幹扶踈，」振芳猷於伊洛。祖卿，齊□□州滿城縣令；父隋任」車騎將軍；斯並道高雅器，度□洪深，或武略□韓」彭，或文功苞張蔡。惟君稟靈濬清，秀質崑丘，少有」淑哲，長多令譽，無心□務干禄，獨沮簪裾；有意託」□清澄，孤崇大隱。□□亭亭高聳□落風塵；皎皎」貞明，投蹤巢許。既而逝川東閲，信滔滔而不歸；晷景西沉，諒黯黯而長謝。粤以龍朔元年六月十八」日寢疾，殚於鄰德里之私第，秋六十有二。即以其」年歲次辛酉七月甲午朔十六日己酉，乃與夫人」侯氏合葬於北邙之陽，禮也。恐龜長筮短，陵谷遷」移，勒此豐銘，永標千古。其詞曰：」

倏哉夐古，邈矣遂初，□根磐礴，枝幹扶踈。□若淑」哲，恬靜閑居，敦仁洒德，緝義□書。其一。」逝川東閲，落景西沉，雍雍夫□，杳杳年侵。命從薤」露，身瘞幽深，嗟其冥寞，勒此玄箴。其二。」

龍朔元年。□□（下缺。）」

（河南千唐誌齋藏石）

龍朔〇〇九

【蓋】失。

【誌文】

唐故上谷侯夫人義明鄉君譚氏銘并序」

夫人諱二娘，雁門人也。建國命氏，魯史定昭穆之規，」龜組陸離，可得略而言矣。曾叡，齊任青州刺史；祖師，」梁弘農令；父約，隋河間令；并　才秀異，望重古今，弘」義讓而字育，振平惠而當官，豈唯獨舞青鸞，有稱馴」雉而已。夫人即河間之元女也。素履徽猷，夙敦教義，」貞明白雪，質炫秋霜，言稱可模，行諸侯氏。是以規矩」內外，貽則鄉閭，高行母儀，詎能摽稱也。所以屢降」明詔，存問安和，詔授鄉君，優年德也。誠可久」敦貞順，永庇華宗。何期樹玉風搖，芝薰露警，春秋九」十有七，粤以龍朔元年歲次辛酉七月甲午朔廿六」日己未終於私第，八月甲子朔廿一日甲申葬於邙」山之陽，禮也。嗣子恐碧溜浮天，翠微遷谷，仰勒鐫以」傳芳，酌斯銘而表德。其詞曰：」瞻紛紜之盛列，播帝籍之縑緗，俯貽則於千載，仰當」代之琳琅。凝德音於淑媛，實景行之昂藏，貞順艶於」春日，志節爛於秋霜。何天德之無輔，奄摧落於斯良？」悲華庭之少行跡，泣重阜之掩芬芳，歌薤露兮酸野」外，風蕭蕭兮悽白揚。」

（周紹良藏拓本　開封博物館藏石）

龍朔〇一〇

【蓋】失。

【誌文】大唐故處士宋君墓誌」

君諱虎，字善通，河南洛陽人也。其先宋襄□」胤，未緒興在漢吴，可謂震金柯於遠古，豈不」擢翠葉於近今。爰有仁有勇，自兹已降，蟬聯」靡絶。逮君志高沖遠，履躡釋典玄風，偃仰丘」園，輕脱干禄，每至清風竹浦，談真容於玄巖，」爽月澄秋，論桑門於空教。所以忘其名利，取」恣心神，是故邑里，奄從運往。君春秋六十八，」以龍朔元年八月二日卒於私第。即以其年」八月廿一日葬於邙山之陽，禮也。名往，西臨」梓澤，則清洛瀁而流。烏呼！長子君卿，庸然勞」之莫大，切罔極之深恩，碧海共桑田改□□」之知己，敬勒芳猷，貽厥子孫，誌諸玄石。其銘」曰：

於昭遠祖，帝□攸載，赫矣末孫，光華」曆代。在吴雄勇，於漢孝愛，仁智信誠，德流後」曳。其一。□□荒樹，孤鳥哀鳴，嘶嘶悲馬，愁雲□」情，龍轜萎，千秋萬古，泉户長扃。」

（北京圖書館藏拓本）

龍朔〇一一

【蓋】 斛斯之誌

【誌文】

大唐故左翊衛斛斯府君墓誌銘」

君諱師德，字仲鋭，河南洛陽人也。其先黄帝之後，受封始均之」際，紫塞燭龍之庭，摶飛瀚海之濱，逸翮神池，靈沚逮魏，烈鴻基於」帝業，樹社稷之勳庸，祖以宗戚有功，依晉故事，十姓枝分之日，命」公以爲氏焉，自道至今，冠纓隆盛矣。君少而辯慧，習綜於武文，文」則以義爲仁，武則以忠成烈。君年弱冠，屬隋運將終，殷鑒懷遠，深」覩天命，歸漢曲逆，君則方之。武德歲初，授翊麾校尉；貞觀年中，遷」左翊衛。欲等松筠而方潔，望共山嶽而齊安。豈其上靈不憖，英才」殞墜，以貞觀廿四年十一月廿三日春秋五十有四終於嘉善里」第。夫人韓氏，勳華閥閲，代有其人。年始初笄，作配君子，滔滔南國，」芳桃李之花；盈盈北方，絶代之艷。折梭訓子，以織義爲仁；傅粉飾」容，以行潔爲孝。閨閫淑穆，邑里號曰清徽；撫育幼孤，宗族稱爲哲」母。夫人欲齊蕭史，下鸞閣以爲雙，寒暑遞來，日月盈縮，何謂天地」離仁，遘兹沉疾，夫人年五十八，以龍朔元年歲躔辛酉八月甲子」朔廿七日庚寅合祔於北邙之嶺。前臨伊洛，沔沔長流；北眺羊腸，」悽悽愴浪。左連日景，則名長永而臺存；右接函關，則鷄無音而地」在。蒼蒼碧海，上變鴻池；膴膴平原，窊隆不定。桑田有必更之理，皐澤有遷易之期，貽厥孫謀，勒諸玄石。其銘曰：」

芒芒九有，肇封玄朔，鳳舉龍翔，超然華嶽。巍巍大魏，中原逐鹿，廣」命懿親，枝分爲族。其一。光光武義，忠則盡誠，懷鑒明遠，在於弱齡，背」楚歸漢，翊衛爲名。其二。英英哲婦，令績光門，協和琴瑟，芳若蘭蓀，志」齊簫史，輕舉煙雲。其三。晦魄循環，嗟短逆祚，庭引靈輴，丹旐啓路。烈」烈孤嗣，哀哀號慕，逝川一訣，泉門永固。」

（周紹良藏拓本）

龍朔〇一二

【蓋】竹夫人之誌「夫人」二字合文。

【誌文】大唐故夫人竹氏墓誌銘并序」

夫人諱妙，字須摩，遼西人也，孤竹君之後。峩峩峻趾，聳蓮」峰而極天；森森昌源，架蓬波而浴日。衣冠交映，鐘鼎聯華，」嶽瀆間生，像賢不墜。祖弘賓，周任青州録事參軍，轉授相」州司馬，老疾歸田，徵而竟不肯仕；父懷威，隋任幽州薊縣」尉；並實標人傑，實曰國華，譽重州閭，望高鄉塾。夫人澡身」蘭渚，分態三春；毓德芝田，交輝四照。飛文歲首，縟彩焕於」椒花；鋭思年遒，風韻驚於柳絮。孝窮温清，工妙紘綖，式鏡」母儀，實光女史。及梅垂三實，桃映九華，鳴玉珮而捫綏，儷」金夫而徙軔，道光秦晉，義孕潘楊，娣姒挹其清規，宗姻仰」其茂範。克勤奉饁，展敬情田，爰勗薦蘋，惟恭靈府。不謂河」湄迴雪，掩晨露而將晞；江浦蕩舟，泛夜壑而遂遠。粤以龍」朔元年九月三日卒於私第，春秋六十有三。即以其年其」月廿三日葬於河南縣千金鄉邙山之陽，禮也。遂使虹梁」之下，璧日長淪；牛斗之前，金星永掩。恐蒼旻接杵，碧海開」田，勒黄璽之清詞，庶貞風之不朽。乃爲銘曰：」

標峰仙嶽，導潤靈河，衣冠雲合，鐘鼎星羅。祉逾題劍，慶叶」琱戈，迺祖曰考，聲溢工歌。其一。誕生令淑，含英早歲，行皎析」冰，聲芳樹蕙。柔範端莊，清規婉嫕，婺上均華，娥升比麗。其二。」蕣華易隕，粉川行閲，龍匣分標，魚軒委轍。奉倩神傷，安仁」詞切，鸞鏡塵滋，鴛機網結。其三。女青入□，陰溝闢扉，素驂緩」躅，輤旆輕飛。初鶯曉思，遺露晨晞，煙雲已夕，簫吹虚歸。」

（周紹良藏拓本　開封博物館藏石）

龍朔〇一三

【蓋】失。

【誌文】
大唐故騎都尉靖君墓誌銘并序」
君諱徹，字萬通，河南洛陽人也。齊靖郭君之苗裔。」昔業盛區寰，遂受分珪之慶；功高宇縣，方膺錫土」之榮。暨曹馬而彌隆，歷嬴劉而不替，詳諸簡牘，可」略言焉。曾祖珍，隋任吉州刺史；祖康，皇朝任涇」州別駕；父綜，皇朝任博州司倉；弈葉重暉，光華」朝省，寬仁厚德，久著於謳謡。公乃志性貞靈，若明」珠以光闇室；心神皎潔，等霜月之朗冰谿。舊定西」夷，勳霑都尉。既而瓊瑰處夢，太岳興謡，春秋六十」有五卒於私第。可謂丹山殞鳳，平輿喪龍，豈止慘」日淒涼，愁雲鬱結。夫人丁氏，則無雙孝公之後也。」幼閑女德，六行俱兼，長擅婦功，四德咸備。春秋卌」有七，先夫而卒。即以龍朔元年九月廿三日合葬」於北邙山平樂鄉，之禮也。恐繫舟漂盪，偃斧不存，」鎸石式貞，勒銘泉户。其詞曰：」河洛表裏，原隰夷平，哲人斯出，載誕吾生。機神敻」晤，器局凝明，仁義州里，孝悌閨庭。」滔滔逝水，茫茫荒谷，慘日籠塵，悲風動木。哲人斯」委，百身何贖，永託山河，長埋美玉。」

（北京圖書館藏拓本）

龍朔〇一四

【蓋】失。

【誌文】
大唐故處士吳君墓誌」

君諱辯，字君德，河南洛陽人也。其先朱□之胤，未」緒興在漢吴，可謂震金柯於遠古，豈不擢翠葉於」近今，爰祖爰曾，有仁有勇，自兹已降，蟬聯靡絶。逮」君志高沖遠，履躡釋典玄風，偃仰丘園，輕脱干禄。」每至清風竹浦，談真容於微；爽月登秋，論桑門於」空教。所以忘其名利，取恣心神。是故邑里羡□清」通，交友欽其雅操。豈謂天不憖留，奄從運往，君春」秋七十有一，以龍朔元年太歲辛酉九月癸巳朔」其日卒於洛陽縣□新里私第。即以其年九月廿」九日辛酉，遷窆於□山之嶺。東仰嵩丘。則土圭存」而名往，西臨梓澤，則□□瀁而長流。烏呼！長子玄」爽，□劬勞之莫□□罔極之深恩，恐舟壑與山□」□遷，慮碧海共桑田改變，□□□已敬勒芳猷，貽」厥子孫，誌□玄石。其銘曰：

於昭遠祖，帝□攸」載，赫矣□孫，光華歷代。在□□勇，於漢孝友，仁智」信誠，德流後曳。猗歟處士！賤禄貴玄，邈□□□，好」道慕□，高月竹浦，嘯侶命賢，談玄論釋，樂在其旃。」悲哉逝水，永訣無歸，如何哲士，翳影沉輝。哀哀□」□□□□□彼蒼不憖，□□□違。」

（北京圖書館藏拓本）

龍朔〇一五

【蓋】失。

【誌文】

唐故張君墓誌銘并序」

君諱獎，字如相，南陽人也，今寓居洛陽焉。其先晉黄」門侍郎協，即其後也。徽尚高節，照秦鏡以輝朋；名重」羽儀，警吴臺而耀彩。慶鍾淑胤，可略言焉。祖道，周青」州刺史；父遵，隋沙河令；並瓌表秀溢，深衷凝遠，澂清」徽於一借，絢風彩於一同。雲潤蓮峰，霞霏蘭澳。君隋」潞州録事參軍事。孝友温恭，仁篤慈惠，性敦百行，心」崇九德，善導善誘，畏而愛之，正言有方，居官不怠。於」鄉黨則恂恂焉，在友朋則穆穆矣。年踰耳順，棄廢家」私，遊迹伽藍，栖情物外，行吟紫陌，目送征鴻。覿秋霜」以戒誡，睇春松而警節。及」道被枯朽，彌篤性靈，遥心鷲嶺之峰，放志意於雪山」之表，逍然自得，不知老之云爾。春秋七十有二，以龍」朔元年四月七日辛未寢疾，十一日乙亥而終於子」來之私第。其年十月八日庚午，殯於河南平樂鄉北」邙山之陽，禮也。去蘭臺之步步，赴蒿里之芒芒，庶香」儀之可挹，歷千載而彌光。哀之悼之，其詞曰：」

蓮峰上秀，水鏡澄空。清華交映，詎比高蹤。允矣君子，」載穆家風。文同簡玉，藝綜談叢。正言直節，孝友温恭。」恂恂鄉黨，穆穆卑躬。去離塵俗，逝矣將」終。光馳隟駟，」影閦高春。固徽音於玄石，勒湛露於青松。」

（河南千唐誌齋藏石）

龍朔〇一六

【蓋】失。

【誌文】

唐故文林郎爨君墓誌銘并序」

君諱　，字　，雁門人也，今寓居洛陽焉。其先蜀將軍習」者，即其後也。爾其茂族繁暉，潤華陽於錦浪；芳風濬沚，絢玉」掌之雕文。故繡軸鳴鑾，導清暉於後籙；金章花綬，迺聯類於」前符。祖猷，隋益州録事參軍；父宗，皇朝卧疾；并德芬叢桂，」貞潤踈篁，維十部於遷橋，味七篇於翠渚。君早澂清琬，夙挺」瑶華，總六行以飛英，躅千里而騰茂。是以名實交映，聲價重」宣，起家文林郎，尋遇丁罰，遂嬰風瘵，含酸忘疾，悲寒泉而莫」慰；茹慼沉痾，棄榮華如遺照。及再嬰爰閿，藥餌行和，於是稽」幔舒園，阮帷延月，盡逍遥於永夜，齊物我於終朝，豈其霧總」黄花，琴落秋風之引；霜濃竹□，歌凝薤露之篇。粤以龍朔元」年九月五日終於清化里之私第，春秋六十二。夫人張氏。自」珮響摇瓊，儷璵璠於閬苑；薰爐熚馥，雜芝蕙於長阡。不其鳳」徙霄弦，桂影下天潯之魄；魚鐙夜湛，蘭芬凋玉樹之風。去顯」慶三年十一月六日，終於清化里之私第，春秋五十。以龍朔」元年十月八日與君合葬於芒山之陽，禮也。嗣子文林郎仁」軌，悲冰泉躍鮒，清切空歸之懷；寒叢擢笋，寥廓虚筵之饗。玉」津風勁，梓□雲昏，徒傷潘掾之輿，虚咽太丘之客。敢寓貞石，」敬述銘云：」

蜀摽茂族，晉挺華宗，絲弦振響，金石傳功。伊我君子，異榦分」叢，孝齊杞梓，材架椅桐。福祜俄閟，祈請維空，雙沉劍影，再落」蓮紅。黯蘭菊之高岸，振松栢之踈風。」

（周紹良藏拓本　開封博物館藏石）

龍朔〇一七

【蓋】失。

【誌文】

大唐故袁君墓誌銘并序」

君諱斌，字處德，其先宗盎之後。高飛玉葉，迴秀金柯。父約，隋任嘉州龍遊縣令；鳴絃可化，時調子賤之琴；仙鳧□飜，仍掘王喬之履。君乃早摽神秀，夙挺風規，謁元禮以通家，接安仁而連璧。然諸斯重，恒輕百鎰□□；□□□心，每戀寸陰之□。□不實□，喪我哲人，春秋五十有□，龍朔元年□月廿二日遇疾，卒於私第。即以其年十月八日窆於邙山之塋，禮也。卜宅終吉，長扃夜臺，明珠陟岵，罔極斯哀。恐陵谷之遷貿，紀貞石於清埃。乃爲銘曰：

良木其摧，哲人斯委，悽長松而行列，刊貞碑而播美。」

（《芒洛冢墓遺文五編》）

龍朔〇一八

【蓋】失。

【誌文】

唐故處士房君墓誌銘」

君諱寶子，字子寶，河洛陽人，漢司空植之也。摛祥石乳，峻崇趾以干雲；」啓國房郊，森長源而括地。自茲厥後，英賢繼及，雖班嗣羽儀，穆家台鉉，」相與提衡，足爲連類。曾祖慶，周交、洵、長、顯、恒五州刺史；儀形秀整，風□」條暢，褰帷露冕，俗阜人殷。祖兆，隋使持節萊徐二州刺史平高公；履信」義以立身，蹈清素以表質，扇仁風於千里，沐甘雨於百城。父叔，故齊王」右一府大將軍；襟靈爽澈，識晤沉遠，兼古冶之勇，盡韓安之智。君含朗」俊之姿，體温和之性，早聞韶令，夙標聰敏，固無筮仕，且有懷於藏用，混」榮辱則巾褐與纓冕齊塗，忘上處則心迹共閭閻同致。湫隘有居貞之」慘，沉冥得大隱之情。才類陳平，恒多長者之轍；志同原憲，時有結駟之」遊。而川送波，草栖遺露，傷飄塵之易遠，悲去日之苦多。粤以顯慶五年」九月廿日終於私第，春秋六十□□。君植性沖深，立行精潔，孝以安親，」信而結友，貞而不雜，和而不同。養素蓬門，既詢詢於鄉黨；怡神陋巷，豈」戚戚於賤貧。家鄰洛汭，且悦閑居之指；地接芝田，有符背芒之説。月華」寒砌，罇酒虞傾，氣叔春墀，詠歌斯暢，方錫遐齡，遽淪厚穸。邑里人物，州」閭故老，豈止輟舂掩泣，固亦罷祖興哀。妻王氏，婦德母儀，恭蘋事組，庶」姬仰則，娣姒稱仁。未申偕老之歡，先絶如賓之敬。以貞觀十八年六月」廿三日卒於家。粤以龍朔元年歲次辛酉十月癸亥朔十一日癸酉，合」葬於河南縣平樂鄉王村之東北一里半之原。潘床長簟，昔流恨於九」原；滕室幽扃，今同閟於千古。其子僧榮，志性過人，哀號靡及，陟岵之悲，」終身何望；倚閭之訓，一化無追。思旌不朽，乃爲銘曰：」

□唐餘慶，因封啓姓，司空積猷，累映累映。猗歟處士，丕承休命，神府玉」温，靈臺冰淨。矯矯識量，飄飄清雅，應實懷真，藏名非假。從道語默，與時高」下，譽滿鄉縣，聲飛朝野。志輕軒蓋，性重幽栖，追蹤白杜，擬跡青溪。林泉」歡宴，風月招攜，得喪同遺，物我俱齊。舟移夜壑，隙流朝景，人逐時故，哀」隨日永。松對孤墳，劍沉雙影，蘭菊無絶，芬芳兹騁。」

（周紹良藏拓本　開封博物館藏石）

龍朔〇一九

【蓋】失。

【誌文】

□□故郭處士墓誌銘并序」

□夫智同萬類，猶歸魄於佳城；聖備三千，尚瘞魂於泉」□。況乎同滋□海，共軟愛河，能不闇此耶？塗迷茲正道」□然莫測，詎可得而詳焉。」處士諱壽，字君雅，太原人也。祖元象，父貴，並韶徽嗣美，」令緒攸鍾，望重當時，聲馳絶代。屬周朝失曆，隋氏握符，」四海創清，三方肇立。感仙丹之獨□，慕九鼎而遷居，忉」海富之孤標，羨三川而宅此，遂隸洛州偃師縣龍池鄉」安教里也。惟處士沖神物表，養志煙霞，與俗變通，隨」時用捨。晤三天之可仰，體九地之難憑，追勝跡於優波，」託喬蹤於淨土，戒行□式，諸善護持，爰造玉石像一軀，」□剛般若經一百部。青蓮現相，浮光沙界之中；妙偈開」流，乘法宇之內。而四虵難駐，汾川興漢帝之歌；二鼠不」停，逝水發宣尼之嘆。遂以龍朔元年九月十九日遘疾，」卒於私第，春秋六十有五。悲纏道俗，愴結閭閻之，即以」其年歲次辛酉十月癸亥朔十一日癸酉窆於洛陽縣」清風鄉也。爾其川原塽塏，池塘縈映，却□層邙，前臨」迴壑，左鄰邃谷，右俠脩衢，實仁智之所居，固幽冥之宅」兆。慮居諸貿易，□谷遷訛，刊石垂芳，勒爲銘曰：」

二儀肇闢，三材創分，同霑欲海，共蔭慈雲。貞松殘翠，皎」月埋輪，一歸幽壤，萬古騰芬。」

（周紹良藏拓本　開封博物館藏石）

龍朔〇二〇

【蓋】 似無。

【誌文】凡二石。

張士高，本望南陽相州林慮縣人也。惟」君建國承家，賜姓命族，導長源於蒙汜，構遠」葉於扶桑。祖榮宗，懷袖方頃，標榜一時，踐」三台而上遊，登四岳而傑立，羽儀當代，□」俗歸懷，德被黔黎，辭兼丹漆。君資神昴宿，」稟氣嵩山，百金不足著其情，四時無以過」其信。藍田之生珪璧，丹穴之育鵷鶵，巖巖」與嵩岱齊峰，洋洋共江河並注。千尋特秀，」棟梁之器先慄；六翮孤飛，羽儀之望已顯。」建旟臨部，飛旐蒞人，信之如曒日，歸之如流水。」齊之以禮，不假蒲鞭之以盛，示之以信，無」違竹馬之契。方謂皇天無親，唯德是輔，神」不與善，方虧遠步，斯則霄中墜羽，旭旦收」光，松筠見彫，芝蘭被刈。去武德五年二月」廿四日，崩於魏地，嗚呼哀哉！悲傷黎庶，□」以上第一石。蔽闉門，伎女之所停機，商人於焉罷市。」雖欲閑居養志，不汲汲於榮華；樂道忘」憂，豈戚戚於貧賤。將恐河移岳毀，谷徙」陵遷，餘美不傳，有時歇滅，若不勒石鐫」金，何以永年長久？粵以大唐龍朔元年建」亥之月廿三日乙酉，葬於行山之東清」都西北。右有合澗之川，左帶青岑之阜，此」地與萬世而無違，勒石幽冥，守大地而」俱畢，乃爲銘曰：

高峰極天，長□帶地，發源播德，開基挺志。其一。繁衍不窮，蟬聯」相繼，九畹兹蘭，百畝樹蕙。其二。朝光已没，」夜川不止，有異人諆，終同覆水。零落山」丘，蹉跎蟻，誰謂天道，俄從蒿里。其三。泉門」鳥思，壟樹風哀，天長地短，古往今來。番」番隴路，寂寂荒□，丹青有變，金石不頹。」以上第二石。

（録自《鄴下冢墓遺文二卷》卷上）

龍朔○二一

【蓋】失。

【誌文】

陳故始安郡太守慈源縣侯徐府君墓誌銘并序」

公諱綜，字綜，高平人也。帝緒斯分，控淮沂而建國；王風式被，杖仁」義以興邦。上將申威，績茂於西漢；中台論道，事美於東京。軒冕克」□象賢無替，簪裾嗣及，龜組聯暉。斯並史牒兼詳，故可略而言也。」曾祖顯民，齊貞威將軍散騎常侍；祖僧珍，梁鎮西鄱陽王諮議參」軍；並宇量沖嚴，徽猷昭著，情凝素履，識濬黄中。父文整，梁雲騎將」軍陽平太守；體運虚舟，鑒符懸鏡，績流謡俗，道映人倫。公上善降」靈，中和毓氣，風神濬雅，機韻踈通。孝敬發於生知，仁義禀於冥極。」年在小學，志邁老成，領袖有歸，衣冠佇屬。陳天嘉四年，起家除宣」猛將軍散騎侍郎。掌戎蘭錡，簪筆蒲規，蟬珥交暉，鶡冠兼映。尋遷」威虜將軍，封慈源縣侯。式崇軍政，暢武毅以摽功；爰錫瑞珪，誓山」河而裂壤。桂林脩闊，越障重深，鎮俗宣風，用資良幹，又除始安郡」太守。褰帷踐境，來暮興歌，朞月有成，仁風載偃。屬以金陵失險，陳」氏淪亡，扈青蓋以西歸，託鍾山而北徙。寓居關右，晦跡丘園，外物」罕窺，蕭然自逸。方應乞言上序，克壯其猷，既而景迫下舂，俄纏霧」露。以隋大業九年二月廿五日終於私第，春秋八十有四。第八子」恪，荆州公安縣令；第九子明敬，蒲州猗氏縣令；並義方禀訓，過庭」奉則，風樹之感，實纏於永懷；宅兆所崇，用遵於大禮。粤以大唐龍」朔元年歲次辛酉十月己亥朔廿三日乙酉，遷葬於洛州洛陽縣」淳俗鄉北邙之原。恐岸谷相傾，高深變所，式題徽烈，刊石泉門。乃」爲銘曰：

精感瑶光，瑞興未天，遠矣遐胄，昭哉茂軌。漢相騰芬，魏臣流美。崇」基靡替，高門襲祉。積慶貽感，公侯挺生，南金引照，東箭懷貞。升簪」瑣闥，敷化連城，才彰獻納，政表仁明。時逢運圮，陵江北翔，無徵福」善，遽歎殲良。高堂一遠，泉夜何長？式刊沉石，用紀餘芳。」

（周紹良藏拓本　河南千唐誌齋藏石）

龍朔〇二二

【蓋】失。

【誌文】

大唐故處士張君墓誌銘」

君諱興，字文起，南陽西鄂人也。漢太史衡之胤胄。昔靈表西豐，留侯建」帷幄之策；星移東井，常山興締構之功。或師範萬乘，照彰圖籍，光臨千」里，焕炳縑緗。異動三台，識司空之忠烈；吟謡兩穗，表太守之仁明。弈葉」簪裾，蟬聯珪組，規矩重疊，代有人焉；緬究遺編，可略而言矣。曾祖瓘，魏」冀州信都縣令；絃歌不奏，美化洽於一同；鳴琴詎張，仁風清於百里。祖」虎，周太僕寺主簿；才能幹濟，智略强明，尋見辟除，轉授瀛州河間縣令；」父才，隋揚州江都縣丞；輔弼風規，俗流清化，贊導名教，邑致歌謡。君胤」係高華，等琨珸之良劍；箕裘纂組，若青丘之祥鸞。義烈因心，未資於典」籍；忠良天縱，不假於規模。崇有道之林宗，慕無爲之李耳。名利之所不」拘，榮辱之期混一。弓旌不應，羔雁無移，道契虚玄，性符高尚。縱寂寥而」賞趣，持澹泊而怡神。志道研精，非邀鼎食；窮微盡要，詎徇輕肥。得性琴」書，吟嘯煙霞之表；時談物義，進退木雁之間。妙款榮期，高符黄綺，時遊」三徑，乍撫一絃。以道義而爲尊，輕蟬冕而非貴。探賾幽隱，迥邁莊惠之」機；致遠鈎深，遥鉗黄老之趣。想秦晉之有匹，見潘陽之代親，遂婚於辰」州辰溪縣令漢陽趙徽之女。幽閑婉嫕，中饋聿脩，懿淑温和，母儀庭宇。」君纂業成勞，遇揚雄之痼疾；淫書作瘵，遭皇甫之沉痾。氣擁膏肓，疾纏」腠理，屬華佗而不瘉，見扁鵲而無瘳。以貞觀廿二年七月廿七日殀於」私第，春秋六十有二。夫人趙氏，卒於永徽四年，春秋六十。粤以龍朔元」年歲次辛酉十月癸亥朔廿三日乙酉合葬於故鄴城西八里，禮也。面」平原，背漳浦，左帶蕪城，右連林麓，刊兹玄石，紀以清徽，勒彼鴻名，光斯」泉户。庶使青山爲礪，表盛德而彌芳；碧海成田，闡嘉聲而不泯。嗚呼哀」哉！乃爲銘曰：

規矩重疊，珪璋代映，三台表異，兩岐興詠。人倫楷模，搢」紳龜鏡，百代逾芳，千齡彌競。道合幽玄，性符林壑，迹齒滄波，名流臺閣。」貴不充詘，賤不殞鑊，思巧雕龍，光逾刻鶴。有謂昇堂，相期入室，帷薄猶」空，繁華未實。倏忽不幸，咄嗟已失，一棺既閉，萬事長畢。苕蕘壟首，巗崺」山足，露銷草翠，風飛樹緑。玄門一掩，寒燈無旭，私壤式題，貞芳載燭。」

（周紹良藏拓本）

龍朔〇二三

【蓋】 失。

【誌文】

大唐故張府君墓誌銘并序」

君諱寶，字什藏，南陽人也。以承志節之功，白水侯之」苗裔。若乃洪源遥緒，清瀾叢薄，方唐杜之代族□□」□之不朽。祖慶，父義，並踐行脩身，名德相繼。公□用」柔和，智職聰敏，器宇弘深，風□凝正。夫結綬彈冠，登」朝□亮，銷聲滅影，逃名避□，□激彼貪□，勵斯澆競，」養素丘園，逍□白□，穹景□善，竟□□□，以貞觀十」三年遘疾，不瘳而卒，時年六十有□，□今八十四也。」夫人魏氏。門傳閥閱，□□□□□教德憙愠無形。」以龍朔元年七月十二日終於私第，春秋七十有八。」偕老同穴，生榮死哀。以其年十月廿三日合葬于邙」山之原，禮也。北武子□□，請西階而合葬，平陽君下」嫁，即盧山□共墳。其□靜定州恒陽縣丞。克修代業，」不墜芳聲，天性仁孝，率猷成已。悲陟岵之靡見，慨過」庭之無問，式遵古實，建兹營域。乃爲銘曰：」

赫赫令□，鬱鬱宗祧，逝年雖永，德音孔昭。言刈其楚，」唯翹□善，物□詎久，倏如驚電。奄同過牖，□老同穴，」共歸□阜，于□□□，寒谷蕭蓧，便房既掩，泉路方遥。」唯餘松□，□□□彫。

曾祖□，齊開府儀同三司；祖義，隋任□□□父□皇朝上儀同。」

（北京圖書館藏拓本　開封博物館藏石）

龍朔〇二四

【蓋】失。

【誌文】

大唐故將仕郎段府君墓誌銘」

君諱洽，字孝該，武威姑臧人也。西域宣威，始基華於五府；東京」游俠，終顯譽於三明。炳發緗圖，可略言矣。君玉山孤秀，映直上」之稽松；瑶巘分光，疊聯暉之潘璧。聞詩聞禮，早洽趨庭之訓；如」珪如璋，幼警入榛之詩。」祖光，隋承蔭任城王□記室參軍，尋除幽州兵曹參軍事；」父玄義，高蹈風雲，道配貞吉，早遊函谷，真人之氣夙彰；曉映少」微，隱士之星先□。君地惟膏潤，門乃桂芳，映崑嶺以騰輝，指鄧」林而掩秀。忠孝之德，因心必踐；仁義之道，率由斯至。授將仕郎。」俄而慶善匪忱，殲良奄及，道該令德，遂飛傳於皇華；義烈致身，」遽驚悲於丹旐。遂使長沙怪鳥，因賈誼以興祆；建鄴災盧，爲應」生而作沴。粤以龍朔元年歲次辛酉七月甲午朔十五日戊申」感疾，途次江州，卒于逆旅，是爲王事，春秋卌。即以其年十一月」壬辰朔十一日壬寅卜穸於北芒之山，禮也。二子元珪、元璟，中」和共淳粹并凝，仁孝與義方俱洽，情深三失，恨極千鍾。痛罔極」以因心，殆傷生而滅性。悲夫！金壺易盡，川閲水以東滔；玉燭難」停，景迅日而西鶩。恐溟波變壑，俄化成桑之田；高岸淪峰，遽嗟」爲谷之野。敬刊碱硃，式旌文雅。其詞曰：」

巖巖峻趾，緜緜遠系，干木相侯，子松輔帝。載誕英哲，式光前裔，」氣淑風蘭，華騰月桂。飛卸洛浦，投傳漢東，吉塗輟邁，凶衛儼容。」晨開舊羨，暮掩新封，霜凝宿草，風悲故松。水諧哥管，樹靡咸陽，」挽臨風而自切，縵陵空而獨揚。佳城窅鬱，丘壟荒芒，月明泉闇，」地久天長。」

（周紹良藏拓本　河南千唐誌齋藏石）

龍朔〇二五

【蓋】失。

【誌文】

大唐故張府君夫人喬氏墓誌銘并序」

夫人諱娥，字留女，沛國譙人，漢太尉玄即夫人之遠」葉祖也。原夫分基黃序，摽峻趾於崇丘；疏派丹泉，引」靈源於大壑。由是家傳鐘鼎，代表簪軒，雄傑相尋，英」髦接武。斯並揚蕤竹帛，今可略而言焉。祖仙，絶國挺」生，時稱驥足，具瞻之美，朝野攸歸，遂作牧專城，褰帷」方岳，固任南郡太守，俗易風移。父雲，錫翼鳳毛，分蹤」麟趾，温雅之聲既遠，仁勇之志斯隆。釋褐早衛鈎陳，」晚節復參蘭錡，隋任鷹揚郎將，遠近爪牙，目典禁戎，」乃家于洛邑。夫人凝瑜瓊圃，流輝潤於鷄冠；發秀桂」林，挺幽貞於兔影。幼而婉敏，長表穠華，初笄之年，女」儀特立；有行之始，婦道斯□，悦禮敦詩，遐邇規矩。洎乎」降嬪張氏，道叶塤箎，若父之義卓焉，如賓之禮備」矣。四德疊映，鄙梁高之未奇；六行重輝，陋鴻妻之猶」薄。鄰黨騰其懿淑，姪娣尚其慈嚴，調韻克諧，似春風」之吟玉樹；襟素清朗，若秋月之皎瑶池。既而葉露晞」桐，碌火流石，戢羲光於滄溟，積善無徵，遂彌留寢疾，」以龍朔元年十月廿日終於永泰里第，春秋五十六。」行路雨泣，列津傷嗟，豈直鄰女罷機，孀妻焚緯而已。」即用其年十一月十一日，權殯於北芒山北四里。」

（北京圖書館藏拓本　河南千唐誌齋藏石）

龍朔〇二六

【蓋】失。

【誌文】

唐故李君墓誌銘并序」

君諱護，字令休，隴西狄道人也。疏派浮天，控長瀾而靡竭；分華拂」日，振修幹而彌芳。纓黻蟬聯，珪璋舄弈，傳輝秘牒，播美幽編。曾祖」英，魏兵部員外郎；風儀清朗，領袖禮闈。祖略，齊鎮東將軍；赤野生」姿，掩照□以流景。父才，隋陝州陝縣令；青田孕質，符聞天以凝粹。」君應金結慶，虞綀騰禎，懷橘之年，括筌蹄於羸角；對日之歲，表機」悟於家禽。屬隋運道銷，紘網弛紊，炎光淪暮，巨祲稽天。乃擐甲徂」征，杖戈從旅。太武皇帝提劍以振天維，端扆而張地絡。公明識」機變，背僞從真，茂績克昭，爰除開府之職；忠誠顯著，尋加武騎之」官。公性惟琴酒，志好塗龜，乃怡情澹泊，棲心閑雅，枕肱彌樂，容膝」易安。方駕嵇劉，齊鑣毛薛。方當楊清素里，資彼輔仁，作範衡門，保」□餘慶。豈謂崇蘭結珮，俵彫武以沉芳；時菊開金，迎禮鍾而閟色。」以龍朔元年十月四日寢疾，卒于洛州河南清化里第，春秋六十」有八。夫人吴氏。胄華珪組，行該仁德，夙垂廣衾之教，□崇斷緯之」言。但以閱水難停，崦嵫易迫，以貞觀十三年纓疹，終于私第。嗣子」仁約等，切霜露之倏忽，陟屺岵以增悲，痛風樹之不停，思顧復而」何望。即以其年歲次辛酉十一月壬辰朔廿九日庚申□葬□□」山之陽，禮也。將恐紫棘蕭森，迷佳城而莫□青山朽壤，變□□□」罕知。故刊石圖徽，鐫文讚美。其銘曰：」

亹亹昌源，峩峩峻趾，庭堅啓祚，伯陽垂祉。□稟川嶽，弈載文史，芳」猷不遠，清飈間起。其一。邃宇膠葛，長瀾浩瀁，遷善若流，棄惡如響。學」傾麟角，仁包熊掌，大君出震，勳錫是賞。其二。内懸銑鏡，外發芝蘭，」無言不應，有藝斯殫。黿塗可保，雞犧實難，志不可奪，操未可干。其三。」玄穹匪輔，俄愴晨流，鏡鸞□□，□劍雙浮。幽泉下結，荒□上秋，刊」徽翠琰，永播芳猷。」

（北京圖書館藏拓本）

龍朔〇二七

【蓋】失。

【誌文】

唐故上柱國果毅都尉李府君墓誌銘

君諱汪，字光明，隴西狄道人也。昔樞電降祥，允軒臺之遠構；瑶光薦祉，派若水之長瀾。由是瓊萼敷華，靄寰中而披葉；覽條振潁，疏海内以分柯。亦有貳師將軍，功來汗馬；護羌校尉，績著□□□□猨臂稱工，聲高西漢；龍門表峻，譽滿東京。舄奕於簪裾，蟬聯於纓紼而已。曾祖沖明，魏本州主簿金城郡守；元猷素範，月亘霞軒，綱紀百城，威恩千里。祖爽，周黄門侍郎，使持節洮州諸軍事，洮州刺史；

高情罩日，逸氣淩雲，司鵷紼以馳芳，建鳥嶼而振馥。父樂淵，周原州平高縣令，肅州長史；器局宏遠，識量韶華，政弭中牟之蝗，風振南康之鶴。君承芳蕙畹，疊映冰壺，綺歲標奇，齠年構嶷，敏參元道，理照黄中，魚鈐豹略之謨，海牒山經之記，靡不精窮玉帳，奥極書臺矣。然渥水騰姿，必超千里；東岑照彩，自藴十城。大業中，起家授鷹揚郎。職司陛戟，勤效周廬，用簡帝心，更遷右職，大業十年，改鷹揚郎將。既而俗反商□□□□□□□材爲晉用，於時長鯨未戮，封豕尚殷，魏公李密擁□庾以稱雄，據成皐而高視，令君輕軺遠鶩，宣我國恩，纔出宜陽，便爲世充所獲。君方思報主，且託僞庭，引拜左龍驤大將軍，遂受世充驅策。既而本圖不果，函洛載清，武皇特以宋盟，宥君殊死，尋授左親衛校尉北門長上。既司中壘之營，兼掌北門之重，考績酬庸，用光戎秩。貞觀二年，授右武衛九嵕府别將；十七年，改任寧州蒲州府果毅都尉，隨班例也。俄而禮非筋力，挂冠之志獲申；豈謂景落崦峰，□□之辰斯及。以顯慶五年九月二十三日薨於隴西里第，春秋八十有三。夫人安定梁氏，隋鷹揚郎寵之女。高門鼎胄，輝映一時；懿德柔風，儀型百代。福騫偕老，夙丁偏罰，以大唐龍朔元年十一月二十九日合葬於隴西郡曲陽陝安都之原，禮也。孤子等痛過庭而殞淚，念風樹而銜酸，白楊悽兮雲日曉，青山黯兮原野寒。恐緹緗之有蠹，憑貞珉而不刊。銘曰：

胄軒延緒，翊夏分柯，功懸日月，賞懋山河。扶疏賢葉，淼漫鴻波，遺風六□□□□□運逢戎馬，時屬煙塵，忠能奉主，謀足解紛。挾纊綏衆，蹈軍搏風，始激落景，俄下缺。

（録自《古誌石華》卷六）

龍朔〇二八

【蓋】失。

【誌文】

唐故太原王君墓誌銘并序」

君諱孝義，字弘道，太原人也。若夫鳳巖疏構，樹鴻祉以開」源；鶴渚分華，景仙儲而演派。以炯金蟬而翼務，韻鳴玉以」光時，莫不炳素篆以摛英，絢青緗而疊彩。祖遠，齊任雍州」長安縣令；父相，周任青州刺史；並履白資性，蘊中和而賁」道；朱驂動軔，振休滋以騰謡。惟君擢穎雲心，稟松檗於髫」日；凝華霜節，資篠貞於綺晨。曬日三玄，獵情千古，嗽芳腴」於學海，撫翹彩於文園，縟綿起於詞端，連環飛於辯吻。暨」乎資忠樹效，輸誠紀勳，勳立猨巖，遂階龍木。既而情擯榮」利，志偶棲閑，風引蘭而佩清，雲泛薜而衣潔，霞飛羽酌，散」誕班壑之前；雪颺幽絃，蕭灑嵇林之下。加以澄神定水，沐」解蘭之清液；栖誠道樹，映貝葉之慈陰。豈謂箭驚濤以□」流，俄閱龍川之水；景馳光而飛谷，遽仄狼巖之照。以龍朔」元年十一月十三日遘疾，卒於思順里，春秋六十有六。即」以其年歲次辛酉十一月壬辰朔卅日辛酉，葬於邙山之」陽，禮也。嗟乎！泉臺方杳，柳車已整，蘭室留芳，松門秘影。□」銜吹以悲風，嬰含日其淒景，刊翠琰而旌道，庶清芬其嗣」永。其詞曰：

鸑岑開趾，鶴仙疏胤，摩霄騫翼，排雲高哲。」崇基霞上，鴻源濬浚，景祚克昌，休風斯韻。其一。爰誕瓌秀，穎」幹蕭森，星珠孕彩，□□□□。志諧林泌，情遺玳瑁，吸清履」道，高尚其心。其二。□□溘盡，□

烏俄秘，賓絕滿堂，碑餘墮淚。」松寒日□，□□□思，一刊□碑，千齡□懿。」

（河南千唐誌齋藏石）

龍朔〇二九

【蓋】失。

【誌文】

大唐故吴君墓誌銘并序」

君諱志，字範志，河南洛陽人也，晉鎮南將軍□」即其後也。父□，隋左七衛長史；早鋆忠貞，挺」松筠而挺翠夙符令譽，總蘭蕙以齊芳。君雅□」□珪清越，振鏗鏘之素徵；冰鏡流照，宣洞徹之」明。故得遠映宏規近清博物，釋褐□州司法參」事，俄遷佰鄉令。平反動詠，德政興謡，冀龍泉以」直詞，何悲谷而傷逝。春秋八十有四，龍朔元年」十二月十二日卒於通利里，即以其月廿四日」葬於邙山之陽，禮也。嗣子李□，恐峻岳頽蓮，池」翻岸菊，風悲樹而淒淒，雲生愁而歛焴，紀遺德」於貞石庶終古而無極。其詞曰：」

郁□高族，漢魏稱首，伊君懋德，宏贊徽猷。貞□」嚴□，風鑒斯休，方矯情於縱賞，何命促之增憂。」去□景之靄，入修夜之悠悠，隴月兮餘照，松風」兮早秋。」

（北京圖書館藏拓本）

龍朔〇三〇

【蓋】 失。

【誌文】

大唐故徐府君墓誌并序」

公諱師，字純固，彭城人也。曾祖儼，祖約，」父　，並望華□鼎，胄曄簪裾。公秀氣光」時，英規照俗，□驚愚以炫術，匪忤物以」專名。晦迹丘園，高尚斯遠。方祈西藥，遽」閲東川，粤以龍朔元年十二月廿八日」卒於嘉善之私第，春秋五十七。二年正」月十六日，葬於北邙平樂之」原，禮也。長原寂寂，太夜綿綿，□□沉礎，永閟幽泉。」銘曰：」

霜凝栱□，挽咽行楸，清芬永謝，東問方」流。」

（北京圖書館藏拓本）

龍朔〇三一

【蓋】 失。

【誌文】

唐故將仕郎王君墓誌」

君諱積善，字餘慶，京兆長安人也。春秋五十有七。天不祐善，纓疹彌留，碎瓊玖於知年，銷仁賢於壯齒，以」龍朔二年三月八日終於東都嘉善坊私第，以其月」二十五日葬于芒山北原，禮也。祖曜，隋徵士；父猛略，」唐重州司倉參軍事；或養素丘園，契山泉之華潤；或」策名從事，允朝野之清純。並精鑠金璋，焕朗瑟赫，行」温顏閔，學綜管皇，取軌當時，流芳後葉。子思温等，雖」齒尚□幼，志匹成人，蹈曾子之孝風，躡蔡生之慈令。」將恐巖壑有改，霜露靡停，敬勒斯志，式兹不朽。」光浮合娟，頴彥誾輝，□清風靡，神液雲霏。津□德行，」照顏庶幾，儉鋻暴翟，儒鬱宣尼。憎惡如瘧，好善若饑，」士安高尚，潛明自歸。博讓寬綽，精敏舒遲，五德衆典，」六義羣詩。孝友靡忒，威儀孔時，州邦秩秩，圭閃怡怡。」藻彫暐曄，聰撤希夷，敬而是杖，慎而是依。朝薰妙香，」野挹白眉，仁恕詎感，窀穸忽期。霜彫翠勁，露歇碧滋，」幽途掩善，爽路蔑資。塋叢霧結，壟葉風悲，良朋泫仰，」懿戚漣思。孝兮若慕，慟兮如疑，光顏如在，魂識焉之。」箭波長逝，庭訓永辭。」

（周紹良藏拓本）

龍朔〇三二

【蓋】失。

【誌文】

唐故潞州上黨縣丞劉氏賈夫人墓誌銘并序」

夫人諱令珪，洛陽人也。夫迷神宣室，亢天問以昭」靈；變化台階，聯帝戚而膺慶。莫不摛華晉牘，旁映」炎編者與。祖彥，隋任會稽太守，昞文條而菘俗，業」孕龔繩；翻德海以臨人，澤□寇雨。父宜，隋任正議」大夫，唐任文林；時昏道喪，仰台鉉以聯衡；嗚社河」清，俯紫青而拾介。夫人誕秀珠崖，騰英玉澤，煽芳」蘭而流馥，蘊松篠以凝貞。暨乎秦晉叶親，潘陽輯」睦，卜龜□適，鏘鳳劉門，採澗叶於周詩，□饋符其」大易。導閭閻而順睦，訓庭闈以韶邕。豈謂蓋□池」鷗，桂輪委菟，門無忸化，奄運藏舟，春秋六十有二，」龍朔二年三月十三日卒於私第。而所天馭龍華」緒，斬蛇貴胄，道參幾庶，器薄如仁。即以其年歲次」壬戌四月庚申朔十四日癸酉合葬芒山舊塋。其」詞曰：

惟誼挺生，千尋壁立，惟充命代，三階曜級。」鴻浪滔滔，崇崖岌岌，有美夫人，堂搆斯及。暨嬪劉」族，閨閫韶清，仁風遇屬，孝敬因情。華姿□□□心」内明，三陽茲□翻瘁蘭莖。黄彫夜月，鬢落秋蟬，龍」轜霄駕，虹□晨翻。恐陵谷兮遷貿，圖玄石而紀旃。」

（周紹良藏拓本　開封博物館藏石）

龍朔〇三三

【蓋】失。

【誌文】

唐故陪戎副尉張君墓誌并序」

君諱伯通，字思廉，南陽白水人也。隋末避地，因家於澗瀍」焉。若夫百行騰芳，仲絢温柔之典；三傑流譽，良開黄石之」書。衡以作憲銅儀，轉陽烏於緹室；芝以婉鈎銀字，飛驚鵲」於墨池。祖誕，齊任定州司馬；父超，隋任冀州司户參軍；吏」懷輕罰，淑道恧雲根之誚；人嗟諧捷，興公慚風帽之譏。

君」居貞抱素，挺秀含章，韋蚌愧其雙珠，潘玉謝其連璧。垂髦」丱歲，已參元禮之賓，轡竹齠年，早簉脩齡之席。應騎馳其」藻絢，惠車富其文史，括然雅度，取譬於涅金，儼其瞻視，譬」侔於點漆。以貞觀十年四月十五日蒙授陪戎副尉，賞勞」閥也。君覽分而止，循□自足，樹五柳於陶門，開三徑於蔣」室，遊情濠上，道叶黄中，捐寵辱以谷神，混是非而齊籟。豈」其福兮禍倚，奄息勞於宰壙；生也若浮，俄化遷於舟壑。以」龍朔二年三月十五日卒於私第，春秋八十有五。即以其」年四月十四日徙殯於邙山之陽，禮也。柳慌徐轉，轜芝田」以容裔；素旐逶迤，映洛滸而舒卷。鐸淒清於薤挽，馬嘶咽」於晨飈，臨泉穴以攢哀，掩重扃而永閟。雖地久以天長，寄」德音於銘誌。其詞曰：

荆産虹璞，河孕珠胎，白水分胤，丹桂移栽。儒韜賈馬，文轥」鄒枚，名理精練，智諝兼該。滋蘭九畹，芳落三秋，長辭華屋，」詎返箭流。哀噎薤挽容裔輀輌，□□□閟，神埋悠悠。」

（周紹良藏拓本　開封博物館藏石）

龍朔〇三四

【蓋】失。

【誌文】

夫人本上黨郡人也。曾祖温，周吏部承奉郎；祖嘉，本」郡□□；父爽，隋青州博昌縣令；並德重搢紳，聲流雅」□，□□文苞琬琰，紬石室以居心；□幹挺□挹巖松」而表節。夫人禀承高胄，令淑早聞，□素清徽，風儀婉」順。年甫初笄，出嫡王氏，故能上諧下穆，光六行以無」虧；志悟玄門，念三乘而盡敬。不謂金烏易謝，玉菟難」留，痡疾沉痾，牀帷累月。龍朔二年四月七日卒於思」順里第，春秋七十有四。即以其年五月廿六日與王」君會葬於洛州河南縣北邙平樂鄉之原。君器宇宏」遠，令譽夙彰，縱志丘園，不干榮利。永徽二年正月廿」三日卒於私舍。今以吉辰令月，龜筮叶從，魂而有靈，」安其宅兆。嗚呼哀哉！乃爲銘曰：」

滔滔漢水，鬱鬱巖廊，□□軒冕，□□□□□摛琰藻，」秀傑含章。彬彬令問，濟濟鏗鏘。其一。□□□□，志素澄」清，言温玉潤，德美金聲，名流館閣，□□□□三乘正」念，六行齊貞，霜凋桂苑，花落春城。其二。梁木既摧，芳條」早折，歡斯餘跡，神儀永絶。雲低松蓋，風悲露結，勒此」堅貞，庶傳芳烈。其三。

唐故洛州洛陽縣馮夫人墓誌。」

（周紹良藏拓本）

龍朔〇三五

【蓋】 竇夫人之誌「夫人」二字合文。

【誌文】

大唐隴西王府侯司馬故妻竇夫人之銘并序」

夫人竇氏，洛州洛陽縣人也。原夫基系，珪組」連華，昭穆相承，纓冕遞襲。夫人夙標玉質，早」振金聲，儀彩温凝，邁神姿於洛浦；姝容照澈，」孕仙影於江波。六行該通，四德兼舉，尤善組」繡，洽覽史籍。逾笄之年，歸于侯氏。柔順之情」弘訓，斷機之教澄規。琴瑟淹齡，無改韻於寒」暑；伉儷積稔，彌叶敬於如賓。方冀偕老之期，」永保千秋之盛，豈意生崖有隔，閲水無停，纔」構沉痾，奄歸窀穸。龍朔二年五月十二日卒」于樂城之里，春秋卅有八。即以其年五月廿」六日便葬于北邙之嶺，故勒銘玄石，以志黄」壚。其詞曰：」

曄曄搢紳，皎皎貞節，心照内朗，神姿外晰。徙」第訓流，廣被慈設，英逾往篆，仁侔前烈。其一。餘」慶道否，倏遇幽泉，綺帷寂寞，塵鏡空懸。冥風」凄壟，明月澄埏，勒文數韻，永播千年。」

（周紹良藏拓本　開封博物館藏石）

龍朔〇三六

【蓋】失。

【誌文】

大唐衛州共城縣故董夫人墓誌銘

夫人董氏，舒州望江人也。惟父與叔，紆青拖紫，」有陳之代，從宦渡江，並譽重南金，聲高東箭，仁」孝將□永同跡，愽學與舒遇齊肩，盛烈芳猷，卒」難覶縷。暨乎陳氏淪喪，國破家亡，蓬轉萍浮，流」離鞏洛。夫人姿容秀異，似玉潤於荆山；妙質研」華，類蘭芬於桂苑。聲芳十步，來適爾朱之門；琴」瑟一調，庶等南山之壽。豈其東川讵委，西景不」常，福善之驗未徵，風燭之期俄及。粤以龍朔二」年歲次壬戌五月己丑朔廿三日辛亥，卒於河」南旌善里之私第，春秋七十。緇素興感，士女銜」哀，慟極清旻，悲深泉壤。即以其年六月二日窆」於洛陽北邙之山，禮也。嗚呼哀哉！漢水亡珠，荆」山碎璧，寂寂幽壤，綿綿窀穸，陵谷慮遷，勒銘紀」迹。其銘曰：禕矣董氏，惟貞惟淑，四德克修，一志無忒。何期」琬琰，先彫松竹，痛割心懷，悲纏胸臆，式鐫玄石，」聊陳盛德。」

（周紹良藏拓本　開封博物館藏石）

龍朔〇三七

【蓋】失。

【誌文】

唐故田君墓誌銘并序」

君諱惠，字師舉，薊郡雁門人也。原夫有周道喪，羣」雄岳立，闡霸圖之盛列，鬱王業之鴻規，是以嬰單」相齊，需方□□，乃君之遠族焉。祖慶元，父舍仁，並」夙達機運，早契泉林，養志丘園，謝莊周之遠鑒；」怡神蘊德，悒稽阮之高蹤。遂散誕以一生，乃百年」兮知足。君長自齠□幼而能敏，善習書計，公理兼」明。仍以至學之年，□策時務，洎乎成立，撫編几牘，」既無怨滯之謠，鮮有負非於物。然則生知之孝，盡」養蒸蒸；恭儉之禮，□□□□。但以積善無驗，殲此」忠良。粤以龍朔二年歲在壬戌六月己未朔五日」癸亥終於洛□之公館，其日還靈於立行坊私第，」春秋□十有六。嗚呼哀哉！以其月十四日壬申殯」於邙山之陽河南縣平樂鄉之原也。其子弘義，年」雖襁褓，孝起天心。恐陵谷再遷，桑田互變，勒茲貞」石。乃作銘云：」

顯允族祖，郁穆山林，澄蘭桂之芬馥，振瓊瑶之□」音，奄□園之風月，晦高堂之瑟琴。餘霜凄兮凝□」露，宿楚森兮泉户深。」

（周紹良藏拓本　河南千唐誌齋藏石）

龍朔〇三八

【蓋】失。

【誌文】

大唐張處士故夫人朱氏墓誌銘并序」

夫人朱氏，吴郡人也。□□□□□□吴，」洎此迄今，冠冕□□，夫人□□機神光韶，」器量風馳。爰故□□□□□徽名，有行」張氏，織組浣紗之妙，旦夕忘疲；中饋蘋藻」之儀，肅雍無怠。處士□噎遠朋，堂□密友，」雲罍桂□，飛竹葉以迎賓，琱□□餚走薰」□而紀族。望陶侃之母，無愛簪裾□停長」之妻，專名貴客。冀照龍臺之鏡，千月□□；」俄彫庭樹之瓊，九夏雲萎。春秋卅有□，越」以龍朔二年五月廿九日終□□□□其」年六月十五日殯於邙山之陽。□子□□」爰疚寒泉，瞻血流而冰骨；時興□□□□」極而形銷。乃爲銘曰：」

玉泉鏡清越，蘭徑罷芳披，芬馥光千古，□□□□儀。」

（周紹良藏拓本　河南千唐誌齋藏石）

龍朔〇三九

【蓋】　大唐故張府君墓誌銘

【誌文】

唐故張處士墓誌銘并序」

君諱禮字章，河南洛陽人也。祖賢，氣曜白虹，章摛素鷗，」道長□短，秀而無實。父幹，迴鬱情峰，孤澄心鏡，才爲代」出，命與時乖。既而隋道方衰，天情可見，遂乃銷聲物表，」隱迹人間，揚波韜光，含真練氣，苞周身之防，而有識者」嘉焉。暨皇運握圖，載清寓縣，言歸樂土，居常俟終。既」而二豎爲災，兩楹斯夢，歌聞山木，泣下瓊瑰。以貞觀五」年五月十四日遘疾，終于家，春秋五十一。夫人尹氏，克」宣陰教，載成柔範，既隆婦則，爰擅母儀。錦室罔窺，織仁」義而爲組；玉臺靡飾，鑑圖史而成鏡。將謂潘筵既別，方」申禊氾之歌；曹輿可升，行草過養之賦。豈圖蘭芳遽歇，」珮落風飄，桂馥先摧，薪窮火絶，以龍朔二年六月十二」日終於私第。粤以其年六月廿七日，合葬于邙山之原。」有子思言，因心克孝，式遵銘典，紀迹幽泉，追勒遺芳，乃」爲文曰：」

締根七聖，分枝三傑，及兹令緒，齊暉曩烈，水鏡凝明，松」筠摽節。時逢版蕩，代屬雲雷，舜澤爰布，堯鏡斯開，已歡」擊壤，俄歸夜臺。粤稱嘉偶，實表貞賢，始開潘第，遽闢原」阡，兹焉同穴，永矣終天。黄壚草宿，青隴松新，蹄風思鳥，」泣露悲人，愴佳城兮不見日，痛荒塋兮非我春。」

（周紹良藏拓本　開封博物館藏石）

龍朔〇四〇

【蓋】索君墓誌

【誌文】

唐故開府索君墓誌銘并序

君諱玄字德偉，燉煌人也，今寓居洛陽縣焉。族濬長河，委」峴峰而積浪，跡源葱嶺，架蒲海而遥巒。卯金之苑，燉煌遂」爲著□；白狼之郊，索邑高封元孫。自是迄今，輪紱相閒。祖」彦，齊宋州長史；父沙，隋淮陽郡司户書佐；並瓌表秀異，深」衷凝遠，化清海岱之教，踵王祥之流仁；讚光涇渭之明，婉」季長之無滯。君吉祥餘慶，胎祉千金，一覽八儒，便鈎奥義，」兼工百中，遂擅奇能。大業問罪辰韓，陳兵遼碣，君素懷文」武，檢校司兵，屯騎仰以成規，射聲資而增鋭。遂授建節尉。」潤政云謝，欽明在辰，屬草昧初基，奸臣尚阻，君飛忠走」勇，冒死爭先，爰授儀同，又加開府。方建將軍之氣，靜榆□」之祆，□奄虧拔拒之功，與庭蘭而碎葉。春秋五十四，去貞」觀十六年八月七日終於私第。夫人左氏，南陽人也。夫人」總斯言行，絢温敏以增芬；雅履肅恭，澂敬慎而揚馥。作嬪」索氏，義合禮容，敦彼母儀，峻清高上。冀流慶於宗黨，取則」前聞；何芝蕙之罹霜，朝風奄落。春秋六十有八，越龍朔二」年四月寢疾，六月十二日終於時邕里私第。以其年七月」廿二日，與君合窆於河南平樂鄉芒山之陽翟村西南二」百步，禮也。長子寬，次子義，恐山落翠微，水凝碧障，敢詮芳」烈，其詞云爾：

吐源商野，宗繁漢渚，蘭芷交華，松筠釣侣。方申餘慶，奄虧」笑語，劒影兩沉，金聲雙舉。

（周紹良藏拓本　開封博物館藏石）

龍朔〇四一

【蓋】　斛君之誌

【誌文】

□唐故斛斯君墓誌銘并序」

君諱祥字德善，東京河南人也。魏侍中斛斯敦」之苗裔。若夫至理難圖，功□靡尚，鴻猷盛烈，千」載彌光，高萼脩枝，百齡無歇。祖　齊任刺史；父德，唐任翊衛；莫不疏榮桂簿，擢質芝田，聳長條」以拂雲，驚巨浪而奔海。□□韻金石，美譽播芝」蘭，宜應錫以永年，降其□福。豈期含芳委曜，毁」璧摧柯，著籙東山，收魂北極，春秋卅有四，以龍」朔二年七月十一日寢疾，卒於私第。即以其年」七月廿二日葬於北芒之原，禮也。仍恐居諸遞」運，陵谷遷移，爰勒玄銘，庶傳不朽。其詞曰：」

東周沃壤，原隰夷平，哲人斯出，載誕吾生。洽仁」義於州里，標孝悌於閨庭。其一。卓爾□□，儼然容」止，固穆穆之盛德，信汪汪之君子。降志接凡，傾」心待士，州里稱德，鄉閭讚美。其二。才行脩舉，文藻」□新，方期利□，望厠忠臣。欲搏風而落羽，將躍」□而摧鱗。朋流掩泣，行路沾巾，勒石泉户，盛德」無倫。」

（録自《芒洛冢墓遺文》卷上）

龍朔〇四二

【蓋】失。

【誌文】

唐越州諸暨縣主簿宫君故夫人秦氏墓誌銘并序」

夫人諱沖，洛陽人也，其先蜀丞相宓，夫人即其後也。」祖雄，隋儀同三司；父應，皇朝將仕郎；俱以彩映白雲，」志漂青阜，量藻黄陂之湛，器苞苟鵠之機。夫人禀德」宗華，融朗教義，言涵綺歲，行飾岐年。明艷暉霞，峻節」清玉，識異表於宗黨，辯則述於朋從。内法剋修，行於」宫氏，車摇珮響，步振薰風，婦節合珪璋之聲，女□蘊」蘭茝之氣，恭勤可則，流舅姑之近慈；贊佐斯謨，固良人之遠節。方申保護，篤家道之有憑；奄凋階樹，遽雲」葉之飄泊。春秋卅有九。越以龍朔二年三月十三日」終會□諸暨官舍。東南鏡水，閱羈魂之易流；西北首」陽，紆□□之□進。往逝九溪之右，今瘞三川之隈。馬」跼顧於舊邦，魂低佪乎何託？以其年八月十日□於」邙山之陽，禮也。貞龜啓非，良筮□期，泉堂既敞，□駕」方之，風翩翩兮裔裔，輪肅肅兮馳馳，荒隧兮虚寂，隴樹」兮增颸，遺芳可述，勒此貞碑。其詞曰：

嫮嫮高胤，歲歲茂族，基祚趙邦，條繁漢録。表祥貞淑，」流慶敦仁，蘭茝方郁，瑶華比珍。儀弘玉亮，法履金聲，」冀空齊德，梁家述名。奄虧庭樹，浙江之右，□寂阮房，」簟淒潘綬。黯隴色之寒雲，庶芬芳之彌久。」

（周紹良藏拓本　開封博物館藏石）

龍朔〇四三

【蓋】 失。

【誌文】

大唐故蒲州汾陰縣丞上柱國李府君墓誌銘」

君諱諝，隴西成紀人也。自邁德垂芳，珪符比盛；弘道降祉，師範聯」華。固以暢彼玄□，藹茲青史，葳蕤故實，非假詳載。曾祖長，周儀同」三司、隴城縣開井子、邑五百户，隋使持節上儀同、大將軍；祖興，隋」左車騎將軍，襲爵隴城縣開國子；父素，隋温池府鷹擊郎將；藴金」精之秀氣，門多振武；實玉鈐之秘術，代參飛將。君景行承基，明哲」襲祉，藝華國胄，鬱爲儒宗。貞觀五年，以國子監明經舉策問高第，」解巾蒙授常州博士，又遷慈州司倉參軍事，又膺詔舉策，復高」第，轉授貝州宗城縣丞，又授蒲州汾陰縣丞。君學優入仕，俯從下列，」雖時論攸高，而靜退彌固。屬島夷□命，天罰將加，夫餘不道，擬爲」聲援，於是分詔貔旅，先取能建，驅風伯以析期，靜海童而利涉。」君詞則啓秀，策乃擅奇，飛檄俟其□才，作氣資其妙略。一戎大定，」君有力焉。顯慶五年，以平百濟勳，蒙授上柱國，策拜他職。龍朔二」年歲次壬戌朔七月戊午寢疾，薨於魏封之私第，春秋五十有四。君」幼而好古，長而不倦，先達重其雅尚，後進欽其老成。言顯其温，聽」之方厲，心隱其照，鑒之逾朗。仁而有勇，柔而能立，肅肅焉，徒仰其」標，汪汪焉，靡測其際。所謂神超迹浪，□□川渟者矣。烏呼！天實爲」之，蘭芳遽歇，殲我吉士，曾未華髮，粤以其年八月四日，權窆於東」都之北山，禮也。孤子思禮等，悲曜靈之迅騁，痛遷神之就列，徒望」遘以攀輪，竟□心而頓轍。烏呼哀哉！乃彫琬揚芬，誌諸玄壤。其詞」曰：」
邁德垂芳，弘道降祉，光光遠係，剋復其始。肅若高標，湛若凝沚，資」忠□孝，揚名筮仕。武振奇略，文贍良史，曠哉偉人，免矣君子！其一。嘗」聞天道，積善餘慶，庶翼台華，方隆鼎盛。彼蒼斯忍，奄凋其勁，榮街」倏移，幽衢轉夐。松煙四慘，隴月孤映，茂範可甄，清芬在□。」

（北京圖書館藏拓本　河南千唐誌齋藏石）

龍朔〇四四

【蓋】失。

【誌文】

唐故都督王君墓誌銘并序」

公諱羅，太原人也。夫八桂凝芬，十枝瀫藻，金柯玉蘂，翻影齊」周，故得馬疊彩於桃蹊，緩飄花於春路，紛綸赫弈，史諜詳諸。」曾祖興，齊任貝州□城令；祖義，隋任蜀王府長史；並韻宇清」通，雅度融朗，踈神調於心鏡，挺質焕於情田。公誕秀瓊林，若」驪泉而啓照；端儀瑉圃，方玉水以環流。生知非學植所工，庶」幾豈琢磨致悉。以隋季喪亂，唐運權輿，九野沸騰，五方紛」紜。時階餘宦，轉除都督。既而化均寇雨，理邁龔繩，南國載謡，」江漢斯頌。洎乎皇唐鏡業，四宇貞明，公乃蹈海躋心，紹仲」連之雅迹；拯溺收性，踵謝祖之高情。豈期令範雖融，庭訓未」浹，悲兩楹之屬夢，奄一息而無追，春秋卌，武德九年五月十」八日，終於私第。夫人段氏，隴西人也。秀異早標，宏奇夙著，蘊」三儀於蘭畹，習四德於芝田。分淑松端，耿高情於霧表；踈貞」竹溜，澹雅質於霜朝。及納採閨闈，嬪於王氏，峻節共秋潭競」潔，明允與春景同暉。望圓魄而齊明，俯方珪而爭靄。久敬超於郄氏，如賓越於鴻妻。豈止詩曰恭姜，史賢蓋母，冀作範於」州里，宣教義於童孫。何其玉岫摧瑛，瓊枝下綵，粵以龍朔二」年閏七月十六日，終於清化坊之私第，春秋七十六。以其年」歲次壬戌八月丁亥朔四日庚寅，合葬於邙山之陽，禮也。恐」山頽月峽，水積姑泉，謹託貞碑，敢勒遺列。其詞曰：」

族標秦漢，聲高魏晉，秀逸霞端，踈貞萬刃。祥下貞淑，慶流昊」俊，比德山高，□才玉潤。奄虧蘭蕙，彫兹淑胤，隴月空霏，松風」獨振。」

（北京圖書館藏拓本）

龍朔〇四五

【蓋】失。

【誌文】

唐故韓君潘夫人墓誌銘并序」

君諱文，字金，河南洛陽人也。自白魚表貺，緇衣播美，浩浩」長瀾，巍巍曾構，人倫仰其門範，弈葉擅其清華。焕乎方册，」可略言也。曾祖貴，齊任誠公右衛大將軍；獻成臯之謀；魏」武英雄，留連官渡之陣，克昌四代之業，允劭三公之榮，並」家牒之所□，故可而略。祖大賓，隋任三衛親衛校尉；當領」一時，殖傳千代，寓跡衡泌，遠慕巢許之風；得性林泉，近遵」莊惠之樂。播明琴之善術，洽馴雉深仁，政美餘風，家傳遺」愛。父阿金，以禦寇之積，授左屯翊衛；威振遐方，氣陵勍敵，」人倫之令範，爲朝廷之英規，茂德嘉聲乎斯在。擊劍彎弧」之術，蒙輪越乘之奇，超振古以先明，擁當時而獨步。以其」年六月廿三日寢疾，卒於私第，春秋七十有四。優哉遊哉，」以私自畢。夫人潘氏，仁剛之長女，春秋六十有九，以顯慶」三年四月廿六日寢於私第。漸潤江漢，禀質端凝，次合宜，」進退可則。韓君極有冠蓋，聲華藉甚，秦近斯匹醜德攸宜，」甘歸於韓氏。肅肅禮容，虔虔朝夕。夫人深忌盈滿，欣茲質」素，携手同歸，以龍朔二年歲次壬戌八月十六日韓金合」葬於邙山之原平樂鄉，禮也。已矣幽塗，悲哉薤露，風切切」含哀，日黯而云暮。託彫篆於玄石，紀聲猷於泉路。其詞曰：」

浩浩昌源，昭昭華胄，筠貞桂馥，蘭芬松茂。折葉乘芳，分枝」聳構，篤生才子，實爲時秀。其一。言□餘慶，載誕英規，承親遠尚，接友遙推。三端已妙，伎藝」無遺，一枝取足，數仞難窺。其二。」

（周紹良藏拓本　河南千唐誌齋藏石）

龍朔〇四六

【蓋】失。

【誌文】

故仁勇副尉皇甫君墓誌銘并序」

公諱相貴，字晚，□先安定人也，因官，」家于洛陽焉。祖禮，父順，並桂貞霜白，」蘭薰玉潤，門帷清鑒，室號通賢。公幼」而貞明，長而□亮，鄉黨遵其素論，州」閭仰其嘉聲。釋褐仁勇副尉，又除武」騎尉。

既而桑榆已晏，遽辭榮寵，舟壑」潛運，勞息不停，以龍朔二年八月廿」日終於私第，即以其年九月歲次四」日葬於邙山之平原。生氣懍懍，歷千」載而猶存，敬勒芳猷，其詞云爾：

亭亭竦□，淼淼長源，清潤遂廣，華實」彌繁。功宣矢人，用擬輪轅，並驅騏驥，」齊翥鴻鵷。屑屑人事，悠悠彼蒼，白駒」迅隟，黄鳥于桑。霧寒□日，風急秋霜。」泉門一閉，蘭菊□芳。」

（周紹良藏拓本）

龍朔〇四七

【蓋】失。

【誌文】

唐故文林郎桓君墓誌銘并序」

公諱萬基，河南人也。蓋後漢陸安丞譚之十三代」孫也。曾祖欽，周上柱國中書令；祖恭，□議郎，隋并」州司馬；父逸，隋宣義郎河南郡丞；並風格淹舉，韶」儀秀發。或光鳳池而出□，或展龍翰而代工，昭絢」緗編，可略言也。公綺初旌叡，登序室而離經；冠歲」馳光，映迴泉而薦彩。冥資淳至，騑驤曾閔之儔；艷」發雕章，錙銖潘陸之範。既而温玉抽英，虹氛掩連」城之匣；仙筠擢潤，鳳質躡文林之班。蘊夷曠之高」情，狎隱市朝之際；洞藏往之深略，晦明語默之端。」不謂程日方華，望悲谷而俄景；黄陂肇濬，委大壑」而馳波。以龍朔二年九月六日卒於章善坊之里」第，春秋卌有二。即以其月十七日葬於北芒之原，」禮也。嗣子善福，仰風樹而□□，瞻岵峰而懵絶，恐」變海之敷桑，圖豐石而□烈。其銘曰：」
猗歟慶緒，肎藹昌源，踵武英哲，載挺瓊璠。其一。□貞」衡泌，締賞風雲，黄陂遽閼，程日俄曛。其二。靈輀夙戒，」楚挽晨驚，一刊貞琰，永誌佳城。其三。

（北京圖書館藏拓本）

龍朔〇四八

【誌文】磚。

惟大唐龍朔二年歲」□壬戌十月丁亥朔」廿八日甲寅病故西」州僞内散常侍麴善」岳皇朝欽爵致果」副尉，春秋七十九，遇」疾遭卒，殯之斯墓。」

（周紹良藏拓本）

龍朔〇四九

【誌文】磚，朱書。

夫人毛氏，諱姿臺，高昌人也。夫人秀質挺生，」共恒娥而等艷，華容内發，與洛浦而侔顔。鄉閈」歎其和柔，鄰里仰其貞順。祖僞參軍，孝悌爲心，」依仁作志；父僞領兵將，武若弁莊，文同累席。夫人」笄年出嫁，適張氏爲妻，四德不日而成，六禮浹時而」備。勤勞家事，難易共爲；承接舅姑，寒暑弗謝；」宿載君子，唯諾是從；撫育兒羅，均平是務。何期」積善無徵，禍傷其福，隨命不遇，遭罹横逢，龍」朔二年十月廿六日玉樹摧柯，奄於正寢，春」秋六十有五。子孫躃踊，哀滿長途，親屬咸悲，稱喪慈」母。即以其年十一月六日葬於高昌縣北原，禮也。嗚呼」哀哉！殯之斯墓。」

（録自《西陲石刻後録》）

龍朔〇五〇

【蓋】失。

【誌文】

唐故隋立信尉袁君墓誌銘并序」

君諱相，字厲俗，汝南人也。寓居洛陽焉。其先漢司徒，□」即其後也。著望清暉，四代五公之稱；才高遠懋，徽神扇」越之風。故以相襲珪符，遞紆青紫，暾江□之練色，絢清」洛之蓮紅，言之不慚，在斯而已。祖顔，隋□龍鎮將；父摩，」隋□都郡主簿；並英風凝遠，雅□閑都，□馬驚桃，靜柳」條之曳翠；庭□競縞，贊蘭囿之圖芳。君隋立信尉。牆宇」高華，蹈德音之雅訓；貞規峻嶷，稟儒素之風徽。令績日」新，寮友仰之而易簡；清明月就，親朋悦之以行敦。俄屬」道銷，竄身荒谷，及逢鳴社，榮利非心，遂乃卜室洛濱，縱」賞湹左，心期畢矣，内希六度之風；性託虚筵，外祛四流」之志。冀茂檀那之行，搖舟巨壑之濱，不□□炬凋暉，落」影鷄山之上。春秋七十有八，粵□龍朔二年十月五日」終於脩義坊之私第，以其年十一月十一日窆於邙山」之陽父塋域，禮也。嗣子崇慶等，恐峻岳頽蓮，池翻岸菊，」風悲樹而淒淒，雲生愁而斂猜，紀遺德於貞石，庶終古」而無極。□詞曰：」

郁穆高族，漢魏稱□，伊君懋德，宏贊徽猷。□白嚴厲，風」鑒□休，方矯情於□賞，何命促之增憂？去清景之靄靄，入」□□之悠悠，隴月兮餘照，松風兮早秋。」

（周紹良藏拓本 開封博物館藏石）

龍朔〇五一

【蓋】辛君墓誌蓋上刻下半部分誌文，見下文。

【誌文】大唐故刑部郎中定州司馬辛君墓誌銘并序 長水縣令崔行功製」君諱驥，字玄馭，隴西狄道人。皇祖訓夏，金簡濬其靈源；纘女惟莘，玉鼎騰其昌」業。夷羊在牧，卑以讜言稱高，被斯臨川，有以知來見述，破羌師律，沮漢將於湟」水；□□推重，抗晉主於轅門。維□山長，西河水曲，亦已羽儀三古，菁華百代。青」史可□，黃縑遂略。曾祖子馥，後魏平原相、散騎常侍、左衛大將軍、尚書右丞、太」常卿、三門公。量兼虛受，才優不器，緝槐庭於鼎實，文棘寺於春官。祖德源，齊散」騎侍郎、尚書比部郎、聘陳使、待詔文林館、中書舍人、渭州大中正，周納言上士，」隋蜀王諮議。體韻宮商，情含絢素，鳳條鵷沼，東觀西園，邁潘陸之風塵，掩徐陳」之騑轡。父正臣，隋承奉郎、餘杭郡司法書佐；黃中發秀，白賁凝資，弱冠登朝，俄」踠絕軌。君德輶所積，道風以暢，識詣中和，理牽清越，狐先遠慶，應阮重光。曾□」前傾，寒泉夙恃，早逢離亂，甫自髫沖，茹藿承顏，撫楹稟訓，觸神必韻，遇境而□，」蒲葉成編，練螢取照，遊心百氏，肆目五車，幾參象彖，思諧風雅，雖宛秀神□，□」魚遠記，晉朝所滅，豕亥可分，漢日稽疑，鼮豹斯辯。有隋言謝，唐運初興。大□」克平，皇華東踐。時年十八，爰應弓招，河朔士林，取高延譽，自斯賓筵，貞觀□□」明，屢飭條枚，恒參翹俊，涓流遂廣，積壤成坻。十四年中，授洛州都督府法曹，尋」而別召，遷秘書郎。申韓爲九流之一家，游夏乃孔門之多藝。蓬萊秘府，瀍水名」郡，豈唯案牘見推，仍以文詞取妙。砥矢成用，利器在躬。□□□優奬，遷大理司」直，又爲金州道巡察副使，威暢輶車，詠興酌兕。廿二年敕授屯田員外。太」宗躬刊晉史，傍招筆削，遂復聲華延閣，譽起仙臺，藹彼良書，義均不朽。尋以幹」用，敕授刑部員外。上稟泣辜，下遵中典。永徽之始，肇建承華，妙選時英，光茲上」裕，遂從昇擢，授太子司議郎，四年之内，復加綸綍，授都官郎中，尋遷刑部。□」闈東峻，閣道南通，辭旅食於神飈，接含香於星座。才望兼美，賓實兩華，而方增」輝鼎味，取光髦士，背渥洼以長懷，指姑餘而一息，遂乃漳濱曠序，未疾纏災，」朝旨所優，除定州司馬。雖假禄成養，曩賢不推；而卧閤淹時，抗表辭職。恩詔」□允，言歸洛都。潘岳家園，且安慈膝；曾參啓足，俄及□言；以顯慶四年十一月」廿九日卒於道化里之第，春秋五十有八。嗚呼哀哉！友執慟懷，搢紳佇欷，□□」君德門遠暢，秀氣攸□，磨礱有涉，精義必該，性情所陶，神□□□。幼居愽□，善」言提育，機杼爲訓，俎豆有方，空谷生蒭，褎然遂遠。析薪良□，□焉可憑，既姸□」□，亦擅詞藻，風韻閑明，器蓋□□，揚歷清顯，隱括名流。雖韋誕類琛，衛玠如玉，」良由取珍，□折禀麗，荆阿在其，□牽□絲，屢踐丹地，上參同恥，仰緝春華，兩宮」

下文圍于蓋四周，似是墓誌之下段。

所推，萬夫是屬。至於閨庭起豫，友朋不遠，春樹流嚶，秋」筵上月。芳醪可薦，王幽緒於黃鑪，折芰乃尋，實絶境於」濠上。晉朝舊事，漢日遺儀，臺閣空存，緗緗可閱。□而烏」嗟過目，駒傷絶影，輔仁之義，於何可言。而今鞠□之慈，」彌結芝蘭之痛，霜露云遠，方窮蓼莪之哀。哀子藍田縣」主簿積慶等，以龍朔二年十一月十七日□□□殯於」洛陽清風鄉芒山之阿。嗚呼哀哉！周□□策共託首陽」之下，漢朝術士，還□□壇之傍。楙以」弱年，情□先密，爰從薄臣，婣好彌隆，」絶絃喪質，百年遽盡，比義神交，九泉」不輟，慈氏□□，敢述銘云：

配天承」祀，纘商發祉，廖辯前緜，有照良史。漢」將惟光，魏□著美，業高紫塞，祚延黑」水。顯祖重規，前哲垂裕，曲臺傳禮，甘」泉起賦。昔贈紵衣，賞封嘉樹，迺考淑德，仁而非遇。鍾山」水白，漢渚波圓，摛兹有美，藻麗光鮮。齊閔爲質，望回不」騫，絢采文素，綫心照玄。士衡長離，延祖鳴鶴，葺鱗浮藻，」維駒暢藿。遠光天憲，增華儲籥，再踐蓬山，四遷雲閣。天」衢俟戾，槐庭曠陰，波瀾自閲，天地無心。露泣顔子，風敗」展禽，援杍增怨，攀穹莫尋。洛浦丹旐，芒山玄夜，松燧俄」掩，塗車不駕。紫玉可沉，黄□□化，九言何遠，千秋長謝。」

（周紹良藏拓本　河南千唐誌齋藏石）

龍朔〇五二

【蓋】失。

【誌文】

唐故右衛德潤府左果毅都尉上柱國高公墓誌銘并序」

公諱捧，字文穎，渤海脩人也，今寓居河南焉。族濬葱河，委」長瀾於九派；地冠蓮岳，秀孤迥於三巒。故東海遥基，□管」之風無昧；西京作則，同主之對可遵。朱輪所以連衡，紫紱」於焉絏色。祖真，齊相州録事參軍；父侯，隋江都令；并瓌表」秀異，深衷凝遠，道著提綱之務，清越士林；行趣仁惠之風，」聲逾德異。公告祥玉溜，鏡濤紅以洌清；貽祉松山，遡巖丹」於布彩。酌儒宗之要指，重義輕財；觀武略之會機，□忠忘」已。然諾三友，自致非敦；孝悌九親，詎由言教。及皇家運始，幕府驅馳，旌力表功，授監門直長。及申驍金滿，」效智玉關，剸奔兕於葱巖，斷飛鴻於蒲海。詔授甘松府」果毅，勳加柱國，改授德潤府果毅都尉。振響五營，劉公莫」之擬；聲華四校，任君不足侔。方期曜彩中軍，靜妖氛於柳」塞；沉暉夜壑，咽士伍於交襟。春秋五十有五，去顯慶四年」六月十日，卒於德潤府官舍。以龍朔二年歲次壬戌十一」月景辰朔廿九日甲申葬於邙山之陽，禮也。去蘭堂之步」步，赴佳城之茫茫，野蕭條而風勁，庶千載而傳芳。其詞曰：」

惟蘭有秀，唯玉有英，齊分茂勣，魏擅風聲。公標逸態，早歲」飛名，莊敬親故，義重財輕。時屬横流，清濁應響，劍宣其利，」征無不往。萬里肅清，三軍懷纊，風儀方振，忽掩明朗。夜臺」虛寂，泉路杳深，松郊月冷，隴樹風吟。親交雨泗，賓友悽□，」丘陵有滅，名傳瑟琴。」

（北京圖書館藏拓本）

龍朔〇五三

【蓋】　秦君之誌

【誌文】

唐故昭武校尉秦君墓誌銘并序」

君諱義，字仁，河南人也。自雲潤唐郊，益流謙於澤皋；風芬邠野，」仲□抱於垧田。是以桂彩凝暉，疊星花於周道；簩鮮漾碧，分霜」節於漢朝。故能傳慶瑶巒，蔚蓮峰而彌秀；遠符蘭沼，□箭溜而」增波。匪止交映丹青，實有絢於南史。曾祖辯，齊明威將軍；祖陵，隋帥府都督；並風徽夙履，景氣初凝，達辛衛之六奇，架韓張之」三略。父朗，隋司隸刺史；控湑春渚，練影藻驄馬之謡；華望秋朝，」霜簡肅權豪之勢。君早蘊松筠，耿玉露而飛□；幼芬蕙薄，絢素」綵以宣風。孝友敦懷，詎□效於橋梓；忠信天性，寧默記於卞微。」俄逢隋運告終，三川紛鯁，賊臣問鼎，五岳爭迴，權以庇身，任王」充車騎將軍。及碭雲遠映，碣館初開，足力先鳴，敕優」班賞，授昭武校尉。素有知止，歡晚沐於郊端；雅仗清虚，澹朝華」而留閲。方希篤志味道，義以敦儒，奄奔駿景，促悲谷而沉照，去」貞觀六年六月廿七日終於第，春秋卌有八。夫人張氏諱光，南」陽人也。祖□，隋渤海令；父才，本縣鄉長。夫人早峻蘭儀，夙徽光」鑒，婉柔情以居孝，悌明穆以標貞，年甫初笄，作嬪秦氏，遞瑟琴」之清奏，雜皐蘇之薰馥。及虧嘉偶，獎協孤遺，言行克符，高構斯」洽。冀母儀之弘益，樂潘輿之宴歌，奄庭樹之驚飆，慟高虞之洩」涕，春秋六十有五，越以龍朔二年十二月廿四日終於立德坊」私第。以龍朔三年正月廿八日，共君合窆於邙山之陽，禮也。□」擇因襲，夙駕靈輀，俄停激楚曲，唯增薤露悲，松檟悽風急，德音」終不虧。其詞曰：」

葱河萬仞，鄧幹千尋，條繁葉布，源濬波深。守標隴右，相冠渭陰，」慶流高嶷，相因徽音。如蘭比菊，如玉兼金，屯夷齊穎，道義雙欽，」福扃祥閟，□□□吟，塵飛素□雪下綺琴，暝風空振，曉月徒侵。」

（周紹良藏拓本　河南千唐誌齋藏石）

龍朔〇五四

【蓋】失。

【誌文】

□□□周君墓誌銘并序」

□諱師，字法祖，平輿人也，今寓居洛陽焉。原夫邠風震馥，茂靈根」於七沮；碭雲架空，散金枝於八水。洎吴謡建鄴，調雅韻以宣威；晉」馬浮江，陶兼清以留詠。無開人物，其在兹乎？祖元，周□州鄂縣主」簿；父賓，隋坊州録事參軍；並瓌表秀溢，深衷凝遠，道勝恵質，毘德」政於張言；風鑒管式，總歌謡於寇范。君告祥鏡水，澈玄鑒於玉津；」貽祉華宗，茂喬枝於縟彩。幼窺油素，藴雅頌之菁華；少習蒼旻，閟」星喻之繁縟。許友以信，情不見於貌恭；孝實天成，諒昭然於本質。」及筮仕貞吉，利涉賓王，試張衡之渾儀，曉何承之幽旨。大業七年，」授太史監候。三分度一，無舛於錙銖；地二天三，庶符於累黍。及逢」喪道，屏息機璿，自矚譙星，志希删迹，於是歸竄温洛，怡賞芝田，」乍味逍遥，混大小於楸菊；高吟濮上，引濠魚以澂神。洽清虚以詠」歌，促奔飛於暮景，去永徽二年五月廿五日，終於河南縣福善里」私第，春秋六十有六。夫人張氏，范陽人□，晉司空先之後。凝華蘭」沼，載德灼於雲瑛；稟粹珪巇，貞規彰於露彩。年甫笄歲，作婦周門，」履叶如賓，剋修中饋。既而遽虧終吉，奄喪所天，保乂孤遺，庶免祇」悔。豈其風摧蕙畹，彫英下於霜庭；不褰同穴，星影韜於劍渚。春秋」七十有三，龍朔二年十二月十五日，終延福里私第。以龍朔三年」正月卅日，與君合葬於邙山平樂鄉之原，禮也。去蘭庭之步步，赴」蒿里之芒芒，庶音儀之可挹，歷千載而彌芳。其詞曰：」

裂漢開源，干雲族布，義貫杞梓，貞分箘簵。玉潤珪璋，音齊象護，桂」黯星花，劍□蛟步。懷珠川媚，蘊玉山榮，物猶如此，□亦貞明。匪彫」而器，不學而成，斯非降誕，誰爲挺□。業該金籥，藻絢瓊文，逢如開」霧，□□披雲。交滋玉潤，狎膩蘭薰。靈轜肅御，靈旐分空，旌飄壤□」□列塵中。哀吹𢡟，薤動悲風，如何代寶，長瘞玄宮。」

（北京圖書館藏拓本　河南千唐誌齋藏石）

龍朔〇五五

【蓋】失。

【誌文】

大唐涇陽令周君墓誌」

君諱顯，字伯庸，南陽上蔡人也。本望於汝，」因宦屢遷，或錫土樵郡，或開封金水，莫不」擅名往昔，令譽今朝，功蓋一時，勳傳千古。」弟路，齊渡遼將軍青都郡主簿，立志清高，」懷貞抱素，西門謝操，東里慙風，代有人焉，」當不虛耳。君釋褐寧州司法，後除涇陽令。」但以積善無效，早年徂殞，比以歲序非便，」年月驟移，未置玄宮，且隨權措。今宅兆既」從，人謀叶睦，改遷幽宅，還依昔所，遂龍朔」三年正月卅日合葬村東南五百步之原。」□爲華景，恐田成碧海，陵谷遷移，刊石勒銘。乃爲詞曰：」楊林森聳，松徑參差，荒庭寂寞，與代長辭。」龍輴送別，軒蓋空歸，泉門一奄，何日重開？」

周天寶墓誌銘」

（録自《中州冢墓遺文》）

龍朔〇五六

【蓋】　大唐故宋夫人墓誌銘

【誌文】

唐孫君故夫人宋氏墓誌銘并序」

原夫珠臯耀彩，竦光價於古今；蕙畹騰芳，播淑氣」於前後。夫人廣平人也。自玄丘降祉，赤伏澂暉，飛」華軒以鏘金，抗忠謹而鳴玉，不可窮者，可略言焉。」爰自祖宗，咸以冠冕，夫人疏派蘭池，分枝桂苑，情」田馥於蕙葉，心鏡迴於金波，慶緒夙鍾，自天成德。」夫人育茲盛則，嬪我高門，並松蘿以耀暉，同琴瑟」而諧合。可謂金璧相映，繡綺齊明。不意霜下春蹊，」清吹停於珮響；曉沉初月，菱光絶於增波。越以龍」朔三年正月廿八日，終於從善里私第，春秋廿有」二。以其年二月十二日權殯於邙山之陽，禮也。嗚」呼哀哉！拂霧驂輴，侵星飛旐，經郊郭之迢迢，遵荒」阡之杳杳。勒遣行於玄石，架千秋之愈劭。乃其詞」曰：」

華宗鬱鬱，景胄悠悠，在周作伯，於漢稱酋。紅蘭繁」夏，金菊光秋，誕茲淑類，於今尠儔。繐帳驚春，華茵」聲沉，鳳吹韻停，龍笛叡。悲露凝歌，玄堂增闃，樹百」代而彌繁，名千秋而赫弈。」

（周紹良藏拓本　開封博物館藏石）

龍朔〇五七

【蓋】失。

【誌文】

唐故舒王府典軍王君墓誌銘并序」

君諱仁，字弘瞻，太原人也。昔鶴皐沖飈，隨履駕於晉喬；文武雄」華，□展揚於淩粲。代夥英岸，可剪詞焉。高祖徵，魏征西將軍太」原郡守；劍橫七尺，殄妖寇於赤眉；位綰六條，播慈仁於白屋。曾」祖沖，隋驃騎將軍；然北狄未銷，志不求安；第東甌靡拔，情詎戀」於端蹲。祖達，隋鷹揚郎將；毅勇超於南北，膽氣冠於東西，務展」骨騰之奇，冀騁肉飛之效。父仁，唐朝上護軍游擊將軍；家累將」功，預潛謨於九變；門傳武藝，閒幽策於二權。處魏則名跨丁蘭；」居漢則聲騰蘇竟。後任舒王府典軍，安輯三戎，威而不猛，撫綏」五校，溫而靡嫌。烏號纔彎而勁石飲羽，屬鹿聊奮而堅玉猶泥，」立操終於馬皮，歸死違於女手，公之壯節，其在斯乎？良爲英圖」未伸，風雲罔顯，徒希翻日，詎遂迴戈者哉！栖塵居弱草之苗，危」露處脆荷之葉，五達停聳轡之勢，三條絶飛蓋之期，以大唐龍」朔二年十一月七日寢疾，卒於□州之里，時年六十有五。寮友」銜酸，人吏悽慟，即以三年歲次癸亥二月乙酉朔廿二日景午」遷瘞於邙山之陽。嗣子神感等，茹荼軫踊，陟岵傷摧，恐陵移谷」遷，臺平海變，勒茲幽石，庶傳不朽。其詞曰：」

二□表異，三尹馳英，騰華玉策，祥煥神經。時標秀彥，代出賢靈，」既文或武，拖紫紆青。其一。雄材偉歟，壯心魁傑，裁危六步，工參七」伐。志滅强獫，情牽勁越，哲人其萎，長辭風月。其二。靈轜進駕，神旐」陞蹊，六姻感切，七族銜啼。薤露縈恨，楊風送悽，一朝異室，人鬼」分栖。其三。隴樹雲披，塋蘇颸靡，滅影墳壙，潛形泉裏。千齡爲宵，萬」歲作紀，盛範徽猷，傳芳不已。其四。」

（北京圖書館藏拓本　河南千唐誌齋藏石）

龍朔〇五八

【蓋】失。

【誌文】

唐故魏王府廐牧丞路君墓誌銘并序」

君諱徹，字文徹，河南洛陽人。其先漢前將軍博德，君」即其後也。西京列業，婉累德於金籐；東國時乘，緘山」河於石室。豈名韜實録，嚮逸峰摧者也。祖朗，齊滏陽」令；父買，微尚本州；並蘊枝士林，攄能好事，弘雅亹亹，」架三善之風；爽氣漂漂，欣三樂之詠。故翹仰無極，虚」挹愈深。君早著聲譽，少長異焉，英風弱冠，堪爲士則。」既而漢東淪替，江都溺驂，遂弢迹藏暉，苟免而已。自」逢成貸，樂道忘榮，難遷土之情，感枌榆之志，戢圖南」之橋翼，委東幹之楨鋒，不踰父母之邦，俯從負骨之」任，選補魏王府廐牧丞。是知山松孤映，乍低枝於叢」薄；蓮鍔摛光，或遊刃於鷄肋。及王改順陽，因家不仕，」追朋命侶，不覺年頹。方欣異聞日就，挹高風以實歸；」俄落青山，掩清越瑶渚。春秋五十八。越以龍朔三年」三月十七日，終於毓財里私第。以其年四月二日，葬」於北邙之陽，禮也。嗣子行起等，痛八桂飃瑛，將葉舟」而徙壑，七橋虹斷，與星影而沉梁。敢述話言，其詞云」爾：」
蓮峰上秀，鏡水澂空，清華交映，詎比高蹤。允矣君子，」載穆家風，文同簡玉，藝總談叢。光馳隟駟，影閟高春，」固音徽於玄石，湛輕霧於青松。」

（北京圖書館藏拓本）

龍朔〇五九

【蓋】失

【誌文】

唐故段君墓誌銘并序」
君諱文會，字仁則，洛陽人也。漢都尉□即其」後也。素履貞□，雅符忠孝，踈松筠而立性，架」薰若以凝神。專志禮經，篤誠書傳，學優業就，」程試蘭臺，忽朝露而晞條，奄曉風而悽樹。春」秋廿有五。越以龍朔三年三月廿八日終於」第，以其年四月二日權葬於邙山□陽，禮也。」嗣子多侯等痛年未勝衣，陟屺之悲斯及，山」□□□樹琬之志希憑，其詞曰：」
堂堂遠祖，著自隆周，條繁葉散，枝庶分流。時」摽以路梏，獨映松楸。穆哉夫子，仰繼前，貞凝」道性；

德洽孔門，義浮竹溜，掞松崑。福祜茫昧，」□□星奔，音徽遥裔，千載名存。」

曾祖。亡弟子大男、多侯、小侯、女妙兒。」

祖承。」父師。」

（周紹良藏拓本　開封博物館藏石）

龍朔〇六〇

【蓋】失。

【誌文】

大唐故侯君夫人郭氏墓誌銘并序」

君諱子，字[illegible]，河南洛陽人也。天姿英跱，雅量凝明，」桂馥蘭芬，含章挺秀，依□遊藝，索隱鈎深，文越雕」蟲，才彰刻鶴，性薄軒冕。□□隋任銀青光禄大夫；」父隋任營州別駕；並蘊□懷珠，風規弘邁。享福善」遂虧歎赤電之難，春秋八十，卒於洛城内。夫人郭」氏，少履□無違四德之言，長習組紃，有叶三從之」義。雖居閭閈，恒希蘭惠之風，和彼瑟琴，景登羅之」教。連藥貝葉，轉誦忘四時，始終一載。春秋八十有」一，以龍朔三年四月七日卒於永泰里。即以其月」十七日殯於平樂鄉，禮也。長子長壽，感深擗摽，痛」極允窮，欲明在後之悲，困叶南院之詠。慎終□遠，」合葬同墳，既允偕老之書，雅符同穴之義。銘曰：」

唯蘭有薄，唯龍有津，緬懷自古，欽咨若□。愔不忏」色，愠豈忏神，以孝作輔，由義爲鄰。邈哉顔閔，孰嗣」清塵。高山徒□，景行斯仰，蘭玉空存，淑人長往。」幽塗□□大德□賞，清風鼓振，空流餘響。」

（北京圖書館藏拓本）

龍朔〇六一

【蓋】失。

【誌文】

大唐故處士田君墓誌銘并序」

君諱君彥，字德茂，洛陽人也。乘軒服冕，族」茂光乎遂初；漸慶餘基，聯暉系於後葉。曾」祖琬，齊任魏州司馬；祖文林，隋任揚州江」都令；緹紬攬轡，百城興來晚之謡；製錦操」刀，一同起馴翬之詠。惟君懷純抱素，守遯」居貞，歡菽盡歡，綵衣就養，宜應享兹難老，」錫以鮐眉。豈期玉碎荆岑，珠沉漢浦，以龍」朔三年歲次癸亥四月廿七日卒於私第，」春秋六十有四。即以其年五月八日窆於」邙山之陽，禮也。輴荒容裔，素旐卷舒，臨泉」穴以欑哀，掩幽扃而永閟。嗚呼哀哉！乃爲」銘曰：」嗟乎處士，器宇深沉，勁標東竹，價重南金。」暮景蒼茫，涼飆蕭索，重櫬易掩，九京不作。」

（北京圖書館藏拓本　河南千唐誌齋藏石）

龍朔〇六二

【蓋】 失。

【誌文】

大唐故魏君墓誌銘并序」

君諱郎仁，字希義，鉅鹿人也。源夫錫羨開祥，飛英」誕秀，肇大名而建宇，疇分晉而興邦，領袖騰芬，載」光台鉉，高風惟遠，徽烈逾昭，道峻來今，聲芳永昔。」祖朗，周相州堯城縣令；父巖，汴州中牟縣丞；或政」美烹鮮，或副光製錦，德惟人望，材實時珍。惟君中」孚允亮，惟孝因心，神彩與巖雷爭飛，高情共松風」競遠。雅性超簡，俊節不羈，候風月以追遊，極琴罇」而濬慮。既而禔福徒説，興善無徵，媲大椿而不諧，」□遄暉而戢耀。龍朔三年四月廿七日，卒於敦厚」里舍，春秋六十有八。夫人鄭氏，滎陽人也。裔緇衣」之慶緒，稟瓊質而摛光，言追閫操之風，翻慟閲川」之遽。其月廿日，奄辭蘭宇，春秋六十有六。有子五」人。切昊天之罔極，念風樹之難留，爰想同穴之儀，」敬感葬防之禮，即以其年五月八日附窆於洛陽」縣清風鄉之邙山陽也。恐居諸遽戢，丘隴存，謹述」芳聲，寄之貞石。其詞曰：

盛矣高門，悠哉慶緒，載挺」英靈，實推翹楚。未窮千月，俱悽兩楹，飛旌委鬱，白驥」悲鳴。松切風警，鹿芬芳兮，無絶□簡，菊芬但榮。」

（北京圖書館藏拓本）

龍朔〇六三

【蓋】失。

【誌文】

唐故荀氏楊夫人墓誌銘并序」

夫人楊氏，洛陽人也。祖忠，器宇沖深，風神爽逸，」體稽阮之疏放，庶莊惠之清虛。父義，學標理窟，」藝綜文房，將馬鄭以齊驅，與潘左而方駕。夫人」夙稟靈粹，早標奇朗，與蘭桂而騰馥，將水鏡以」齊明。粵自初笄，作嬪君子，六行兼美，女師之訓」剋彰；四教聿修，婦道之儀彌洽。婉懿淑慎，慈惠」温恭，體德雙齊，庶期琴瑟。豈謂餘慶虛語，與善」徒欺，奄棄高堂，遽從長夜。以顯慶三年四月廿」七日卒於家，春秋卅。即以其年歲次癸亥五月」癸丑朔九日辛酉，葬於芒山之原。嗚呼！珠星落」彩，將婺女而同埋；璧月沉輝，帶恒娥而俱没。聽」薤引之流和，實切平居；覩轜蓋以縱横，更傷心」目。進惟疇曩，乃作銘云：

猗歟夫人，幼挺奇質，」六行兼美，四教攸秩。粵在弱笄，言歸荀室，潘陽」令偶，秦晉良匹。道苞女訓，德隆婦節，春日方和，」秋霜比潔。餘慶或爽，蘭英遽折，婺彩離星，娥靈」去月。巫山雲歛，陽臺雨絶，壟樹朝昏，松風夜切。」

（周紹良藏拓本）

【蓋】　失。

【誌文】

唐故馮府君墓誌銘并序」

君諱達，字貴達，河南洛陽人也。山河於石室，豈名韜實録，響逸□擢者也。林攄能好事，弘雅亹」亹，架三善之風；爽氣漂漂，欣三樂之詠。故翹仰」無極，虚挹愈深。君早著聲譽，少長異焉，英風弱」冠，堪爲士則。既而漢東淪替，江都溺驂，遂弢迹」藏暉，苟免而已。自逢成貸，樂道忘榮，難遷士之」情，感枌榆之志，戢圖南之橋翼，秀東幹之楨鋒，」不踰父母之邦，俯從負骨之任。是知山松孤映，」乍低枝於叢薄；蓮鍔摛光，或遊刃於雞肋。及王」改順陽，因家不仕，追朋命侶，不覺年頽。方欣異」聞日就，挹高風以實歸；俄落青山，掩清越於瑶」渚。春秋五十有二。越以龍朔三年五月二日終」於從善里私第。以其年五月十二日葬於北邙」之陽，禮也。嗣子表子，弟樹兒，痛八桂飄瑛，將葉」舟而徙壑；七橋虹斷，與星影而沉梁。敢述話言，」其詞云爾：

蓮峰上秀，鏡水澂空，清華交映，詎北高蹤。其一。允」矣君子，載穆家風，文同蘭玉，藝總談叢。其二。光馳」隟駟，影閟高春，固音徽於玄石，湛輕霧於青松。」

（北京圖書館藏拓本）

龍朔〇六五

【蓋】失。

【誌文】

唐故鄭州新鄭縣令唐府君墓誌銘并序」君諱沙，河南洛陽人也。其先周叔虞之後也。父護，隋」荆州安興縣令；翔鸞製錦，凝德政以攄神；馴雉庭虚，」標清貞於物表。君禀斯風概，素履忠規，幼挺仁明，長」符弘敏。文該海碧，寫波瓊池，行篤篁鮮，表枝翠於霜」曙。俄逢道季，鏟迹深居，及歸」聖化，情希養志，玩清風而篤俗，味道泰以怡神，優」哉遊哉，不覺將老。」詔授鄭州新鄭縣令，優年德也。春秋八十有三，以龍朔三年四月廿九日終於景行坊私第。夫人楊氏，弘」農華陰人也。夙挺貞規，早著言行，志高操潔，度廣慈」深，架松竹以申情，峻霜冰而藻性。芳銷媚苑，花落華」叢，去貞觀十六年六月廿五日卒於私第，春秋五十」二。越以龍朔三年五月廿日啓自先塋，與府君合葬」於邙山之陽，禮也。嗣子并州文水縣尉仁軌，恐簡落」青編，德音何紀，故雕芳琬，其詞云爾：」

玄德蘭芬，徽猷玉振，於穆君子，清流是胤。其一。」仰導遐風，俯弘貽則，瀍右疏壤，洛濱蘊德。其二。」雙挹道性，兩忘榮利，自得花前，唱和遺媚。其三。」月落池陰，庭虚樹晦，泉門既寂，松䟽風蕩。」

（周紹良藏拓本）

龍朔〇六六

【蓋】 失。

【誌文】

唐故宗夫人墓誌銘」

夫人諱　，南陽人也；□領軍將軍德豔，夫人即其」後也。祖伯，隋魏州貴鄉令；父太，隋相州司功；并器」宇宏邃，量已恕人，躡幼宰之宣風，踵根矩之忠篤。」夫人即司功之長女也。夙禀華宗，弘風教義，仁標」丱歲，貞表髫年，明豔與朝日共暉，峻節與曉霜同」潔。行脩月幌，蕙問風端，内則克勤，行諸郭氏。婦功」可述，宗黨法而成規；動止斯模，娣姒儼而爲則。於是女儀斯耀，母道列隆，恐慈風之遠期，冀眉壽之」安悆。不謂城樓遽滅彩於高□，霜夜未□仰風□」於晚菊。春秋七十三，越以龍朔三年五月十三日，」終於時邕坊私第。以其年六月□日權殯於邙山」之陽，禮也。泉堂既闢，靈駕已裝，恐青編之簡落，慮」故老之無談，音儀厥闃，鐫此雕章。其詞曰：」

矯矯高胤，峩峩茂族，迹彼曹書，基編漢籙。母儀玉」亮，婦德金聲，冀桴芳辞，宗子思寧。奄摧蘭桂，俄遷」高景，風吟樹兮增悲，月臨庭兮虛映。」

（録自《芒洛冢墓遺文三編》）

龍朔〇六七

【蓋】　失。

【誌文】

女□漫仾，琅耶臨沂人也。蟬冕聯暉，簪」裾□晈映，備諸圖諜，可略而言。曾祖仁，」□信都長樂郡丞；祖立弘，澤州陵川縣」令；父大節，蘭臺校書郎；並美譽高才，兼」資文武，□風範温和，□儀婉嫕，貞情外」朗，照合浦之□；神操内凝，茂甘泉之珍。」錫年不永，遽從短辰，□□而淪暉，譬春」條而碎緑，以龍朔三年六月十一日卒」於行脩坊之里第，春秋一十有一。即以」十四日窆於北邙之舊塋。曠野蕭條，幽」扃深寂，恐陵谷之遷徙，聊紀石於貞石。」其詞曰：

□臯膴膴，□水湯湯，門傳簪」紱，人挺珪璜。精靈襲祉，載育神光，柔儀」婉麗，令則芬芳。蕣華易殞，蘭芳早彫，庭摧」玉樹，堦落金翹。幽扃冥滅，荒郊寂寥，平」生已矣，鵬鷃逍遥。」

（周紹良藏拓本　河南千唐誌齋藏石）

龍朔〇六八

【蓋】　失。

【誌文】

唐故景城縣令京兆獨孤公墓誌銘」

公諱澄，字凝道，其先代居河西，英武冠族，遂以獨孤爲號，」子孫因氏焉。祖靜，隋任同州刺使；盛德載於萌謡，轉右衛」將□，茂勳昭於陪棨，因家京兆，又爲長安人也。父達，齊王」府庫真；袨服叢臺，冠雄名於武列；長裾菟苑，含絢綵於文」場。君以名公子孫，地望隆重，流朱千里，滅没不追；警練九」罩，徘徊自遠。樹芳蘭以表性，則鬱陵雲；佩温璐而挺奇，則」□傾遊海。釋褐爲渝州録事參軍。巴水三迴，訛風載習，銅」山九折，詭俗生常。君綱紀人倫，沐皇澤而昭訓；琢磨澆」庶，被上德以如仁。既而令勣攸歸，俄遷滄州景城縣令。化」惟先禮，表石篆以敦儒；政本在農，候杏花而勸穡。鎮雅俗」以調軫，導素風於列醪。詞令潘河陽，直道密單父。且魯公」茂德，雅譽濟於亨鮮，卓相凝規，靡迹騫於佩墨，方將引拜」青瑣，抗策丹墀。天不憖遺，哲人斯謝，以龍朔三年六月十」日寢疾，薨於毓德坊私第，春秋五十有六。以龍朔三年歲」次癸亥七月壬子朔十日辛酉窆於洛州洛陽縣邙山之」陽。君器識淹通，風神警莠，惠洽人聽，德表土流。豈謂一代」規模，與長風而永逝；百齡准的，共朝露而俄晞。是紀玄砆，」庶之不朽。乃爲銘曰：

河源積石，哲人是載，抗德以貞，守道無悔。風流而洽，渝中」俾賴，禮樂東矣，景城攸戴。天道與仁，長享斯秩，神聽匪義，」還驚喪質。素柳威紆，丹流委鬱，黯黯玄泌，昭昭白日。」

（周紹良藏拓本）

龍朔〇六九

【蓋】失。

【誌文】

唐故蘭處士墓誌銘并序」

處士諱達，字義通，洛陽人，周幽州刺史宗，即其」後也。祖亮，父祖，並早蘊松筠，雅符止足，浮子休」之高節，浪公和之遁情，鏟迹銷聲，怡能終老。處」士漸素風之逸慶，庶微尚之嘉遊，信以招朋，貞」而接友。賞東籬之菊，泛琱觴於月夜；悦西園之」竹，奏雅詠於風朝。斯樂難常，奄促悲谷，春秋六」十有一。去永徽元年八月六日，終於敦厚坊私」第。夫人陰氏，隋殿中侍御才之元女也。祥延遠」慶，德習時英，懋清節以琱相，鏡貞明而昜亮。既」笄納採，作婦蘭闈，潤玉清音，高雲志秀。方積慈」蔆之祐，堂九刃之增歡；俄閲衰壑之流，促十枝」於危嶠。春秋七十有三。越以龍朔三年六月廿」五日終於私第。即以其年八月三日合葬於邙」山，禮也。長子感仁、次子元歆等，恐山虧積翠，岸」毁琱金，敢述嘉猷，其詞云爾：」

蕙茝齊暉，金瑶切響，既茂春朝，同虧秋望。隴烟」徒翠，孤松空亮，岸毁金崥，名愈飆飀。」

（周紹良藏拓本　河南千唐誌齋藏石）

龍朔〇七〇

【蓋】失。

【誌文】

唐故常君墓誌銘并序」

君諱開，字元儉，洛陽人也。茂族之興，遠藩方册，」代有異人，蟬聯圖諜。曾祖勣，齊郡守；祖觀，齊驃」騎□尉；父□，隋行參軍；並蘊德弘仁，握文兼武，」内□棟幹，外作蕃維。君禀川嶽之靈，挺珪璋之」質，内朗湛乎機鑒，外潤表乎温仁。守謙恭以立」身，履信義而行道。斌斌肅肅，實爲純厚者歟！君」既志懷禽尚，不願宦階，情悦老莊，唯求放逸。每」至春林散錦，文盛石園，秋菊落英，賓盈孔座。豈」期輔仁不驗，與善無徵，徒此小年，長歸大夜，以龍朔三年七月十二日，春秋七十，卒于私第，即」以其年歲次癸亥八月壬午朔三日甲申，窆於」邙阜。庶使慟深孀婦，悲甚遺孤，恐□行不宣，勒」斯石於泉户。銘曰：」

猗獟夫子，堂構克隆，依仁據義，本孝基忠。譽稱」鄉曲，行睦閨庭，遽指華宇，永即佳城。玄宫寂寞，」蒿里冥綿，幽石若啓，貞芳在旃！」

（周紹良藏拓本　河南千唐誌齋藏石）

龍朔〇七一

【蓋】失。

【誌文】

唐故王君墓誌銘并序」

君諱楷，字詮芝，洛陽人也。疏榦鄧林，雲葉麗於東□；摛華翠嶺，露」竹潤於西濱。故關右闡子年之風，鄴下表仲宣之妙，自兹厥後，文」武連衡，豈止紫紱朱輪，暉映一時而已！祖諱雙，前隋任相州湯陰」縣令；父諱焕，上輕車都尉，隋任宋州録事參軍；並耀彩士林，澄藻」行而高邈；重規流伍，婉忠信而遥芬。君凝貞丱歲，流志成年，藴松」筠以標懷，總金石而齊質。髫初淳至，蒸蒸於孝友；撫塵聰察，明明」於善言。故能作政家風，小大依德，贏金耀彩，臭味羅褒之門；弘粟」流原，羽儀鵷夷之室。遂乃留情接士友，逸迹傲中，飄飄然混齊」俗也。每至春風韻竹，秋月栖廊，談諧自得，泠泠心賞。方冀遠心勝」迹，籍忠讜以分驅；何悟促景中曦，奄嵫陰而獨騖。春秋年七十有」四，粤以龍朔三年六月七日，終於福善坊私第。夫人張氏。□貞桂」魄，標榦蘭儀，婉柔順以澄神，耿清虚而疏惠。甫年廿，嬪此王門。韻」偶塤箎，調諧金石，方申遠慶，奄落芳枝，春秋年六十有三。粤以顯」慶二年七月廿日終于私第，以龍朔三年八月三日，與君同窆於」北邙之陽，禮也。存亡異□，遷厝山阿，旐翩翩兮啓路，馬跼顧兮鳴」珂。雲肅肅兮垂素蓋，風淒淒兮揚薤歌，刊德音於玄石，與峻岳□」同科。其詞曰：」

披雲布族，亘地凝華，盛傳周漢，譽洽龜沙。清奪金石，潔秀煙霞，□」芬蕙畹，□慶是嘉。是慶何謂？紹彼鴻族，藴德松筠，含貞金玉。□□」孝友，依鄰無欲，放曠信善，息心干禄。朝廊桂月，夕徑翻星，追朋□」道，性狎邇情。庶兹善誘，晤遺言名，何圖扃福，奄爾雙零。星駕□□，」殯階奠祖，發彼清洛，城隅徑度。哀結悲風，歌纏薤露，松檟凝□，□」餘故墓。」

大唐龍朔三年八月二日刻成。

（北京圖書館藏拓本　河南千唐誌齋藏石）

【蓋】 皇甫君墓誌銘

【誌文】

唐故皇甫府君墓誌銘并序

君諱字，安定朝那人，其先規之子，雁門太守玄也。晉卿以典籍「介□，漢臣以經術立朝，爾其遷派訛革之由，昭穆徽章之叙，蔚「乎前史，可略而云。祖節，周嬀州刺史；父則，隋長沙縣令；雅道佐「時，英風鎮俗。君志氣縱横，風情倜儻。圯橋授履，早奉兵符；竹林逢「獲，偏明劍術。故得勇爵登朝，材官入選，大隋年中，起家爲三衛，「累著勤誠，加長上校尉。既而炎運將終，政道云謝，遂藏名滅迹，「終身不仕。良劍剪鵠，忽掩延水之暉；駿骨如龍，遂滅崑峰之影。「以貞觀十二年廿二日寢疾，卒於第，春秋六十有二。夫人竇氏，「扶風平陵人，漢太傅嬰之孫，隋并州刺史鷹揚郎將明之長女。「四行聿脩，六德咸備，作配君子，克諧琴瑟，柔範内睦，徽音外彰，「娰娣欽風，宗姻仰則。暨乎移天瘞質，蹐地無依，振孀節於惸孤，「勗母儀於幽弱。斷機勵學，符孟妣之嚴規；設被崇賢，叶姜親之「雅訓。既而儀鳳雙桐，死生暫異，神龍兩劍，前後終沉。以龍朔三「年六月廿七日遘疾終于家，春秋六十有二。即以其年歲次癸「亥八月壬午朔九日庚寅合葬於河南縣平樂鄉北邙山之原。「長子智滿、第二子滿才、第三子休寶等，並孝悌立身，載趨庭範，「忠信成德，克嗣家聲，方展養於千□，遽纏悲於九仞。訴曾旻而「標氣，蹐厚地而崩心。懼桑海之成田，嗟草露之晞景。滕城一闕，「冥漠難尋，街里長扃，荒涼易滅。敢詮明德，用旌神道。銘曰：」

邈矣崇基，猗歟遠系，舄弈軒冕，蟬聯胤裔。惟君挺秀，早播英聲，」克己復禮，砥行礪名。出身奉主，入衛紫宸，警禦清切，申威樹」恩。輔仁莫驗，俄歸九原，哀鐸夜警，靈轜曉引。芳樹龍吟，□池魚」□，壟飛雙旐，埏沉兩櫬。秋菊春蘭，聲芳昭音。」

（周紹良藏拓本　河南千唐誌齋藏石）

龍朔〇七三

【蓋】失。

【誌文】

大唐故樊君墓誌銘并序」

君諱秀，字相才，南陽人。自漢□□□因居洛邑，」綿歷魏晉，於是家焉。君神情迥映，智府凝深，儀」□端華，詞鋒秀上。輕朝榮如脱屣，小軒冕若埃」塵。於是晦迹人間，遊神物外，未能練黃金於丹」竈，揚白羽於青霄，與松子而齊暉，接浮丘而比」曜。豈謂降年不永，還同蒲柳之衰；與善無徵，復」墜桑榆之景。春秋六十有九，以永徽二年九月」廿八日卒。夫人楊氏，榮豔成蹊，名芳獨立，一從」蘭室，夙抱霜筠，瘦鶴影於琴前，銷鸞形於鏡裏，」春秋八十有一。以龍朔三年七月廿六日終於」私第，同殯於城北清風鄉界。嗣子樊奴奴痛陟」岵而長慕，感風樹而銜悲，懼蓬渚而遷流，慮桑」田而變海，其詞曰：」

懿哉英秀，玉質金貞，飛名洛浦，埋照山扃。雲低」松暗，月練霜明，唯餘蘭菊，萬古騰馨。」

龍朔三年八月廿一日癸卯朔殯。」

（周紹良藏拓本）

龍朔〇七四

【蓋】　程夫人誌

【誌文】

唐故程夫人墓誌銘并序」

夫人字令秀，廣平人也。茂族之興，遠播方册，」代有異人，蟬聯圖諜，祖許文經相州長史；父」嵩朗，隋武陽郡冠氏縣令；並氣韞山川，材高」博術，聲芬後代，榮映當時。夫人謙恭敬順，奉」脩有身，婦德婦容，四行柔儉，曲從敬弱，該備」七章，誡彼母儀，體兹婦德，笄年出適，言歸張」氏。舅姑孝譽，冰涌鮮魚，淑妹邕邕，閨門穆穆。」既而東流不止，西景遽沉，與善無徵，殲良奄」及，以龍朔二年四月廿八日卒于私第，春秋」七十五。即以龍朔三年歲次癸亥八月壬午」朔廿一日壬寅葬于洛陽邙山之上。恐人齡」浸遠，陵谷相遷，勒翠石於泉扃，庶徽猷之不」泯。其詞曰：

爰育貞淑，禮義不踰，母儀内穆，温良外敷，是」稱令德，邦家之姝。詩美葛覃，禮尚柔順，蘭桂」齊芳，琴瑟方韻。春花早零，夏葉流潤，如何一」旦，奄然長殞。」

（周紹良藏拓本　開封博物館藏石）

龍朔〇七五

【蓋】失。

【誌文】此誌誌文除姓氏外，與總章二年康達誌雷同。

唐故蜀王府隊正安君墓誌銘」

原夫玉關之右，金城之外，踰狼望而北走，越龍堆而西指，隨水」引弓之人，著土脾刀之域，俱立君長，並建王侯，控賞罰之權，執」殺生之柄。天孫出降，侍子入朝，日殫隆於漢辰，由余重於秦代，」求之往古，備在縑緗。」君諱師，字文則，河南洛陽人也。十六代祖西華國君，東漢永」平中，遣子仰入侍，求爲屬國，乃以仰爲并州刺史，因家洛陽焉。」曾祖哲，齊任武賁郎將；祖仁，隋任右武衛鷹揚；父」豹，隋任驍果校尉；並勇冠褰旗，力踰扛鼎，至如逢蒙射法，越女」劍端，滅竈削樹之奇，塞井飛灰之術，莫不得之天性，闇合囊篇。」君克嗣嘉聲，仰隆堂構，編名蜀府，譽重城都，文武兼資，名行雙」美，以斯厚德，宜享大年。彼倉不仁，殲良奄及，以顯慶二年正月」十日構疾，終於洛陽之嘉善里第，春秋五十有七。夫人康氏，隋」三川府鷹揚邢州都督康府君之女。兆諧鳴鳳，作合遊龍；是曰」潘楊，有符秦晉。剛柔之際，譬彼松蘿，婉嫕之歡，同茲琴瑟。爰誕」令胤，並擅聲芳，遊藝依仁，登朝入仕，皆由徙里之訓，咸資斷織」之恩。以龍朔三年八月廿一日終於洛陽之嘉善里第，春秋五」十有四。即以其年九月廿日合葬於北芒之坂，嗚呼哀哉！永言」人事，悲涼天道，小年隨朝露共盡，大夜與厚地俱深。著嬪風於」冥漠，紀懿範於沈陰，譬銀河之不晦，同璧月而長臨。其詞曰：」

日磾仕漢，由余宦秦，美哉祖德，望古爲鄰。篤生懿範，道潤松筠，」爰有華族，來儀作嬪。四德無爽，六行紛綸，誕兹令胤，時乃日新。」奄捐朱景，遽委黄塵，泉扃一閉，春非我春。」

龍朔三年歲次癸亥九月辛亥朔廿日庚午制。」

（周紹良藏拓本）

龍朔〇七六

【蓋】失。

【誌文】

唐故河南樊處士墓誌銘并序」

公諱端，河南河南人也。自夫姬源遠派，涵房耀之聚星；程」樹高摽，光本枝於姓日，西都壯烈，攀漢□□□；南」陽近親，翼劉宗而鳳起，樊之盛矣，豈不久哉！祖龍，襄」州襄陽縣令；善政鳴弦，連楚郊之上月；能官製錦，接」□氣於栖霞。父榮，潭府倉曹；忠瑜虹起，輝曨玉筍之」峰；德緒風高，聲泛金牛之穴。公門芳漱酒，承雲慶而」誕靈；家啓惠渠，掩波澄而吐鑒。學敷禮葉，照白日於」松心；言發談叢，赫丹霞於綺樹。漆園昭賁，重高事於」莊篇；蘭谷含芳，叶幽情於孔操。玉杯書彩，承繁露而」奄晞；珠柱琴英，同流水而遽閲。嗚呼哀哉！粤以龍朔」三年九月十六日薨，春秋五十五。孝子羅雲，痛結寒」泉，感霜尋而殞絶；哀纏摇樹，想風幹而崩摧。敬卜幽」塋，方叶金雞之響；永安深兆，庶無銅駟之驚。粤以龍」朔三年歲次癸亥十月五日辛巳朔五日乙酉，遷窆」邙山，乃爲銘曰：

盛矣夫君，猗歟德文！家光澹月，」堂構連雲。談林霧卷，筆海霞紛，隱高河上，孝感江濆。」□晞薤液，風敗蘭薰，凝簫奮響，儀旐淩氛，唯餘生氣，」□□松墳。」

（北京圖書館藏拓本　河南千唐誌齋藏石）

龍朔〇七七

【誌文】

大唐濟度寺大比丘尼墓誌銘并序

法師諱法願，俗姓蕭氏，蘭陵蘭陵人。梁武帝之六葉孫，唐故司空宋國公之第三女也。原夫微子去殷，昭茂勳於抱樂；文終起沛，兆峻代於收圖。瓊構鬱而臨雲，珠源淼而浴日，延禎錫祚，開鳳曆於朱方；疊慶聯規，纂龍符於紫蓋。逮鼎遷南服，胄徙東周，英靈冠上國之先，軒冕宅中州之半。法師乘因夐劫，植本遐生，孕月仙姿，稟清規於帝渚；儀星寶態，降淑範於台門。褓襁之辰，先標婉質；髫齓之歲，遽挺柔情。聰悟發於生知，孝友基乎天縱，中外姻族，莫不異焉。加以骨象無儔，韶妍獨立，鉛華不御，彩絢春桃；玉顏含澤，光韜朝蕣。年將十歲，頗自矜莊，整飾持容，端懷檢操，每留神於鞶帨，特紆情於紕組。瓊環金翠之珍，茵簟衾幬之飾，必殫華妙，取玩閨闈，麗而不奢，盈而不溢。既而疏襟學府，繹慮詞條，一覽而隅隩咸該，再覿而英華畢搴。豪飛八體，究軒史之奇文；法兼二妙，符衛姬之逸迹。羣藝式甄，女儀逾劭。宋公特深撫異，將求嘉世，載佇孫龍，以光宋鯉。而嚴庭垂訓，早沭慈波，鼎室承規，幼明真諦，飄花貌雪，初陪太傅之觀；擿葉爲香，遽警息慈之念。爰發宏誓，思證菩提，懼塵情於六禮，乃翹誠於十誦。承問薦謁，請離俗緣。宋公論道槐端，丹青神化，虔襟奈苑，棟梁正法，重違雅志，許以出家，甫及笄年，爰披法服，乃於濟度伽藍，別營禪次，庭標雁塔，遠蔑娀臺，藏寫龍宮，遥嗤魯館。於是沿空寂念，襲慧薰心，悦彼冀衣，俄捐綺縠，甘茲蔬膳，遽斥膻腥。戒行與松柏齊貞，慧解其冰泉等澈。超焉拔類，恬然宴坐。若乃弟兄辦供，親屬設齋，九乳流音，六銖含馥，瓶錫咸萃，冠蓋畢臻。唯是瞻仰屏帷，遥申禮謁，自非至戚，罕有覿其形儀者焉。加以討尋經論，探窮閫域，覈姤路之微言，括毘尼之邃旨。至於法華般若，攝論維摩，晨夕披誦，兼之講説，持戒弟子近數十人，莫不仰味真乘，競趨丹枕，傍窺淨室，爭詣元扉，肅肅焉，濟濟焉，七衆之仰曇彌，何以尚也。重以深明九次，閑想禪枝，洞曉三空，澄襟定水，厭此纏蓋，忽現身疾，大漸之晨，謂諸親屬曰：是身無我，取譬水萍；是身有累，同夫風葉。生死循環，實均晝夜，然則淨名申誡，本乎速朽；能仁垂則，期於早化。金棺乃示滅之機，玉匣豈栖神之宅，誠宜捐軀摯鳥，委形噬獸。歛衿止念，奄然無言。粤以龍朔三年八月廿六日，捨壽於濟度寺之別院，春秋六十三。姊弟永懷，沉痛不忍，依承遺約，乃以其年十月十七日營空於少陵原之側，儉以從事。律也法師，夙盥禪池，資慶源而毓彩；□□道樹，託華宗而降靈。藴地義於閑和，苞天情於婉嫕，覿一善則怡然自悦，聞一惡則愍爾疚懷。激仁義於談端，明色空於慮表，故能辭台閫，託禪門，捨七珍，祛八膳，精苦之行，□映緇徒；戒律之儀，錙銖法侶。佇津梁於苦海，奄滅度於仁祠。棣萼分華，悲素秋之改色；荆株析幹，望青枝而增感。所懼麀飛海帶，將迷渭涘之塋；石盡仙衣，不辯檀溪之隧。重宣此義，乃爲頌曰：

智有殊稱，法無異源，爭驅意馬，俱制心猿。志擾情紊，神凝理存，展如淑範，獨趣玄門。璇彩星分，瑤姿月舉，舍芳槐路，疏貞桂序。雲吐荆臺，霞霏洛渚，學兼班媛，詞彬蔡女。奠禽匪志，救蟻昭仁，捐華台室，沭道玄津。法關開揵，心衢屏塵，九流遺累，八定栖真。忍藥分滋，戒香含烈，傳燈不倦，寫瓶無竭。奄愴神遷，空悲眼滅，式鐫柔範，終天靡絶。

（録自《金石萃編》卷五十四）

龍朔〇七八

【蓋】失。

【誌文】

唐斛斯處士張夫人墓誌銘并序」

若夫耀魄天街，桂月降仙娥之彩；擒芒漢渚，榆編安神婺之精。」然則輕舉異於□門，靈配殊於饁野，光輝信婉，箴史無□。其有」天縱蘭儀，粹柔規於徙第，好申荆珥，展賓敬以齊眉。允劭鴻婦」之才，兼綜萊妻之懿。閨儀閫則，信歸美於夫人。夫人姓張氏，南」陽白水人也。昔博望尋源，夏壤覿筇筠之節；司空辯氣，□閫□」鎣□□至若紐昭銑以登庸，警温瓊而亮采，事彫芳册，可略」而□。曾祖沖，祖文；父金，隋任相州清河縣令。滋泉隱釣，屈雅量」於享□歐冶銛鋒，滯奇功於製錦。夫人珠泉育彩，儷冰鏡以凝」鮮；玉樹分柯，掩蕣華而蕩色。婉順成範，淑慎開基，每警志於風」規，不怠公於紃組。對庭花之四照，屏龍匣於春樓；眺川霞之九」光，振鴛□於秋杼。既而温□□□□譽斯芳，亦既有行，作嬪君」子。媚松□以合契，薦琴瑟以□□豈謂荆臺滅雲，仙儀奄□□」泉逝水，嘉好長違，龍朔三年九月一日，卒於洛州河南縣永□」鄉宣風里，春秋六十有三。即以其年□月四日葬於北邙之原，」禮也。翻吊鶴於□隴，下翔鸞於荒甸，悲扶景之不留，惜桑疇之」驟變，刊婉則於貞石，庶終天而逾絢。其銘曰：」

源濬靈長，□□神積，温胄輝光，華宗赫弈。德后嬪妃，毫端分跡，」詳鏡青編，□□□覿其一。既稱陰質，後胤鮮輝，巫山孕彩，素月光」飛。來□□□□□無違，柔儀是揖，女則咸歸。其二。天不怞仁，忽然」先命，□□滅水，鸞形沉鏡。良人茹戚，悲中罷映，□黯雙歡，庭無」□□其三。靈轜已進，霜旐先揚，松驚慟感，嗚思哀腸。霧□□□煙」□□□□□感永閉，蕙問其芳。其四。

（北京圖書館藏拓本　開封博物館藏石）

龍朔〇七九

【蓋】失。

【誌文】

唐故定襄參軍古君墓誌銘并序」

若夫九逸潛態，寓坰牧而纏徽；六美韜華，淪碱磧而增考。其」有挺捎雲之秀，終凋芳而勿奇；負隆棟之材，竟摧梁而靡用。」緬惟前烈，亦何代無其人哉！君諱弘節，字大量，洛陽人也。爾」其璿源始導，澮五色於崐墟；瑶構初基，儷千常於維岳。襲蟬」而光七葉，紐龜而尹三川，凝曬雲臺，遺圖霧蹟。祖伯仁，隋任」鷹揚；父合，隋任儀同；並業量韶華，局度淹遠，莫不信兼控竹，」政美示蒲。公融光驪浦，早登江靡之輝；淬質龍川，預表含星」之氣。韶辰肆辯，摛綷羽於談叢；觿歲懷經，洞金魄於書幌。濯」貝章於筆海，□春霞之澹錦流；瞥玉韻於詞林，類秋風之響」瓊樹。加以友于資性，載叶鶺原之詞；愛敬基心，允極鱗澌之」致。顯慶三年，釋褐定襄參軍。抑揚漸陸之儀，光弼專城之務，」豈謂藏舟易遠，夢刀之慶先虧；隆棟可期，瞰室之妖遽□。龍」朔三年四月十二日，卒於并府，春秋五十有四。粵以其年十」一月五日，葬於邙山北張相村東，禮也。悲曉挽於風川，思繁」笳於霜甸，山積霧而韜景，野凝陰而委霞，顧蘭門之長芬，惜」桑疇之驟變，敢寄芳於貞琰，庶終古而彌絢。其銘曰：」

隨川薦彩，荊岫摛虹，挺生髦淑，稟秀韶宗。沖襟獨運，朗鑒傍」通，業高刻鶴，伎協雕蟲。其一。爰初筮仕，肇贊專城，示蒲凝績，推」銑標清。仟鞫芳草，境溢頌聲，方陪日觀，奄閉泉扃。其二。畫柳將」嚴，蘭厄佇酌，霧籠丹旐，風驚素蓋。龜浦曾波，鶴巖凝靄，仰清」徽兮如在，悲宿草兮縈帶。」

（北京圖書館藏拓本）

龍朔〇八〇

【蓋】失。

【誌文】

□□汝州録事參軍封府君墓誌銘并序

□□温，字德瑗，渤海蓨人也。昔青虬導軌，光六位以乘時；翠□□」□，居四目而熙載。故能宏標茂阯，濬激昌源，槐路騈輝，締鵷文於」丹穴；棘林揚景，藹琁葉於青丘。曾祖璜，魏冀州主簿、密州長史、趙」州刺史；祖叔雲，齊冀州主簿、金州長史、青州刺史；並識抱氣先，神」遊□表，英姿傑彩，鷟熊軾以搏華；馥譽香名，冠鵬垓而逗遠。父仲，」隋通州司士、光州樂安縣令；温恭物抱，凝簡裝情，儲思精微，暢幽」樞於白鳳；圖衷訓牧，啓冥貺於青鸞。公演粹榮川，延和瑞岳，咳笑」之始，已萌孝悌之端；綈綺之初，遽表雲霞之氣。猶且夙陪絳帳，藐」侍緇帷，陶魏隴之遺編，孕鄒堂之絶簡。韶葩綷色，顧詞苑以韜輝；」旻浦涵清，伉儒津而沮鑒。事乎庭閈，凝至範於黄□；響穆都畿，播」芳規於紫宙。公穎見通微，靈謩宅奥，言悚附鳳之術，倏縮從龍之」恩，武德元年授觀州蓨縣令。地實亂繩，榮侔衣錦，將啓訓翬之政，」遂阻飛鴻之妖。貞觀十五年，除汝州録事參軍。德星東映，契珠節」以連輝；温液□馳，佀玉懷而沓惠。豈□跕鳶生禩，遽殫辰巳之年；」止服成災，奄斜庚子之日。以六年正月廿七日終於官舍，春秋六」十有七。嗚呼哀哉！粤以大唐龍朔三年歲次癸亥十一月庚戌朔」十一日庚申，改措於洛州洛陽縣之北邙山，禮也。以夫陵壑貿遷，」縑帛湮蠹，茂全聲軌，遲勒瑤琨，見託爲文，敢陳無媿。其銘曰：

猗歟」景族，赫矣高門，分霄綿阯，瀟晷疏源。黛葉凝藹，瑶枝克蕃，彩絢金」友，光騰玉昆。青田孕鶴，丹穴生鵷，倫鍇斯潤，儔瑜載温。黄中韞德，」玄理敷言，聲芬蕙畝，詞豐菽原。神虚懸鑒，器穆衢罇，龍顔有作，驥」足攸奔。簡心留慶，附翼提恩，爰調茂邑，惠馥蘭蓀。式毘英扞，道□」旟軒，萬乘懿績，佇觖曾翻。神聽多爽，天道何冤，中春掩秀，將飛□」騫。丹旐縈俛，素驥嘶煩，雲同櫝暗，霧苦□□，肅圖貞琰，□□□□」

（録自《芒洛冢墓遺文四編》卷三）

龍朔〇八一

【蓋】失。

【誌文】

大唐故文林郎仵君墓誌銘并序」

君字愿德，其先楚大夫員之後也，因官河洛，支庶家焉，」故今爲偃師亳邑鄉人矣。若乃水府毓靈，導昌源而引」派；荆郊縱欸，藉光隰以班枝。偶慶鱣庭，家傳紫蓋之壤。」曾祖顯，齊趙州別駕；祖虢，隋荆州司馬；父德，皇朝并州」晉陽縣令；莫不蓄和松之茂節，韻合清風；薄郄桂之曾」芬，輝連愛日。並情包今古，懸水鏡於心臺；器宇沉雅，神」姿穎秀，業融經笥，摛霽色於雲方；德備庶鐔，引清光於」霧市。以經術擢第，授文林郎，沉迹冗寮，和光散職。既」而元淑之賦，猶輱軻於生涯；康成之年，忽悲涼於夢巳。」龍朔三年九月十一日終於洛陽縣清風鄉之第，春秋」六十有八。烏呼哀哉！即以其年歲次癸亥十一月庚戌」朔十二日庚申，窀穸于洛陽界北邙山之原也。微瀾西」控，接金谷之潺湲；危障南臨，望瓊峰之峻聳。煙浮宿草，」遥疑京兆之阡；景麗佳城，近對河陽之縣。幽魂已謝，方」寂寞於黄壚；懋德空傳，庶芬芳於玄石。其銘曰：」

靈波控遠，班楚光前，偉哉景□，誕此瑰賢。規摹意運，水」鏡心懸，文摛麗日，論起高天。九能已效，八翅方騫，越聲」□似，□奠俄然。鍾鄰樂絶，贈館哀纏，一朝就蟻，千秋奪」馘。松埋宿霧，莽積寒煙，清儀永戢，令德斯傳。」

龍朔二年十一月十二日。」

（周紹良藏拓本　河南千唐誌齋藏石）

龍朔〇八二

【蓋】　趙夫人□銘「夫人」二字合文。

【誌文】

大唐揚州大都督府户曹太夫人墓誌銘并序

夫人天水人也，隋清河郡司户書佐趙士政」之第七女。因宦居於博州之高唐。粤在初笄，」時逢喪亂，言去舊邦，歸于孟氏。備閑四德，載」誕一男，早失所天，孀居守志，鞠養孤幼，三徙」擇鄰，訓以義方，慈存顧復，專心脩善，恃意精」勤，冀餘慶有徵，享終眉壽。何圖積善無效，奄」及梁摧，以龍朔三年十一月七日薨於洛陽」縣豐財里私第，春秋七十。嗚呼哀哉！即以其」月廿三日壬申葬於同縣清風里。或恐□徙」山飛，陵谷遷貿，式鐫盤石，永志徽猷。其銘曰：」

慈訓軻母，守義恭妻，勵節高行，撫育提攜。時」代雖别，履德斯齊，後已有禮，先覺無迷。無迷」伊何？早晤前明，心念惟佛，口誦惟經。與善曚」昧，天地無情，峩峩脩隴，翩翩旐旌。長辭白日，」永瘞佳城，蘭菊傳美，用播芳聲。」

（周紹良藏拓本　河南千唐誌齋藏石）

龍朔〇八三

【蓋】失。

【誌文】

唐故遊擊將軍高望府果毅王府君墓誌銘」

昔搖光散彩，洪源道若龍□□，靈景光輝，權輿疏晉鶴之羽。而三世秉鉞，瑞虎弭銜珠」之讖，一□齊君，鳴鑾韻分莊之態。逮乎滔滔純緜，閱緒浚於桐流，曄曄□榮，鉉影涵於」蓮沼，圭組煥乎沿簡，英選略而言焉。」公諱敬，字仁恪，太原祁人也。高祖巨，齊任蘇州長史。岳傾南秀，端冤之跡已澆，王沈東」□，□採之風斯殄。公以冰清警俗，聲澈華亭之□，霜威肅弊，化𩡧吴門之影。曾祖義，隋」□□□衡陽令。風流百里，教旌三善，詎申驥足，未謝鸞翔，薪祝岡祈，松靈不察，邑謡變」□，朝野成□。祖琰，隋任并州長史。一笥黄金，價輕於藻物，三府清唼，義光於疾惡。羽翼」之寄，既聯璧於幼安，州中之譽，諒齊鑣於叔業。父瑜，開皇中驍果校尉。屬隨風不竸，飛」五岳以塵驚，□星沈曜，鼓四溟以水鬪；於是豐蛇已斬，鶡冠摽義，取之苻原，鹿遂擒龍，」□洩真人之三蓋，攀鱗晉水，壯氣殉於先鳴，附翮唐山，奇謨參於後乘。武德元年授上」輕車，久勤軍幕，匪懈戎旃，更授陪戎副尉。公以狼精下降，德散樊星，岳靈上結，光流甫」□；□軍習勇，禀鋭氣於天資，竹馬許成，括純精於冥授。燕頷之貴，終巢幕於狂榛，龜文」之相，竟藻靈於瀚海。貞觀四年，公方弱冠，即從戴冑，揚旌絶域。摧鋒赤岫，探虎穴而揮」戈；騁誦樓蘭，上狼嵒而懸冑。雞由不戰，望金距而銷聲；龍涸既夷，指瑤臺而疏代。五年」八月授□武校尉。葦車稱約，豈擅美於王恭；鼎問未輕，寧獨高於宗預。十八年，烏夷潛「□，龍驂問罪。帝詞興訟，公獻六奇，轅門效節，暗府三略。詔曰：志力强勇，允膺推薦，特「授游擊將軍。永徽四年，擁旄出塞，弄履鏤冰之浦，頻登刊石之峯。金祠影滅，勳靈人於「天祭；鐵勒氣讐，括神鼐於地角。顯慶三年，長驅遼隧，魚麗不接，已發成擒之機；鶴列纔「舒，先揆靡旗之勢。□旋授上柱國，右屯衛高望府左果毅。方深爪牙之望，以赴干城之「寄，奄飛素蓋，永棄黄壚，嗚呼哀哉。春秋五十，以龍朔三年十一月廿四日，歸葬於洛陽「之邙山，禮也。公出忠入孝，依仁遊藝，在軍廿七載，身經六十九戰，稜威烏壤，□脈之俗「捐刀；德覃狐□，毳宅之鄉弛柝。劒飛泉駭，弦驚雁墜。羽□交馳，更開營而肆隟；金鼓作「氣，翻偃幟而□羸。三軍勇冠，齊固晞而棄本；七札之妙，楚基懼而垂槖。嗚呼哀哉。未登「麟閣，遽掩鸞扃，留恨九泉，長悲萬古。夫人郭氏，憑筵殞絶，崩城之感，未足稱奇；殉躬之「節，誠何刊紀。乃爲銘曰：

若派淵深，鸞崗增嶠。元祀交映，輪暉疊曜。封圭累襲，旌勤伐詔。「濟濟公侯，雝雝□□。在潤祥基，金輝祉裔。光流百代，美鍾三世。宿將孤征，咸陽獨制。納「藏王府，聲浮天際。惟□嗣德，挺自生知。志則臣範，孝成子規。風流望表，藉甚談□。戈揚「□落，氣挫東畮。屢開軍幕，頻舉戎旃。廣庭窮塞，勒裕□燕。雲平陣結，月却營連。前茅□「□，□绛□□。勳宣辭第，威暢殄獫。□曰股肱，人惟琬倓。美邑方樹，佳城遽掩。將軍一□，「□□殉漸。蓊靈兩引，鸞鵠雙翔。遐邇淒弦，原隰荒涼。隧雲寡色，隴月稀光。泉臺寂□，□「深草長。」

（武漢大學圖書館藏拓本　河南千唐誌齋藏石）

龍朔〇八四

【蓋】失。

【誌文】

洛州洛陽縣處士李君墓誌銘并序」

君諱英，字雄，隴西燉煌人也。原夫紫氣西浮，表」龍□於藏史；朱旗北上，著鵰捍於將軍。故得疊」□重光，貂蟬交映，承家嗣美，其在君乎？祖諱素，」字皓，齊滑州州都；父諱弘，字寬，隋黎州司□參」軍；並才逾新沓，道貫中郎，□麗天姿，風裁宏遠，」故得翼亮藩岳，牧宰專城，雄視中州，獨步冠蓋。」君機神迥邁，躡玄晏以先驅，軼氣孤標，籠鶡冠」而上處。寵辱不能驚其慮，利害無以□其神，簫」條虛室之中，嘯敖形骸之外。以龍朔□年十月」七日，終於延福坊之里第，春秋七十有四。夫人」周氏，窈窕幽閑，淑慎貞素，分容兩魘，韜麗彩於」朝梁；寫態雙娥，掩浮輝於夜月。豈期塵波易化，」恨結分鸞，風焰難停，悲纏別鶴。以貞觀十五年」□月廿七日卒於家，春秋卌有七。即以其年十」□月五日合葬於北邙，禮也。恐水□西嶠，地變」□溟，嗚呼哀哉！乃爲銘曰：

扶輝遽逝，桂彩難」□。抽簪月館，命賞風亭。庶刊貞石，流譽千齡。」

（北京圖書館藏拓本）

龍朔〇八五

【蓋】 失。

【誌文】

彭城劉夫人墓銘并序」

夫人諱字，彭城人也。若夫望雲開緒，絢龍胄於夏淄；叢」星發輝，□鳳鶱於漢葉。青緺疊灼，金蜩帟彩，□藹緹史，」可略言焉。曾祖慶，周舉茂才，任校書郎，又任青州千乘」縣令；大父景，隋任雍州長安縣尉，轉任德州蓨縣令；父」仁眘，任懷州行參軍；並漸潤瓊田，濯漪瑶水，聳鳳條之」穎，□□篠之華。皛履緝時，妙弘仙務之躅；牛刀警俗，雅」符□□之方。夫人星婺誕靈，月仙授彩，蘭儀孤上，蕙問」獨凝，佩柔婉於自然，孕端矩於天骨。曁乎隅星偶節，豔」應梅華，爰以□凝，移天君子。藴恭性岸，凌鹼野以騰芬；」裝範心臺，韜徙織而飛馥。加以藻神猨水，沐解浪□清」漪；啼想鶴林，承貝葉之芳蔭。庶長縻景祉，方□□輦之」□，豈謂俄畢促齡，奄棄潘輿之樂。以龍朔三年十二月」四日遘疾，卒於嘉善里，春秋七十有七。則以其年歲次」癸亥十二月己丑十八日丁酉，葬於邙山之陽，禮也。□」□□蒿扃□秘□□□□兹翠琰，高芬無滌。

其詞曰：

□□疏宗，鳳鶱開□□□峰上，海□波浚。曳皛莅俗，牛」□□□□景瓌翹，□□□韻。其一。爰挺端淑，仙婺誕靈，鏡心」□範，□婉居貞。梁嬪凝白，□媛流清，三徙騰景，四德飛」聲。其二。□阻蘭□，俄悲蒿穸，一□金梔，光沉彩璧。隧草露」晞，松門霧積，勒□壤末，圖風幽石。其三。」

（北京圖書館藏拓本　河南千唐誌齋藏石）

龍朔〇八六

【蓋】失。

【誌文】

大唐故始州黄安縣令傅君墓誌」

公諱交益，字交益。望隆北地，貫隸潁川，屬隋氏」云亡，朝市遷貿，移居汲郡，因而家焉，遂爲衛州」共城人也。弈葉珪組，蟬聯簪黻，詳諸譜諜，焕乎」前載。公光韶令德，漸慶先基，隋明經入貢，解褐」蜀郡博士，改授眉州通義縣丞，尋除宣州司兵」參軍，又擢殿中侍御史，出爲宣州録事參軍，轉」揚州都督府法曹參軍，遷始州黄安縣令。歷職」著稱，聲華藉甚，搢紳仰德，朝野歸仁。天不憗遺，」梁摧奄及，粤以永徽元年五月十五日遘疾不」救，終於黄安縣之官舍，春秋六十有二。乃紓歸」旐，將及枌榆，徒以不遇吉辰，未遑窀穸，遂權於」於洛城權瘞寓塋，充仞都鄙。忽降」綸旨，咸令遷革。即以龍朔三年歲次癸亥十二」月庚辰朔廿七日景午移殯於河南縣平樂鄉」郝村西北二百步。嗣子神童、羽客、守節、遊藝等，」痛結終身，哀纏罔極，恐未及遷措，銘誌無紀，謹」列風徽，勒之玄石。」

（周紹良藏拓本　河南千唐誌齋藏石）

龍朔〇八七

【蓋】無。

【誌文】塼。

唐曇海，高昌人也。本故棄□□□□□□□」後遷移生居此土。君乃禀□□□□□□□事」上竭誠，接下思敬，清空内發，仁□□彰，志等松□，」心同山岳，可謂涅而不緇，磨而不潾者也。年自弱」冠，釋褐而任鎮西交河公府上右親侍北□聲，」以龍朔三年十二月超梓沉府，篤困彌甚，名」醫石藥加□□此疾乃不瘵，至四年二月十」日，掩從公□□□□十有七年，□川水不停，人」隨物化，□□□馬鄉□□□焉。以其月十九」日葬於城西之和也。故□□□□□置於宮玄之左，」使千秋不滅□□。」

（録自《高昌磚集》）

龍朔〇八八

【蓋】失。

【誌文】

唐故鄧君墓誌銘并序

□諱威，字建，平陽人也。疏源自遠，締構逾邈，同江漢之分流，等」嵩華之烈峙。祖義，魏朔州鎮將；父方，周蒲州長史。或寅亮天地，」蹠高位於□階；或領袖搢紳，熠華名於玉諜。君唐銀青光禄大」夫。

君體□□亮，識度淹敏，學富文雅，藝兼禮樂。荆楊杞梓，無以」匹此良才；會稽竹箭，詎可比其勁質。可謂如珪如璋，令問令望」者也。故能託居里塾，澄止足於鄉遒；吟嘯風雲，駭囂塵於物系。」玩茲上善，庶剋遐齡，冀此多能，永康眉壽。豈知與慶無效，殲我」良人，當夏摧蘭，先秋凋桂，以貞觀六年八月六日亡，春秋五十」有三，殯於北邙山，就送終之禮。夫人施氏，河南洛陽人也。淩雲」聳幹，本起鄧林之木；横地開流，源自崐山之水。祖那，周任岐州」郿縣丞；毘贊一同，政敷道洽，謳歌頌德，風順雨時。父道，志悦丘」園，挂冠晦迹，爲一時之穎傑，作後代□銓衡。惟祖惟父，可略言」矣。夫人資靈以化，賦善而生，儀彩□華，風神凝□，加以歸依覺」□，□好玄□，福善徒言，彌遘斯疾，□龍朔□年三月十一日殁」於修義之里，春秋七十有八。即以其年四月□日合葬於北邙，」禮也。篆石幽壤，貽諸來代云爾。

紹茲華□，胤此含章，珠庭表德，犀闕程祥。」德爲行本，孝乃名揚，」仁深雨露，義烈風霜。石匣沉劍，玄堂埋玉，季布□輪，田横奮曲。」贈馬嘶松，虞歌響谷，共爲人代，先隨風燭。家傳素業，族有舊聞，」桂生因地，性自能芬。婦道無闕，母教兼勤，跡存俗裏，心階法雲。」徂駟難駐，流光詎停，一辭白日，永即幽冥。玉犬時吠，金鷄或鳴，」殁而不朽，寄此揚名。

（周紹良藏拓本）

龍朔〇八九

【蓋】失。

【誌文】

唐故德州參軍桓君夫人張氏墓誌并序」

夫人姓張，南陽白水人也。楚州録事忠之孫，洺州司馬」□之女，故幽州參軍琮之妻。夫人氣馥青蘭，志貞丹□，」夙閑四德，早叶三從，節邁供闈，賓崇郄室，神姿婉嫕，𫝆」德昭彰，萊婦媲之匪儔，梁妻比之莫擬。而日月循復，命」也有涯，神草無徵，夢洹斯效，膏肓遘厥疾彌留，於龍朔」□年十三日卒於景行坊里第，夫人春秋六十有九。是」□□婦停機，鄰春罷相。亭亭桂質，不俟桂而方凋；皎皎」娥形，未盡娥而先化。可謂珠亡合浦，玉碎荆山，悠悠彼」蒼，亦既頹哲。以其年十月廿九日合葬於河南縣平樂」鄉之界邙山之嶺也。馬踼空而不進，車凝軌而不前，素」蓋與愁雲而飄，紼旃逐悲風而雜起。昭昭繐帳，永絶生」魂，黯便房，長扃荒隴。穸寒□□，松霜鳥喧，痛感雲心，悲」纏漢首，天長地永，陵谷遷移，勒石爲銘，冀祛厥惑。

首圓象天，足方圖地，匹諧秦晉，賓同郄冀。如何旲天，殲」此良懿。南陽張氏，高平桓神，横素月名，張清風夢。洹河」各一，説長終，愁雲夜結，悲風曉馳。珪寒桐葉，劍冷松枝，」言聲在耳，目殄容儀。高岸成谷，海變爲田，山川靡固，在」在物何堅，一刊貞石，冀表遐年。」

（録自《芒洛冢墓遺文四編》卷三）

唐代墓誌彙編

麟德

麟德〇〇一

【蓋】失。

【誌文】

大唐故韓王府録事參軍李君墓誌銘」

君諱辯，字言，隴西城紀人也。瓊枝秀幹，麗真氣以浮煙；仙浦神潢，」掩縉雲而出震。君膏腴□靡，粉澤鏗鈜，控蓮崿而騰華，派瀾溓而」潤遠。曾祖嗣，周授朝散大夫、梁州別駕。贊惟條而騐俗，輔來晚之」謡；騁麒驥以臨元，毗去思之詠。祖開，隋上代□□車中郎將，分閫」□懿，跨三傑於汜神，推轂沖規，孕六奇放秘算。父□，隋上庯都尉，」屬季葉喪亂，鼎徙皇唐，俄授揚州江陽縣令；鳴玄雅俗，無復戴」□，□猛特寬，終期弭盜。祥鸞憩學，茂王阜之清芬，化一□童，鬱魯」恭之勝迹。君唐韓王府録事參軍，化宣政美，秩滿云還，耿志幽貞，」高□圭土。福慶斯永，彌瘵纏躬，靈曜頹輝，閲川流而共遠；𦵧華朝」悴，□夕菌而俱零。粤以龍朔三年歲在癸丑十二月庚午朔五日」壬申卒於私第，春秋六十有七。以麟德元年正月十三日葬于北」邙山平樂之源，禮也。青田弔鶴，切迴露之哀；素軫臨啼，悽流水之」咽。乃先期□蔡，遠曰端蓍，丹旐霾雲，素輴含霧，鳴驚松勁，風送瀣」歌，哀子剋構崇堂，光嗣門緒，履霜興感，拊樹申冤罔極，蒼旻輟溢，」庶存不朽，紀石傳徽，乃爲銘曰：

洪源帶地，峻嶺干天，寒華絢藻，景秀霏煙。鳳枝翹翠，鶴徵莊蓮，鼎」彝標德，麟閣旌賢。其一。迺祖迺父，唯文唯武，夙幼英髦，蘭心宸宇。矯」龍騁驥，魚驚鵠舉，神資伊霍，降靈申甫。其二。慶□祉積，藝綜仁依，鷽」遷□辛，道緝馴翬。俾王鸞集，駕魯蝗飛，以光朞就，秩滿遂歸。其三。卜」□圭土，毓德□林，山頹奠夢，梁委曦沉，契龜暫響，悲翁瀣吟，松高」□□，穸永泉深。其四。」

麟德元年正月（下泐）」

（河南千唐誌齋藏石）

麟德〇〇二

【蓋】失。

【誌文】

大唐故焦君墓誌銘并序」

公諱寶，南安譙郡人也。原夫玉諜揚暉，疏爵傳於赤伏」；瑤篆頹祉，景□□於黃星。構神基以聳花峰，導靈原而」分箭水，英猷繼□，代有人焉。曾祖義，齊任并州長史；祖」徵，齊任宋州宋城縣令；父買，隋任衛州録事參軍；并以」幹羽嚴明，英賢雅□，澄襟散朗，體道淹凝，汲引忘疲，孤」竦東南之箭。公挺雄材而映代，逸踈者以當年。智苞三」略之工，氣冠百夫之勇。由是豐功既著，遠績彌融，遂授」陪戎校尉。方期習樽俎之英略，纂帷幄之奇謀。未登萬」庚之庸，遽落□飛之羽，以麟德元年正月三日遘疾彌」留，卒於章善坊私第，春秋七十有二。嗚呼哀哉！夫人穆」氏。夫人温姿玉折，潤漸珠胎，澄秦鏡以齊明，皎梁璣而」比潔。遽而轞辭仙浦，雲斂巫山，夢豎云侵，危景命於朝」夕，曰以其年正月廿四日合葬於邙山，之禮也。嗣子山」松，痛深陟岵，悲切蓼莪。恐陵海貿遷，遂爲銘曰：

靈源括地，神基極天，英宗舄弈，景胄蟬聯。簪纓遞襲，珪」組相傳，功高錫瑞，化洽鳴絃。其一。承芳既遠，慶緒彌隆，挺」生人傑，載誕材雄。抑揚雅調，肅穆高風，摧堅陷敵，立事」成功。其二。人事淪没，日月遄徵，悽涼壠隧，冥漠泉闈。松凋」毀蓋，雲盡銷衣，陵移谷徙，海變山飛。敢鐫玄石，永播清」徽。」

（録自《芒洛冢墓遺文》卷上）

麟德〇〇三

【蓋】失。

【誌文】

大唐故處士吕府君陳夫人墓誌銘」

君諱德，字買，東平人也。其先太公之苗裔，瓜瓞含芳，」貂蟬襲慶，榮班列國，簡素焕其□貞，雅尚攸歸，英賢繼」及。祖庶，隋任永州刺史；德隆一方之詠，仁彰五袴之」謡。父買，隋桂州都督府録事參軍；識性虚融，襟情凝」遠。惟君粃糠名利，畢志丘園，杖藜丹桂之叢，躧步紫」蘭之徑。方喜莊椿之壽，遽傷薤露之歌，夢豎云侵，危」命景於風燎，粵以永徽元年七月廿六日構疾彌留，」卒於私第，春秋六十七。夫人陳氏，其先胡公滿之胄」裔。雄才英略，代有人焉。祖邃，任定州司馬；父和，任曹」州司户；並以幹宇嚴明，神情淹邁，啓宏規於二局，揚」遠惠於通藩。夫人蓮掌降芬，蘅皋蕩秀，作嬪君子，琴」瑟靡遺，成婦德之徽猷，爲母儀之懿躅。而風難靜，湯」沐斯終，以麟德元年正月三日構疾，卒於私第，春秋」八十二。其年正月廿五日，合葬於北芒山，禮也。嗣子」痛深陟岵，悲甚蓼莪，恐陵海貿遷，乃爲銘曰：

昭哉景胄，赫矣華宗，家襲冠蓋，門傳鼎鍾，名軒日首，」聲架雲峰。其一。惟祖惟父，載誕英靈，或文或祖，爲禕爲」經，青鸞集鏡，丹鳳來庭。其二。野風蕭瑟，隴月徘徊，霜濃」宿草，煙深夜臺，泉扃一閟，千秋詎開！」

（北京圖書館藏拓本）

麟德〇〇四

【蓋】失。

【誌文】

維大唐麟德元」年歲次甲子二」月己卯朔十二」日庚寅東都掖」庭宮司簿王氏」之銘。」

（周紹良藏拓本　河南千唐誌齋藏石）

麟德〇〇五

【蓋】失。

【誌文】

大唐故騎都尉李君墓誌銘」

君諱文，字緯，隴西成紀人，周柱史聃之後也。原夫玄鳥含靈，□」□克誕，聖跡爰履，莘女載生，命氏開家，其來尚矣。至如□□□」□□樹姓焉。自紫氣西浮，瑶源已濬，仙舟東泛，玉葉□□□□」□□可略言矣。曾祖　，齊金郡太守；恤人求瘼，雨逐□□，□政」□風，鸞隨馬去。祖突，周任定州録事參軍；鈎深索隱，懔風格以」繩違；賾要探機，肅霜毫糺繆。父　，幼承詩禮，早奉金籯，綺歲談」天，齠年對月，務舉晉王府參軍事。君克劭菑堂，載楊弓冶，昭彰」□緒，淑郁家風。時屬末隋，不遑儒業，所以學未優贍，志在前鋒，」應接義旗，忠誠可紀，錫以戎律，實給寵章，授騎都尉。方當矯翼」雲路，騁足長衢。豈知天不憖遺，殲良奄及，藏舟易往，隟馬難留，」薤露一朝，生平萬古。以永徽二年十月廿九日卒於私第，春秋」七十有一。夫人彭城劉氏，閫門徙訓，斷織流慈，既昜魚官，還嗤」馬迹，實光君子，鳣杖蒿藜。何圖眉壽不終，頹曦遽謝，以麟德元」年二月二日卒，春秋八十有二。曰以麟德元年歲次甲子二月」己卯朔十八日丙申合葬於同州馮翊縣武城鄉之平原，禮也。」孤子武仁等，追惟岵屺，載想蓼莪，面風樹以銜悲，仰高堂而灑」泣。痛深曾閔，酷甚柴由，永薦冰魚，長羞雪竹。恐陵谷更貿，桑海」互遷，敢勒遺塵，式銘玄石云爾：

履跡孕靈，指樹含生，聃浮氣紫，膺泛舟輕。達人知之，至理無名，」分枝迺聖，弈葉惟英。其一。天長地久，人事推遷，鶴書易促，鵬識」難延。既騫山壽，終奄瓊年，風停郢斲，波輟牙絃。其二。」一從蒿里，四野蒼芒，」春雲結靉，秋月凝光。塋寒吹急，壟晦煙長，」聊旌琬琰，式紀遺芳。」

（周紹良藏拓本）

● 麟德〇〇六

【蓋】　邊君之誌

【誌文】

唐故邊君墓誌銘并序」

君諱師，洛陽人也。其先漢九江守邊讓，君即」其後也。祖勝，齊澤州司馬；父伯，隋江寧令；並」清邃凝襟，温恭識量，楊贊千里，味道者遷情」；若彼一同，遵風者咸悅。君少敦閑放，長益素」心，雖懷德□□性□幽契，志存忠果，意在忘」榮，故得務節□人，温清旦夕。冀竹池水鏡，碧」鮮焕於朝霜；夜壑波沉，青□譬於暉霧。春秋」六十四。越以龍朔三年□月廿四日終於毓」財坊私第。以麟德元年二月廿四日權殯於」邙山之陽，禮也。□移北郭，旐飛南浦，隴託長」阡，魂驚隧路。乃爲銘曰：」

珠明燿漢，璧鮮光楚，未果增暉，俄虧笑語。隴」煙朝務，松聲夜遽，荒隧委荄，德音斯佇。」

麟德元歲次甲子二月己卯朔廿四壬寅。」

（周紹良藏拓本　河南千唐誌齋藏石）

麟德〇〇七

【蓋】失。

【誌文】

大唐故王府君及夫人毛氏墓誌銘并序」

君諱才，字神瓌，并州太原人也。夫以分服維居，列爵爲五；」開疆命氏，獲土便三。斯即綿以遠宗，系諸遐策，紛綸緗素，」可略言焉。曾祖慶，祖振，」父言，并守質含貞，懷仁叶智，履儀」蹈禮，輕冕辭榮。五柳表意氣之風，一逕述叨光之譽。君乃」幼而有則，性禀嘉猷，儉約狎情，孝直爲念，鳴琴自得，引嘯」敖然。冀申高禰之倫，必符玄門之妙。豈意薤歌先唱，溘從」玉露之危；梁木已摧，遂樹奠楹之歎。春秋卌有九，以貞觀」十六年四月廿六日卒於私第。夫人毛氏。四德早聞，來應」和鳴之契；三星既耀，作配君子之儀。柔順顯女則之規，温」雅著令妻之範。方可永終佳福，以表遐齡，豈期飈風倏驚，」葉將花而分影；愁雲密布，桂與月而蛾藏。嗚呼哀哉！春秋」六十有八，以麟德元年二月廿七日卒於私閤。以其年歲」次甲子三月己酉朔十三日辛酉合葬於相州城東北平」原四百步，禮也。孤子三師等，痛深風樹，哀切慎終，樹松檟」而舉號，伏墳埏慟哭。所恐河邊萃柳，方私去後之思；海上」柔桑，便議再期之念。故刊方鼻，用紀蘭蓀，地久天長，永傳」琴瑟。其爲銘曰：

遠矣洪冑，抱質全貞，爰有芳裔，蘊德辭」名。里閈懷譽，家風有聲，千丈森竦，萬傾澄清。其一。」賢哉令婦，閨庭有聞，誕生貞秀，幼禀蘭薰。粧奩塵結，繐幕」香分，思高漆室，真邁鴻門。其二。鸞辭一鏡，鳧逝雙飛，松」高壠暗，風切楊悲。轜車宿駕，絳旐晨馳，式刊金玉，永嗣芳□。」

（周紹良藏拓本）

麟德〇〇八

【蓋】失。

【誌文】

唐故前壽安縣博士始安秦君墓誌銘并序」

君諱賓，字連城，始安人也。若□祚壤昌基，剪鶉方而錫」□；運乾靈構，逸龍飛以御天。遠則絳水，振華乃輈車接」影；□則彤□，帟彩□□連□。像絢麟圖，聲凝鳳管，紛」藹今古，□□詳焉。曾祖辯，齊明威將軍，□綰金章，技光」飲石。大父朗，隋司隸刺史，蒞時凝白，緝俗流清。父孩，」皇朝昭武校尉，智勇飛雄，明略孤秀。惟君琴□聳銜月」之穎，劍竹挺捎星之華。□□風□之薰，心鏡冰壺之彩。」加以探鈎鳳典，履日新以騰□；□□麟章，蹈月課而飛」景。既道諧温玉，□刜□金，故□□□□□之風，□奬誘之」矩。教積星律，奄丁內憂，庶期□□閔琴，閏窮宰火。不謂」未騫鴻陸，□悲□鶴□□；摧羽□巖，遽閟青烏之兆。以」麟德元□□月卅日□於立□里，春秋卅八。則以□年」歲次□子三月己□朔廿五日癸酉殯于邙山之陽，禮」也。嗟夫！奄悲瞰室，俄從扈化。薤歌風引，柳駙星駕。刊□」玄珪，音徽長挂。其□□□

靈基□□，昌構霞□。□□天落，青鏡行坤。海流疏派，雲」條結繁。聯輝青組，帟景□□。□□誕貞白，黄中擅□。靈」府霜明，心臺□朗。□文摭秘，□林函丈。峨峨獨□，□軒□□。其二。」

（開封市博物館藏石、藏拓）

麟德〇〇九

【蓋】失。

【誌文】

唐□前朔州善陽縣丞樂君墓誌銘并序」

君諱玄德，字寶積，洛州□南縣人。靈壽錫封，魏文委兵鈐之」重；昌國襲祉，燕惠寵親□之寄。逮乎積霧披天，彦輔澄明於」水鏡；□□獻帝，臣公洞□於仙經。降此而來，代拔人矣。□綬」傳芳，朱□嗣寵，榮班晉册，業映燕圖，可謂道載縑緗，聲延耳」目者也。祖穆，齊密州刺史；寒帷遠視，德伍買君之言，清□恐」知，義鄰胡子之對。父希有，隋任徐州司倉；禀性淳和，譽隆司」□，職人天之出納，掌國儲之周贍。惟君子訓庠門，足用三冬」之藝；性諧忠孝，生知百行之端。龍朔元年，任朔州善陽縣丞。」毘贊一同，播清徽於代壤；翼宣百里，睦甿黎於胡蕃。乃有荒」狄酋渠，航溟款化，綸旨情留庶物，詔引還塗，以君幹務」稱先，擢充斯使。豈意追風駿逸，御失金羈；奔駕俄傾，魂銷玉」體。以龍朔三年八月廿日卒於官舍，春秋五十四。君韻局宏」苞，蓄仁懿於情宇；矜廉在慮，縱謙恭於惠境。庶期毓白凝務，」終翼化於牛刀；豈謂挺翠□華，遽摧鋒於猨劍。粤以麟德元」年四月七日窆於邙山，禮也。墳松惻望，隴檟纏悲，胥臺閴」問，親朋寂追，庶傳芳於不朽，墨豐石於幽逵。乃爲銘曰：

魏國疏爵，燕邦襲祉，枕丸漢重，雲披晉跱。朱紱韡曄，青□□」起，貴埒金□，榮參革履。其一。於焉紹祚，自此承榮，名高曩傑，譽」重前英。鑒□□□德溢儒城，摶風翥翼，方期遠征。其二。韶旦花」明，旻霄月朗，□□嘯儔，西園預賞。筆海騰浪，文房振響，野彥」欽風，都賢□□其三。髫年穎悟，□□賓王，一同翼政，百里齊芳。」風移代俗，仁暨□荒，高馳尚□，□履凶疆。其四。」

歲次甲子四月戊寅朔七日甲申。」

（北京圖書館藏拓本　開封博物館藏石）

麟德〇一〇

【蓋】無。

【誌文】

維麟德元年」四月卅日，翟那」寧昏母康波」蜜提慕至既。」

（録自《高昌專集》）

麟德〇一一

【蓋】失。

【誌文】

唐故處士□□墓誌銘并序」

君諱仁，字景真，南陽人也，今僑居洛陽焉。其先漢河間相平子者，君即其後也。祖基，周任并州長史；父良」齊任魏州司馬；並藴德當年，虚矜士友。弘雅亹亹，敦」單父之風；氣槩漂漂，振夷門之趣。貞爲令範，忠表一」時者焉。君早洽名譽，少長異之，弱冠流芳，堪爲士則。」不謂隋季喪亂，天下土崩，人懷苟且□□□無重遷」之意，於是萍流蓬轉，自北徂南，背危投□，匪朝伊夕。」君遂匿跡韜影，思免横流，顯晦久之，即逢成貸。想榮」辱相間，得失成憂，交戰衿懷，追符斯可。是故追朋不」遠千里，忘言豈間高卑，陶陶然詎知將老。何悟中曦」尚遠，忽若木而光沉；蘭渚方芬，□高風而下馥。春秋」六十有九。越以麟德元年四月廿八日□於通利坊」私第，以其年五月廿五日殯於□山之陽，禮也。去昭」昭之白日，襲長夜之悠悠，此□□重阜，松煙朝夕浮，」遺芬與終古，貞石列□猷。其詞曰：

自有周之布葉，迄吴蜀之□纓，伊夫君之顯□，自弱」冠而凝清。雖逢時之迍否，乃得性而通□，可謂窮達」終一，福祐斯貞。延慶俄忽，中曦早冥，德□□昧，隴上」松□。」

（周紹良藏拓本　河南千唐誌齋藏石）

麟德〇一二

【蓋】失。

【誌文】

唐□□夫人墓誌銘并序」
夫□□字□□人也。洪源濬趾上疏派□□」□；茂葉芳條，鬱鄧林而挺秀。楚之無□，晉之」□□，遂奉□之謀，將翦□展之翼，遐規遠略，」代有人焉。祖永，父和，藴操清貞興懷□□情」欽巢許；不事王侯，躡跡衡門，怡然自得。夫人」即和之女也。素懷恭順，保四德而無□，遵彼」結褵，奉家風而不墜。織紝組紃之術，夙訓庭」闈；沉羃酒醴之方，早承師傅。年纔初笄，嬪于」梁族，琴瑟克諧，螽斯顯德。既□偕老，僶俛同」心，庶千載而令終，何十枝而沉照？以麟德元」年六月十七日卒於私第，春秋七十有三。即」以其年七月六日壬子窆於于邙之陽□□」西，禮也。恐山谷貿遷，人代超忽，故勒斯□石，」遂作銘云。其詞曰：
五嶽含秀，三川皎絜，代育英賢，挺斯明哲。於」赫夫人，承兹芳烈，摽梅應德，受啓作嬪，如何」不淑，遂殞厥身。隴霧恒暗，風樹長吟，永扃泉」月，虚傳□□。五十五家。」

（周紹良藏拓本）

麟德〇一三

【蓋】失。

【誌文】

大唐故深州晏城縣丞宋君墓誌銘并序」

君諱璋，字德璉，廣平人也。屬隋綱絶紐，土族瓜分，□□□□□」編赤縣，今即爲河南陸渾人也。自玄鳥降祥，王□興□□□□」狼銜瑞□業盛於昇湯，神氣雖渝，人物猶劭，大夫□□□□□」於□□中□知機駿六飛於代邸，弘則抗辭外□□□□□□」□□□□策□帷功居列將之右。祖□襄城郡□□□□□□□□或術舉□□或藝包三略。君淹通邁性，夷雅□□□□□以」孝□聞，事朋友以忠信著，輕財重義，忘己殉公。不以寵辱自驚，」不以聲名爲累，襟情所主，觀千乘□若遺；意氣所加，顧百金其」如脱。自可心齊大隱，神逸小山，豈復徇虚名於林藪，安小職於」郎署而已。武德之始，隨牒深州晏城縣丞，非其好也。尋以不調」去職，乃卜居負郟。災始西河之馬，禍起之服，以永徽四年十月」廿六日寢疾，卒於殖業坊之私第所，時年七十有二。」夫人楊氏，弘農人也。粹質降於□峰，芳姿襲於蓮掌，行窮婦則，」德備柔儀，兆鳴鳳而□□況河魴而□褋。舉案無怠，自比於鴻」妻；□由如賓，詎慙於缺婦。既而君子□逝□□□天，挺松筠之」逸操，守冰霜之貞節。而韓子玉環，雖兩郊而暫隔；雷生寶劍，終」一處而俱沉。以今麟德元年六月廿日寢疾，卒於綏福里第，春」秋七十有六。即以其年七月廿七日合葬於洛陽之□，禮也。嗚」呼哀哉！祔雙魂於玄夜，遷二柩於黄埸，切悲笳於渡洛，嘶蹋馬」於登邙，勒貞徽於翠石，終萬古而騰芳。其詞曰：」

繫兮大隱，星列少微，無爲擬貴，嘉遁稱肥。夫既辭禄，妻亦知機，」開莊帝里，列第王畿。琴臺月上，宴席霞霏。斜景不留，閲川難駐，」奄隨風燭，俄傷朝露。樹斂凝煙，山含苦霧，一絶車馬，永鄰狐菟。」

（周紹良藏拓本）

麟德〇一四

【蓋】 夫人鮮于氏墓誌之銘

【誌文】

大唐陪戎尉王德故妻鮮于墓誌銘并序」

夫人河南郡縣人也。志潔行貞，婉閑四」德；處柔守順，榮曜二門。又襲慶衣冠，稟」靈忠慤，内修温穆，服浣濯而崇儉素；外」流芳潤，敷慈訓而遵禮典。但物故時移，」婆驚日迅；化融人逝，勞生有涯，以麟德」元年歲次甲子七月丁未朔五日辛亥」寢疾，卒于内室，春秋六十有□。□□其」月廿七日，遷柩窆于東都城□□□邙」山之上。竊恐山崩川竭，一旦成其佳城；」泉掩夜長，萬古紀其玄宅。是以略其芳」烈，置之泉户。其辭曰：」

綿綿歲月，悠悠往來，喪兹淑媛，化彼氛」□，娥津桂落，陰宿光迴，松楊風韻，蕭瑟」□□。」

（北京圖書館藏拓本　河南千唐誌齋藏石）

麟德〇一五

【蓋】 失。

【誌文】

唐驍騎尉皇甫君墓誌銘并序」

君諱璧，字君才，安定朝那人也，今貫居河南瀍澗焉，」漢太尉嵩，君即其後也。曾祖敦，周曲沃令；祖毅，周襄」陽郡守；父寶，隨彭城縣令；並以行符琨瑱，德懋漪瀾，」或絢藻前脩，導仁風於鄒郡；或徵襟逸跡，振蘭馥於」豐蕭。君幼習素夙，長標雅性，蒸蒸孝友，無取則於喬」椅；恰恰遠朋，不准情於韋佩。故早申義重，夙負英夙，」友所推，鷹揚絳郡。既遇明社，先應」義旗，績著聲華，優授朝散。久之，改授驍騎尉，任本縣」洛邑鄉鄉長。仁洽清洛，夙薰績於春蹊；義總雷津，潤霜菜於秋甸。故智周蓮鍔，不辭鑒於塘坳；性直雲松，無」滯高於空谷。方懸小駕，作士則於童緣；奄落大椿，迫」浮光於浚壑。春秋七十三，越以麟德元年五月十九」日，終於思恭坊私第。以其年八月九日，殯於平樂鄉」邙山之陽，禮也。恐拾翠之濱，與夙光而遥裔；題熊之」嶺，共煙景而淒清。詎託素風，寧憑鴻烈，敢鐫芳琬，其」詞云爾：」

風槐卿於漢藉，於茂星隱於晉書，惟顯允之君子，匪」仁里兮焉如，情逸賞於秋沼，志豐洽於友廬，方申性」以效德，奄虧景於歸墟，俾芳音於玄石，歷寒暑而方」□。」

（北京圖書館藏拓本　河南千唐誌齋藏石）

麟德〇一六

【蓋】失。

【誌文】

唐故張君墓誌銘并序」

君諱温，字長仁，南陽人也，今寄貫河南焉。其先漢河間相衡，」君即其後也。迴龜之印，藻蓮紱以增鮮；衝牛之劍，掞星冠而」飛彩。并閒仁智互起英豪者也。祖崇，父通，並流裕芳枝，傳暉」若渚，高馳風鑒，遠鶩光華。澂菊嶺以凝菲，婉梅岑而浤藻。君」風格純粹，茂範標樞，涵顧悌之蒸蒸，採蕙之情無怠；孕姜肱」之切切，在原之志不渝。忠孝介懷，韜迹藏用，越敷仕進，俄嬰」舊痾，遂景迫悲泉，光沉隙馬，圖南遠志，摧勁翮以俵幽；閒嗣」遥情，分喬柯而歸盡。春秋卌有九，去貞觀六年十二月十三」日，終於清化里私第。夫人劉氏，彭城人也，其先漢中壘校尉」向，即其後也。父諱欽寂之長女，十八歸於張氏。凝□心鏡，鑒」冰情於峻節；彬蔚言繪，絢蘭質於清貞。夙敦斷緯之懷，早藴」誨言之志。冀申母節，作訓閨庭，奄棄潘輿，俄扃重阜。春秋七」十有二，越以麟德元年九月十日，終於第。即以其月廿七日，」與君合殯於河南縣平樂鄉界北邙之陽，禮也。恐拾翠之渚，」徙遠壑於平臯；採蘭之岑，落危峰於迴岸。敢雕芳琬，勒此徽」猷。其詞云爾：」

敷兹兩族，敻矣雙林，張侯之玉，劉翁之金。風情逸迹，載焕高」深，奄虧連於秀鍔，倏凋翠於華琴，松聲可歇，令迹無沉！」

（周紹良藏拓本）

麟德〇一七

【蓋】失。

【誌文】

大唐衛州故司馬王善通墓誌銘并序」
原夫系閏鍾山，根深麗水，曾則冠軍周室，」祖迺開府聯蔭，父百里絃哥，」三司隋代，史」册詳矣，可略言焉。君諱玄，字善通，琅瑘臨」沂晉之後。武德敕授韓州參軍事，貞觀」除雍州萬年縣尉，永徽改洛州河南縣令，」顯慶敕授汜水縣令。字邑馳聲，匪無譽」於洽雉，調氓播美，實有績於棲鸞。轉衛州」司馬。軒庭絆驥，虚設牛刀，魚位未登，奄從」鶴版。龍朔三年七月十六日卒於公館，春」秋六十四。麟德元年十月十一日遷厝洛」陽西北十里。恐海變桑田，勒兹銘粤：
玉閏」金鋼，冠軍開府，周代搢紳，隋朝臺輔。父臨」五郡，子弼千里，孝顯楹鸞，忠彰桑雉。屈若」龐統，枉如仲由，三魚未展，」一鶴已收。身去」泉户，名留史藉，海作兮桑田，功保於金石。」
（周紹良藏拓本 河南千唐誌齋藏石）

麟德〇一八

【蓋】大唐右武衛大將軍使持節涼（下缺）

【誌文】
大唐故右武衛大將軍使持節都督涼甘肅伊瓜沙等六州諸軍事涼州刺史上柱國同安郡開國公鄭府君墓誌銘并序」
公諱廣，字仁泰，滎陽開封人也。□羽疏祥，宅豳郊而啓祚；緇衣流詠，基圃田而創趾。邦族所以傳」華，人英由其疊秀。漢宮擅響，先紆聽履之榮；晉野翹謀，爰峻同輿之禮。譽光遐祀，道被綿書。

曾祖」景，齊金紫光禄大夫，陽平太守，滎陽郡公，贈司州刺史；清規緯俗，逸響雄邦，剖竹光於百城，分符」重於十賦。祖繼叔，齊□陽王記室參軍；推轂儒門，躡奇蹤於武庫；擅場詞苑，掌逸翰於文房。父德」通，隋眉州録事參□皇朝贈使持節平州諸軍事，平州刺史；雅志不申，屈涵牛之巨星；其後」必大，侈納駟之□閎。種德攸基，是鍾英胤，公驪泉孕祉，鷗穴疏禎，鬱秀氣以横旻，照清襟而毓景。」幼殫劍術，蓄□勇於仁衢；早究鈐微，辯靈心於智域。由是俠徒竦轡，趨季諾以輕金；義士摩肩，企」陳風而委漆。芳馳帝宇，志期王佐，譬諸鯤化，仰曾穹以希矯；均彼龍媒，俵長飈而佇駕。未光筮仕，」遽屬屯蒙，餌石騰氛，拔山縱毒，吠堯助桀，爭踐畏途；託隗依袁，俱迷覆軌。公情機獨照，智緒無端，」察東井之祥星，辯南春之佳氣，義旗初奮，首參幕府，情切踰梁，事符歸亳，」太宗龍田未矯，屈天飛於五官：豹略窮微，縱神兵於九伐。引公爲腹心，左右薦扈龔行。武德二年」從往長春宫留守。是歲從平劉武周、宋金剛於汾晉之野，三年，從討王充、竇德於瀍洛之郊，莫不」賈勇推鋒，先鳴劚鋭。馬陵削樹，初陷緑林之魄；鶴列疏營，爰體絳宫之略。雖禀聖算，蓋亦公」之助焉。五年，授帳内旅帥。于時儲闈階亂，禍極戾園，季邸挺妖，蠹殷傲象。兵纏丹掖，沴集紫宸。公」奉睿略於小堂，肅嚴誅於大義，二凶式殄，諒有力焉。其年授游擊將軍，賜爵歸政縣侯，邑」七百户，别食綿州，實封二百户。貞觀四年，除豐浩府左别將，進爵爲公，邑一千户。七年，遷歸政府」統軍。十三年，改封宿松縣公，别食舒州，實封邑户如故。十七年，拜左衛翊一府中郎將，加授護軍。」尋授勝州道行軍副總管，進授忠武將軍。任切司階，寄齊分閫，肅鸞闈而載警，竦鶡弁以申威。辰」服稽誅，偷安鯷壑，帝赫斯怒，親總龍韜，敕公檢校右領軍將軍，仍押左飛騎」仗，又領右五馬軍總管。開營偃月，掩玄兔以屠城；揮刃浮星，踰白狼而靜祲。

凱旋之日，詔」檢校右武候將軍，加上柱國。尋授左屯衛將軍，改封同安郡公，邑二千户。洎乎大横啓繇，」下武承天，載佇惟良，式求人瘼，永徽四年，授銀青光禄大夫，使持節靈、鹽二州都督。寄深杖鉞，叶」潛禎於八翅；境接控弦，静邊塵於十角。綏藩之要，實重漢飛；登壇之禮，終思趙服。顯慶二年，入爲」右武衛大將軍，仍檢校右衛，右領二大將軍事。尋以龔奴怙亂，命公爲盧山、降水，鐵勒三大總管，」甘山、葛水隸焉。飛旍榆塞，誓軍麥壤，永廟略於玉堂，翦獯酋於銀嶠。絶漠之地，式清絳節，」流沙之野，佇闢丹帷。除公爲涼、甘、肅、伊、瓜、沙六州諸軍事，涼州刺史，時龍朔三年。扇轉揚仁，初降」隨輪之雨；劍鳴告沴，俄悲折旆之風。以龍朔三年歲次癸亥十一月十九日遘疾，薨於官舍，春秋」六十有三。冕　旒軫悼，下詔褒崇，贈使持節代、忻、朔、蔚四州諸軍事，代州刺史，仍令陪葬」昭陵，喪事所資，隨由官給；鼓吹儀仗，送至墓所；五品一人監護。粤以麟德元年十月廿三日窆於」九嵕山之南麓，旌勳舊也。有子山雄，瞻楹嗣範，望岵纏哀，以爲姬籀書芳，空傳蠹簡；燕峰勒美，俄」遷夜澤。鏤貞礎於泉扉，庶清猷之不昧。其銘曰：」

杖鉞飛英，銜珠降禎，猗歟上哲，獨擅雄名。綺齡振彩，冠歲騰聲，彫蟲弛慮，跨馬紆情。早逢運閉，先」徵社鳴，功申横草，績亮披荆。縱鱗水擊，矯翰宵征，化甄榆塞，威騰薤城。金微祲静，玉帳塵清，犀軒」□軔，鶡珥彯纓。佇希升璧，俄嗟夢瓊，小棠寢訟，細柳虚營。宸襟悼往，縟禮昭榮，穀林陪□」□□□塋，霜凝素幰，風斷丹旌，悲玄扃之不曙，勒翠琬以題貞。」

（周紹良藏拓本）

麟德〇一九

【蓋】 孟君之誌

【誌文】

洛中處士孟君墓誌銘并序」

君諱師，字大雅，東海鄒人也，即孟子軻之後。長瀾架渚，」與泗水而爭流；層構連霄，仰龜山而競峙。長卿弘博，飛」譽於儒林；少孤高行，騰聲於隱録。太祖父諱龍字彦，隋」太常寺丞；考諱暉字玄珪，和川長史；職惟司樂，金石允」諧；替務珪符，藩庭取則。令譽斯在，言猶未絶。君地籍箕」裘，時稱俊乂，衣纓代襲，道德相暉。遂乃散慮林泉，志輕」軒冕，蕭然物表，竟無降屈之心；偃景區中，庶有終焉之」志。豈謂昊天不弔，少微韜處士之星；與善無徵，武擔摧」椎隱之石。春秋有七十，以大唐麟德元年十月八日終」於私第，嗚呼哀哉！可謂悲纏里閈，無聞相杵之聲；痛割」親朋，有切撫孤之慟。還以其年十一月二日遷窆於邙」山之陽，禮也。隟駟不停，奔羲墜於昧谷；朽壤頹圮，藏舟」徙於大川。不勒堅貞，于何誌也？乃爲銘曰：

赫赫宗周，明明頌魯，惟卿惟佐，伊君乃祖。惠澤宏流，仁」風遐舉，輝光日新，媚兹邦后其一。自兹厥後，傳子傳孫，蒙」榮以貴，昴畢斯尊，清淨寡欲，殿百不奔。其二。禕歟處士，肥」遁居貞，與物無競，晦迹遺名，氣高中散，韻踰步兵。其三。」天不遺德，忽如過隟，日居月諸，俄成永穸。高春景落，崦」嵫日迴，霧結松青，霜凝草白，縑緗易朽，銘芳玄石。」

（周紹良藏拓本　開封博物館藏石）

麟德〇二〇

【蓋】失。

【誌文】

唐故涇陽縣令梁君墓誌銘并序」

君諱秀，字弘粲，河南緱氏人也。族濬長河，耿青山而淡溜，地符」蘭野，茂蕡實以飛英。故得名重羽儀，光漢册而摽傑；志高微尚，」照越水以分清。前焕緗紬，後鍾青史，德音無昧，其在斯乎？祖明，」北齊驃騎將軍；父達，隋任河陽鎮將，並瓌表秀逸，深衷凝遠，道」勝細柳之政；踵竇霍以垂風，名超戊巳之英，區寇鄭之流詠。君」早弘德沼，鏡玄泉以洌清；夙挺基明，婉崇光而秀潔。跡仁蹈義，」履順居謙，酌儒術以申材，鈞武騎以摽藝。藝業斯闡，内行備修，」致孝悌於親親，重然諾於執友。鄉曲許其風情，士伍談其美價，」功成節效，榮寵勘加，授通議大夫。自奉義旗，志欣沾潤，高」廊引月，仰菊嶺以申歌；芳樹吟風，俯梅岑而獨嘯。故能忘情物」我，遺照去留，攝衛敦風，期頤斯在。去顯慶四年閏十月五日，終」於從善里，春秋九十二。夫人曹氏諱，譙郡人也。即魏大將軍真，」夫人之先也。凝華桂簿，載德灼於陰暉；禀粹瑶巒，貞規彰於懋」範。年甫二八，言歸梁氏，既叶如賓之敬，又篤齊眉之好。不虧終」吉，保乂所天，庶弘慈母之恩，得洽輔佐之義。詔授渠州鄰」山縣君。方泫蘭畦，霜彫夜玉，劍星流影，池黯朝光，春秋九十七。」越以麟德元年五月廿日終於私第。以其年十一月五日，與君」合葬於邙山之陽，禮也。嗣子郟鄏府隊副，方恐山下陵陽，泉飛」暴布，赴蒿里之芒芒，去蘭堂之步步，風驚隴樹，霜泫寒荄，雲霏」霏而翳月，氣懔懔而生臺，敢遵遺烈，琱玉山隈。其詞曰：」

裂漠開源，干雲族布，雙標杞梓，遞分箘簵。玉潤珪璋，音齊武護，」桂掩氣於星花，劍韜光於龍步。松風颸颸以驚秋，德音遥裔而」增素。」

麟德元年十一月五日。」

（周紹良藏拓本　開封博物館藏石）

麟德〇二一

【蓋】　失。

【誌文】

大唐故段府君夫人墓誌銘并序」

君諱賾，字義玄，武威姑臧人也。西河處士，藩魏抗秦；北岳將」軍，據燕崇晉。猶繁景牒，可略風流。祖凝，齊豫州刺史；父光，隋襲蔭文成王府記室參軍事；並崇墉桀立，神機特秀，風搖袁」扇，質勁嵇松。君玉潤崐山，珠明漢水，桂峰含月，蘭室薰飆。方」騰絶電之姿，欲矯排霄之翰。屬以有隋失御，君子道消；洎實」曆有歸，金墉尚梗，公迺誠歸化，識變從風，授都督，非其志也。」君素植淹和，玄託夷遠，守約爲泰，立言逾默。載鬱遊真之氣，」還彰聚德之星，徒標入洛之雄，遽嗟歸岱之魄。以貞觀三年」十二月廿五日奄捐里第，春秋卅一。以其年十二月卅日窆于」北芒之山。夫人河南蘭氏，幼彰婦道，蘊四德以流芳；夙禀母」儀，著七篇而擅美。而陽臺仙質，隨行雨而不歸；洛浦靈姿，共」流風而長往。以麟德元年六月十八日卒于里第，時年六十」有一。以其年十一月乙巳朔五日己酉合葬于舊塋，禮也。佳」城鬱鬱，泣想平陵之東；壟樹蒼蒼，悲睇芒山之北。嗣子孝德，」迷心集蓼，染淚凋松，玄龜襲吉，青鳥云相，感蓬山之淪岳，恐」桑海之移田，紀玄窆之昭烈，寄丹籀以冥筌。」

緜緜遐胄，翹翹遠新，顯晦周史，偃息魏君。裕流前烈，慶滋後」昆，肹蠁無昧，英靈有存。其一。慶鍾餘德，義誕崇基，方龍並卧，比」虎齊飛。顏鬢纔颯，鄒霜遽霏，百齡長謝，九轉徒依。其二。婉彼淑」德，歸于好仇，潘楊載穆，蘋藻克修。悲驚減瑟，誓守泛舟，英徽」如在，芳靈若休。其三。洛城西望，芒山北迴，青烏已相，百馬行來。」草衰霜積，松古風哀，徒旋容衛，永閉泉臺。」

（周紹良藏拓本　開封博物館藏石）

麟德〇二二

【蓋】失。

【誌文】大唐故翊衛大督羅府墓誌銘并序」

君諱端，字文静，洛州洛陽人也。含以文鋒綺麗，晉燭中州；仁以」武略縱横，鷹揚澤國；並騰芳青篆，絢美緗圖，種德增華，象賢不」絶。祖業，周司隸從事；甘嗜金□，冠平反於張雋；發揮霜簡，超秦」駮於勳祇。父穆，隋并州太原縣令；蝗銷火界，不留仁恕之車，鳧」□龍魏，遂買尚書之履。君少懷忼慨，任俠自居，襲六郡之膏腴，」傾動百金之價；飛一矢之神羽，妙窮七札之能。以隋大業十一」□授朝散大夫。俄而戈窮牧野，膠没渚宫，君淚盡當塗，目開炎」□，送故之情既畢，惟新之命□隆，於是有詔旌甄，復參仙衛，」□貞觀五年，授左翊衛大督。既而青雲宦息，白首唐年，弋釣林」泉，沉浮里閈。據□騰眄，克壯忼慨之情，餚杯勵味，遂寬觔力之」禮。兼以尤精法□，備窮沿革之規；雅好玄宗，深了筌蹄之旨。方」期怡靈壽於玉步，玩綵孺於珠林，豈圖孽羽遊庭，珍丹奄然夜」走；化童歸夢，華露溘以晨危。以大唐麟德元年十月六日告終」私室，春秋七十九。即以其年歲次甲子十一月乙巳朔五日己」酉，與夫人楊氏合葬于邙山之原，禮也。嗟乎！雙劍齊光，永沉輝」於白日；兩雉交影，遽神諧于夜臺。有子道祐等，早□庭誥，夙奉」閨慈，茹荼蓼而荒慕，陟屺岵而窮絶，攀風樹而永號，覽寒泉而」彌切。恐桑溟之驟變，庶騰美而垂烈。其銘曰：」

緜緜遠系，昭昭清緒，族茂江皐，聲□汝豫。司隸轥轢，將軍載翥，」葉濟□光，人窮令譽。玉山摛鳳，珠態□□，方諸茂閥，式」□□□，□勤蘭錡，嚴□桂□，□疲仙□，位□□工。」□生東門，杜氏西階，□蟬遞化，雨石同棲。柏庭狐起，松間烏啼，」遊魂永□，野氣寂淒。」

（北京圖書館藏拓本　河南千唐誌齋藏石）

麟德〇二三

【蓋】失。

【誌文】

□□故台州録事參軍袁府君墓誌之銘」

君諱弘毅，字季嚴，本陳郡人也。自金行受命，姚墟」應誕聖之徵；水德承天，姬曆表建侯之兆。曾祖昂，」梁侍中、吏部尚書、左僕射、司空、穆正公；祖君方，梁」蜀郡太守、右尚書；父梵，陳黄門侍郎、行丹陽尹，並」飛英四海，功蓋一時，邈千載以孤騫，振九牧而高」視。年始弱冠，隋釋褐任散從員外郎，唐朝任荆州」公安縣丞，台州録事參軍。方騁康衢，陳書王會，履」五公之懿業，爲四海之殊榮。既而福善無徵，奄從」玄夜，以龍朔二年七月十二日遘疾，終於館舍，春」秋七十有五。以大唐麟德元年歲次甲子十一月」乙巳朔十六日庚申遷窆於洛州北邙山，之禮也。」夫人京兆韋氏。長子師節，任東宮左勳衛。孝心□」至，感慕逾遠，所恐天長地久，不固藏山之澤；物是」人非，將凋載事之簡。敬表泉路，永□巖埸。其詞曰：」

粤若洪緒，丕構綿書，開家陳邑，啓國姚墟。孕靈珠」孤，承輝玉除，衣冠舄弈，文物扶疎。其一。如何不淑？天」□惟良，殄悴徒感，薤露空傷。身没臨郡，魂歸帝鄉，」□兹□兆，改葬崇邙，永貞千載，英譽恒芳。其二。」

（周紹良藏拓本　開封博物館藏石）

麟德〇二四

【蓋】大唐故王府君墓誌銘

【誌文】

□□□王君墓誌銘并序」

君諱達，字文□，太原人也，今貫居陽城焉。其先自」秦至漢，茂族彰於史册，齊隋已往，軒蓋溢於郊畿。」故謡興京兆之□，忠列漢皇之口，鴻基盛烈，間起」英旄者也。祖徵父寵，並耀彩松筠，凝清沼沚，絢忠」貞而表德，懋孝友以風仁。君延慶華宗，少而明敏，」蒸蒸於色養，怡怡於友于。故取則者傾宗，思□者」□詠。於是温清之暇，藴酒德以紓衿；家務之餘，命」□事而歡洽。是以春臺曲沼，非止昔時英豪；秋月」茂林，足盡生平懷抱。優哉悠哉，不知將老。冀歡餘」促席，終歲忘疲，奄景落竹林，西光遽黯，春秋五十」九。越以麟德元年十一月廿一日終于景行坊私」第。以其月廿八日殯於北邙之陽，禮也。恐青編落」簡，德音絶於言談；碧溜成田，芳猷泯於陵谷。敢□」遺列，其詞云爾：」

矯矯高胤，峩峩懋族，基祚周藩，條豐漢籙。允哉君」子，少思寡欲，義總芳金，仁華泉玉。方訓孫童，奄化」夜燭，庶兹彫勒，無虧芳躅。」

（周紹良藏拓本　開封博物館藏石）

麟德〇二五

【蓋】失。

【誌文】

唐故將仕郎霍君墓誌銘并序」

君諱達，字□，河東人也，今寄貫洛陽焉。昔父昭播美，肇」錫壤於河汾；□燕摽賢，親負圖於漢君。族芳猷之顯績，」綬蓮彩而相暉，代有英豪，紛葩間出。祖生，齊鄴縣令；父」寶，隋鷹；並德總芳金，行瑂泉玉，茂松端而叶橾，蔚蕙氣」而齊襟。君早秀令儀，夙楊温順，曖冬暉而諧性，昜霜夜」以申威。勵節碧鮮，敦恭蘭畹，素弘忠讜，立事軍謀。大業」中，拜建節尉。自義旗爰指，即預元功，服勤旦夕，授將仕」郎。於是挂冠韜迹，輸税在公，宴親友以濁醪，悦心神於」玉柱。冀愉樂而將老，何中曦而告終？春秋六十，去貞觀」廿三年四月廿九日，終於殖業坊私第。夫人徐氏。自禀」訓楊庭，弘風公室，柔初襟於蕙問，婉令質於松貞。朱軒」御周，奉嬪霍氏，言清瓊琚，容茂冰霜。奏玉度於華宗，鈞」芳風於邦國。方峻賞高之慶，奄落城宿之輝，春秋六十」七。越□麟德元年八月十九日終於第，以其年十一月」廿八日與君合窆於平樂鄉邙山之陽，禮也。嗣子咨官」縣尉行感，痛結池冰，悽傷徑竹，瞻屺岵之重歸，泣□寒」之罔及，恐月袖以沉輝，惡風漣之徙邑。其詞曰：」

金清玉潔，交映二州，忠貞令淑，共譽雙論，方易陔蘭之」色，奄虧庭樹之諠，庶茱芳之可挹，敢憑託於山洹。」

（周紹良藏拓本）

麟德〇二六

【蓋】失。

【誌文】

□□□□□□□輕車都尉强君墓誌銘并序」

昔鄘□定基，□鼎隆其昌系；陰陵廊寓，玉板契其冥符。資洛食以延休，雄代京而顯□，」風猷冠冕，可略言焉。君諱偉，字玄英，扶風人也。曾祖樂，後魏岐州大中正、直閤將軍、涼」州諸軍事涼州刺史、廣興郡開國侯，贈二岐、秦、寧、義五州諸軍事五州刺史，改封美□」縣開國公，食邑一千户；祖略，後魏岐州州都、車騎大將軍、儀同三司、文州諸□□□□」刺史，襲封□陽公；父寶質，皇朝始平縣令、大理司直、華州别駕、尚書□□□□□」州□都府長史、尚書兵部郎中、永州諸軍事永州刺史；並足齊騏騄，羽接鵷□，含□□」貞，發言成則。馳威柳市，文昌所以動輝；惠緝桑逕，帝俞於焉錫冕。天工人爵，載美□□」□□楊風，實爲邁種。君幼而清悟，風表桀然，黄□通理，青襟發譽，器度夷泰，植自天和；」孝友貞淳，率由冥至。仁繳迅舉，貫百氏之芳腴；道餌傍懸，引九流之玄奥。操尚貞遠，宇」宇端凝，杞梓昇材，賓光佇照。貞觀七年任國子生，應詔舉，除貝州宗城縣丞。至十」四年，復應詔舉，授豪州鍾離縣令。至十八年，將作大匠閻立德江南造船，召爲判」佐。十一年副虞部員外郎唐遜造海舷一千艘。其年敕差副宋州刺史王波利更」造海船。事畢，副兵部員外郎裴明禮運糧遼碣。君才識明敏，沉毅好斷，解紛理劇，機決」如流。神情雅整，方嚴清峻，貞固足以幹事，明察足以質疑，糾謬繩愆，剛腸疾惡。事緣謗」讟，爲執事所疑，改除婺州信安縣令。永徽五年，敕授辰州司馬，又改授湖州長城」縣令。頻宰三縣，綱紀一州，流愷悌之和，布日新之政，俱霑惠化，咸承德澤。圓扉徒設，案」牘長清，貞操霜凝，虚室生白，發姦擿伏，人不敢欺；嘉猷美譽，於今流詠。方冀中牟狎雉，」將□台司；豈謂葉縣飛鳧，遽遊仙嶠。可謂人位不足，天爵有餘。以麟德元年五月廿六」日薨於長城縣廨第，春秋五十有七。即以其年冬十一月廿八日葬於河南縣金谷原，」禮也。惟君率性嚴明，貞嶷簡峻，惠敏通悟，幹局宏達，濟務強果，最所長也。而清風遠□，」有過人之度三焉：幼不好弄，岐嶷也；剛果勁烈，忠壯也；清素簡靜，貞潔也。而福履不綏，」遭隨致爽，死生倚伏，孰非天命！子□、瑗、嬰等，哀風樹之不靜，痛明靈之永隔，懼陵谷之」遷移，刻斯銘於玄石。其辭曰：」祖德門蒼精表祚，巨跡開祥，乘時啓業，革命□商。積善貽慶，綿系克昌，文稱吐鳳，武號鷹揚。其一。」猗哉若人，幹蠱風，英賢接武，雄才盛烈，勳書王府。鴻漸羽儀，儀形朔土，公才公望，重規沓矩。其二。」晨曦騖景，夜舟遷壑，交通濟，藏器應物，嘿而冥契。爵秩雖屯，道暉先□，德□相襲，光塵靡替。其三。」隱隱邙山，滔滔瀍澗，川谷未改，臂不停，變化迴薄。火炎崐阜，玉石俱鑠，素雪□叢，寒風卷䕷。其四。」人代斯變。松楊未列今以間，惟春蘭與秋菊，終天地而」永擅。其五。

夫人隴西辛氏，父昌，隋文帝左千牛；祖彰，魏户部兵部尚書、曹仁等七州刺史特進，謚」□□公」

（周紹良藏拓本　開封博物館藏石）

麟德○二七

【蓋】失。

【誌文】唐故隋幽州先賢府車騎王府君墓誌銘并序」

公諱君，字昭仁，琅耶臨沂人也。若夫疏派天津，枝沿紫府，神遊」霄外，控鶴三光，摶扶摇而上征，降氏族於茲日。吉駿擅名於漢，」離剪發譽於秦。滔滔淮水，等天地而長存；赫赫仙宗，與循環而」無盡。簪纓紳綬，可略言焉。祖盛，齊任龍驤將軍；父光，周任樂陵」郡掾；贊輔維城，肅清寮局，同乎水鏡，實謂松筠，汪汪乎無得而」稱焉。公幼有鯁概之心，遂從任俠，年登弱冠，占募從征。大隋仁」壽元年，以公勇若賁育，氣壯秦成，授公幽州先賢府車騎將軍。」既統戎營，攝麾就職，大業年中，先鋒遼左。處軍中，冬無服裘，夏」無操扇，對敵身爲士先，敗軍恒蔽於後，以心勇於物，飛矢遇公」於右股，自此迄今，絶於宦矣。既而築室伊洛，鬻蔬灌畦，藴教法」門，持心釋道，志縱形逸，足可自樂也。嗚呼！調下傷悲，霜風早落，」粤以貞觀廿年六月廿五日奄於私第，春秋六十有八。夫人杜」氏，京兆人也。爰祖爰曾，聲馳晉漢，貂蟬纓笏，巨可而論！夫人年」始初笄，以配君子，蘭房婉穆，和於箎塤，誡子折樓，傳粉爲義。蘋」藻供薦，有孝婦之儀。豈謂延平之劒，翻没雙龍；高唐之雲，忽成」霜露。夫人春秋六十有八，以麟德元年十一月十八日卒於嘉」善里第。即以其年十二月十一日，合祔於北邙之原，禮也。長子」愛子，痛劬勞之莫大，哀罔極之深恩，詢諸同好，敬勒芳猷，以鐫」玄石。其詞曰：」

於穆遠胄，系自仙靈，光光帝里，赫赫維城。依仁輔德，孝友流名，」昆裔武略，馳美邊亭。積慶其休，立功異曳，名書往册，身安今代。」築室伊瀍，澂心靜態，悦情釋門，逍遥法内。悲哉逝水！永訣洪川，」一隨往化，萬古名傳。」

（北京圖書館藏拓本　河南千唐誌齋藏石）

麟德〇二八

【蓋】失。

【誌文】此有大小二種字，俱係摹本，原石久佚。

大唐功曹參軍梁君故夫人成氏墓誌」

夫人諱淑，雍州渭南縣主簿第三女，成肅公」之後也。原夫激瀾姬水，架瑶溢於崇宗；分組」漢京，晰銀章於華棘。曾祖瑑，隋任濟州東阿」縣長；祖貴，唐任豳州永壽縣令；咸以芳浹五」陵，飛雲柯以切漢；聲雄百里，曳花綬以交軒。」夫人承姿洛月，誕魄巫雲，温淑凝懷，幽嫺協」操，室善中積，交百兩而妻高陽；宫鏘外昭，騰」六行而嬪通德。孰謂奄捐潘簟，随寶婺而沉」星，溘謝秦樓，伴金娥而上月。春秋廿有二，以」麟德元年十二月二日卒於隆政里第，嗚呼」哀哉！即以其月十一日殯於終南山楩梓谷」之阿。乃爲銘曰：」

賢條吐秀，冕路揚聲，三綱絢美，四德凝貞。嬪」則凝闈，閨序克明，降年不永，頹日遽傾。秦樓」黯昭，蔡宇沉形，風催曉翣，霧卷晨旌。路迷松野，地没泉扃，斯今勒琰，終古芳名。」

（周紹良藏拓本）

麟德〇二九

【蓋】失。

【誌文】

唐伊川府校尉墓誌銘并序」

若夫□基宗固，踈浦靈長，分枝派太史之流□，岳啓蓮峰之」聳。故知波清源濬，條茂林繁，對莊得赤水於玄珠，□□乃清」津容與。雲披玉葉，故重疊而連暉；□擘瓊柯，亦累襲而承明。」載諸青史，可得而言。祖□汝州刺史；父□永嘉府校尉。君應」氣山川，感靈星象，友朋契信，早裔弱年，任俠劵情，晚摽壯齒。」至於近脩厥德，遠著其英，劍氣見於青牛，規雄知於紗簡。釋」褐中川府校尉。至於嘯朋載酒，每諧金谷之歡；雖云洗志濯」纓，頻叶閑居之賞。更有不羈之縱，塵外同光，總轡桂條，乃往」還於温洛；連鑣赭汗，復來去於浮梁。豈其逝川驚箭，大壑舟」遷，天不憖留，淹然辭代，以麟德元年□月□日卒於私第，」春秋　桃花析於秋露，空瞵望月之鞍；蓮虹頓於玄□，」虛睇看星之鍔。即以其年甲子□月□日葬於北」邙，禮也。有識無識，並撫臆摧心，仰訴於天，何乃殲我良哲?歎」靈□之促徑，悼丹旐之胤前，哭聲與□靈同哀，笳音共流鷖」合響。有分宅之好，下泣之友，來命下才，同銘遺德。其詞曰：」宗固磐□，蓮峰直上，靈長踈派，花流下漾。篤生夫子，信朋□」仰，任俠歸懷，金谷諧賞。其一。驚風不駐，逝水流長，桃花損露，連」蕚萎霜。春蘭罷馥，秋菊休芳，靈輴委鬱，丹旐飀飀。其二。絜酒□」客，白馬之賓，銜泣來命，叙德銘仁。玄門一閉，長夜無春，空悲」松路，寂爾銷神。

洛州河南縣。曾祖□，隋任汝州司馬；祖□，梁州録事參軍；父乞，任永泰府校尉上輕車都尉。身馬安，上柱國伊川府校尉。」

（周紹良藏本　河南千唐誌齋藏石）

麟德〇三〇

【蓋】失。

【誌文】

唐故隋奉誠尉邢君墓誌銘」

君諱𧦬，字君卿，河間人也。自金行受命，姚墟應誕聖之徵。」啓國承家，顯茲鴻烈。攀飛龍以高引，附翔鳳而遐征，襲餘」慶以騰芳，藉舊章而無墜。曾祖樂，周相州堯城縣長；祖隆，」隋儀同三司瀛州鄚縣令；父泰，隋沁州沁源縣令；并飛英」四海，功蓋一時，邈千載以孤騫，振九牧而高視。君出丹山」之穴，自有仁義之姿；生渥水之濱，已樹騰驤之質。聰敏早」著，令問夙彰。至若蘭臺石室之書，羽陵金匱之策，莫不得」之天性，咸誦在心。加以器韻清高，鏗鏘帶金石之響；神情」摽舉，卓犖抱風雲之氣。故得譽超羣彥，名重當時，弘遠識」以藻身，運長材以濟物。君釋褐隋奉誠尉，方騁康衢，陳書」王會，履五公之懿業，光四代之殊榮。既而福善無徵，奄從」玄夜，以麟德元年十二月十八日，終於福善里私第，春秋」七十有六。嗚呼哀哉！瞻彼異物，空增長往之悲；眷言琴響，」徒積臨川之歎。粤以二年正月三日，遷窆於北邙山之陽，」禮也。嗣子德弼，利州三泉縣尉、魏州南宫縣尉。孝心淳至」感慕逾遠。恐青編落簡，德音絶於言談；碧溜成田，芳猷泯」於陵谷。敬標泉路，永誓巖場。其詞曰：」

矯矯高風，峩峩懋族，基祚周藩，條豐漢録。允哉君子，少思」寡欲，義總芳金，仁華泉玉。方訓孫童，奄沉夜燭，庶茲雕勒，」無□芳躅。」

麟德〇三一

【蓋】失。

【誌文】

夫人諱尚，沛郡彭城人也，楚元王交之後也。遵鴻源於」豐邑，聳層構於南陽，湯湯與江漢爭流，峨峨與蓬瀛比」峻。詳乎載籍，無俟言焉。祖英，周陳州太康縣令；父仁，隋」申州義陽縣令。壽春留犢，非唯時冑之能，中雉雅馴，豈」獨魯恭之美。銅章交映，墨綬聯輝，莫不貽範後昆，見知」先達。夫人含芬桂苑，毓質桃蹊，榮曜夙彰，徽華茂日，以」笄年歸于成氏。虔恭内政，肅穆中闈。成君蔑彼軒冕，婆」娑里第，分霄對酌，月下觀書。夫人性洽安貧，不求榮利，」財儉節用，無思厄禮，温柔控性，婉順居心，箕箒無失其」儀，蘋藻不僭其度，□平之重，豈只姜詩之妻；因心之義，」寧唯東海之婦。庶憑餘慶，享此遐齡，報施之理無徵，平」分之言何爽？粵以麟德元年十二月廿八日卒乎立行」里，春秋卅有六。長辭織室，永別粧樓，望月娥淪，瞻星婺」掩，即以麟德二年正月三日窆乎邙山，禮也。胤子道□」等，畢地長違，終天靡及，寒泉之慕逾切，凱風之思莫追，」爰於泉户，勒斯銘曰：」

華基載誕，累葉傳芳，聲超季女，德□貞姜，光斯紬繫，□」彼縑緗。其一。閲川已往，崦光遽落，路斷松城，香填朽槨，□」帳虛無，粧樓寂寞。其二。悽愴郊野，縈紆原隰，風慘□愁，松」悲露泣，朗月空傷，何嗟可及！其三。」

（北京圖書館藏拓本　開封博物館藏石）

麟德〇三二

【蓋】夫人誌銘

【誌文】

大唐故上護軍趙君夫人劉氏墓誌銘」

夫人諱寶，字令金，彭城人也。發系纂堯，御龍光夏；」秦晉隆其鴻伐，豐漢振其長源。軥軒與黼黻相輝，」英華與功名齊茂。着乎前史，可得詳焉。祖獻，周荆」州刺史；父海，隋廣通郡守。功崇旦奭，化行江漢；業」著文張，譽流巴蜀。弈葉載德，其在兹乎。夫人淑令」貞儀，承芳特秀。幼挺吴姬之異，早摽衛后之奇。笄」于趙宗，尋執箕箒。不謂匣唯一劍，奄喪所天；鸞乃」孤飛，成哀恭室。自悲不貳，二紀于兹。撫育孩童，冰」清玉潔。遘疾彌留，至于大漸。麟德二年正月六日」終于私第，春秋六十有六。即以年歲次乙丑正月」甲辰朔十八日辛酉，歸葬于長樂鄉，禮也。雖知地」久天長，恐或陵移谷徙，式刊金石，紀績泉門。嗚呼」哀哉！乃爲銘曰：」

御龍光夏，斬蛇華胤，玉質既彰，金聲亦振。淑德貞」儀，亭亭千刃，族茂慶餘，人摽令問。其一。邦國殄悴，哲」婦云亡，徒嗟頹岳，空愴摧梁。殲我令德，如何彼蒼，」道存運謝，空振餘芳。其二。窀穸冥昧，寒泉慘切，塗車」已陳，蒭靈虚設。無復貞淑，空餘暉烈，菊馥蘭芳，千」秋靡絶。嗚呼哀哉！嗚呼哀哉！」

（録自《西安郊區隋唐墓》第二〇頁）

麟德〇三三

【蓋】失。

【誌文】

大唐故護軍李君墓誌銘并序」

君諱遠，字文遠，洛陽人。後漢李膺者，即君之先也。族濬榮阿，委」葱山而淡溜；地潤蘭野，茂華薄而標英。故綬映春蹊，雜風光而」絢綵；風清秋水，響軑轄而飄音。前暉後光，異人相間。祖槩，隋定」州司馬；父慧，隋蒲州司法；並瓌□秀溢，深衷凝遠。道清職貢，藻」泫中山之陰；政逸全邦，恤獄河汝之野。君胤光前慶，鏡炷彩於」玄泉；貽華後昆，藥分光於藻薄。儒分八並，潤行業於謨謀；射穿」七札，標多奇於讓尺。許然諾於三友，敦孝悌於九親，鄉曲議其」高風，月旦譽其美價。功成節效，榮爵顯加，」詔授護軍。五營振響，曹廉不足儔；四校推風，諸緒英之擬。方伸」遠績，奄落中曦，春秋五十有五，去貞觀十六年正月廿二日終」於景行邑私第。夫人葉氏，洛陽人也。□華□苑，載德灼於蘭儀；」禀粹薰叢，貞規彰於芷薄。甫年十六，行於李氏，既叶如賓之敬，」方申舉案之儀。天不祐仁，遽虧林隅，保安□子，式成慈訓，豈其」風摧蕙葉，瑛落霜庭而已哉！春秋六十□□□□麟德元年十」二月十八日，終於章善坊私第。以二年正月十八日與君合殯」於邙山之陽，禮也。去蘭房之步步，赴蒿里之茫茫，庶音儀之可」挹，歷千載而彌光。其詞曰：」

裂漢源開，干雲族布，雙標杞梓，孤分箘路。玉潤珪璋，□□□□」蕙掩星花，桂韜騮步。松風颼颶，跡

誠增傃。」

麟德二年正月十八日」

（北京圖書館藏拓本　河南千唐誌齋藏石）

麟德〇三四

【蓋】失。

【誌文】

唐故趙處士墓誌銘并序」

處士諱端，字端政，緱氏人也，今寄貫河南縣」□祖□父信，並夙秉清明，早敦道藝，流芳令」範，播美薰風。處士素履□貞，雅符友孝，疏松」筠而立性，架蘭蕙而凝神，□志丘園，篤誠栖」隱，方懋牆東之洽，道契幽憂；奄閱山西之景，」具愁歸盡。春秋七十，麟德二年正月十五日，」終於□德坊私第。夫人徐氏。茂端操以明節，」擬峻德以標貞，遥裔清規，昂藏性行，既笄作」婦，來偶趙門。鄙琴瑟之未和，泯然無間；同塤」篪之合韻，□喪終天。提彼孤遺，各免祗□□」敦母則，倏爾藏舟。以麟德二年正月廿九日」與處士合葬於芒山，禮也。恐音徽編絶，山谷」洿隆，敢勒兹□，式昭遺烈。其詞曰：」

堂堂二族，遠□華門，貞凝道性，德被經論。□」□□影，奄下河瀆，音徽遥裔，千載斯□。」

（北京圖書館藏拓本）

麟德〇三五

【蓋】失。

【誌文】

唐故李君墓誌銘并序」

君諱智，字思禮，趙郡人也，今寄貫河南焉。漢河□」尹應，即君之先也。曾祖興，隋左禦衛左六軍府車」騎將軍、隴城縣開國子；祖素，隋温池府鷹擊郎將；」考謂，皇朝蒲州汾陰縣丞；並雅量澄陂，領袖鄉曲，」冠冕人倫，藻春水之桃蹊，絢秋林之竹沼。君早標」異質，夙挺多能，懷任俠於髫年，藴沖虚於至學。所」以在家惇孝，出户思忠，冀申鐵石之心，用展松筠之」志。往遭丁罰，幾將毁滅，望南陔而泣盡，瞻北岵而」心摧，方聞行於州邦，擅光揚於先古，奄虧蘭馥，掌」碎珠暉者也。春秋廿有四，粤以麟德二年正月十」八日終於魏封里之私第，以其年二月癸酉朔十」八日庚寅，殯於金谷鄉東□平原，禮也。恐風摧隴」樹，雲黯塋墳，敢鐫芳烈，其詞云爾：」

遠齊風彩，秋菊春蘭，耀華無幾，芝焚蕙歎。空瞻修」隴，貌悴情欒，玄堂下肅，松檟上干。」

麟德二年二月十六日造，立爲永記。」

（北京圖書館藏拓本）

麟德〇三六

【蓋】大唐故房府君墓誌銘

【誌文】

君諱仁愻，字玄基，清河人也。君瓊葉傳輝，劭家聲於」方册；銑柯疏鑒，纂餘慶於圓鼎。祖隋大將軍。萊、徐二」州刺史，梁、幽、夏、朔等州總管，金紫光禄大夫、平高郡」公；父□皇朝前齊右一府驃騎將軍；並氣欝星芒，威」横錡禁，宣十城之茂範，光八校之奇績。公飛英弱歲，」警譽齠年，起家晉府執乘，俄而洊雷通響，重離啓耀，」公摶風博望，附翼歸昌，改授東宮千牛，除左翊勳二」府校尉，又除右衛勳一府校尉。公韞彼三端，兼兹五」校，輝映廊廡，昭折軒闈，貫葉摽神，襲弦規於月際；裁」縑藴粹，疏筆杪於星芒。用能雅韻不羣，英姿傑出，所」冀輔仁無爽，金壺息馳箭之陰；豈期與善無徵，玉派」閲歸川之耗。以麟德二年二月十二日遘疾，終于洛」州河南縣永泰鄉行脩里之第，春秋卌有六。即以其」年二月廿五日殯於邙山之原河南縣平樂鄉之界，禮。於戲哀哉！有子高高等，率由之性，終昊罔極，感滄」□之易改，思白駒之難息，鏤翠琬於幽扃，旌素微於」顯德，乃爲銘曰：」

更倚伏，遞虧盈，歡娱謝，哀思并。倏驚時傑，俄掩國楨。」人事百年盡，泉扉萬祀扃。」

大唐麟德二年二月廿五日房君墓誌。」

（周紹良藏拓本　河南千唐誌齋藏石）

麟德〇三七

【蓋】 失。

【誌文】

唐故董君夫人杜氏墓誌銘一首并序」

夫人諱令姿，字德耀，京兆人也。原夫擾龍啓□，□□□於」周編；飾□承規，播嘉名於漢諜。亦有小冠崇服，騰譽□其」光；長珮垂榮，明德歸其懿。餘慶踵武，英靈無替。祖恭，爲湖」州刺史；扇□風而偃物，光泛蘭蓀；沐時雨以露甿，明開薤」水。六條任整，十部使隆。從雁懷仁，如映還珠之浦；烹鮮入」□，無傷製縠之機。父素，爲官節志高亮，□望清顯，文武明」練，才位實當。夫人蘭儀夙映，華濃桃□之蹊；玉質幼彰，光」浮琬琰之室。風神秀潤，韻彩閑華，擐桂影於恒娥，□合明」月；秀珠光於婺女，珮轉奔星。顧史依保之方，采蘋比□，文」姿筆態一之妙，頭菊齊芳。之□于歸，作嬪董氏，調諧琴瑟，」奏五□之鴛行；聲穆塤篪，協三從之鳳典。職懃中饋，體素」后之□□□割專房陰享之祚致。豈期□□茫昧，輔仁希」夷，仙□□□，遂騰神而上月，神舟載運，娥□魄而□□，嗚」呼哀哉！春秋七十一，以麟德二年二月廿八日，遷窆于北」芒，之遺禮也。有子玄德，率由至感，攀風樹以長悲；直置樓」樂，歎塵溟之遽改。敢陳遺範，敬勒豐銘。其詞曰：」

□源爲弈，茂緒□聯，怍祖及父，絶後光前。誕生□□，夙□」英妍，徽猷映緒，□□□□。調諧寒瑟，香染風蓮，□□□□，」□隴屢遷。陰□大夜，悽切□年，神安□□隴，卜宅新阡。□」疏思月，□闇凌煙，俾春蘭與秋菊，共終古而長懸。」

（北京圖書館藏拓本）

麟德〇三八

【蓋】失。

【誌文】

唐故隋金谷府鷹揚權公墓誌銘并序」

公諱豹，字善開，隴西上邽人也。曾祖休，齊任何州刺史；敷他百」城，軼廉公之歌袴；宣風千里，轥張子之謡岐。班暢六條，行信摽」於郭馬；澤流十部，清潔洞於吴泉。祖暉，隋任通義大夫左衛固」道府鷹揚郎將；舉霜戈而迴日，媲魯陽之不儔；彎月影以啼猨，」方由基而有裕。氣凌衛霍，籌壓良平，籠冕英雄，爪牙王室。公以」堂構無替，弓冶有傳，雖該明於九功，仍因循於七德。又屬隋綱」弛紊，宇内波驚，人懷逐鹿之心，公蒞鷹揚之職。自」皇唐啓運，清廓溥天，歸馬華陽，散牛桃野。公悟止足之理，削榮」利之懷，僄帙時開，緑弦便憩，優遊洛汭，□誕嵩□，養性林泉，怡」神琴酒。但以人非金石，蒿里遽臨；壽冀松喬，薤歌先及。夫人李」氏，亦上邽人也。源長架漢，枝聳梢霞，陳地望而筆易窮，申衣纓」而事難盡。至若松心永茂，映姜息以疏貞；蕙質□榮，韜巫洛而」飛麗。義應□兹繁慶，南山之疇無虧，緣此巨嘉，東岱之魂不陟。」豈意道飈易□，逝水難□，奄即黄壚，俄乖白日。以麟德二年二」月三日卒於立德之里第，春秋六十有七。以其月卅日葬于北」邙千金鄉之界，禮也。并遷公之故壟，即夫人之新塋。生無歎於」孤鸞，死有歡於同穴。念良木之摧幹，悼朗月之沉光，親賓視而」歔欷，行路感而悽傷。嗚呼哀哉！乃爲銘曰：」

係□架迥，簪冕代隆，武傳玉帳，文襲彤蟲。亟着嘉績，載闡芳風，」式鐫堅石，庶懿無終。

麟德二年歲次乙丑二月乙酉朔卅日壬寅。」

（周紹良藏拓本　河南千唐誌齋藏石）

麟德〇三九

【蓋】失。

【誌文】

大唐故隋懷州王屋縣令楊君墓誌銘并序」

若夫彤鶵耀景，翼珪瑞於梧垌；綷翟翻華，曳綬符於桑陌。或有摛精寶」胤，控鉛圖而緝美；誕慶靈基，環銑牒而飛譽。其能總斯徽烈者，則我楊」府君乎？君諱康，字孝安，弘農華陰人也。神屺騫霞，插芙光而騁秀；靈津」浣日，激箭浪以騰源。蓄景碭巖，素環彰其顯祿；推鋒宋野，彩絹摽其令」詞。故以載德聯華，絡珠星於德里；象賢疊慶，霏玉葉於賢郊。曾祖忠，魏」懷州長史；祖毅，齊齊州司馬；並松隥均清，授神惟嶽，槎波埒浸，警粹符」川。展足驚吴，贊彤騶於千里；高才閲洛，毗絳帳於六條。父臨，隋虎賁郎」將；文搃重寄，武庫深謀，威勇則拉贙摧峰，猛略則鈹蛟截浪。君毓潤□」荆，瑩高陽而寫照；凝姿事漢，綴通德以含光。春臺秋水之玄宗，並裝□」牖；朝飛夜啼之妙德，咸裁意匠。翰沼翻波，舞迴鸞於水鏡；書林灑液，棲」反鵲於雲條。既而感萬陳蓍，從丘沽匣，乃爲王屋縣令。君佩仁化俗，俊」義調甿，詎侵朝夕之星，自符冬夏之日。故得奸懲下吏，便輟響於喧盧」；志切上玄，倏停煨於燬棟。實爲朝端粉的，今古之丹青者焉。豈圖景命」不融，溘歸真路，以開皇五年十月一日寢疾，卒于安善之里第，春秋七」十。即以其年十月遷窆於芒山。夫人彭城劉氏，自豢龍履職，疏五派於」星□；斬蛇著符，茂十枝於日樹。夫人芝原蕩秀，蕙圃攢芳，令問夙標，韶」儀舊洽。楚雲霏棟，曳仙彩於輕衣；洛月浮軒，寫神光於□鏡。張箴在念，」諧詠緣情，廣擇好仇，歸于楊氏。既而齊眉比譽，饁野儔規，列黨欽風，周」親慕範。遽而芳摧秋鴆，水急春波，生也若浮，此焉運往。以麟德二年二」月八日，卒于私第，春秋一百廿。粤以其年三月七日，祔葬于府君之塋，」禮也。庶使麻仙□水，無變蓬丘；丁子陳歌，不還遼廓。銘曰：」

仙掌開華，靈河吐秀，慶積餘祉，榮昇逸胄。衮緝羽儀，台昭領袖，異人間」出，家聲克構。其一。猗歟令哲，疊矩重規，肅穆君子，天爵人師。觀光演卦，亮」寀浮詞，驥騁懷邑，龍圖浚儀。其二。奠綵遵行，御輪納禮，允膺嘉淑，是符□」體。玉宿禎霏，金雲瑞啓，朝霞遽匿，暮雨斯霽。其三。秦樓鳳止，葉縣鳧飛，野」花空照，壠月徒輝。澗咽流水，雲愁迴衣，播芳音於翠石，畢天地於玄扉。其四。」

麟德二年三月七日」

（北京圖書館藏拓本）

麟德〇四〇

【蓋】失。

【誌文】

大唐故夫人王氏墓誌」

夫人諱淑，其先太原銅□人也。父遜，瑯」瑯司馬。夫人禀質若華，冰清玉潔，生居」齠齓，獨異衆童，自長及笄，四德踰備，適」人有齊恭姜之志，撫訓有大家之能。冀」以選年，與椿鶴而同壽。豈期積善無徵，」以麟德二年歲次乙丑三月癸卯朔十」九日辛酉奄然物故。即以其月廿八日」遷窆河南縣平樂鄉杜郭村東一里邙」山之原，禮也。有子孝瑜梁南平王偉之」孫，撫棺慟擗，聲罷鄰社之懽，哀甚桓山，」痛慈顔之永奪，只恐桑田海變，陵谷遷」移，故勒芳銘，記斯不朽。」

（周紹良藏拓本　河南千唐誌齋藏石）

麟德〇四一

【蓋】失。

【誌文】

大唐故懷音府隊正飛騎尉侯君墓誌銘」

君諱僧達，本出隴西，今爲河南人也。因官河洛，」支庶家焉。若乃水府毓靈，導昌源而引派；荆郊」縱款，籍先隱以班枝。偶慶鱣庭家，紫蓋之壤英」跱，雅量凝明，桂馥蘭芬，含章挺秀，依仁遊藝，索」隱鈎深，文越雕蟲，才彰刻鶴，性薄軒冕，情重林」泉。雖韞珪璋，無心待價。但以鶴鳴九野，聲達於」上天；芳呈十步，舉彰於下地。春秋五十，以麟德」二年閏三月廿八日卒於尊賢里第。即以其年」□□□□殯於洛陽界清風鄉之源，禮也。但」恐日薄星迴，陵谷遷貿，暑來寒法，桑海難分，故」述斯文，勒之扃户。其銘曰：」

昭哉景胄，赫矣華宗，家襲冠蓋，門傳鐘鼎，名□」日首，聲架雲峰。其一。惟祖惟父，載誕英靈，或文或」武，爲緯爲經，青鸞集境，丹鳳來庭。其二。未極大椿，」俄捐景命，愁松落蓋，黄陂閲鏡，冥絃停撫，朝梁」罷詠其三。野風蕭瑟，隴月徘徊，霜濃宿草，煙深夜」臺，泉扃一閟，千秋詎開！」

（周紹良藏拓本　開封博物館藏石）

麟德〇四二

【蓋】失。

【誌文】

九品亡宫人墓誌銘」

亡宫人者，不知何許人，莫詳其氏族。」但以擢質良家，摽姿令淑，夙年膺選，」早厠彤闈。持謙以處下，盡禮而事上，」儕伍貴其仁風，寮寀師其儉約。以兹」六行，遂預一班。天不與善，方從物化，」春秋卌四。以大唐麟德二年閏三月」廿□日卒於坊所，嗚呼哀哉！即以其」年四月□日葬於□原，禮也。葬事供」須，並令官給。慮陵谷遷變，舟壑推移，」勒石玄扃，用傳不朽。其詞曰：」巫山雲没，洛浦蕖凋，言容忽謝，魂魄」難招。襲黄泉之杳杳，去白日之昭昭，」玉貌因之長瘞，紅顏由斯永銷。」

（周紹良藏拓本　河南千唐誌齋藏石）

麟德〇四三

【蓋】　王夫人之銘

【誌文】

大唐故河東王夫人墓誌之銘并序」

夫人諱師字化，并州太原人也。祖隋加邑號同昌公，唐授朝」議大夫行慶州長史。公仁德爲心，人倫領袖。父隋巴陵令，唐」授朝散大夫。志結廉貞，清輝遂遠。弟任蓬州大寅尉，高材縣」宰，容雅安仁，令則有方，人稱五袴。夫西河任，唐授朝散大夫，」職宰王府，於公志列。操感風雲，信質遠稱，播傳四海，博識通」雅，内誠盡竭，棄榮不仕，歸真正覺。夫人朝議大夫之孫，朝散」大夫之長女，大寅尉之姊，西河任之婦也。夫人有周七百之」遥緒，炎漢五侯之貴通，夙承華胄，言歸上哲，履鳴謙以居貭，」宣陰德以宜家。未盡偕老之期，先致移天之禍。粤以麟德二」年歲在乙丑五月壬申朔四日乙亥遘疾，終於温柔之第，春」秋六十有二。嗚呼哀哉！俄掩窀穸，其月十三日甲申葬於龍」門敬善寺西元祚之山，禮也。惜乎蘭敗秋風，芬芳遂絶；珠沉」玄壤，朗閏長辭。雖淑德之可傳，痛音姿之不再。任君奄悴芳」蹊，悽愴行路，餘悲不忘，哀傷何極。嗣子懷節等舉風樹以增」感，履霜庭而孺慕，恐陵谷之凋變，憑金石以永鐫。其詞曰：」

四德慎美，温質宜家，神情柔舉，儀韻凝華。松心風月，託志煙」霞，千尋直幹，萬仞高崖。其一。淑德斯順，何遇非適，下調猶悲，高」春已迫。荆璧沉彩，翔鸞墮翮，月慘荒坰，風驚寒陌。其二。徘徊白」馬，委鬱丹旌，悼深千古，哀纏九京。松風虛韻，隴月孤明，他山」不紀，溟漠誰名？其三。哀哀嗣子，舉號靡訴，慟結風枝，悲纏霜露。」卜彼宅兆，叶兹遷厝，水鏡伊川，山貞元祚。表德音之無沫，紀」金石而長固。其四。」

（周紹良藏拓本　開封博物館藏石）

麟德〇四四

【蓋】　失。

【誌文】

九品亡宫人墓誌銘」

亡宫人者，不知何許人，莫詳其氏族。但以」擢質良家，標姿令淑，夙年膺選，早厠彤闈。」持謙以處下，盡禮而事上，儕伍貴其仁風，」寮宷師其儉約。以兹六行，遂預一班。天不」與善，方從物化，春秋七十有五。以」大唐麟德二年六月□日卒於坊所，嗚」呼哀哉！即以其月□日葬於□原，禮也。葬」事供須，並令官給。慮陵谷遷變，舟壑推移，」勒石玄扃，用傳不朽。其詞曰：」

巫山雲没，洛浦蕖凋，言容忽謝，魂魄難招。」襲黃泉之杳杳，去白日之昭昭，玉貌因之」長瘞，紅顏由斯永銷。」

（周紹良藏拓本　河南千唐誌齋藏石）

麟德〇四五

【蓋】失。

【誌文】

大唐王夫人墓誌銘并序」

夫人諱相兒，太原人也，今僑寄伊闕□貫焉。」後漢司空龔，即其先祖。子原齊任蒼州司馬；」長嵩；並德懋玄瑋，貞逾翠枯，絢仁風於州里，」弘至道於朋遊。夫人早秀清貞，夙揚高行，藻」蘭薰而婉媚，雕珉瑱而徵仁貞。鳴珮有歸，飛」響高族，行調絙瑟，言順和塤，務□組以申功，」肅端儀而茂質。免慰茲訓，家著孝忠。方憑遠」德之風，奄迫馳光之促。春秋八十三，越以麟」德二年歲次乙丑五月壬申朔十八日乙丑」終於私第。以其年六月二日殯於河南縣平」樂鄉邙山之陽，禮也。嗣子欽行□西光早謝，」東逝難停，號切循陔，聲悲咽水，□□遺烈，式」銘云爾：

稟宗鸞岫，茂族□□，秦庭鳴」玉，魏闕逶迤。德洽仁□，百□斯宜，穆哉高行，」福慶瀾漪。風仁早歲，懋質髫年，詠德□里，循」□門阡，萬憑保護，奄落瓊田，□□□□，絕後光前。」

（周紹良藏拓本　河南千唐誌齋藏石）

麟德〇四六

【蓋】失。

【誌文】

唐故衡州刺史長樂公夫人墓誌銘并序」

夫人郭氏，太原人也。五鹿疏基，肇啓承家之慶；三烏創」業，爰彰命宮之典。洎乎□舟泛影，竹馬流芳，茂族相暉，」風猷疊照，義飛載籍，無俟詳焉。祖達，父貴，並赤野騰光，」□盈朏於隨掌；紫山摛彩，暉偃虹於郢握。孤澄學海，迥」聳宮牆，行光天爵，榮芬國典。夫人蘭芳染性，蕣華標質，」藝優鞶紩，業富綈緗，鏡月開妍，等宵娥之蕩璧；珮星飛」麗，同夕婺之編珠。花鈿照景，香纓含吹，爰及笄年，言歸」周氏。載弘舉按之禮，自展如賓之敬，長樂公合巹之後，」分竹衡陽，禮逐夫榮，非無錫命。及其霜侵雲鬢，仍授猗」氏縣君，遂能道叶女儀，言成母則，冠左嬪之清藻，掩□」姬之雅詠。下弄而摽弱歲，中饋以尤成德。節華彤管，□」藹青編。豈謂烏次淪暉，落照梁於悲谷；龍門激態，安淩」波於閱永。以麟德二年七月三日，安措於河南界北邙」山，禮也。哀子静毓等，□扇匣而□感，開鏡奩而巨痛，爰」周翠石，式表玄堂。猗歟盛烈，美哉鴻緒，□□□□，□聲□虚。德門餘慶，光」乎淑女，含氣春蘭，□□□桂。□□曉□，月娥宵麗，婦德」貽軌，母儀流惠。方□今始，□切臨□，甃□晞露，松松□」悲風，佳城永穸，彫琬無窮。

麟德二年歲次乙丑七月三日葬於（下缺）」

（河南千唐誌齋藏石）

麟德〇四七

【蓋】 失。

【誌文】

大唐故史君墓誌銘并序」

君諱信，字安期，華陰人也。巖巖曾構，與蓮峰而競高；淼淼」長源，共箭流而爭激。名臣入輔，君仲飛譽於西京；茂宰分」珪，公謙播美於東漢。自兹已降，代濟英賢，遺烈餘風，於是」乎在。祖雲，隋任荆州刺史六州諸軍事、上柱國、期城公；父」嵩，唐任并州長史、銀青光禄大夫、須昌縣開國男。君烏卵」摛祥，夙標忠孝之兆；龜文表質，素蓄台輔之姿。涯溪弘深，」總羣川而架宏海；風儀端嶷，美聯璧而秀披雲。體明鏡而」澄心，運虚舟而觸物。於是銷聲里閈，息景檐閭，混迹區中，」遊神域外。方謂松彫歲暮，擬獨秀於靈芝；何圖月犯少微，」奄飛光而入昴。春秋六十有六。以大唐麟德二年六月廿」五日卒於福善坊之第。丘園寂漠，空聞不拔之詞；衡泌蕭」條，無復棲遲之逸。俾竹林交好，悲鄰笛以流襟，蘭室良遊，」悼琴亡而喪氣。以其年七月十二日窆於邙山之陽。北睇」河宫，控緑圖而帶地；南瞻崧巘，峙翠岳以干霄。西通馬白」之關，東指羊蘭之口。炎陵瞰野，驗七哀之有悲；晉士長懷，」諒九原之□作。孝子伯隴，懼防墓斯崩，已積素王之歎；佳」城儻啓，冀識滕公之銘。其詞曰：」

於穆先生，□美稱貞，蘭薰雪白，玉潤冰清。凝神玄牝，鋭□」黄庭，雖纏俗物，終去塵纓。丸藥斯餌，羽翼可生，方希倒□，」遽掩佳城。煙含栢秀，風入松聲，如何伊洛，浮丘擅名。」

（周紹良藏拓本　開封博物館藏石）

麟德〇四八

【蓋】失。

【誌文】

唐故南陽張處士墓誌銘并序」

君諱運才，字振道，南陽白水人也。夫連胄黃樞，帝丘騰雲構之族；分」光紫極，天衢景靈耀之宗。至若鳴玉匡韓，炳昌華而疊照；珥金毗漢，」鬱重光而帝彩。復有文疏梁劍，祉析祥鈎，瓌穎聯輝，遺芳可略。曾祖」演，齊舉茂才魏郡守；大父誕，梁任司州別駕；父弘，隋任彭城縣長；並」風泠邃局，月鑒韶衿，砥節孕琴梧之清，宰務鋭龍泉之割。惟君佩仁」素於天骨，宅夷謐於自然。心侔白雲，靄仙霏而結影；性齊玄液，洞清」漣而湛鏡。動由義舉，以不競弘仁；事藉禮銓，用推平樹道。蕭灑締鸞」巖之逸，脱落屏鳳門之心。曁乎花白桂山，陶野衿於霞酌；葉清松架，」王幽哀於雪絃。加以翹想大空，捔心小道，探鵬溟之奧賾，鏡猨水之」鈎文，動寂兩亡，是非雙泯。庶期白豪流照，方貽鶴鬢之齡；不謂丹駟」翻光，遽驛烏輪之景。以麟德二年六月卅日遘疾終于嘉善里第，春」秋五十八。夫人晉陽范氏。惟夫人月彩開華，授靈娥於桂魄；星輝動」照，寫神婺於榆陰。繫金梶於嬪闈，皎玉度於蘭壺，齊黔妹之孕道，軼」梁媛以凝貞。香落蕖波，尋閱潘池之水；弔流仙羽，早興陶鶴之悲。以」貞觀十九年十一月五日終於延福里，春秋卅八。則以麟德二年歲」次甲子七月辛未朔十五日乙酉合葬于邙山之陽，禮也。嗣子外府」寺録事寶等，温敬宅心，莊和砥行，感趨訓於疇日，慕極孔庭；追徙範」於平居，哀窮孟第。仰風條而潰魄，傃寒派而糜魂。恐漱玉移碧澥之」波，仞石飛翠微之岫，勒蒿扃以樹德，庶蘭芬其無糅。其詞曰：」

軒丘昌構，宅絳洪基，銀黄帝彩，金紫連輝。大父挺照，顯考神機，曳冕」警俗，履鶴宣威。其一。爰誕淑貞，擯利忘榮，鏡玄昭賁，孕道流清。白室所」重，朱門是輕，胎泉碎魄，鳳篠摧英。其二。芳嬪標令，婉凝孤映，蘭華藻儀，」蕙柔莊性。從訓諧道，如賓侔行，星遥落靨，月尋淪鏡。其三。劍龍俱没，松」鶴兩飛，薤歌雙引，柳軔齊騑。隴風霄急，露草晨晞，刊兹貞琰，永樹芳」徽。其四。」

（録自《芒洛冢墓遺文五編》卷三）

麟德〇四九

【蓋】失。

【誌文】

大唐故亡宫九品墓誌銘」

亡宫人者，不知何許人，莫詳其氏族。但」以擢質良家，摽姿令淑，夙年膺選，早厠」彤闈。持謙以處下，盡禮而事上，儕伍貴」其仁風，寮寀師其儉約。以兹六行，遂預」一班。天不與善，方從物化，春秋卌一。以」大唐麟德二年七月十□日卒於坊所，」嗚呼哀哉！即以其月廿一日葬於某原，」禮也。葬事供須，並令官給。慮陵谷遷變，」舟壑推移，勒石懸扃，用傳不朽。其詞曰：」

巫山雲没，洛浦蕖彫，言容忽謝，魂魄難」招。襲黄泉之杳杳，去白日之昭昭，玉貌」因之長瘞，紅顔由斯永銷。」

（周紹良藏拓本）

麟德〇五〇

【蓋】失。

【誌文】

唐故宣州司法參軍事夫人杜氏墓誌銘并序」

夫人諱醜，字婆，京兆杜陵人也。崑泊開源，演洪流而」集慶；岱宗構□，表層基以降祥。故乃架瓊樹以摛華，」映□波而濯彩。洎乎珥貂鳴玉，舄弈多人；腰紱首蟬，」紛綸不絶。祖□司州録事參軍；父□豫州吴房縣令。」夫人湛質星津，稟靈儀於縟婺；凝華月渚，收神姿於」桂仙。既而體重朝階，明敏發乎髫歲；□□□室，岐嶷」彰於綺年。兼以四德早閑，六行摽舉，義方禮訓，軼孟」母而遐騫；閨則門風，轥雋親而高蹈。豈意日車難駐，」月轡易傾，二豎之疾斯纏，兩仙之藥無值。麟德二年」七月□日卒於道德之里第，春秋八十有九。粤以」麟德二年歲次乙丑七月□□朔廿四日甲子，遷窆」於洛陽之界破陵東，以從終焉□禮也。嗣子孝爲，哀」纏陟屺，痛結寒泉，恨負米之無明，切倚閭而掩望，以」爲川騖晚歲，辰略不追，風振脩□，瞻慕無異，迺鐫沉」礎，式圖芳□。其詞曰：」

韞玉山輝，□珠川媚。猗歟令淑，代傳□懿。思周通塞，」明齊象緯。蔡琰慙文，衛姬忘智。蕙質方翹，蘭儀倏閟。」徒哀黃鳥，空嗟白冀。霧結松阡，風驚梓隧。天長地久，」□徽不墜。」

（北京圖書館藏拓本）

麟德〇五一

【蓋】失。

【誌文】

亡宮人九品墓誌并序」

亡宮人者，不知何許人也，莫詳其氏族。」令問□彰，侍蘭宮而耀彩，瓌姿挺□，輔」椒掖以凝輝。闈譽桂庭，流芳芝閣。豈謂」英聲輟響，松筠之操無徵；桃李摧風，遽」凋蘭蕙之英。以麟德二年七月□□□」卒于坊所，春秋六十有五。葬於□□□，」禮也。嗚呼哀哉！乃爲銘曰：」

濬源長發，景命遐宣，電照攸被，虹光克」傳，永言不朽，勒石幽泉。」

（周紹良藏拓本）

麟德〇五二

【蓋】失。

【誌文】

唐故賈君墓誌銘并序」

君諱信，字元諒，河南洛陽人也。其先出自於周衛大夫」王孫賈之苗裔。若夫幽根磐礴，馳美播於邶鄘；枚幹派」分，暉嘉聲於伊洛。故得縑緗響亮，簡牘風流者乎。曾祖」振，齊任沂州刺史；褰惟述職，轉比蓋於宣風；作廣六條，」刺舉千里。祖預，隋任兖州司兵；箕裘不墜，堂構克遵，既」匡佐於專城，方維持於蕃屏。惟君秀質修林，挺容喬嶺，」崑山表異，漢水標靈，少有英奇，長多懿德，敦詩悦禮，守」義懷廉。居陋巷而忘憂，擁瓢飲而無怨。豈謂歲月迺盡，」氣序循環，沉痼彌留，奄從鬼籙。粤以麟德二年六月廿」七日寢疾，殁於思恭之第，春秋六十有七。嗚呼！即以其」年歲次辛丑八月庚子朔三日壬寅權殯芒山之陽，禮」也。孤子弘秀等，生事之儀既就，死葬之禮未修，卜宅□」於山隅，建□塋於平野。仍恐龜長筮短，谷變□移，鐫□」石於泉扉，勒玄文於窀穸。庶使千齡不朽，萬古傳芳。□」呼哀哉！迺爲銘曰：」

邈哉敻古，鏡矣清流，幽根磐礴，出自于周。迺祖迺父，徽」恭懿柔，縑緗響亮，簡牘風猷。其一。惟彼賈君，實兹貞幹，清」虚德顯，韜光道貫。放詩□禮，廉貞義玩，同凶析壽，名輿」體散。其二。捐軀幽壤，棄質泉門，巖巖闕峙，黯黯雲昏。瘞形」長隧，酹酒盈罇，悽涼人事，銘記孤魂。」

（周紹良藏拓本　河南千唐誌齋藏石）

麟德〇五三

【蓋】失。

【誌文】

大唐故王君墓誌銘并序」

君諱惠，字思敬，太原人也。隨官洛陽，因家焉。昔」武光三略，振金策於西秦；文擅百家，挺銀鈎於」東晉。故得五侯同日，」三后連驪，弈葉簪纓，可略」而言也。祖才，父□。君志出齠年，性尤岐嶷，識隨」長現，物等生知。雍容庠序之間，遊藝典墳之域。」蘊金箱以待振，懷玉閏以舒光。朝廷挹其風猷，」遠近欽其令望。豈謂苗而不秀，瓊淚宵零，奄遘」膏肓，哲人其委，以麟德二年七月十五日卒於」私第，春秋廿。於是師徒慟哭，遠同顔子之哀；義」士相悲，遥起蔡生之慕。豈直舂人不相，農夫輟」耒者哉！以其年八月三日，殯於芒山，禮也。恐桑」田有變，松墓遷移，故勒斯銘，式旌泉户。其詞曰：」克岐克嶷，實曰金聲，斯非寶葉，誰爲玉英？哲人」無爽，亦瘞佳城，靈輀肅駕，丹旐翻虹，哀塵慘日，」薤響悲風。志隨生盡，名逐身空，何年武庫，復此」相逢？」

（北京圖書館藏拓本　河南千唐誌齋藏石）

麟德〇五四

【蓋】　索府君誌

【誌文】

大唐故索君墓誌銘并序」

君諱達，字君通，燉煌龍勒人也。原夫□□□基鴻」暉啓族，發祥自遠，錫羨伊莘，魯邦□大□之□，晉」國表銀鉤之妙，遞傳芳景，代襲休□，備詳史焉，可」略言矣。祖興，周沙州鳴沙縣令；父才，隋勳官上柱」國；並入孝出悌，允文允武。惟君風神警儁，宇量超」奇，仁義在躬，孝友爲性。清暉獨映，朗鑒孤標，表峻」節於秋筠，□文葩於春苑。雖包茂德，勳止輕車，可」謂高才而無貴仕。方冀老成訓俗，遠類太丘；何期」祐順褰禎，忽遊宗岱。麟德二年七月十六日遘疾，」卒于清化之里第，春秋□□嗚呼哀哉！孤子□□」等痛切伊莪，悲纏集蓼，念風枝而絶思，訴旻昊而」摧心，爰卜佳城，敬遵宅兆，即以其年八月三日窆」于河南縣平樂鄉之邙山，禮也。恐烏暉遽落，馬鬣」無封，爰述高芬，敬則貞石。其詞曰：」

華基肇峻，慶緒悠長，流芬魯□，騰譽燉煌。迴生翹」俊，實號珪璋，崇節卓峙，孤飛獨翔。庶招丕祉，□□」慶福，忽爽與仁，奄隨風燭。一朝□□，千秋何□，□」石是鐫，芳猷永勒。」

（北京圖書館藏拓本　開封博物館藏石）

麟德〇五五

【蓋】失。

【誌文】

大唐張君墓誌銘并序」

公諱滿，字思言，南陽白水人也。竊以漢祚將隳，賴清」徽而降祉；晉基崇構，資博達以昌期。是知異人：有義」挺生，應濟物而爲用；志士居代，運奇操以匡時。可謂」略於一朝，芳流後葉，畫謀模於方寸，榮將來。惟公派」派彼靈源，分枝桂苑，重光弈葉，可略而言焉。父幹，隋」任輕車都尉，並價重千齡，文高百代，德高雅俗，道冠」時雄。惟公秀質荆巖，抽根蕙圃，神鑒凝白，怡然自得。」加以出入忠孝，殉國亡家，重恩義一朝，輕性命於千」千載。自可神儀永固，齊金石而同堅；風鑒長存，方諸」日月。可圖徂光遽掩，逝隟不留，豈謂一朝，俄成萬古。」以麟德二年七月廿二日終于私第，以其年八月三」日殯于北邙山，禮也。豈期朱輪紺繐，絶歸軫於知朋；」素蓋靈輀，轉還旌於狐菟。生平故友，夙昔追遊，莫不」俯慟深哀，仰瞻遺然。遂令將泫之泣，同秋露而俱零；」欲絶之腸，等寒蓬而共斷。嗣子伏奴之悲陽烏易逝，」塊暨年代而遷訛；陰菟難留，馬驪方陵谷而銷貿。勒」銘泉户，用表將來。其辭曰：」霜翻□栢，挽咽□楸，清芬永謝，惠問方流。」

（録自《芒洛冢墓遺文續編》中　河南千唐誌齋藏石）

麟德〇五六

【蓋】　宇文夫人銘（「夫人」二字合文。）

【誌文】

大唐河東柳尚遠妻宇文夫人墓誌銘并序」

夫人宇文氏，河南洛陽人也。若□紫塞東連，青丘北」望，山岳降風雲之氣，公侯建鍾□□榮。玉葉瓊柯，捎」浮雲而吐明月；龍媒鳳羽，□千里而騰九霄。曾祖忻，」隋右領軍大將軍、上柱國、□國公；祖運，皇朝右領」左右將軍、上柱國、義清縣開國公；父懷儉，皇朝外」府寺丞。夫人肅教孝門，鑒詩彤管，始問名於華冕，終」捨族於輕軺。相彼華宗，中饋表河魴之麗；睠兹嘉偶，」外郊延兆鳳之聲。豈謂秋露未凝，蕣華先落，春風始」惠，桃徑偏蕪。以麟德二年八月六日遘疾，卒於洛陽」清化坊之私第，春秋十九。即以其年八月十五日葬」於邙山金谷里，禮也。嗚呼哀哉！乃爲銘曰：」
塞垣高柳，沙漠窮桑，蟬聯俊傑，舄弈侯王。南翻鵬運，」西引龍翔，緬彼瓜瓞，傳茲寵光。載誕柔婉，夙成□智，」班誡遊情，張箴習義。問名有禮，作嬪無詖，障吐□談，」牖窺嵇議。蓮沼初夏，桃蹊始春，遽悲飄隕，空歎芳新。」星沉婺陸，月掩娥津，鴛機挂網，鸞鏡凝塵。寂寂方隧，」亭亭圓闕，蒿徑凝霜，松枝桂月。秋至葉下，春來花發，」蕌戺俄空，荆墳永歇。」

（北京圖書館藏拓本　開封博物館藏石）

麟德〇五七

【蓋】失。

【誌文】

唐故洛州仇夫人墓誌并序」

仇夫人者，河南人也。其先出自晉穆侯之裔。若夫」幽根磐薄，標令望於姬川；枝幹派疎，振□□於伊」洛。祖叡，任潭州長沙縣令；行高州里，名擅無雙，譽」重朝廷，英華千古。父寶達，弘才儁拔，仗略絶倫，養」真素以自□，辭禄仕而嘉遁。惟夫人貌資婉順，性」極温恭，四德聿脩，六行兼美，作嬪君子，茂範華宗。」理應嗣福無疆，永隆眉壽，豈謂時不我與，人事相」侵，一旦纏痾，長爲幽壤。以麟德二年九月二日殀」於河南之私第，春秋卌有一。嗚呼！逝川東注，信滔」滔而不歸；落景西沉，諒黯黯而長謝。即以其年九」月十三日葬於邙山之陽，禮也。長子石生等攀號」擗踴，痛貫心靈；内外諸親，永懷哀慟。晨光炤灼，空」餘墳壟之悲；夜月徘徊，無復樓臺之□。將恐岸頽」深谷，海變桑田，勒此玄銘，永鑒千古。其詞曰：」

邈哉夐古，鏡彼導流，姜嫄感跡，□慶宗周。其一。戲桐」錫土，于條孕仇，遐宗遠派，枚幹□敷。其二。孝乎惟孝，」痛甚抽心，悲纏荒徑，哀慟疏林。□□遺響，□貌沉」沉，形銷影滅，唯餘德音。」

（周紹良藏拓本　河南千唐誌齋藏石）

麟德〇五八

【蓋】失。

【誌文】

大唐故文林郎支君墓誌并序」

君諱敬倫，陳留人也。茂族冏於鴻典，徽緒麗」於瑶圖，焕矣清飈，昭哉絢躅。祖彦，贊錦保城；」父珉，鳴琴新蔡。芬聲載遠，景問攸高，惟君志」度凝濬，神姿警俊，風儀共秋明競遠，音徽與」春藹齊温。孝挺淳染，仁摽泛愛，雅好篇籍，精」玩典墳。蒙賓貢於王庭，授文林於上第。所冀摶飛冲漢，唳清響於高雲；孰謂茂蕊夙零，埋」玉樹於窮壤。麟德二年九月八日卒於時邕」里，春秋卅有四。即以其月廿一日葬於邙山」之上，禮也。丹旌委鬱，颼風景而縈空；薤曲凝」悽，囀霜歌而喝野。慮藏山靡固，偃斧不存，故」式贊鴻徽，寄諸堅石。其辭曰：」

式鏡緗圖，遐窺茂緒，慶躅攸芬，高華獨舉。保」城騰譽，新蔡馳芳，載挺若人，利用賓王。方期」遷木，奄見摧梁。玄門一閉，大夜無朝，寒郊寂」寞，高壟嶕嶢，貞石式題，芳猷永昭。」

（周紹良藏拓本 河南千唐誌齋藏石）

麟德〇五九

【蓋】失。

【誌文】

大唐故楊君墓誌銘并序」

君諱客僧，弘農人也。靈宗初諜，藹芳緒於□漪；茂族開祥，」蔚華枝於皛樹。朱輪疊彩，表丞相之高蹤；鱣服凝暉，顯公」侯之盛烈。掩映千古，照灼三英，迴粲虬編，馳華鳳篆。祖曄，」齊鎮軍將軍；父柱，隋相州鄴令；箕裘紹躅，杞梓攸傳，材檀」兵鈐，聲飛馴雉。惟君挺耀藍珍，騰芬畹馥，清昭迴麗，媲夙高」月以齊明；𡸣秀遐流，競光風而曳緒。情田表孝，意域浮貞。」文驚吐鳳之奇，武冠吟猨之妙。陪軍略，早篴戎麾，功德」疇庸，勳隆騎尉。仲翔高亮，遠謝芳規；少卿士風，遥推盛德。」既而深鑒知止，無羨朵頤，追白社以同歸，出青門而獨往。」於是放曠風月，簫索煙雲，對琴酒以交驩，玩林泉而成趣。」乞言可訓，訓子盈篇，一代羽儀，千齡軌躅。方冀椿華闡茂，」聳雲蕚於遐秋；孰謂羲馭遄暉，迅烏輪於落景。麟德二年」九月五日彌留沉痼，卒于殖業里第，春秋七十。嗚呼哀□！」遠近悲悼，親賓悽惻，空傷玉樹之埋，共軫殲良之怨。即□」其月廿五日窆于芒山之上，禮也。有子三人：長曰善同，痛」貫霜景，悲纏風樹，慟昊天之罔極，哀厚夜之無晨，恐舟壑」潛移，陵谷交貿，所以敬遵□烈，寄諸貞石。其辭曰：」
華基聳構，茂緒開祥，金□□彩，玉葉飛光。鎮軍纂慶，鄴令」馳芳，載誕翹楚，爰號貞良。文飛掞秀，武
超雄節，氣爽高雲，」心明皎雪。風月以娱，琴罇取悦，倏詞昭代，俄悲永訣。玄□」一掩，白日何年？松
悽寒吹，野落孤煙。鷩禽自遠，隴月□□，」圓石旌德，芳徽久傳。」

（周紹良藏拓本　開封博物館藏石）

麟德〇六〇

【蓋】　大唐故馬府君墓誌銘

【誌文】

大唐洛州伊闕縣故馬君墓誌銘并序」
君諱弘基，字廣趾，扶風人也。魏氏握圖，既折珪」而析土；漢君執曆，□剖□而剖符。遐睇百王，
夐」觀綿史，代忠代孝，故無得而名焉。祖道，道高時」□□概羣英，棄柳下之降身，慕夷齊之放曠。
父」□，志該曲逆，情逸□□才爲時須，早申忠鯁。武」□□紀，紀勳勳司受上柱國也。而君名逸觀
秦」□□知象，豈謂朝飛朔吹，碧蕊□於始春；潔霜」旦凝，緑葉彫於早夏。年適廿，以麟德二年九
月」十七日，卒於私第福善里，即以其年歲次乙丑」九月庚午朔二十七日景申葬於城北之平原，」禮也。
嗚呼哀哉！肅肅凄風，結悲松於迥壠；昏昏」黯霧，闇永□於窮泉。式刊清猷，用彰不朽。其詞」曰：
播美道初，係輝有像，輔趙北征，佐劉南將。何」帝不師？何王不相？功宣往彤，義敷□□。其一。玉

蘂」始開，金柯創布，痛矣淒風，嗟乎凝▨。如何哲人，」窮泉是措？無睇晨烏，虚懸夕菟。其二。」
麟德二年歲次乙丑九月庚午朔廿七日景申。

（北京圖書館藏拓本）

麟德〇六一

【蓋】失。

【誌文】
唐故趙府君墓誌銘并序」
夫德含玉潤，禀秀質於崐峰；志叶波清，派洪源於洛浦。是以」承芳胤而播道，繼華緒而傳暉，表識鑒於人倫，運規模於禮」則，達性宏遠，雅致冲深，飛名擅卓爾之奇，馳譽顯嶷然之美。」澄陂萬頃，標廣度於胸懷；聳幹千尋，挺高風於志節。藴兹美」者，其唯趙君乎？君諱□字元粲，洛州河南人也。其先建國」秦川，始於汧隴，開封晉邑，肇自戎勳，立機效於魏朝，樹譽神」於漢册，緗史紛映，固難詳略。祖琳，量苞江海，志挺松筠。父陁，」隋朝散大夫；節貫秋霜，精逾皎日，放虚心於物表，陶雅趣於」寰中。惟君夙懷明哲，幼禀高奇。淳至之心，本之於天性；弘博」之器，表之於自然。味道研精，非唯百遍；明鑒聰覽，寧止五行。」言行可宗，貽諸茂範。豈其天不祐善，遘疾彌留，電影不停，奄」從長夜。以麟德二年八月卅日卒於清化坊私第，春秋八十」有一。于時慟新安之故泣，慘瀛博之初悲，以其年歲次乙丑」九月庚子朔廿八日丁卯，窆於北邙平樂鄉界。輴軒發軫，龍」騎悲鳴，謝一代而潛靈，黯九原而匿彩。孤墳冥昧，唯□愁雲；」荒隴寂寥，空聞蕭瑟。桑田有變，貞石無虧，略記芳猷，爲銘曰：」猗哉哲人，光乎懋德，心挺稽箭，質標崑玉。言成物範，行爲人」則，雅量弘深，凝心玄默。天情純粹，自稟温剋，卓爾絶倫，淡然」寡欲。直而不倨，洿而不曲，節抗煙霞，志超塵俗。玄穹喪善，殲」此良人，微痾漸積，遘疾彌辰。杳然從化，邈矣歸真，哀切行路，」悲慟友親。松彫節碎，桂盡芳湮，昔爲玉質，今成隴塵。萬代終」古，千齡莫新，孤墳明月，荒嶺愁雲，陽暉永隔，人事長分。」

（録自《芒洛冢墓遺文五編》卷三）

麟德〇六二

【蓋】失。

【誌文】

亡宫九品墓誌銘并序」

亡宫人者，不知何許人也。但以資方」蘭選，名掛彤闈，謙約處□，温柔表□，」盡禮事上，恭勤接下，儕伍重其仁風，」寮寀師其儉節。以兹六仁，遂預一班。」冀有上聞，漸見昇採。且輔德無□，」與善難依，既同川閲，奄成物化，春秋」五十有□以大唐麟德二年九月」□□日卒於□所，烏呼哀哉！即以其」月□□日葬於□□原，禮也。慮年移」陵谷，海變桑田，勒石泉門，用傳不朽。」其詞曰：

逝川易往，石火難留，未」踰千月，俄成一丘。山原霧湛，壟樹雲」愁，祇應大夜，空變春秋。」

（周紹良藏拓本　河南千唐誌齋藏石）

麟德〇六三

【蓋】失。

【誌文】

麟德貳年拾月伍日」洛州洛陽縣上東鄉」嘉善里王仁表墓誌」銘。」

（周紹良藏拓本）

麟德〇六四

【蓋】失。

【誌文】

唐故隋上儀同三司朝散大夫右監門校尉王君墓誌銘并序」

君諱宣，字文義，太原祁人也。其先漢右丞相安國侯之後。往因述」職，遂居洛焉。曾祖賢，齊振威將軍；祖儁，齊伏波將軍別將；並以德」最風巖，道凝霞淡，鋒齊霜而肅物，威警電而清雰。父穆，隋信州巴」東縣丞；秀質裝雲，漂情絢素，摇音儀於月峽，澹風景於江湍。夙贊」恩波，泛朝雲之洽潤；微流下澤，浹暮雨之餘雰。君琱彩庭規，匠懷」函席，立言髫丱，貽式綺童。瑩清質於澄湖，紛雅素於瑶巘，華暉秀」穎，藻潤荼紅。耿松菌以貞心，繪薰荑而叶性。方弘託乘，掩迹軺軒，」授建節尉，又加上儀同三司朝散大夫右監門校尉。屬隋曆失序，」匿影周南，歎息銅駞，徘徊白社，蕭然自得，歌詠娱情，蔬圃河限，種」菓伊汭，植杖清渠之上，散髮垂柳之下，結遊置驛，遂有終焉。及年」暮景侵，板輿斯御，近周家圃，遠睇郊丘，習詩禮以敦風，闡淳深而」訓誘。方儀流道茂，肅遑遽於南陔；奄彩滅行脩，徒尋繹於東觀。春」秋七十九，以麟德二年二月十二日，終於敦厚里私第。夫人張氏，」白水人也。德懋蠙暉，儀光琬彩，貞擢桂魄，言潤蘭茖。明允峻於朝」鮮，高節華於晚景。及軒車轉駕，佩玉鳴璫，四德藻於庭闈，二儀暄」於州里。齊眉饁耨，圖景前徽；禮儀箴誡，吟詠無怠。方悦浮觴之慶，」擿紫房以申歌；忽警漏箭之遽，促金徒之曉唱。春秋六十有一，以」顯慶二年閏正月廿日，終於私第。以麟德二年十月十一日，與府」君合葬於河南縣二樂鄉邙山之陽，禮也。有子三人：長子詳刑評」事敬賓，次子君□，次子上輕車都尉粲仁等，痛白華以空潔，望岵」屺以號天，旐旐抗乎薤露歌，靈轜動而松風切。式鐫貞石，以表嘉」猷。其詞曰：」

□瞻二族，芳猷交茂，取烈松貞，光昭玉度。霜霰芬映，雲霏條互，□」憑遠蔭，奄凋春簵，劍徙侵朝，晁飛落暮，敢鐫勒於遺芳，符山泉而」□□」

（北京圖書館藏拓本　河南千唐誌齋藏石）

麟德〇六五

【蓋】周夫人之銘

【誌文】

唐故周夫人墓誌銘并序」

夫人諱□□□吴郡人也，今寓貫河南焉，其先吴將瑜，夫」人即其後也。夫八桂凝芬，十□徽藻，金柯玉蕊，翻影當朝。」是故馬疊影於桃蹊，綬飄花於蓮沼，紛綸赫弈，史諜詳諸。」祖乳，父弘，並韻宇清通，雅度融朗，疏神洞於心鏡，挺質焕」於情田，道隱性豐，跆籍榮利者也。夫人秀異玄髫，宏奇綺」丱，蘊風儀於蘭畹，習絢德於芝田。分淑薰叢，耿高情於霧」表；疏貞竹徑，澹雅素於霜朝。及納綵閨闈，嬪於程氏，峻節」將菊潭爭潔，明允共玉沼同暉。望桂魄而齊明，方楚珵而」共潤。久敬超於蔡媛，如賓越於並姬。豈唯粲懋婦貞，儀摽」母則。方題慶於行藥，奄摧玉於瓊瑛。越以麟德二年九月」十五日終於洛陽縣毓財坊私第，春秋八十有三。以其年」十月十一日葬於河南縣平樂鄉界北邙山之陽，禮也。嗣」子左威衛洛汭府隊正飛騎尉買，感寒暑不留，龜筮因襲，」素蓋儼兮愁雲興，靈輀遲兮淒風急，忉寒泉之貫脾，悲膽」屺之傷骨。遵遺烈之纏懷，託友朋而鐫勒。其詞曰：」

峨峨鴻緒，矯矯高胤，徽瀾萬頃，疏峰千刃。秀逸霞端，才倅」玉潤，祥下貞淑，慶流英俊。」英俊容止，二儀是毓，比德山高，方人江澳。曉霜標節，朝光」挺淑，福祐斯扃，俄摧蘭菊。」蘭菊實摧，朝光黯耀，珠碎夕暉，璧沉夜照。暫啓荒埏，長閟」危嶠，漢月空霏，松風獨摇。」

（周紹良藏拓本　開封博物館藏石）

麟德〇六六

【蓋】失。

【誌文】

大唐故魏氏田夫人墓誌銘并序」

夫人諱信，平陵人也。若夫鳳繇開祥，鏡淄飛族，」代華芳緒，胄啓芬英，固乃舄弈紈綿，昭章鶡諜。」夫人蘭規謦譽，琰質凝姿，幽閑之性既彰，婉嫕」之風攸在。摑儀表志，闔節甄貞，六行遐預，三從」迴裕，爰歸魏氏，實號嬪儀，有異敬姜，無謝曹婦。」既而鳩伽顯祚，眉壽居禎，皇思闡頤老之規，」明詔普乞言之禮。龍朔元年十月一日板授南」陽郡君。方冀長筵訓子，永貽範於潘輿；何悞迅」曜崦嵫，倏沉暉於陸賦。麟德二年九月廿七日」卒於永泰里，春秋八十有五。嗚呼哀哉！即以其」年十月十八日窆于芒山之陽，禮也。驚飇切緒，」振寒樹而凝悽，愁靄駢鱗，翳危峰而黯色。恐陵」谷遷貿，丘壟不存，西式贊鴻徽，寄諸貞石。其詞」曰：

翹車肇鳳翽疏基，綿芳迴代，騰懿遐期。夫人」婉秀，稟質瓊姿，貞逾季婦，誡越曹姬。倏辭昭代，」奄詣佳城，風悽壟樹，霧黯山坰。泉門一閟，長夜」無明，式鐫貞石，永振徽聲。」

（周紹良藏拓本　開封博物館藏石）

麟德〇六七

【蓋】失。

【誌文】

唐故□君劉夫人墓誌銘并序」

君諱君，洛陽人也，其望太原，分派□□，洎」周從天姓，時積代焉。君稟志珪璋，□□□」秀，芳風遠亮，譽偃人倫，卓犖不羣，君之操」也。貞觀十二年九月十日卒于斯第。夫人」劉氏，出自有方，華望難緒，有禮有則，蘭室」是姿，六行夙彰，四德□著。夫人年迫桑榆，」構疾私第，何圖時運飄忽，風樹難□，落景」不留，逝川□行，奄以麟德二年歲次乙丑」十月己亥朔十五日癸丑終於欒城之里。」即以其年十一月己巳朔二日庚午葬于」邙山之原，禮也。恐時有代謝，深谷成陵，勒」此芳猷，以存不朽。其詞曰：」

天長地久，人道虧盈，君從周姓，華望晉并。」□路風生，松門雨霽，春蘭秋菊，英華無緒。」

（周紹良藏拓本　河南千唐誌齋藏石）

麟德〇六八

【蓋】失。

【誌文】

大唐驍騎尉故馮君墓誌銘并序」

君諱貞，字明達，長樂人也，今寄貫洛陽焉。昔西漢時」乘，都尉高於舞詠；東京列業，郡守樂於丘園。婉累德」於金藤，緘徽音於石室，名諓價懋，響軼聲遒，映春沼」之濤分，漂秋崖之菊秀者也。祖暉，父運，並蘊高情於」月夜，澡風景於朝雰，得意琴心，忘懷酒德。靄池筠而」叶性，警蹊馥以摽情，挹道增瀾，仰德踰峻。君早著聲」譽，少長里焉，英風弱冠，堪爲士則。既而漢□淪替，碭」雲秀華，遂應響義旗，績忠幕府，策勳賦實，光授」榮班，授朝散大夫。既蒙成貸，安道忘榮，難遷土」之羈情，歡枌榆之逸志，藏懷匿□，重義虛衿。時散逸」於蘭畦，或流連於野外，尋蒙改職，恩盪科料。不踰」父母之初，有袟司勳之職，重安遠志，性叶幽衿，不礪」鍔以申工，味逍遥於擊壤，樂而忘老，實在於君。春秋」七十三，越以麟德二年十二月八日卒於河南縣思」恭坊私第。以其月廿四日權殯於北邙之陽，禮也。嗣」子行德，恐八桂飃璣，將葉舟而徙壑；七橋虹斷，與星」影而摧梁。乃爲銘曰：」

蕙葉朝風委，桐枝曉霧侵，方奏循陔切，遽覩白楊陰。」

（周紹良藏拓本　河南千唐誌齋藏石）

麟德〇六九

【蓋】　唐故南陽張府君墓誌

【誌文】

大唐故張府君墓誌銘并序」

君諱寬，字士裕，南陽白水人也。緬覈初基，迴瞻芳胄。諸侯之選，著自」繇書；王者之師，冏乎前志。發祥維遠，胤美攸輝，舄弈高風，昭章茂緒。」祖禮，周淮陽郡太守；父宗，隋萊州黄縣令；聲華籍甚，名譽紛綸，惠浹」一同，仁浮千里。惟君志宇超曠，□□凝明，幼擅清規，爽肅共松飈競」遠；夙資神彩，照爛與嚴電爭飛。孝表天經，友彰棣蕚，才逾吐鳳，辨軼」懸河。行叶虚舟，固無欺於闇室；言貞□鶴，迺遠應於重陰。玉振遐翔，」金聲迴播。既而深鑒臧否，審諭安危，鄙朵頤之喪真，嘉曳塗之愜實，」以養生爲主，將好爵爲憂。不希纓冕之榮，詎美繁華之貴。乃□塵物」外，混迹人間，追仲理之良田，叶應璩之菀柳。於是逍遥風月，放曠琴」罇，准的後昆，軌儀雅俗。鄉閭仰其風則，遠近挹其徽猷，無沫休芳，有」餘清劭。方冀嘉言翼子，懿範貽孫，永叶椿祥，應遐齡於五福；而遄暉」遽落，閱水難留，奄愴殲良，痾纏二豎，麟德二年太歲乙丑十一月己」巳朔廿七日乙未，卒于立行里，春秋八十有一。嗚呼哀哉！卜遠有期，」宅兆云吉，爰以麟德三年歲次景寅正月戊辰朔十八日乙酉，窆于」河南縣平樂鄉芒山之上，禮也。有子八人，長名□節。昆季雍睦，孝旨」淳深，痛切風枝，訴蒼天而泣血；哀纏罔極，嗟厚夜之無晨。恐舟壑徂」遷，丘壟磨滅，追述高行，式贊徽芳。永託圓石之堅，以誌深泉之户。

其」詞曰：」

昭哉茂族，盛矣芳枝，徽風自遠，慶譽遐馳。周臣孝友，漢待貂軝，代載」無□，弈葉稱奇。惟祖惟父，如玉如珪，實生秀士，高志雲齊。無欣華冕，」所尚幽棲，風煙蕭散，琴酒招攜。材超杞梓，行逾金璧，爽冠風筠，堅籠」雲石。道腴是味，德津之懌，宅義孤遊，依仁退適。福謙徒語，頹祥遽爽，」屬纊靡影，幽魂長往。千月未盈，九泉□想，永辭昭代，倏鄰虛魍。靈轜」動軔，薤曲凝哀，玄門一掩，□□詎開？□鬻悽切，壟月徘徊，式□貞石，」永□清埃。」

（北京圖書館藏拓本　河南千唐誌齋藏石）

麟德〇七〇

【蓋】失。

【誌文】

大唐故處士張君墓誌銘并序」

夫丘園不拔，六象顯高尚之尊；衡泌棲」遲，四始美先賢之樂。豈若神遊物表，跡」混域中，均大觀於彭殤，恥小隱於林藪。」君諱仁，字君道，南陽白水人也。器宇沉」深，度量弘雅，結戒以清心鏡，銳想以捨」情田。豈謂隙影不留，電光斯落，春秋七」十有七，以麟德三年六月十日亡於私」第。還以其年七月三日葬於北邙之原，」禮也。嗚呼哀哉！乃爲銘曰：」峨峨曾構，淼淼長流，門承禄祉，代習箕」裘。方清法鏡，奄喻藏舟，泉扃永夕，隴月」徒秋。」

（周紹良藏拓本　開封博物館藏石）

唐代墓誌彙編

乾封

乾封〇〇一

【蓋】失。

【誌文】

唐故董府君墓誌銘并序」

君諱師，字長者，隴西狄道人也。原夫逗想黄編，下重帷而驛美；遺」情白社，入靈室以馳芳。累仞重規，備乎丹册。烈祖嵩，齊開方府鷹」揚，躡玄踐素，清質濁文，氣蓋秦中，聲芳許下。顯考則，隋鹽池監；□」括七門，業該三閣，邈乘嘉命，越貢崇班。君蛟室生姿，析九河而□」彩；虹巖孕質，掩十城而竦價。絳紗榆藹，黄緗楊芬。鵲札崩雲，凝□」篆於蒼簡；犀弧引月，漏銀鏑於朱楊。隋大業年，勳庸克著，職列榮」班，詔加正議大夫，累遷上開府儀同三司。屬皇唐撫運，景命惟」新，君逸志林泉，忘情簪紱，披葉帷於五柳，列花箄於三桃。所冀華」登黄綺，美息丹梯，奄墜小年，方淪大夜。麟德二年九月廿三日終」於洛陽從善里之私第，春秋七十有六。嗚呼哀哉！夫人太原王氏，」母儀夙著，令淑久標，藝總六功，早閑四德，貞專成性，婉順自然，夫」貴婦榮，詳諸纍册。大業之際，詔授漢川郡君。宜其垂範閨闈，克諧」眉壽。豈期福謙未驗，末命先鍾，貞觀之初，奄從風燭。以乾封元年」歲次景寅正月戊辰朔廿九日景申改遷，合葬於芒山之陽，禮也。」嗣子淹，早厠庠門，足用三冬之藝；性諧忠孝，情留百行之端。唐任」相州成安主簿，克輔一同，播清徽於建鄴；□宣百里，振美譽於洹」津。第二子慶，少涉義方，藝苞墳典，挺乎純孝，庶事謙恭，投筆戎軒，」勳逾百勝，參謀軍政，功掩六奇，庸勳克宣，詔加上柱國。□莪增」思，集蓼銜哀，恐玄猷式泯，紀翠石於夜臺，乃爲銘曰：

漢圖驛美，晉策馳芳，華宗載紹，茂緒全昌。象賢無替，鴻冑爲光，功」蕤鶴鼎，績峻龍常。其一。夫人靈影，誕秀娥光，全星下曆，半月依黄。映」雲裁鬢，逐吹分香，一辭金屋，永閟玄堂。其二。遺情簪紱，屬思林泉，霞」明翠札，風韻朱絃。日斜狼谷，水閲鯨川，一流芳於蘭册，長秘玉於」松埏。其三。後有人開不早閉，當滅門。

乾封元年正月廿九日。」

（周紹良藏拓本　河南千唐誌齋藏石）

乾封〇〇二

【蓋】失。

【誌文】

大唐故處士王君墓誌銘并序」

君諱延，字寶壽，太原祁人也。因隨父任，遂居洛陽，發系儲仙，□」洪源於姬緒；開封命將，流懋績於秦庭。既而慶列五侯，榮高萬」石，新沓清通於典午，侍中識珮於黃星，襲祉騰芳，洎乎兹矣。祖」緒，後魏滄州司馬；牆仞宏邈，識悟淹通，光贊六條，風化千里。父」則，隋洛陽縣丞；道在斯尊，故身潛而迹顯；不疲屢照，聊順俗以」昇沉。君以懷橘之年，韶亮孤秀；辯日之歲，端嶷夙成。屬隋季分」崩，弟兄孤露，推肥易瘦，遠映前脩；冬筍冰魚，近昭後葉。遂得金」藏郭穴，玉種陽田。陳鼎擊鍾，優洽過於許史；韜形曳尾，放曠逸」於老莊。崇釋教於四禪，歌啓期於三樂，靈鑒歸其孝敬，里閈挹」其風規。何圖閱水不停，隙光難駐，春秋六十有六，以乾封元年」歲次景寅正月戊辰朔十日丁丑卒於脩善里第。夫人爨氏，弈」葉通姻，類潘楊之夙親，實秦晉之爲匹。柔情婉嫕，淑問閑華，居」娣姒以溫恭，處閨庭以邕穆。母儀允備，内訓聿脩。仙嶺之雲，俄」沉夕彩；照梁之日，忽委朝光。以龍朔二年五月先卒斯第，時年」五十有五。即以其年二月戊戌朔五日壬寅合葬於邙山平樂」鄉瀍左里河東村北八十步，禮也。栖鳳雙桐，初傷半死；成龍兩」劍，竟此俱遊。悲矣！長子敬本、敬業等，痛深荼蓼，没齒無追，恨結」倉旻，終天靡訴。想風樹而摧慟，念屺岵而攀號，敢述徽猷，勒兹」泉户。其詞曰：

崐峰秀峙，沂川皎鏡，挺哲開祥，流英發慶。青組疊彩，朱輪交映，」公族既昌，相門斯盛。剋資徽表，誕膺嘉令，金籯稟質，玉溫成性。」三省無違，九言爲詠，純心莫感，終愆景命。桂醑空列，泉庭方夐，」陵谷有遷，貞芬無競。」

（周紹良藏拓本　河南千唐誌齋藏石）

乾封〇〇三

【誌文】

慈潤寺故大員照律師灰身」塔，大唐乾封元年二月八日」弟子會福寺都維那惠朗，弟」子慈潤寺僧尸羅同學二人」敬造供養故立銘記。」

（北京圖書館藏拓本）

乾封〇〇四

【蓋】 失。

【誌文】

大唐故飛騎尉田君夫人桑氏墓誌銘并序」

君諱博，字德師，其先北平人也。桂馥高騰，魏朝稱美；蘭芳遠播，」漢室標奇。祖和，隋汴州浚儀縣令；樂舞翔鸞，人歌神雀，官曹無」事，鞭扑不行，綿竹濬明，寧堪齒迹；洛陽方略，未敢齊驅。父進，皇」朝上輕車都尉；既忠且列，重義輕生，一顧無違，三端並擅。驃騎」勒石之操，實長想於花朝；伏波鑄銅之能，無暫忘於月夕。君皇」朝飛騎尉。早懷任俠，撝劍馳聲；少負英風，舞戈流譽。渡狼河而」賈勇，則萬騎停驂；指鹿塞以鳴弦，則三軍敢敵。豈謂惟德是輔」之説，妄飾前經；積善餘慶之談，徒編舊史。以乾封元年正月十」五日卒於家，春秋五十有九。夫人桑氏，黎陽人也。貞專迴秀，婉」順彌隆，二九之年，百兩□□，□□立德，有容有功，女訓織紝，子」聞詩禮。聰明動衆，嗤辯□□濤妻；□過人，鄙識賢於羈婦。不」意福善無驗，朝露俄晞，□龍朔三年八月十八日卒於福善里」之私第，春秋五十有五。粵以乾封元年歲次景寅二月□戌朔」十二日己酉，合葬於洛陽縣清風鄉邙山之原，禮也。哀子山弘」等口不味漿，諒無慚於顧□；□恒流□，豈懷恧於高柴。嗚呼哀」哉！曲沼荒涼，無復繁絃之響；□□闃寂，空餘明月之暉。將恐水」變高山，陵成深谷，敬勒石於泉户，庶芳塵而不窮。乃爲銘曰：」

東流易往，西日難停，人生如寄，壯士云傾。隴啼思鳥，風慘松聲，」一辭高宴，永瘞泉扃。齊姜逝矣，風樹悲哉，雲愁舞閣，塵掩粧臺。」旌翻日下，揚吟鳥哀，此墳兮一閉，何時兮更開？」

（周紹良藏拓本）

乾封〇〇五

【蓋】失。

【誌文】

唐故洛州録事楊君夫人張氏墓誌銘并序」

君諱達，字文達，弘農人也，今寄貫河南縣洛汭鄉」招賢里焉，其先晉折衝將軍肇，君即其後也。祖□，」父達，並彩潤瑶瑛，貞符翠琬，望曾祥凝性，希陵信」以標誠。君履順居貞，申忠踐孝，踈松筠而匠意，採」薫蕙以瑚情。微尚丘園，遁迹神沼。方架牆東之樂，」道契幽憂；奄閲山西之影，冥然歸盡。春秋七十一，」越以永徽五年七月廿五日終於思恭里私第。夫」人張氏，南陽人也。懋端操以明節，擬峻志以菜貞，」□絢瓊敷，遠弘金藻，既笄作婦，來偶楊門。鄙清越」□珪，泯然無間，冀絃歌之合韻，奄喪終天，隱恤孤」遺，免於祇悔，方敦母則，欻爾藏舟。春秋七十有七，」越以麟德二年十二月廿四日，終於私第。以乾封」元年二月十二日，與君合窆於北邙之陽，禮也。長」子仁瑀，任澧州石門縣主簿；第二子仁爽，任舍人；」第三子仁哲，任司禘府史。恐音徽編絶，山谷洿隆，」敢憑密友，式昭遺烈。其詞曰：

堂堂二族，遠映華門，貞凝道性，德被經論。方符劍」影，奄落江濆，音徽遥裔，千載斯存！」

（北京圖書館藏拓本）

乾封〇〇六

【蓋】　唐故長史顏君之銘誌

【誌文】

大唐故左衛長史顏君墓誌銘并序」

公諱仁楚，字俊，琅耶人也。先有仕魏，因家洛陽。姬川西控，秀榮光以疏源；蒙巘」東臨，蔚祥雲而開阯。族分義邑，枝派通賢，體二晞符，贊素王而道融經岳；迪元」凝懿，翼赤帝而德茂儒林。景粹廉華，虛室藴舉明之器；雅才雄踞，彎弧壯勇仁」之節。江左振藻，飛芳譽於海隅；河朔鷹揚，馳英聲於冀域。蔚華千古，蟬聯百代。」祖伽陁，齊廣平王記室參軍，司州東閣掾，真定縣令；長裾管記，實從容以賦華；」小冠宰同，自優遊於琴德。父憲，隋淮安郡司兵參軍；閟柔明之才，韜温恭之量，」跡次下位，聲飛上京。公幼姿玉映，夙譽金鏘。志學摳衣，敝霧氛於超序；登庠鼓」篋，横帶卉於鄭鄉。弱冠州舉孝廉，射策高第，授文林郎。貞觀十有八年也。汾州」黠俗，舊難銜轡，自非才德雙劭，何以弼化操刀？廿二年，授汾州孝義縣尉。公以」洛陽才子，中都英妙，遠詳樂繫，近習禮楨，顯慶元年，遷司禮事。恪居攸攝，直道」濟時，勳簡帝心，」至五年詔授都臺都事。三楚都會，廬九隩區，地接閩揚，俗」稱殷雜，若非冰心搏擊，蘭抱招攜，無以理此亂繩，解其盤節。龍朔元年，」詔授廬州巢縣令。荒陼息僞訟之辭，圓扉罷扃鐍之固，鳴春翬於陵隴，棲律羽」於庭柯。公以輟絃歌之餘，蘊養生之主，氣埏井合，甄未兆於桓侯；色潛榮衛，鑒」天機於壺子。振鳴臯於盧扁，騰響天於少俞。麟德元年，特徵待詔北闕，擢遷」奉醫直長，雖秦和妙辯，漢李通方，何以仰止高山，遠模泉量。帝有嘉焉，即年」授左衛長史。羽林材郎，實惟任子；綺紈慠法，席寵難羈。咸悦德於御寬，人靜恭」於臨簡。既而瑶壇望幸，金輿省方，公欣陪日觀之封，企奉雲門之奏。而輲綏俄」復，天孫遽遊，以麟德二年十二月十」日薨於路，春秋卌有五。皇帝遣使弔」祠，賜以靈輿，泉布傳置，歸於本第，禮也。以乾封元年歲次景寅二月戊戌朔廿」三日庚申窆於邙山之北原。公雅質仁明，敏而好古，門多長者之轍，家有高士」之書。而道謝琴亡，哲萎蘭閟，徑花已落，門柳徒春。弟義玄，弔孤影於鴒原，疚煢」心於姜被，仰邙山而動泣，望宰樹而長號。恐海圯桑田，庶英聲無泯，乃爲銘曰：」

周原膴膴，汶水滔滔，西鄰啓聖，東國庸高。賢因德舉，功以邑褒，猗歟殆庶，濟我」人勞！其一。昂昂若士，實惟邦彦，好古學優，登朝利見。汾陰高視，淮陽妙選，秘術乃」工，皇情爰睠。其二。天地交泰，日月貞明，千秋騰實，萬古飛英。式遵狩典，惟賢是」旌，將陪洛觀，遽掩佳城。其三。去白日兮芳遊促，襲玄扃兮幽路緬，荒郊慘兮寒馬」悲，丹旐飛兮素蓋轉。風驚兮霧黯，松深兮隴暮，勒景德兮山之隅，海有變兮聲」殄固。其四。」

（周紹良藏拓本　河南千唐誌齋藏石）

乾封〇〇七

【蓋】失。

【誌文】

唐故邊君墓誌銘并序

公諱敏，字文緒，陳留人也。原夫炎靈馭曆，臨穎開其大名；」當塗濟時，著作闡其洪緒。斯乃輝煥圖篆，豈惟照彰譜」而已哉。祖藥，隋白馬縣令；父□，唐青州司士；並貞規遠譽，」茂範夙彰，疏露□以凝神，悦霜潭而澄性。公清虛在志，恬」惔居心，不貪榮□，欣然爲得。乃常自謂曰：俯仰林泉，追慕」樵隱，幕天席地，引濁焚枯，足以陶瑩心審，祛滌塵滓。何乃」驅驅於富貴，屑屑於往來。斯言天者，非毁譽所至。暨乎年」將知命，屬意禪□。□希六度之心，外秩四流之志，冀茂檀」那之行，摇舟白□之濱。豈期晷邁難停，軫陽言於歸路；年」流不已，發孔歎於川浮。泣珠之兆玩形，艾蘭之殃斯及，春」秋卌有六，以乾封元年三月廿九日卒於敷水第。夫人汝」南之高族，祖略，父。夫人貞曹夙備，飛令譽於笄前；□川光」閑，罵芳名於醮後。清規可範，遠跨曹叔之妻；明教□模，高」蹈孟軻之母。豈謂輔仁虛説，積善無徵，溘從霜露，□□斯」及，春秋卌有二，龍朔二年四月十二日卒於私第，□以其」年六月一日，葬於北邙山也。復以今年月日改窆合葬」於邙山，得其禮也。所冀幽魂永合，靡失剛柔之期；泉户長」埋，不虧琴瑟之好。聿憑茂實，式表嘉聲，爰刊小銘，庶好不」朽。其詞曰：

當塗馭曆，炎靈濟時，宗派焕炳，英聲載馳。養質閑雅，栖意」書詩，縱情丘壑，珮□蘭芝。其一。女儀有則，婦德先彰，曹妻棒」□，孟母褰裳。落日黯黯，逝水湯湯，一從窀穸，長□丘荒。」

（周紹良藏拓本　開封博物館藏石）

乾封〇〇八

【蓋】失。

【誌文】

□□□□□□□□濟陰人也。承少典子共工之」□□軍苗札直下近祖可昌，晉侯遂出濟地是也。」□七職在於先備成聞，後代儔芳。流併他毁棄名」霍，擗縣爲定。至大隋末，後逐田宅，甚於司徒村居」住。歷觀萬古，師襲簪纓，曳袖萇川，嘆良木而安仰，」可下數周卓絶，脈遊皓鄉，息望但知皂帛明，皆可」以注斟酌者也。夫人董氏，□在平高後納萬夫同」登棄背，以大唐乾封元年正月五日身卒，夫人二」月十一日歸終，荼毒無憑，八音俱穸。其年四月六」日，合宗祖於蒿里，舉大禰於萇泉，側問墳田，乃司」徒村西南一里，四維即神山，見望其土檀特之所」未盈，立此明文，蓋出渾生不朽。夫剛絶路，了證未」來，多劫翻然，拔濟何在？在上大祖，先葬故鄉，碑碣」顯然。親祖一顔，施正五郡，後并代臣名，門當七命，」禮柭即整，扎清不殫。其祖諱撫，字郎，京名自有。高」祖祖諱直，字慶，晉仁泙水令，號在前章。此乃祖父計，」應尊爲先首，文後須注便知，若不引立尊卑，後人」明有信哉！青風出於鄉口，芳味恨罄，故刊千齡，安」由措矣？·烏呼！以爲嘆。昊命若無，予削辭擬留銘是爾。」

（録自《山左冢墓遺文》）

乾封〇〇九

【蓋】無。

【誌文】塼。

維大唐乾封元年歲次景寅四月十六日，劉恭」士恭者，劉氏之息也。忽已今月之間，」淹形逝往，染患不簡，因喪其軀，□醫」扶救不存，苗而不秀者也。又復師門學」道，德業盡通，才藝俱兼，忠貞剋慎有」可。春秋一十有七，卒於赤山南原，禮也。東則」洋洋之水，南及香香遐岸，西有赫赫諸」□，北帝巖巖之嶺。但愿亡者，駕駒僕使，」□淹魂歸，冢下移眠，冥冥幽側，長居泉」下，永扇清風。寂寂孤墳，攸魂往託，嗚」呼哀哉，葬於斯墓。」

（録自《高昌磚集》）

乾封〇一〇

【蓋】失。

【誌文】

大唐萬年宮□監農圃監監事趙君墓誌銘并序」

君諱宗，字善文，隴西天水人也。遁則中軍大將，勝乃平原貴」公，簡子聽鈞天之樂，襄子得常山之寶，自時厥後，代篤忠貞，」公侯子孫，必復其始，雖枝葉分派，蘭桂逾芬，蟬冕傳華，輶軒」繼軌，或銷聲陋巷，剗跡巖阿，薄受蒲輪之徵，微就生蒭之禮，」逮乎周齊交喪，君子道消，始聽鶴鳴，方從禄士。曾祖德，齊亮」州盤和縣主簿；祖榮，齊始州黄安縣令；父雅，隋穀州司功；並」量時調俗，獲免危邦，清簡有聞，風徽自遠。交結則一時英彦，」玩習則三代軌儀。巷多長者之車，座有美談之客。屬聖人有」作，萬物咸覩，豐沛不遺，南陽必録，蒙授陪戎副尉，尋除萬年」宮監事。且宮禁嚴重，官卑責深，抱疾賓亭，彌留枕席。俄降京」兆之使，忽上天策之星，以大唐麟德元年四月十六日卒於」雍州好畤縣，春秋六十有七。反思鄉之柩，招登轂之魂，六親」五黨，三虞再酉，兩卷老子，一卷孝經，唅襚之禮，皆依儉約，從」父之令，不亦孝乎？粤以乾封元年歲次景寅四月丁酉朔廿」四日壬戌，改葬於河南縣平樂鄉芒山之陽。孤子玄寂、玄成、」玄敬、玄隱等，切割五内，分裂七情，曾子閔子僅可方其至孝，」少連大連不足比其追遠。虞歌息而僕馭號，□□嘶而□□偃，親朋漸散，曦光已晚，靈識可歸，音容不反，□□貞石，紀乎」珪琬。其詞曰：

造父苗裔，伯翳後昆，嘉猷□紀，爰子爰孫。」暫微華衮，中圮高門，積水東逝，隙駟西奔。城□未達，禪草誰」論？欲反襄柩，先招序魂。悲泉夜咽，慘日朝昏，□□誰掩，□範」恒存。

乾封元年四月廿四日孤子□□□」

（周紹良藏拓本）

乾封〇一一

【蓋】　失。

【誌文】

大唐故歙州司馬來君墓誌銘并序」

公諱僧，字孝則，雍州萬年人也。自氣貫蟾金，纂扶□」而啓胄；精移烏玉，系□□而作兆。故得菘建武以分」輝，峙方城而竦構。祖龍，周車騎將軍；父威，唐鴻臚寺」丞；孕彩星津，摛華雲□□□；□而寫裕，通十舍以標」奇。公方鏡內凝，圓珠外朗，□□浮□，」德潤澄波，潺彩」煙舒，冠五雲而疊絢；韶音霜厲，締九鍾而譯響。夢蛟」疏辯李之年，吐鳳劭悟玄之歲，濯纓入仕，束髮昇朝，」歷職次於九遷，豈取成於一匱。晚授汾州靈石縣令，」除歙州司馬上輕車都尉。三晉毓馴翬之政，飲息晨」羊，百越贊晝鹿之規，喧沉夜鵲。豈謂璧碎□□，劍匿」充芒，輔德之義或違，沃酹之期奄及。以乾封元年正」月七日卒於歙州公館，春秋六十有七。雨□行輀，悲」纏鄰相，即以其年四月廿五日卜葬於洛陽縣清風」之原。懼山成澤，滄海爲田，滕城是鑿，汲冢嘗傳。松悲」風而蓋偃，月鈄墳而鏡懸，勒翠石於幽隧，庶流芳於」□年。乃爲頌云：

□靈分祚，體聖疏疆，惟宗惟祖，令問令望，□洋□構，」□□□光。荊玉韜輝，漢珠潛折，鄒管斯變，□□方□。」□□之魂，松寒曉月，閟石幽壤，流芳遺烈。」

（北京圖書館藏拓本　河南千唐誌齋藏石）

乾封〇一二

【蓋】失。

【誌文】

大唐故處士支君誌銘并序」

君諱郎子，字郎子，河南縣人也。自昔基兆開源，與懸」像之俱遠；道流漸潤，德備縑緗，爰祖爰曾，可略言矣。」君少而性樂垂綸，而忽輕白璧，棲神蓬户，心駭雲臺，」追逸趣於山泉，寤丹丘於永日，怡情碧瀨之上，散志」紫巖之中，陶陶然可謂自得矣。交遊多是異人，投分」不友非類。居常委命，任以推移，勞憩有時，奄從運化。」以貞觀十一年十月十日殍於私第，時年卌有五。即」以其年十月瘞於邙山之嶺。夫人封氏，勃海人也。乃」毓慶高門，嬪媛公族，容華挺洛浦之迴風，秀質與旦」雲之迴絶。既而禮則俱備，德洽支君，琴瑟調諧，閨房」令範。豈謂延平之劍，翻没雙龍；巫山翠雲，忽成霜露。」夫人春秋六十有五，以乾封元年二月廿四日殍於里第。以其年五月七日合葬於北邙之陽，禮也。恐陵」谷遷改，碧海成田，敬勒芳猷，志諸玄石。其詞曰：

昔我玄祖，播在烈□，業流道潤，靈德通津，融情安志，」委命排神，准禽海變，永謝幽淪。其一。嗟夫之命淑，佐君」子之欽明，水淼淼兮東遊，松風急兮斷情。隴鳥悽兮」悲暮，幽泉閟兮重扃！」

（北京圖書館藏拓本）

乾封〇一三

【蓋】失。

【誌文】

故隋奉誠□□君墓誌銘并序」

君諱士端，字公直，河南潁川人也，今寄居河南□焉。其如莢溜疏源，控八」川而波委；庭蘭構本，竦千丈而枝分。故西漢納言，取高名於八舍；東京太」尉，□□重於三槐。復有月旦汝南，時英挹其高□；獨步江左，豪彥仰其風」徽。良冶斯傳，可略言爾。祖胄，北齊州主簿，寧遠將軍，司徒府左長史；父雙，」北齊奉朝請漁陽、固安二縣令；俱懷郢璞，並蘊秦鑑，情潤芝田，性湛珠浦，」道沖夷遠，棲雲霞以孤征；意藻澄明，照冰霜而獨引。行藏不滯，賦事斯模，」增耀武於六符，架馴翬於三異。君畹茂滋蘭，池分碧篠，耿青疇而遠映，峻」丹巘而孤標。夙秉淳深，早敦怡則。心泉翰杪，乘逸露於凡將；義窟河干，辯」分蛟於晉乘。培風躍浪，顧影浮清，吴江溺驂，漢東虧□，□申武效，績此忠」規。大業十一年三月，授奉誠尉。尋覩義旗，□茲再□，□小人之樂業，得」君子之逍遥，推誠通德之鄉，寄傲周園之趣。白蘋齊□，時一望於梅岑；紅」蘭被逕，款款難於□浦。方樂堂高已九，習歡賞於長□；庾積斯相，楊丕音」於册府。不謂金徒伺箭，促漏影於舟移；丹竈飛黄，遽煙沉於暮景。大唐永」徽二年歲次辛亥二月乙丑朔，九日癸酉，終於河南縣履順坊私第，春秋」七十五。夫人杜氏，京兆人也。基華積譽，頌慶□於陽□，疏爵議功，灼聲禎」於譙景。故夙彰懋範，早擅風規，肅肅清紛，湛珠光於泉玉；苕苕皎潔，照冰」鏡於芳金。情藻桂華，資陰暉於夜魄；性璚芝馥，灼曉婺於霞霏。珮響分庭，」韻諧金石，母儀婉淑，婦道凝圖。柳路垂陰，曲宴列孫之慶；清川結軌，得展」斑白之歡。鑒止足於陳嬰，勗功名於陶侃。方弘斷織，奄息龍梭。越以乾封」元年歲次景寅三月戊戌朔十六日癸丑，終於私第，春秋七□□，以其年」五月景寅朔十九日甲申，與君合葬於洛陽縣清風鄉之北原，禮也。栢亭」風勁，松聲晚清，水無岸於瀍曲，鳥俛翼於□楹。霏霏昏霧重，靄靄朝雲輕，」挽歌隨曲斷，音徽終不傾。其詞曰：

潁川波瑩，萁嶠騰暉，肦蠻英俊，交柯庶幾。□□春露，義總霞霏，聲華里閈，」德茂王畿。其一。符彩英明，機神辯晤，清藻雲□，□祥凝固。孝景芳金，信揚玉」度，洽志高行，琴亭諧素。其二。明豔霏霜，峻節□□，冥默輔仁，實疑與善。劍去」沉暉，鳧飛不見，山泉有移，德音□□。」

（周紹良藏拓本）

乾封〇一四

【蓋】失。

【誌文】

唐故恒州行唐縣主簿崔府君墓誌銘并序」

公諱沖，字名器，博陵安平人也。姜水遥源，營丘遠構。疏封錫氏，」終成佐夏之功；□姓承家，克著剪商之業。象賢交映，載德聯華，」餘慶攸歸，清風自遠。曾祖長恭，齊中散大夫、滄州長史、安北將」軍、北海郡守；祖君□，隋本州州都瀛州平舒縣令；父逸元，」皇朝冀州武邑縣尉；總文武之資，兼內外之重，或鳴絃作宰，或」建旗臨牧，狎雉宣於一同，展驥聞於千里。戎政之切，軼漢飛□」獨步；材望之隆，光晉用而高視。公業華橋梓，德流江漢，揚翹八」桂，賁彩三珠，黃中擅於早成，素履彰於夙智。若乃規範閑曠，風」神澹泊，冥懷音室，獨運虛舟，棲偃仁儀之場，含咀英華之囿，策」名膺務，光時利物，遊刃而往，是曰師心。永徽三年，起家任梓州」鹽亭縣尉，又轉恒州行唐縣主簿。位不充量，道屈於時，傷鱗翼」之遽摧，歎鵬圖之未舉，粤以乾封元年五月廿九日，遘疾終於」私第，春秋五十有四。惟公清貞獨立，耿介絕倫，終始無以易其」心，夷險不足干其慮。而驚飇送日，逝水翻潮，四序代遷，百齡飄」忽。即以其年六月景申朔十九日甲寅，遷窆於洛州河南縣平」樂鄉之北原，禮也。若夫圖勳紀烈，已擅美於雕戈；旌範飾終，庶」垂芳於貞石。其詞曰：

鬱矣營丘，悠然姜水，摛祥發慶，流芬濟美。載德爰歸，是生才子，」邦家之彥，公侯之始。其一。粤祖惟父，輝光繼及，錫胤承基，聲華」允集。良弓克嗣，高門乃立，質鑿瓊田，氣芳蘭隰。道由位屈，身□」業隆，詞清辯囿，思逸談叢。方期激水，遽落悽□，德流趙際，仁□」蜀中。其三。睠茲孀貌，□天□□，痛結風枝，哀纏草露。跨浮橋而□」轉，指邙山而右渡，信桃李之無言，□□□之永固。」

（北京圖書館藏拓本　開封博物館藏石）

乾封〇一五

【蓋】失。

【誌文】

唐騎都尉郭君故夫人楊氏墓誌銘并序」

夫人楊氏，弘農華陰人也，今寄貫洛陽縣焉。祖」侯，隋栢林府別將；父匿跡鄉邑焉；並以澡行碧」鮮，遥貞金菊。武驚清洛，營八隊以騰威；義奉春」瀍，習三宗以飛辯。夫人絢茂琱華，素章徵白。閨」庭潤玉，露朝泫於清暉；家風叶瑟，韻晨浞於響」和。自行郭氏，克久音徽，方昭蘭野之英，再挺蘅」罣之茂。不謂竹亭清吹，俄落調於中筵；梅岑雲」洽，忽浮空而遽徙。春秋廿有三載，以乾封元年」八月廿九日終於私第。以其年九月七日權殯」於北邙之陽，禮也。恐鏡沉菱沼，月掩山楹，風飄」忽於蘭窗，霧清淒於桂户，不鐫景行，詎挹音儀」者乎？其詞曰：

桂浦驚華浪，桃源韻早風，未移臺上月，奄落雲」閇虹。」

（周紹良藏拓本　開封博物館藏石）

乾封〇一六

【蓋】失。

【誌文】

唐故處士張府君夫人梁氏墓誌銘」

夫人諱□，字□，河南洛陽人也。晉大夫梁益耳是其先，漢武威太守統之」後也。或將勇山西，束馬而漸沉玉壘，或財雄北地，流軫而蹀韍金門。或聿志」林臯，娱詩書而卒歲；或爰歌□臯，泝江湖而不歸。

猶是衣冠宗焉，代爲著□。」秀周徵士，懿節清遠，不爲時羈，雅質貞明，實稱長者。蹈圈公之絶跡，挹支伯」之餘波，懔懔庶幾，抑其人也。父隆，隋陳留縣主簿，器識弘敏，風神疏暢，所謂」玉山叢桂，遠播芳猷；蘭亭脩竹，孤標茂美。能談理，善隸書，進德而光業上庠，」屈志而昭文下邑。祭伯喈之墓，訪嗣宗之孫，物議攸高，道存位替。夫人即陳」留府君之第二女也。幼而警慧，沉深有識，言必中規，行不違禮。廉義彰於撫」族，愛敬盡於事親。於是陳留府君特所愛異，遂高擇嘉仇，爰至弱笄，歸於范」陽張氏。同戴侯之子，還儷安仁；叔梁之孫，終齊公冶。既而備融三義，籍甚二」門，二饋之禮脩，如賓之道立。温恭淑慎，柔明體仁，祇心睦於娣姒之間，謹□」叶於親踈之際。宗姻挹其鴻楷，州里欽其素聲，所謂蘭則有芳，珪而無玷。居」室則幽徽夙振，有行則顯德遐昭，求之古人，殆高山仰止也。及所天云喪，遂」守志窮居，女尚未笄，男纔志學，家懸半菽，門罕尺童，生人伶俜，備常之矣。夫」人躬親顧育，誘以義方，克乎成人，有聲宗邑。加以勤於緝績，取給蒸嘗，雖復」哀感四時，幽閒無悶，段配之賦章誓己，吕榮之守節匪他，孟氏之卜鄰，鍾家」之貽訓，方之蔑如也。豈其玄儀爽輔，靈鑒匪忱。濛谷韜輝，夕露與秋波共落；」若枝凋景，寒雲將暮葉同飛。粤以乾封元年八月六日寢疾，薨於思順里第，」春秋七十有七。嗚呼哀哉！夫人少習詩禮，長閑音律，既閲道書，尤精釋典。約」□必以義，厚已不容非。婦德婦功，靡待施襟之誡；母儀母訓，自體生知之道。」豈其義存代促，今也則亡。族喪淑人，家傾慈蔭，嗚呼哀哉！即以其年九月十」日窆於河南縣平樂鄉之原。息惠達，痛日月遄來，音顔永謝，霜露之感，松檟」徒存。思所以昭紀芳徽，託之幽篆，乃爲銘曰：

有哲鴻構，惟賢載□，晉列名卿，漢陪宗輔。徵君貞遁，陳留茂舉，立功立言，或」出或處。慶流來裔，爰誕猗人，柔徽以道，淑慎其身。孝乃居室，恭亦在嬪，執禮」守素，弘義體仁。德輝如在，隟電不留，如蘭室靜，投算山幽。隴雲向暮，松風入」秋，玄扉遽掩，白日悠悠。」

（北京圖書館藏拓本　河南千唐誌齋藏石）

乾封〇一七

【蓋】失。

【誌文】

大唐故文林郎守益州導江縣主簿飛騎尉張府君誌」

君諱字行恭，南陽白水人也。自素鳳來臨，秀神功於」江表；白雲像蓋，挺方岳於蕃維。岌録冕於前文，絁」縉紳於後策，重光弈葉，可略而言。祖玉瑗，齊任鎮東將」軍左常署令；高蟬飲露，飛閣連雲，武衛之同官，潘安」之寓直。父世海，隋任洛州緱氏縣丞；并器宇深遠，藉」甚顯名，製錦一同，獨標三異。君稟山嶽之靈，擅風雲」之氣，珠明朗質，隋漢珍光。聳仁智之峰崖，標禮儀之」表幹。豈謂青衿早預，文武皈功，至永徽元年四月廿」日受文林郎守益州導江縣主簿飛騎尉，故以名入」司勳，功高命爵，位班朝廷，出烈五戎。夜夢黄羆，膏肓」難藥，豈謂樑木其摧，哲人斯逝，春秋七十有九，於乾」封元年十月十二日終於私第，嗚呼哀哉！旻天不吊，」殲我良人，痛結賓鸞，悲纏丁鶴。粤以乾封元年歲次」景寅十月癸巳朔十七日己酉葬於七帝村北三百」步平原，禮也。恐山川貿易，陵谷變遷，故勒斯銘，庶存」不朽。」其詞曰：

慶蓋白雲，詳儀素鶴，鼎位江漢，蕃」維伊洛。德寫靈臺，形圖紫閣，仁符經史，純心靡託。」玉潤貞神，
珠明朗質，仁智内和，威儀外密。功臣身殞，」示鸞進室，百代傳芳，千齡永畢。」

（北京圖書館藏拓本）

乾封〇一八

【蓋】失。

【誌文】

并州主簿李道能孫張胤墓誌」

君諱胤，□□人也。有周錫土列氏，家宇弈弈，李侯之勳，邈」邈遠派。□□□能，并州主簿。考洪獻，
隋任功曹。其□□在」身陪衙府，□□崖岸，若瑑蘭之孤松，鄉閭勿□。共前賢而」功茂，類奧隈之翠
竹。君家隆盛，積有千廂，幼挺神姿，汪汪」萬頃。少而□□，得意而棄真金；性好追遊，無心而眷妻
子。」方欲養志丘園，但遊□俌□知□□，甘從風燭，忽遇影滅」燈前，香敷帳後，目觀隴霧，□□孤墳寂
寞，美饌空盈，甘醪」徒酌。遥念終歿以後，嗟恨情深，豈謂徵祥外□，厲疾内侵，」生滅互移，剎那歸變。
春秋年□十一，奄從館舍。於時耕夫」輟耦，恨逝者而長辭；鄰女停機，歎斯人永去。嗚呼哀哉！
粵」以乾封元年十二月十五日殯於家第東北一里之原地。」守高崗之絶望，履階庭之無，愿□棗而無
因，思負米其」何及。復以□能□海，礪可移山，是用閱此玄扃，勒兹素石。」其詞曰：
夢通虞曆，早感周年，長原接漢，峻趾干天。杞」梓更出，□□相傳。其一。載誕英□，實應餘慶，性稟岐

嶷，生」知孝敬，時泰道長，學優即政。其二。逝川俄遠，陳力是謨，泥」惟受印，水實□□，空□火木，未聘長塗。其三。塵飛映隴，霧起松昏，妻孥悲慟，賓遊奠魂，鐸吟橫曲，哀哥」入雲，寄斯玉石，嘉名□聞。其四。」弈弈李侯，滔滔遠派，叢桂芬芳，孤蘭迥邁。家室隆美，欄廊」壯麗，世有其人，豈唯前代！其五。」

（文化部文物局古文獻研究室藏拓本）

乾封〇一九

【蓋】無。

【誌文】塼。

乾封二年歲次丁卯□」月壬戌朔五日景寅□」□海悅者，西州高昌縣」人也。斯乃□性淳□，景」行脩潔，宜近遐壽，中維」□章。春秋卌有二，掩然」殞逝。即以其日殯葬斯」□，宗族號咷，鄉閭痛惜，」□□哀哉，頌之云爾。」

（録自《高昌磚集》）

乾封〇二〇

【蓋】大唐故陳府君墓誌銘

【誌文】唐故處士陳君墓誌銘并序」

處士諱才，潁川人也，今僑住河南縣焉。自中陽架，辨」神迹於六奇；當塗馭宸，韻德音於九葉。故得文韜晉」乘，□軼□編，難弟難兄，處士即其後也。祖儉，父則，並」悉□黃波，嶷瑻嵇玉，温風泛藻，動秀萼於平林；嚴霜」鯁節，建逸翠於長簿。處士早申悌順，晚沐隱居，奏仁」義以忘榮，鼓道藝而遺賤。於是欣歌菊嶺，激嘯梅岑，」玩魚鳥之飛浮，仰烟霞之出没。春光照灼，目送平皐；」□景悽清，心安木落。得之於性，不覺年頽。是謂花散」黃金，促飛英於瀋壑；篁鮮碧玉，息清韻於華庭。春秋」七十九，越以乾封元年九月一日終於洛陽縣通利」坊私第。夫人王氏，東海人也。絢茂瑻華，素章暉於初」照；行高泉玉，淳白點於雲霏。故潤彩□闈，響和調瑟，」自仰嬪德，允克音儀。方照蘭野之瑛，冀挺睾蘇之茂。」何其蕙摟雲欝，忽沉景於悲泉；菌蘭裁暉，奄徙璧於」深谷。春秋五十四。去永徽六年三月九日終於私第，」以乾封二年正月廿日發自舊塋，與處士合葬於北」邙之原，禮也。恐鏡虧温洛，月掩孤芒，風徒飇於松心，」霧空霏於水脈，敢録芳烈，其詞云爾：

春初□隴首，麗色照佳城，不謂梅風度，唯悽愧悵聲。」

（周紹良藏拓本）

乾封〇二一

【蓋】失。

【誌文】

唐故潞州襄垣縣令裴君墓誌銘」

君諱嗣宗，字希文，河東聞喜人。徽潛令德，□秀名家，」素緒風長，清瀾水潔。曾祖靜慮，魏著作佐郎、散騎常」侍、金紫光禄大夫，謚曰簡；祖寬，周使持節驃騎大將」軍，開府儀同三司、沔州刺史、夏陽縣開國公，賜始」拓拔氏，謚曰忠武；或編策著書，或開疆命氏，榮高刺舉，」禮峻台儀。父灌頂，隋任國子生；片玉將申，籯金待價，」顔生長逝，斯爲不幸。君岳靈疏祉，河宗毓慶，晞白露」於華桐，飾丹青於□梓。公侯必復，書劍有成，補國子」學生，解巾爲右領軍鎧曹，累遷豪州鍾離縣令、果州」朗池縣令、潞州襄垣縣令。武衛騰華，連城緝譽，善政」而中牟馴雉，清歌則虚甑生塵。悲夫！水淺蓬萊，人非」金石，驚川易遠，逝者不居，粤以乾封元年十月，卒於」洛陽縣之私第，春秋六十三。即以二年正月，葬於河」南縣之平樂鄉。嗚呼哀哉！洛橋煙暮，嵩巖景昃，隴風」愁暉，松雲慘色，振芳貞琬，淪哀罔極。其銘曰：

粤有通人，連衡許郭，日輪鏘鳳，□衢唳鶴。菘邑鳴絃，」分曹銑鍔，越劍先沉，隨珠遽落。千秋遂遠，九京不作，」碎玉無追，鐫金是託。」

（北京圖書館藏拓本　河南千唐誌齋藏石）

乾封〇二三

【蓋】失。

【誌文】

唐故左驃騎左一車騎將軍上柱國王君墓誌銘」

君諱道智，太原晉陽人也。自緱氏聞仙，吹叶上賓之羽；沂川襲珮，精浮「大孝之鱗。通德高門，雅道映於玄扆；豐貂長毦，華族冠於天室。曾祖思「仲，權胡府長史；祖元弘，齊鎮西將軍；業擅狙林，氣盈龍劒，繫長松而隱「敵，列彫虡以開軒。父君素，隋隨州藻陽縣丞、豫州上蔡縣令；節勁霜筠，「情高雪岸，韻瑶琴於旦狎，委塵甑於宵綸。金箱璧瑑，允歸明德；鳳彩龍「光，實鍾材子。君雄鍔生姿，陰鳴早和，負青天而絶海，擢丹岫以捎雲。辯「析言河，心優翰苑，器涵牛鼎，望重羊車。業綜三明，牆刃無以窺其奥；藝「窮七札，穿楊無以競其巧。屬隋政方睦，謳歌未移，妙簡戎旃，式昭邦幹。「以君才經文武，擢授左驃騎左一車騎將軍。楊子雲之執戟，未展奇謀，「東方朔之詼詞，綽有遊刃。既而天子按劍，親事遼陽，三韓方梗，六軍不「振。君中權制勝，後拒無前，氣壓三屬之師，劍出萬人之敵。親經八十餘「戰，身被七十二瘡，殿而不奔，繄君是賴。以功加上柱國。逮光華改旦，寰「宇貞明，方欣鼓缶之歌，獨暢懸車之樂。恂恂善誘，人無閒言；栩栩終年，「家無悖禮。德星朝聚，佇希羔雁之榮；夢蝶宵飛，奄遘摧梁之酷。以顯慶「三年十月七日寢疾，卒於思恭里第，春秋六十有六。烏呼哀哉！夫人彭「城劉氏，廣平王祭酒之曾孫，隋臨黄令君之女也。容高郄耨，禮縟齊封，「對鴛錦而長悽，泣鸞鑒而滅字。椒花同玩，遠苻均愛之歡；龍匣分光，遽「切俱沉之慘。以乾封元年十月二日終於里第，春秋六十有六。烏呼哀「哉！粤以乾封二年二月十八日合葬於北芒山之平原，禮也。嗣子雍州「萬年縣尉玄觀，悲纏露筍，氣殞霜莪，睇荒屺而崩號，奉折篓而絶息。懼「滕駿之失躅，敬表長阡；痛秦窆之無依，方銘厚穸。其詞曰：

聖「武發祥，賓笙演慶，銀册傳寶，金貂闡命。孝水徵源，仙凫早泳，龍驤鳳翥，「莫之與競。於維令範，德實人宗，研機白賁，養正泉蒙。戈韜練錦，戟入詞」鋒，飛纓天室，問壽華封。洎我孫謀，言觀宴翼，雲柯戲褭，虹衣孕棘。文武」兼資，松蘭並植，貂略遐舉，羔裘退食。氣高曩列，道屈徂年，霜淒馮樹，風」曀原阡。霾千秋兮隴日，摧百舍兮蒿田，懼黃壚兮厚夜，勒玄石兮終天。」

（周紹良藏拓本　開封博物館藏石）

乾封〇二三

【蓋】失。

【誌文】

大唐故邢州南和縣令趙府君夫人梁氏墓誌銘并序」

夫人梁氏，安定人也。自瑶池仙馭，導靈源而濬激；翠嶽真遊，啓昌基」而秀峙。象賢濟美，既疊耀於金相；餘慶締榮，亦聯華於珪緒。曾祖顯，」周開府儀同三司、京兆尹、大鴻臚卿、冠軍將軍、黃門侍郎、上柱國，臨」涇郡開國公；祖彦光，周御正大夫，樂部上大夫，隋岐、華、趙、相、青五州」諸軍事五州刺史，上柱國，華陽郡開國公；父讚，隋司隸刺史、上柱國、」南頓縣開國公；並材標時楝，位光朝列，宏勳懋德，道峻於當年；盛烈」崇徽，聲芬於來裔。此並略而闕焉。夫人秀質霞開，掩芳莪而薦淑；柔」襟霜淨，凌晚箭以含貞。彤管清規，已鏡緹緗之美；針樓妙跡，必窮組」紃之麗。及兆開鳴鳳，慶叶乘龍，務蘋藻以斯恭，均蔦蘿而並茂。暨乎」慟濡嫺袂，誓切河舟，驚墜羽於中霄，緘苦心於晚歲。撫兹孺慕，弘士」則於慈範；恤彼鰲閨，穆嬪風於柔訓。加以棲神道樹，滌想禪池，心鏡」方懸，照百非而不昧；戒珠攸滿，圓萬行而無缺。然電牖遄侵，佀光已」遠，月川行謝，浮影終淪，方極層堂之歡，遽軫高封之恨。以乾封元年」二月廿七日，薨於涇州之公館，春秋六十有五。有子涇州司功參軍」真度等。蒸心天至，色養冥深，緬切西山之晷，載抒南陔之戀。芳園寫」睇，方侍賞於輕軒；幽穸潛暉，奄崩魂於大隧。嗚呼哀哉！即以其年侍」奉靈駕，言歸真宅。背濁涇而東鶩，已結寒泉之悲；指脩芒而北臨，」逾深陟屺之慕。爰以乾封二年二月十八日合葬先墳，禮也。將恐年」侵蒙壑，日照滕城，紀貞徽於玄琰，演芳藹於丹銘。其詞曰：」

峻趾悠邈，層派□長，貽厥流懿，必復延祥。人英載美，地德攸昌，榮標」鼎室，寵耀金章。其一。爰□慶藹，克生賢淑，令問外昭，柔情內穆。姿妍蕣」影，譽芬蘭馥，婦道聿成，賓儀以肅。其二。□惟茹恨，晝哭凝悲，含筠表節，」誓栢陳詞。斷機弘誘，徙宅流慈，掌珍行□，庭玉方滋。其三。虞陰靡駐，崦」光已落，始閱驚瀾，遽傷遷壑。城空□□，隴幽鳴鶴，泉路威紆，夜臺冥」漠。其四。容軒曉駕，哀鐸晨驚，斜分蕪野，迴赴松庭。風悲拱木，月苦寒塋，」紀茲柔範，誌彼玄扃。」

（北京圖書館藏拓本　開封博物館藏石）

乾封〇二四

【蓋】失。

【誌文】

唐故上開府董君墓誌銘并序」

君諱葵，字義，洛州伊闕」人也。鴻源激溜，茂族凝華，著自緗圖，聞諸汗簡。顯考葵，」仕隋爲相州長史、琅耶郡公；作貳名藩，甚多美績。君資」神月秀，入桂苑而騰芳；抗志霞騫，對錦江而揚彩。心齊」金石，氣逸風雲，雖韜夢鳥之詞，常軫截鮫之勇。邑鄉重」其芳烈，君子美其孤貞。屬隋氏喪亡，帝遷明德，有唐」膺籙，先定關中。王充竊據伊瀍，仍爲梟鏡；太宗居潘」作將，時鎮宜陽。君與鄭國公羅士信乃歸有道，屢隨戎」役，常建殊勳。朝授上開府儀同。既而天下晏寧，海岳」清謐，因銷聲而不仕，託疾言歸。眺青霞以怡神，念丹谿」而命賞。孰興夫陳留阮籍，直發鳴絃之辭，沛國劉靈，唯」興執觚之頌。若斯而已矣。豈謂崦山落日，洪川迅逝。高」門積慶，延壽之道無徵；上藥靈香，返魂之言寡效。春秋」八十有二。粤以麟德二年十二月廿五日奄然遷化。賓筵息」樂，望□山以增悲；鄰叟瞻塗，想音徽而泫泣。君之夫人」潁川田氏，含姿寶婺，禀質仙娥，紃組之工，因心而自妙；」女圖之美，觸類而成則。不幸以麟德二年正月十九日先亡。」即以今乾封二年二月廿九日合葬於北芒之平樂里，禮也。嗚」呼哀哉！乃爲銘曰：

顯允夫君，崇德多聞，清襟鑒水，壯志參」雲。彎弧月上，揮劍霜分，如玉之潔，如蘭之芬。隙駟難留，逝波不息，歡矣無」據，嗟兮乃極，似詠摧鱗，均飛墜翼。素驂移路，丹旐縈空，俱辭白日，共止玄□」

（周紹良藏拓本　河南千唐誌齋藏石）

乾封〇二五

【蓋】失。

【誌文】

唐故清河郡張先生墓誌銘并序」

公諱爽，字伯和。自河水分源，蘇臺播族，貂冕光乎歷葉，珪祖盛」於乎遐年。聳曾構於南陽，□羽儀於西漢。若乃商山四皓，應芳」札以來儀，關東六國，揖謀猷而稽首。清辭共金石同響，草隸與」松筠等茂，豈止偉節三武，慈明八龍而已哉。祖青，魏任梁州南」鄭縣令；載謡清漢，道□岷嶓，烹鮮之教遠彰，製錦之風綿著。惠」霑彩羽，化及潛鱗，餘烈遺芳，昭然成範。父貴，隋任德州司馬；騁」逸足於千里，贊褰帷於百城，望重海沂，名高桂簿。及解印辭榮，」同二疏之高蹈，朱輪曜路，翠幕交衢，青衿銜卧轍之悲，黄髮切」攀舟之戀。惟公體質□明，風儀迥峻。室開三逕，非唯隱士之家；」門垂五柳，何止閑居之宅。無情干禄，有志躬耕，於鄉黨間恂恂」如。既而早晤三毒，深厭四魔，遵六度以長驅，攝五情而遠鶩。控」三乘而獨舉，階十地而孤□。證生死於涅槃，遣有爲於彼岸。兼」以性愛丘壑，志狎林泉，大圃小園，必藤蘿紛糾，柴門蓬户，則蘭」蕙參差。妙辯玄宗，尤精莊老，期頤之歲，神爽彌明。每垂誡子孫，」必以盈□；訓導閭里，期在談虚。方冀昇質淨宫，遊神樂土，踐蓮」花而秀出，攀樹而來生。福善既虚，奄然遷化，春秋八十有四。乾」封二年歲次丁卯正月壬戌朔十四日乙亥卒於洛陽縣敦厚」里第，即以其年三月十日葬於河南縣平樂鄉邙山之陽，禮也。」昔梁木斯壞，識小聖之就終；石碧碎首，知真人必滅。孝子善政，」悲望慕之如在，痛温清之長乖，問安之禮遽違，衣冠之儀方晦，」寄情貞石，庶傳不朽。其詞曰：

風樹留誨，蓼莪遺則，彼蒼不□，□□賢德。慈訓遽違，芳音允塞，」何以旌善？傳□閒墨，何以序□？

□人永勒。」

（周紹良藏拓本）

乾封〇二六

【蓋】失。

【誌文】

唐故任同州白水縣令右任宛丘縣令楊君墓誌銘」

君諱元，字長才，河南洛陽人也。若夫幽根磐礴，標人」望於弘農；枝幹派疏，振嘉猷於伊洛。祖龍，父通，斯並」志惟貞潔，心□丘園，捐簪珥之芳榮，挹閑居之清操。」惟君挺容□桂，凝質山川，幼有英姿，長多秀峙。敦仁」守信，每遵千里之風；悦禮明詩，常懷萬頃之度。不謂」居詩易往，氣序遄流，歎二鼠之相誣，傷四蛇之見侵。」巾承命鬢，啓期之壽爰登；眉秀素豪，黄公之齡斯契。」聖上志惟耆耄，凝念丘園，爰降綸旨，授同州白水」縣令。豈而逝川不息，電影難追，溘爾薤歌，奄從蒿里，」粤以乾封二年二月十六日寢疾，卒於清化里之私」第，春秋八十有七。嗚呼哀哉！哀子季舒，生事以禮，死」葬方修，卜宅兆於山隅，建墳塋於荒徑，即以其年歲」次丁卯三月壬申朔廿九日戊子權窆於平樂鄉芒」山之陽，禮也。仍恐龜長筮短，谷徙陵隤，勒此玄銘，表」斯千古。其詞曰：

惟君之靈，山川芝精，珪璋藴德，蘭」桂芬形。敦信履義，悦禮明經，素琴澹性，濁酒怡情。其二。」逝川東閲，落景西沈，俄纏痼疾，倏憩光陰。春夫輟相，」織婦停針，軀捐幽壤，諱勒荒岑。其三。龍輴動軔，爰陟高」崗，四牡騑轡，九族哀傷。索索悲風，蕭蕭白楊，居諸遄」止，人事淒凉。其四。」

（周紹良藏拓本）

乾封〇二七

【蓋】失。

【誌文】

大唐故李君墓誌并序」

公諱表，字玄景，隴西狄道人也。洋洋江漢，滔」滔而不雜其流；杳杳高岑，烟雲豈能變其色。」擊鍾陳鼎，代有人焉；冠冕蟬聯，洎乎兹日。廣」書煙翰，盡未能窮，舉輕紊而指涓流，徵小光」而□梗概。公祖諱義，隋仕鷹揚郎將；父諱達，」國肇之建，早識未萌，入幕府而有雄驍，總三」軍而臨將帥。公幼沖弱冠，早以過庭，規矩珪」璋，無勞三説，棄名宦而不入伏，愛藪澤而玩」丘園，忠孝在懷，言而有信。豈知哲人不壽，從」隙而流，構疾不愈，奄從電影；公春秋卌有一，」乾封二年三月廿八日薨於私第永泰里。還」以其年四月七日窆於邙山之陽，禮也。恐蕪」没德音，桑田變海，勒兹玄石，以録銘文：」亭亭聳桂，杳杳高岑，匹人無及，秋霜忽臨。詎」知隙影，蒲柳爲心，誰言勁質，忽爾消沉，九究」之榮，惟蘭惟芷，五帝之言，惟經惟史。資孝揚」聲，空與嚮矣，一掩幽扃，長遊泉裏。」

（周紹良藏拓本　開封博物館藏石）

乾封○二八

【蓋】失。

【誌文】

唐故陪戎尉周君墓誌銘并序」

君諱君德，洛州河南縣人也。夫華宗慶遠，」□爵啓基，後族紛綸，五侯承□。曾祖榮，祖」義，父舍，並孝友淳深，家風未墜，性惟清溺，」志勵冰霜，令望光音，此可略而言也。惟君」操履貞高，德崇恭順，輔仁虚説，□影俄□，」隙馳難留，卒於私第，春秋六十有四。以乾」封二年四月卅日卒，即以其年五月廿四」日窆於河南縣平樂鄉平原，禮也。哀子萬」壽，勞悴之感，痛甚風枝；悼獨之悲，悽如霜」葉。恐陵谷俄遷，式彫玄石，嗚呼哀哉！乃爲」銘曰：

鼎門舊族，龜組遺美，或在於圖，或言於史。」蘭芬玉質，霞蔚飈起，顯允夫君，孤聲絶羣。」其一。長辭白日，永止玄宫，山昏苦茂，樹咽悲」風。勒玄石而永紀，庶芳聲而不窮。」

（録自《芒洛冢墓遺文四編》卷三）

乾封○二九

【蓋】失。

【誌文】

大唐洛州陸渾縣處士張兄仁故夫人成公氏墓誌銘并序」

夫人諱義，字提，東郡白馬人也。若夫瑶瀾委態，長源派於」岐巖；瓊葉舒陰，靈榦抽於滑野。代豐英彦，緗素流芬。曾祖」基，隋東郡太守；祖善，隋銀青光禄大夫滄州刺史；父義，」皇朝許州陽翟縣令；咸標領袖，佩青紫而振家聲；挺譽珪」璋，習軒冕而華門望。夫人蘊姿蘭室，温柔之色在顔；濯性」珠波，朗潤之輝抱志。曆生騰耀，光婺女於天津，眉月舒華，」麗恒娥於漢浦。年廿有一，娉於張氏。蘋蘩儼掇，紝績虔脩，」四德之義無差，三順之懷早著。方欲脩儀内闈，垂禮家庭，」不謂梁日傾光，掩朝輝而黯黯；幰塵驚浪，隨夜壑而潡潡。」乾封二年六月三日寢疾，終於私第，春秋卌有一。烏呼哀」哉！即以其月日窆於河南縣北邙山之平原，禮也。哀子張」玄恭臨泉結痛，望屺纏哀，懼時移代易，歲往年來，敬彫玄」琬，以式宵臺。烏呼哀哉！其詞云爾：

猗歟光絢彼縑緗，岐巖播馥，滑野騰芳。是生淑媛，早歲名」揚，來佐君子，德布閨房。其一。女則方脩，閨儀始制，梁輝落影，」幰波驚逝。織紝停機，蘋蘩輟祭，曆散星文，眉調月勢。其二。鏡」鸞孤掩，匣劍單沉，雲野暗，日下山陰，松煙冒隴，楊吹排林。」長離歌笑，永謝千金，敬彫玄石，以式壚心。其三。」

乾封二年六月十三日洛」州陸渾縣張玄恭母墓誌。」

（周紹良藏拓本　開封博物館藏石）

乾封〇三〇

【蓋】失。

【誌文】

唐故陳君墓誌銘并序」

君諱壽，潁川昌邑人也。夫長瀾淼淼，疏天漢以通流；」聳幹捎雲，窮地脈而盤抵。公之祖諱顯，粵以齊任奉」車都尉。公以簪裾樹位，弈葉銘功，改授鎮西將軍，檢」瀛州刺史。父琣（寶），器量凝邃，清暉自遠，位參禁衛，齒跡」朝班，隋任右驍衛長史；令聞令望，聲譽日昇，顒昂昂」搢紳逾盛。珠還合浦，未足歌其廉；金懼四知，不可言」其慎也。惟公幼而好古，長玩丘園，不以利害易心，迺」以無爲爲意。豈謂高春易掩，虬箭難留，一疾日臻，雙」童夜夢，春秋六十有六。以乾封二年六月七日卒於」洛陽縣德懋里之私第。是時織婦停機，耕夫止耒。以」其年七月二日葬於清風鄉之壤也。可謂楚老悲城，」吴邦傾市。恐山渝幽谷，海變桑田，誌者記焉，紀之云」爾：

清瀾淼淼，翠幹森森，流長難竭，本因根深，維彼弈葉，」韙此茯蔭。其一。惟君載誕，生靈道亞，吐納縑緗，風雲叱」咤，悠逝川，不捨晝夜，嗟此良人，忽焉攸謝。其二。風悲振」木，愁雲聚塋，一劍攸挂，千載遺聲。暑來寒往，日昃月」盈，年代無紀，望樹頭平。其三。白楊朝振，青松夜吟，寒郊晦木，穸户煙深。天長地久，自古來今，式鐫貞石，永播徽音。」

（周紹良藏拓本　開封博物館藏石）

【蓋】失。

乾封〇三一

【誌文】

唐故遊擊將軍信義府果毅都尉韓暹夫人苑陵縣君靳氏墓誌銘并序」

夫人諱耶，其先西河安定人也。殷源啓浪，蕩扶谷以波」天；宋冑開華，聳桂芬而插月。臨平則功分漢社，大夫乃」榮錫楚珪。故得玉藹乘風，荐鴛林而列馥；珠崖孕寶，洽」驪渚以騰滋。祖□，陳任忻州司馬；資神秀嶷，炳睟淵深，」徙賢從風，協藩輔於時傑；長離翼霧，光岳佐於人英。父」□，□毓情田，□媚川而潤谷；華翻義甸，握照廉開儀。夫」人□婺凝禎，映璧津於月媛；金娥禀質，皎珠漢於星姝。」行偶班箴，□參趙瑟，折樱貽訓，職中饋於母儀；燕衿逾」恭，體柔明於婦德。所冀苑陵延寵，行授平反之規，豈謂」閱水驚流，莫返淩波之步。粤以大唐乾封二年六月九日」卒於時邕里，嗚呼哀哉！即以其年七月十四日合葬於」邙山之陽，禮也。青烏薦兆，丹旆含煙，式旌遺烈，永誌幽」泉。

公子命族，大夫翊楚，珠孕胎潯，花明錦序。猗嗟淑美，移」天鳳舉，鸞鏡臨臺，鴛琴叶吕。其一。□飛桃李，端默成蹊，魂歸」松栢，風景含悽。荆雲遽斂，楚日先霾，心崩孝水，悲深迺」懷。其二。白鶴下吊，玄燕封丘，山虛月冷，樹古風秋。垂塋霧合，」向壟雲愁，庶傳芳於翠琬，敬勒美於徽猷。」

乾封二年七月十一日書。」

（周紹良藏拓本　河南千唐誌齋藏石）

乾封〇三二

【蓋】失。

【誌文】

唐故處士張君墓誌銘并序」

夫含常素質，禀氣冲和，寒暑不易其情，寵辱不驚其慮者，其唯君」矣？君諱海，字玄德，清河人也。昔炎漢昌隆，趙王封列土之貴；魏邦」云盛，尚書著衣繡之榮。自是冠冕相承，簪纓不絶，備諸史諜，可略」言焉。祖師，隋任河内令；器宇冲邈，識量淹通，寬猛兩施，境稱三異。」父達，隋任魯山縣丞；志業詳簡，令範清徽，毗贊一同，宣風百里。惟」君禀靈川岳，氣韻淳和，青衿之年，人稱瑑玉；及其長也，爲非常器。」苞括百氏，博綜九流，蹈仁孝之場，居禮義之囿，令譽播於朝野，嘉」聲溢於鄉閭。門來長者之車，徑足英儒之客。問道慕義，結侶同趣，」高挹清塵，繼塗連軌。入其室者，但聞蘭蕙之香；涉其流者，謂登龍」門之美。然而志尚清素，雅量幽微，養性閑居，琴書自偶。理宜長享」兹福，永保遐齡。豈圖二豎潛形，兩楹夢及，金膏不救，玉瀝虚陳，遘」疾莫瘳，奄乎大漸，春秋六十有九。以乾封二年歲在丁卯七月庚」申朔廿七日終於福善里之私第，嗚呼哀哉！風雲改色，士庶傷心，」行路悼以興嗟，貴賤聞之起歎。子武剛等，孝感天地，志動神祇，悲」風樹之難停，泣寒泉之易慟，即以其年八月十四日殯於河南縣」平樂鄉邙山之原，禮也。悲夫！人間歲短，泉夜年長，宿草將列，松檟」成行，雲慘慘而低隴，日黯黯而收光。恐山川之有變，勒翠琬而傳」芳。其詞曰：

昆山引閏，漢水綿長，發源就日，跡起稱王。乃祖乃父，股肱棟梁，簪」纓不絶，代襲珪璋。其一。繼祥積祉，惟君挺生，時稱筆海，代號文英。丘」園養性，抱素懷貞，逝川奔駛，大夜潛形。其二。陰陽有變，四序循環，生」涯脆促，泉路艱關。俄從石火，遽慘荒原，空留風月，長奄神顔。其三。山」昏霧積，隴月低輪，風嵠響切，嶺上愁雲。獸悲原野，鳥思孤墳，勒茲」貞石，永播蘭芬。

乾封二年八月十四日。」

（周紹良藏拓本　河南千唐誌齋藏石）

乾封○三三

【蓋】大唐故楊君之墓誌銘

【誌文】

大唐故上柱國咸陽府長上果毅楊君墓誌銘」

君諱智積，字仲謀，弘農華陰人也。瑞禽旌祉，戢翮馴箱，祥魚表符，奮」鱗飛陛。而乃曜台雲閣，敷燮理於炎行；端揆禮闈，播宰物於金馭。於」是濬流景福，暉光本枝，爰曁我尊，貂蟬靡絶。曾祖欽，周任夏州刺史，」贊寵興祠，惠政纔揚，螢銷啓詠。祖磨，隋鷹揚；宏謀遠略，獨冠當時；仁」勇英姿，器光前代。父神通，居義府果毅、大將軍、商河男；幼而奇傑，倜」儻逸羣，體道懷貞，學該內外。恥隋陸之無武，嗤絳灌之無文。運策齒」孫吴，擊劍齊張項。君素禀瓊津，夙承蘭秀，挺不羈於丱歲，縱任俠於」髫年。仁孝自天，忠恪彌著，績效克隆，光斯顯職，以功授上柱國，除咸」陽府長上左果毅。夫爪牙之寄，實屬貞良；警傲文棿，信惟武將。委之」以心膂，寵之以榮班，執戟列含香之臣，曳朱參紫綬之秩。但以甌越」閩駱，蟻聚蜂屯，水耨火耕，鴟張鼠跱。公雄謀英略，獨斷如流，九地九」天，若指諸掌。以公果勇，差副元戎，前茅慮無，中權後勁，有征無戰，承」響自清，旋凱嶺南，倏同諸葛，身死王事，抑類伏波，生入玉門，」遂乖定遠。以龍朔二年五月廿二日，薨於滕州道行軍所，春秋五十」有一。材官銜淚，思吮痏之深仁；兵士悲嗟，荷單醪之弘澤。夫人程氏，」鶴翔杼表，鸞翥毫端，蘊四德以光時，苞六行而範物。杏梁摧構，奄棄」遐齡；桂樹圮枝，馥銷長夜。粤以乾封二年八月十八日，合葬於馮翊」北臨高鄉之原。父悼掌珠之匿景，哀弄玉之潛暉，切太尉之深痛，悲」司徒之形衰，勒斯銘而表德，播令質於冥泉，冀佳城之一啓，希千載」而揚徽。迺爲銘曰：

長河帶地，高掌極天，誕茲靈秀，挺此英賢。弈代台鉉，朝野羽儀，令德」遐備，實惟帝師。於穆祖考，工劍工書，舞於華陛，靜拆穹廬。惟公克荷，」紹隆堂構，內侍禁闈，外韜氛寇。武陵沉影，汧水亡魂，身死」王事，流芳後昆。厥父追悼，旌其淑貞，風淒隴首，月慘山扃，刊茲玄石，」永播嘉聲。」

（録自《關中石刻文字新編》卷三）

乾封〇三四

【蓋】失。

【誌文】

唐故董府君墓誌銘并序

君諱榮，字長華，隴西狄道人也。原夫逗想黃編，下重帷而驛美；遺情」白社，入靈室以馳芳。累仞重規，備乎丹册。烈祖業，齊長春府統軍；躡」玄踐素，清質濁文，氣蓋秦中，聲芳許下。顯考璨，隋任河州刺史，唐任」蒲州司馬；藝括七門，業該三閣，邈乘嘉命，越賁崇班。君蛟室生姿，折」九河而獻彩；

虹巖孕質，掩十城而竦價。絳紗榆藹，黄絹揚芬。鵲札崩」雲，凝瑶篆於蒼簡；犀弧引月，漏銀鏑於朱楊。隋大業年，勳庸克著，職」列榮班，詔加正議大夫，累除澤州端氏縣令。自皇唐撫運，景命惟」新。君逸志林泉，忘情簪紱，披葉帷於五柳，列花篁於三桃。所冀華登」黄綺，美息丹梯，奄墜小年，方淪大夜。以武德三年九月六日終於私」第，春秋卌有九。嗚呼哀哉！夫人河東衛氏。母儀夙著，令淑久標，藝總」六功，早閑四德。貞專成性，婉順自然，夫貴婦榮，詳諸曩册。武德年際，」蒙授虞鄉縣君，宜其垂範閨闈，克諧眉壽。豈謂福謙未驗，末命先鍾，」以仁壽四年七月廿八奄從風燭□以乾封二年歲次丁卯八月己」丑十四日壬寅改遷，合葬於邙山之陽，禮也。嗣子表，性仰恬虚，素懷」貞節，挺乎純孝，庶事謙恭，三徑往還，一紘是撫，棄簪裙而不仕，墓丘」墟而養年。匪莪增思，集蓼銜哀，恐玄猷式泯，紀翠石於夜臺。乃爲□曰：

漢圖驛美，晉策馳芳，華宗載紹，茂緒全昌。象賢無替，鴻胄爲光，功䔕」鶴鼎，績峻龍常。其一。夫人靈影，誕秀娥光，全星下壓，半月依黄。映雲裁」鬢，逐吹分香，一辭金屋，永閟玄堂。其二。遺情簪紱，屬思林泉，霞明翠札，」風韻朱絃。日斜狼谷，水閲鯨川，流芳蘭册，秘玉松埏。其三。」

（録自《芒洛冢墓遺文五編》卷三）

乾封〇三五

【蓋】失。

【誌文】

唐故處士張君墓誌銘并序」

君諱伯隴，南陽西鄂人也。君志禀風霜，貞松等採，」幼而聞禮，聲譽日新，長玩珪璋，芳猷月旦。祖諱蓋，」簡述幽深，風馳振遠；父諱榮，藝能尤博，□測其源。」君事親盡禮，敦愛敬於生前；懷□□窮，重送終於」没後。況爲人孫悌，閭里稱其奇；久而益敬，鄉黨歌」其善。一言之重，千金不足擬其心；□面十年，論聰」未足方其叡。森森陵千仞之峭，滔滔懷萬頃之波。」豈其良木抽條，□蒲柳而同萃，痾隆日篤，卒於福」善坊之私第。於時春人罷相，農夫輟耕而已。粤以」乾封二年八月廿六日權殯於北邙平樂鄉界之」原也。望星□於金墉，佳城韞曜；目連龜於翠沼，松」路吟風。嗣子大智等，恐桑田變改，清海遽遷，刊石」銘功，庶標不朽。其詞曰：

逸志騰風，松筠比操，聞禮聞詩，永傳嘉號。施德忘」懷，銜恩敢報，蘊饋珪璋，詞林雅奥。其一。寒温色養，盡」於事親，冰清玉潔，不雜風塵。方圓令則，舉止咸新，」連城昭乘，匹此非珍。其二。佳城韞曜，隴首雲愁，逝川」無捨，隙駟難留。高風卷撵，於此長秋，式鐫斯石，庶」保清休。」

（周紹良藏拓本　河南千唐誌齋藏石）

乾封〇三六

【蓋】王君誌銘

【誌文】大唐故車騎王府君墓誌銘并序」

夫括地疏瀾，道瑤源於帝圃；干天聳嶠，構瓊阯於仙閣。是以」沃蕩煙霞，闢金微而右紀，蓄洩雲雨，苞玉軀而左鎮。其有芳」騰寶册，軼地帶於龍門；慶委錫編，掩天孫於日觀。君諱端，字」直，河南洛陽人也。粤以乾象頽禎，橋梓建翦商之業；嶽靈降」祉，岐嶷肇卜洛之基。故垂旒御辯之尊，飛英籀史；控鶴乘鳧」之異，響劭仙經。餘慶所鍾，見之於車騎王君矣。祖金虎，行潔」珪璋，氣高山嶽，人倫題目，令譽允歸。父叔卿，器宇弘深，風神」秀邁，耘非植義，重道輕生。是知京兆威靈，音徽未泯；將軍雄」略，猛氣猶存。惟君鄧藪敷楨，荆巖孕彩，枝横日路，色偃河宮，」學府儒宗，獨高千古。豈謂旌弓未賁，先從岱嶺之徵；束帛行」申，有闕金門之辟。乾封二年六月八日，薨於清化之私第，春」秋七十九。慟結賓僚，悲纏里閈，輔仁莫驗，與善徒欺。陶安赤」龍，神遊仙府；滕公白日，路盡佳城。於戲哀哉！粤以其年九月」三日，與夫人蘇氏遷窆於北邙山之陽，禮也。孤子德高等，茹」血長號，愬穹蒼而殞息；銜悲永慕，俯厚載以崩魂。白驥行嘶，」恨晨曦之不再；青烏已兆，痛夜壑之移舟。惟金石之無弊，勒」萬古之徽猷。其銘曰：

姬水疏禎，豳原演慶，肸蠁神心，氛氲帝命。其一。祚肇鳴岐，胄開」仙鶴，虎步楚都，鳧飛漢閣。其二。璿波際日，玉葉梢雲，松貞璧潤，」桂馥蘭芬。其三。岳瀆垂精，英靈是屬，桂苑傳芳，荆巖孕玉。其四。天」不憖遺，錫年何促？未窮仁壽，行聞鬼録。其五。痛羲琴之夕撤，悲」楚挽之晨鏘，惟芳猷之令範，庶日久而彌彰。」

（北京圖書館藏拓本）

乾封〇三七

【蓋】張君之銘

【誌文】

唐故張府君墓誌銘并序」

君諱鬼，字□屯，清河人。晉司空廣武侯耳之後。鴻□」□溜，茂族凝華，著自縑緗，傳諸簡册。父諱達，隋任汝」陽縣令；□□清範宏視，甚□美績。公資神月秀，入桂」苑而騰□；□□霞騫，對錦江而揚彩。心齊□石，氣□」風雲，既韜□□之詞，自□窗□□□。豈□高門積慶，」延壽之道無徵；上藥靈香，返□□□虛效。春秋七十」有四，粵以乾封二年歲次丁卯□□戊午朔五日壬」戌，奄然遷化。公之夫人河東薛氏，行高萊婦，德邁曹」□，紃組既工，詠歌斯顯。親屬所慕，鄉黨是欽。且流美」於當時，實傳芳於後諜。春秋六十有八，麟德元年十」月十七日遘疾而卒。即以丁卯之歲，戊午之朔，廿七」日合葬於芒山之陽，禮也。嗚呼哀哉！乃爲銘曰：

猗歟令德，明哲多聞，清襟鑒水，壯志參雲。鸞弧月上，」揮劍霜分，如玉之潔，如蘭之芬。其一。隙駟難駐，遊波不」息，銀□道賒，銅壺漏即。歎矣無據，嗟兮乃極，□□□」□，均飛隧翼。其二。顯允温克，表自天然，愛同□□，□□」秋□。誰謂一旦，乖乎百年，既遵出駕，永別□□。其三。」素驂□路，丹旐縈空，俱辭白日，共止玄□，□□□□，」樹咽悲風，雕翠石而表紀，庶芳聲而□□。」

（北京圖書館藏拓本）

【蓋】失。

【誌文】

唐故袁夫人墓誌銘并序」

夫人諱相，汝南人也。往因隋亂，流寓洛州，貫屬河南縣」千金鄉。自漢至魏，茂族於史册；周隋兩載，朱輪溢於家」邦。故微尚自高，厚雪申於耽道；策名履德，忘身在於殉」忠。蓋夫人之先也。祖欽，父摩，並耀彩松筠，凝情沼沚，秉」冰潔而秀舉，挺霜露之清暉。夫人言則鏘金，容□□□」貞明楚玉，德懋吴猣，掞清質於霜潭，釣蕙芬於蘭溪。六」禮云具，作婦劉門，調柔順於朋遊，絢風景於齊體。問華」幽渚，閲令淑於邦家；儀懋朝薫，竚芬馥於閨閫。規模女」則，禮訓孫謀，義契增鮮，將申素秩；味甘旨而延衮，安□」峻以增歡。豈謂禍不閼災，奄高舂而匿彩；忽悲庭樹，□」下玉而彫黄。春秋六十六，以乾封二年九月廿四日，終」於敦厚里私第。以其年十月九日，葬於洛陽縣清風鄉」邙山之陽，禮也。嗣子玄敏，恐青編落縹，音儀息於謡令；」翠渚紛絛，曲沼泯於瑜井。敢敘遺行，鐫勒玄礎，庶仰高」山，其詞云爾：

鑠茂族之玄胄，繼司空之徽猷，交朱軒於帝里，飛紫蓋」於長□。惟祖考之美德，苞杞梓於前修，兼□義於□抱，」究道範於墳丘。毓夫人於貞順，冀克奉以□儔，乃□顧」於□訓，非正道而不由。望作則而延壽，希□□而沉休，」□□凝兮夜冷，松風振兮增愁！」

（北京圖書館藏拓本）

乾封〇三九

【蓋】大唐故王君之墓誌銘

【誌文】

唐故隰州大寧縣令王君墓誌銘」

君諱纂，字德纂，太原祁人也，今貫偃師縣龍池鄉焉。東漢」太尉襲，君即其後也。曾祖珍，北齊銀青光禄大夫相州司」馬；青緺紉佩，炫藻景於漳湄；紫燕飛華，騰桂條於相土。祖」顯，隋左六軍驃騎將軍；父□，□大寧府鷹擊郎將；並凝□」□暉，圖葉秀逸，遥致忘家之□，□騰杠騎之賓。君□彩蠙」□，徵風翰藻，仰馳千里，俯洽千人。蒸蒸之情，志惇樊董；偲」德之意，義切周盤。藝總吴江，才標漢梓，笠年纔及，翊衛司」階，俄遷副隊正。文槐曜彩，戟鮮祲於朝霜；玉題流菲，弧澄」雰於曉壁，選授隰州大寧縣令。綺琴晚奏，均令績於風嚖；」華錦初裁，揮仁恭於智刃。方申迅羽，將事圖南。黯若葉於」高春，摧望而之日及。春秋五十有三，去永徽元年四月十」九日，終於長安，權葬於邙山之陽。夫人吉氏，桂影凝貞，蘭」芬殫務，碧潯徵質，冰鏡漂華。及薦豆分庭，梅垂旒於星影；」周車畢驅，步含玉於薰風。敬薦胥臣，和謡高伯，孫謀爰洎，」露切凝歌，春秋卅有七，去貞觀十三年六月十五日，終於」積德坊，葬邙之陽。以乾封二年十月廿二日招魂與君合」葬於邙山之陽，禮也。廣柳依依，轉雪津而步步；松銘藹藹，」驚挽吹之悽悽。嗣子元真，痛結履霜，悲纏襲蓼，當恐碧瀛」飛壒，丹谷遷神，敬勒猷徽，庶幾無泯。其辭曰：

筠□碧，桂掩香，簟虛映，琴素張。弓珧空寫□，霞氣故飄裳，」□友悲聲闋，狐菟獨成□。」

（周紹良藏拓本　開封博物館藏石）

乾封〇四〇

【蓋】　王君誌銘

【誌文】

唐故箕州榆社縣令王君墓誌銘并序」

君諱和，字善惠，并州太原人也。粵若周儲錫胤，控鶴□於仙途；秦將」疏宗，順武擅於雄略。然則賢臣緝頌，表三事之弘規；樂職飛篇，昭四」子之宏論。豈故贈刀歸貺，還著休徵之奇；夢筆延祥，有應公亭之俊。」曾祖顯，齊銀青光禄、大夫相州司馬；祖業，隋襄陽郡守；父護，隋大寧」府鷹擊郎將；並秀風格，韶徹襟神，陞綺禁以栖榮，曳青綬而踐寵。盧」躭仙羽，雖振響於層穹；公明天骨，終跼影於中坂。惟公資和秀氣，寵」祉神基。射隼綺辰，括羽挺於吴箭；擬羊鑣歲，翹乘徵於衛車。釋褐授」郴州司法，後除淄州司法。守官南楚，徙職東齊。圓扉遂虛，恒垂鞠草」之露；畫地無設，終除刻木之囚。又除利州録事參軍。揆務提綱，彈違」舉直，具寮欽其稱首，屬縣仰其標致。俄遷箕州榆社縣令。銅章振彩，」錦製增輝，載覽投綸之言，遂洽調絃之化。君魚絶迹，詎封於列侯；泉」明解印，歸來於私室。方期乘日肆賞，以煦於辰輝；聚星落照，遽犯於」宵魄。以乾封二年九月七日，終於私第，春秋七十有九。慟深舉衽，哀」振脱驂，人琴永亡，風斲恒輟。夫人隴西李氏，相州鄴縣丞宗第二女」也。凝華紫室，襲聖黄陵。曁中谷施華，閶門貽訓。如賓之敬，方展於冀」畦；偕老之驩，先悲於潘簟。以乾封元年十月十七日卒，春秋七十有」七。以乾封二年十月廿二日與君合葬於河南縣界邙山之陽，從遺」令也。嗣子蘭州行參軍慈質痛結履霜，悲纏襲蓼。當恐碧瀛飛壒，丹」谷遷神，敬勒徽猷，庶幾無泯。其詞曰：

岱峰神趾，淮水靈漪，地華習慶，人傑騰規。漢南驛美，江東擅□，鳳毛」照色，鶴鷺翔儀。其一。仙署踐策，名潘作鎮，高議清舉，仁風肅振。司階任」切，執干威峻，茂緒葳蕤，徽猷昭晉。其二。猗歟時哲，崇構克昌，六初鴻漸，」三徙鵬驤。恤刑敬法，振目提綱，鳴絃泛雅，製錦摛光。其三。任石忽摧，巫」雲已滅，玉樹韜彩，瑶花掩晰。麟友嘶塵，龍幰徙轍，襲窮泉而閟，勒貞石而揚烈。」

（周紹良藏拓本　開封博物館藏石）

乾封〇四一

【蓋】失。

【誌文】唐故蒲津關令雲騎尉張君墓誌銘并序」

君諱仁，字才立，清河人也。吉日中宣，叶載功於山甫；竇符劉」氏，建霸業於汾陽。或調護漢儲，或燮和魏后，即君之先也。祖」□，周南陽縣令；父長，隋荆州功曹；並茂圖南之翼，俱蓄湘西」□鮮，墨綬湍阿，文苻沮曲。馴阡鴝野，翬映彩於將鶵；條焕隨」□，□標賢於分部。君黄陂量德，嵇玉侔神，聞詩十部之庭，得」□雙槐之路。璵璠夜㤥，趙辱連城；籥影晨奔，燕郊非遠。大業」初，釋褐蒲臺縣主簿。春雲繡質，秋露驚文，鑒明社以鴻騫，扣」唐郊而郊義，授文林□龍門縣丞，秩滿，轉蒲津關令。並考績」仁風，功流德懋。地華緝贊，無訟於箭馳；辯析留繻，道符於牝」谷。既而收華梓澤，韜迹濯渠，將教童孫，奄沉西景，春秋六十」九，去顯慶五年七月十七日，終於時邕坊私第。夫人宋氏，宜」陽人，即漢中尉昌之後也。祖懿，隋幽州司馬；父倫，隋兗州司」功。誕秀華宗，表祥鴻胤，飛秋霜而挺質，播春煦以弘慈。藝總」玄髻，仁成笄歲，自行張族，婦德斯柔，鋆寒木以居貞，絢青苕」之克慎。方期垂柳，壽歡酌於兒童；景落庭陰，悲板輿於昆季。」春秋六十九，粵以乾封二年歲次丁卯五月辛酉朔十日庚」午，終於私第。以其年十月廿二日與君合葬於平樂鄉北邙」之陽，禮也。嗣子將仕郎什住等，痛咽陂潭，□千年之陵陸；遥」酸簡□，將朝暮以間編。敬諸遺幾，敢憑良執，命工鐫石，乃述」銘云：

華宗遠架，鴻胄騰芳，貞亮弘雅，允迪前」良。誕發蘭儀，慶流玉度，謂祐輔仁，□虧雙璐。壽堂虛寂，機櫝」塵飛，松風飂颸，夜月空暉。」

（周紹良藏拓本）

乾封〇四二

【蓋】失。

【誌文】

大唐故黔州洪杜縣丞張君并夫人上官氏墓誌銘并序」

君諱善，字德，本家宛葉，宦徙伊瀍，今爲洛陽人也。樞電輝霄，□鳥□」而垂系；參芒劃野，茂鼎氣以標源。玉斗弭鴻門之謀，銅渾儷璣衡□」序，典謨備載，詎借詳言。祖吉，齊任脩武縣令；父陁，隋任豫州參軍；綰」銅章以宣化，曳墨綬而弼諧，並識尚淹通，器局開濟。君門資素業，地」藉休風，吐虹潤於荆岑，挺麟朋於余水。齠年育下，陶至性於天冥；笄」纚因心，表温扇於資極。遊庭佇訓，睿智洽詩書之場；聽律知風，靈臺」探禮樂之府。鄭黨翹其仰止，僚執企其儀形，捧檄逮親，以文從吏，武」德之年，授黔州洪杜縣丞。壤分月峽，地接星橋，波駭黄牛之灘，峰切」玄猨之淚。雕題獷俗，蠻陬陋梗，國步初康，政刑猶舛。君佐馴暈而有」裕，貳祥鸞而罔忒，遂使鮮鼎克調，絃歌自韻，悟勞生於形役，保閑居」以養神。列宇銅鍦之前，灌園金谷之右。每至青蘋警吹，敝風亭而嘯」驛；素魄登輝，躋月榭而招侶。降年不永，奄迨殲良，以貞觀十二年先」夫人而殁，還殯於平樂鄉之北原。夫人上官氏，漢安陽侯之胤。夙彰」女範，早擅母儀，稟教公宮，凝規師氏。曜蘋容於禮典，藴鳲德於風人。」三星候摽梅之期，百兩儷傾梧之匹。齊眉表敬，負劍流慈，屢徙善於」孟居，豈生疑於曾杼。奄罷撤瑟，俄痛逝川，不反巫咸之招，遽瘞滕公」之室。以乾封二年九月七日終於私第，春秋六十九。同穴斯重，祔葬」攸歸，即以其年十月廿二日合葬舊塋，禮也。長子素等，瞻秋荼而慘」□，聽風樹而傷懷，泉堂軫松檟之悲，虚寢切繐帷之痛，蓼莪永慕，陟」屺長哀，庶芳音之無泯，勒徽猷於夜臺。迺爲銘曰：

慶分樞斗，派發鶉芒，匡晉則耀，翼漢斯良。渾儀測象，迴軒茹强，祚流」昆嗣，厥系靈長。其一。猗歟祖考，位徽聲顯，赫矣君侯，騏庭未展。道茂星」墳，業遊珠典，樹德何深，降齡何淺？其二。蘋沼馳芳，傾桐佇匹，紘組崇功，」舜華齊質。嬪叶絲蘿，韻諧琴瑟，奄歸同穴，俄悲異室。其三。肅披重壤，虔」祔雙魂，青烏已戒，素鶴室存。楊風晚切，松霧朝昏，式題懿範，永賁泉門。」

（周紹良藏拓本　河南千唐誌齋藏石）

乾封〇四三

【蓋】　失。

【誌文】

大唐故靖府君之墓誌銘并序」

君諱千年，高平人也。原夫慶族芳枝，胤宛丘之華栩，潺漪湛」潔，派姚澤之禎瀾。孕姜啓鳴鳳之基，分封流靖郭之稱，自茲」迭映，無沫高風，弈葉騰芳，詳諸往策。祖馥，齊并州司户；父鄭，」隋廬江郡丞；並擅美當時，垂芳後代，贊六條而翕響，翼千里」而飛聲。惟君迴裕貞規，孤標峻節，風儀共秋旻競爽，□□與」春藹齊暄，肅肅焉懍崖松，光光焉焕巖電，仁經自遠，禮興斯」邈。藏耳懸河之伎，發自神聰；吐鳳驚鸞之奇，非資深學。於是」夙鄙朵頤之陋，載想銷聲之道，遂屏塵雜，迴託煙霞，絶志」金門，留情蓬巷。既而寸晷不停，尺波遄逝，以貞觀十年二月」三日早從怛化，春秋六十七。夫人李氏，隴西人也。蘭姿儼度，」玉裕飛貞，六行有徵，四德攸在。爰自結褵之日，言歸君子之」門，撊節將黄鳥共翔，闔問與玄尋競遠，庶期福壽，奄覩殲芳。」乾封二年九月十六日卒於家寢，春秋八十三。是知雙鳧中」隔，會必同林；匹劍先乖，終將共匣。嗣子遠等，痛貫霜景，悲纏」風樹，慟昊天之罔極，崩集蓼之深哀，緬思同穴之儀，敬想葬」防之旨，即以其年十月廿二日合窆於芒山之上，禮也。恐年」代悠邈，歲序徂遷，偃斧不存，桑田斯變，故紬清範，寄之貞石。」其詞曰：

華基峻迥，茂族靈長，代傳簪黻，門盛珪」璋。乃祖唯考，播美馳芳，清颷肅穆，麗彩昭彰。惟君贍逸，器宇」高奇，夫人婉嫕，綽裕風儀。本期偕老，良人先萎，今歸同穴，長」窆山垂。靈輴迅軌，嘶驂踠足，霧慘危岑，風驚寒木。玄扃一閟，」□日何燭，式題貞琰，永傳芳菊。」

（周紹良藏拓本　河南千唐誌齋藏石）

乾封〇四四

【蓋】失。

【誌文】

大唐黄府君夫人孫氏墓誌銘并序」

夫人諱智，字三，富春人也。系發齊將，源分吳主，自斯以」降，代有明德。宏才偉器，布在耆舊之書；文軒華衮，存乎」紀功之狀。祖懿，隋緱氏縣令；父智，唐任岐州司馬上護」軍；並行實模楷，言成隱括，博物之譽，高步一時，孝乃天」資，義惟人表。夫人誕膺積慶，□□淑□，□芳蘭蕙之資，」曜彩荆藍之德，及歸於高胄，入□中闈，□事澂幕，親□」紃組，内外之所取效，宗黨之所歸仁，雖古稱明哲，兼陳」貞順，牧以芳塵，豈能爲匹。而代嗟逆旅，人比閲川，與朝」露而俱晞，隨夜臺而共遠，以乾封二年九月十九日□」疾，卒於洛陽縣景行里第，春秋六十有二。息玄義，任□」文寺掌客，盛名之美，獨高當代，陳詩感寒泉之慟，□□」積風樹之悲，即以其年歲次丁卯十月戊子朔廿七□」壬戌葬於北芒河南縣平樂鄉界。昔者母儀女德，贊在」丹青，貞規淑行，鐫乎金石，況乃田海交變，陵谷互遷，不」書令範之風，孰寄餘芳之美？其銘曰：」

高門代載，懋德餘基，誕降閨範，茲爲女師。君子攸聘，爰」求淑姿，工踰弄杼，藝出盤絲。素紼遵路，玄堂卜期，家喪」母道，人亡女師。□疏霧斂，隧古風悲，舟壑雖變，芳猷在」茲。」

（周紹良藏拓本　開封博物館藏石）

乾封〇四五

【蓋】失。

【誌文】

唐故段氏妻李夫人墓誌銘并序」

夫人諱弟，字靜端，洛州河南人也。自王父至於顯考，」咸以貞遯雅居，紫桂白雲，華芳可美。夫人降銀河之」逸氣，禀寶婺之仙輝，始自髫年，蘭儀秀發。初覩圖史，」淑問已彰，紃組之工，因心而特妙；詠歌之智，寓目而」彌高。初笄之年，嫡天水段儉。伯鸞之婦，必在孟光；秦」嘉之妻，應歸徐淑。夫人既和同琴瑟，亦異代而騰聲。」豈謂逝水東流，凌波之步方遠；浮光西上，照梁之輝」已謝。乾封二年十月十三日遘疾，終於脩善之里第，」春秋卌有七。即以其月廿八日葬於芒山之陽，禮也。」嗚呼哀哉！乃爲銘曰：

猗歟貴胄，作偶華門，蘭芬玉質，令德婦言。彼蒼不弔，」奄逝華茵，鳳文韜色，鸞鏡生塵。閱川東逝，芒山北上，」劍離異匣，鶴□殊賞。風淒迴樹，霧闇遥巒，魂兮何託？」貞石徒刊。」

（周紹良藏拓本　開封博物館藏石）

乾封〇四六

【蓋】失。

【誌文】

□□□張府君并夫人燕氏墓誌銘并序」

□□□□雄，洛陽人也。系發軒黄，源□邵□，自斯以」降，□□□□，宏才偉器，布在耆舊之書，文軒華衮，存」於紀功之□。祖善，父彪，並行實模楷，言成隱括，博物」之譽，高步一時。孝乃天資，義惟人表，以貞觀十五年」先夫人而卒，遷殯於平樂鄉之北原。夫人燕氏，誕膺」積慶，幼表淑靈，開芳蘭蕙之姿，曜彩荆藍之德。歸言」之稱既著於閨庭，女功之敏兼聞於鄉邑。内外之所」取則，宗黨之所歸仁。與朝露而俱晞，隨夜臺而共遠，」以乾封二年十月廿三日卒於私第，春秋六十有八。」同穴斯重，祔葬修歸，即以其年十一月五日，合葬舊」塋，禮也。長子留生，感寒泉之慟，積風樹之悲，襄□□」疾，杖而後起。昔母儀女德，贊在丹青，貞規淑行，鐫□」金石，況乃田海交變，陵谷互遷，不書令範之風，孰□」餘芳之美。其銘曰：

高門代彰，懋德餘基，誕降閨範，兹爲女師。君□□□，」爰求淑姿，□□□杼，藝□幣絲。其一。錦字稱工，□□□」凝，猗與勵□，誕斯才子。金碧爲文，彫章入仕，□□□」隙，同嗟陟屺。其二。素紼遵路，玄堂卜期，家喪母道，□□」女師。松疏霧斂，隧古風悲，舟壑雖變，芳猷存□。」

（北京圖書館藏拓本）

乾封〇四七

【蓋】 失。

【誌文】

□大唐乾封二年歲次丁卯閏十二月景辰」朔五日庚申，洛州河南縣郭府君之銘

觀夫生平九皋之歲，工鳴振以聞天；少壯十」里之辰，逸足奔而躡電。立風雲而外發，蘊珪」璋而內明，望儼即温，牆高宮邃。君姓郭，諱君」副，并州太原人也。往因先官，爰第洛中，在鄉」黨而接凡，於友朋而忠告。少徒戎旃，早習干」戈，六奇納在匈懷，七略藏之心腑。以貞觀年」中，特蒙拔擢，授以左屯衛郟鄏府隊正。閭豪」同慶，幕旅俱忻。展效東征，夷徒喪服，忠誠克著，錫以戎班。功績既宣，遂加武騎尉。逝川既」速，光景俄然，霜露威嚴，芳□悴落。春秋六十」有七，薨於洛州之私第也。士女沾灑，行路驚」傷。以七尺之骸，歸一棺之□，并與亡夫人鄭」氏同葬於北邙之栢。龍轜後進，飛旐前通，白」楊悲風，泉門遂掩。千秋寂寥，萬古幽沉，鐫石」立銘，以爲靈記。」

（北京圖書館藏拓本）

乾封〇四八

【蓋】 失。

【誌文】

唐故處士許君墓誌銘并序」

處士諱國，字進國，潁川人也，今貫洛陽縣上東鄉焉。夫萊溜」疏源，控長川而波委；庭蘭構本，竦遠幹而分枝。故西漢納言，」取高名於八舍；東京太尉，實望重於三槐。即處士□先也。祖」，□父護，俱郢璞，並蘊秦鑑，情潤芝田，性湛珠浦。道□夷遠，」棲雲霞以孤征，意藻澄明，照冰霜而獨引。總兹微尚，安此韜」光。處士籍祖考之忘榮，得逍遥於桑梓，池分碧篠，遠映青疇」之歡；畹茂滋蘭，近趣渌波之賞。家惇孝友，鄉協温恭，盡資敬」於潘園，肅言信於布節。既而性崇釋教，意篤伽陁。朝景銷雰，」悔情波於法雨；曛鍾夜警，摧意岳於輪風。所以滅已之資，開」闡經教，每年於諸寺常轉一切經，温室盂蘭盆供養家内，造」彌勒尊容聖僧菩薩神王師子一塔，寫法華經一部，並虔恭」外境，罄率中誠，愿果大千，延慶不二。所以法雲霞布，流潤景」於三朝；像設閑安，焕神儀於百輻。方冀西光緩轡，期暮齒以」投誠；北陸遽陰，奄曉魄而沉照。春秋七十。越以乾封二年十」二月十二日終毓財坊私第。以其年歲次丁卯閏十二月景」辰朔五日庚申權葬於洛陽縣清風鄉北邙之陽，禮也。恐栢」亭風勁，松聲晚清，水無岸於瀍㳂，烏頡頏於山楹，霏霏昏霧」重，靄靄朝雲輕，挽歌隨曲絶，音徽終不傾。乃爲銘曰：

穎川波鋆，箕嶠騰暉，肸蠁英俊，文柯庶幾。仁高春露，義踵霜」霏，聲華里閈，芳列王畿。其一。符彩英明，機神辯晤，清藻夙紛，貞」祥凝固。孝篤金芳，信楊璿路，洽志二明，諧情六度。其二。冥默輔」仁，實疑與善，劍去沉暉，鳧飛不見。揚德音於玄石，庶松銘而」增絢，風有絶於薤歌，響乘芳而無殿。其三。」

（周紹良藏拓本）

乾封〇四九

【蓋】唐故嶲州録事李君銘

【誌文】

大唐李君墓誌」

公諱弘，隴西成紀人也。若夫奇精效瀆，異色浮關，故□析真氣於」西遊，派靈源於東箭。是以良家擅美，飛將騰聲，茂葉英華，公盡之也。」祖察，齊任青州刺，忠照褰帷，昇桂香於九析；貞輝洗幘，播蘭芬於」六條。父郝，隋任和州歷陽令，容止閑雅，器宇冲玄，漕激流波，韻清」琴而動雪；塗歸濯錦，煥雅製以飄雲。公挺質金箱，標貞玉潤。九吟」摛絢，縟四始於錭龍；七德飛聲，飲六鈞於石虎。釋褐皇朝徐州」都督府參軍事，又遷任西州交河令，又遷任嶲州都督府録事參」軍事。曳翔鳧而闡化，仙識攸凝；狎馴雉以流芳，仁風載穆。三史百」家之旨，總照虛襟；風前月下之文，更輝汗簡。宜膺福善，以字攀轅，」不謂烏憩嵫巖，長埋玉樹；娥淪墨沼，永絶銀鈎。以顯慶三年九月」廿日遘疾，薨於嶲州官舍，禮也。春秋六十有六。夫人閻氏，河南滎」陽人也。夫漢宮專寵，肅彤管於後庭；魏國標奇，效素誠於臣節。故」得聯輝桂苑，景麗初娥，弈葉蘭叢，光翻少女。嬪儀霜潔，婦德筠貞，」饁野顯其賓容，舉案表其柔則。掞五言於錦字，絢六義於椒花。方」以鞠長嵇門，訓孩曾室。豈謂風摇絳樹，遽閲逝川；雪罷青琴，奄同」過隙。以乾封二年十二月遘疾，薨於私第，春秋七十有二。嗚呼！粤」以其年閏十二月景辰朔五日庚申合葬於北邙山，之禮也。哀哉！」孤子武騎尉行師，思岵巖而標擗，想屺岊以煩冤，霜風烈兮揚素」旐，愁雲欝兮閟黄泉。備綿代兮遷徙，式玄石兮刊鐫。乃爲銘曰：

藍田挺秀，筠節貞心，仙舟徙壑，玉樹摧林。單鳬化履，獨鶴遊琴，文」餘五永，山空九吟。其一。後庭遥緒，良家盛歸，蘋蘩中饋，斧藻閨闈。星」沉婺影，月落娥輝，夜泉雲閟，晨臺雨晞。其二。悽酸挽響，悲踴驂征，風」翻素翣，霧織丹旌。煙凝蒿里，日暗佳城，一刊幽石，千載飛聲。其三。」

（周紹良藏拓本）

乾封〇五〇

【蓋】失。

【誌文】唐故虢州閿鄉縣丞孫君墓誌并序」

君諱恭，字懷信，吴郡富春人也。昔都吴建國，疏源崇鼎峙之基；」周晉播遷，茅土享封侯之祚。英明遞振，胤裔克昌，詳諸簡牒，可」略言矣。曾祖建，周驃騎將軍恒州刺史；祖遷，隋邢州沙河縣令；」並清輝鑒物，雅望光時，譽重國華，行稱人傑。父信，皇朝虢州」閿鄉縣丞；器宇恢弘，機神朗潤，風標載遠，崖岸莫窺。君據道依」仁，率由於至性；聞詩習禮，不待於過庭。爰洎弱齡，肩隨大學，摳」衣請業，鄙百遍之淹通；鼓篋資師，陋三冬之晚就。觀光上國，射」策甲科，釋褐授益州郫縣尉。銅梁之境，贊劇務以開規；月峽之」鄉，劭嘉庸而軌物。龍朔三年，改授虢州閿縣丞。地接兩都，境鄰」三輔，功宣善最，政洽謳謡，仁惠之規，實資其寄。方當介斯景福，」以饗遐齡。豈謂閱水不留，奄從風燭，麟德二年歲次景寅七月」□日寢疾，終於閿鄉縣之官第，春秋卌有八。粤以乾封二年閏」十二月十一日窆於洛州洛陽縣清風鄉北邙之原，禮也。惟君」□□□徹，識履淹融，鍾具美於，綜多能於萬物。旻天不吊，與善」無徵，□留挂劍之悲，徒軫絶絃之歎。有子顒等，痛切風枝，哀纏」泣血，是用敬雕美琰，勒此豐碑，庶傳□於不朽，終萬古而無虧。」其詞曰：

建國都吴，承家享晉，自兹厥後，□□□□□爛金册，蟬聯玉胤，代濟其美，嘉聲克振。其一。載生盛德，爰植異□，沖融道性，爽亮機」神。豪端委縟，舌抄騰芬，行高旌賁，禮洽玄經。其二。三蜀名蕃，兩」□襟帶，地粤股肱，里成冠蓋。佩韋翼化，鳴琴貳□，五德攸□，□」人是賴。其三。西傾落景，東流逝川，容徽奄謝，懿範空傳。冥冥萬」古，杳杳三泉，庶遺芳烈，勒此雕鐫。其四。」

（周紹良藏拓本　河南千唐誌齋藏石）

乾封〇五一

【蓋】　婁君墓誌

【誌文】

大唐故右驍衛游擊將軍安義府右果毅都尉上柱國婁君墓誌銘并序」

蓋聞三宮演妙，叶兵符而振武威；五府騰華，列文昌而照星彩。然則馴雁宣」效，順虎陳規，奮氣勵於青雲，英略窺於蒼海者，其在兹乎？公諱敬，字仁」恭，其先齊國人也。原夫奉春獻策，盛烈光於西漢；禁侯侍衛，景冑藹於」東吴。構神趾於營丘，派靈源於負海。祖珽，隋任真定太守；父榮，隋任蔡」州别駕：褰襜冀甸，案户豫圻，集鳳驛於清徽，展驥標於華譽。惟公丹穴」疏智，清氣凝神，幼擅文經，壯弘武節。初投超筆，遂秉陽戈，於時險瀆餘」妖，新昌遺匿，雖鼷頭已截，而狼心尚梗。於是揚麾碧海，飛繳青丘，載刊」不耐之城，重紀九都之嶠。至永徽三年，青丘道征，蒙授雲騎尉。公玉帳」飛算，石陣頻臨，既陷九重之圍，遂攘千里之地。至龍朔元年，從總管契」苾將軍遼東道行除檢校果毅，至平壤城鐵山陣，賞緋袍銀帶，授游擊」將軍，檢校果毅同正府領，表勤王也。我國家張天御辯，括地開英，檢玉」疏祥，渥金騰慶。既而欣陪仙蹕，式奉乾樞，靈澤旁融，華班浹暨，又加遊」擊將軍。至乾封元年，復從契苾將軍遼東道行檢校子總管，并知折衝」事。昔郄臻之佐中軍，竇憲之標上略，論功比德，未之尚也。庶可填沙計」演，開湧泉之大謀；減竈陳規，結傅薪之永歎。以乾封二年七月□日薨」於軍中，春秋五十有三。慟深上宰，哀軫中堅，弔祭既加，贈襚遄及，帛四」十段，粟四十石，夫二十人。招左轂之魂，錫東園之禮，人夫祖送，以歸鄉」邑。爰以其年閏十二月景辰朔十七日壬申卜葬於河南縣平樂鄉邙」山之陽，禮也。嗣子待賓等，痛深蓼徑，悲纏梓域，恐音容而永謝，紀清徽」而無極。其詞曰：

齊邑崇基，沛垌疏趾，業隆家牒，功編國史。獻議成規，遊談抗美，去思流」譽，康歌薦祉。其一。誕靈時彦，丕緒克隆，抑揚英略，倜儻才雄。兵攔壘峻，師」律旁融，拔山超力，攘地稱功。其二。左渠肆孽，轉戰除妖，揚舲横海，揮戈渡」遼。晨開遠陣，夜警嚴鐎，鷹山霧徹，狼水冰銷。其三。人代何促，塵露忽危，泣」瓊俄軫，歎蕙無貲。長歸大暮，永謝奔曦，唯餘畫象，空列光儀。」

（周紹良藏拓本　開封博物館藏石）

乾封〇五二

【蓋】失。

【誌文】

大唐故謝君墓誌銘并序」

君諱通，字師感，本系潁川，徙家洛食，今爲河南人」也。太傅絳帳騰規，康樂松心孤映，清風亹亹，代襲」英靈。祖良，隋任豫州録事參軍；父欽，隋任申州司」户；并綰銅章而有裕，曳墨綬而飛聲。君冥極兼資，」表因心於育下；心靈洞照，馳睿範於齡年。岵屺摧」峰，病罷鄰家之臘；花萼垂彩，恩隆姜氏之衾。慎白」圭於南言，輕黄金於季諾。僚執敬其信，鄉黨侍其」仁。豈謂迅商飈於青春，促彭年於殤壽，俄聞撤瑟，」奄遊岱宗，以乾封二年閏十二月七日終於私第，」春秋卌有三。以其月十七日葬於邙山平樂鄉之」界，禮也。胤子振風樹之悲，昆季痛朝飡之訣。恐賓」實之永湮，託幽扃而紀烈。迺爲銘曰：

蘭生載芬，玉生斯潤，業隆荷構，情祛悔吝。靈臺內」融，英聲外，孝乎惟友，忠而有信。其一。天地不仁，蒭狗」萬物，勁翮未申，壯心猶鬱。春葩吐曜，秋霜俄拂，室」悲祖奠，塗哥引紼。其二。驂嘶洛涘，旆指芒椒，天倫感」輝於棠棣，孤嗣痛絶於瞻橋，黄鳥送哀而咬咬，白」楊引吹而蕭蕭，形九泉而永翳，德千載而恒昭。」

（周紹良藏拓本　開封博物館藏石）

乾封〇五三

【蓋】失。

【誌文】

唐故杜君墓誌銘并序」

君諱慶，字才，京兆人也，今寄貫洛陽縣餘慶鄉焉。緬彼□」源，韜跡翔於伊帝；條繁固本，揚策表於周郊。尹京兆於漢」邦，將南征於晉代，文物光顯，貞節克符，青紱朱轓，□閒斯」在。曾祖安，周豫、虢二州刺史；祖緒，隋肥鄉令；並望清雅俗，」才光朝序，仁量黄陂，義華趙璧。襟清朗月，鶩三善於漳南；」德藻山松，驛四知於汝海。父胄，韜光聖代，趣志私門，映」秋沼之黄花，矚春朝之白桂。君毓德表里，襲義華宗，敏自」觽年，明高綺日。至德之性，朝夕温凊；具爾之情，終怡悌□。」藻生知於學植，窮奥旨於禮經，莊好問於玄同，賾鈎深於」於繫。籝金戒志，拾紫期榮，方利賓庭，奄及丁罰。痛几筵之」虚寂，悲陟屺之空瞻，意結情迷，終懷奉養。冀露濃朱實，周」家園以行和；景耀青林，飲曲汜而歡□。忽驚夜壑，俄促朝」暉，雲擁柳之鳴驪，風入松而挽響，春秋四十有五，越以乾」封二年閏十二月九日，終於立行坊私第。以其月十七日，」權殯於邙山之陽，禮也。隴栢空凄，苴庭痛咽，白楊來苦霧，」黄□□風烈，一終蒿里歌，唯餘狐菟穴，形體泯幽泉，德聲」無斷絶。其詞曰：」
疏構□霏，□□漢日，錫土周郊，分華晉室。貞軌斯翹，英旄」有秩，才跨陳琳，賞高吴質。爰兹慶緒，誕德仁風，藝豐道洽，」善始令終。方貽孝友，家務斯隆，奄促朝景，令績無窮。」

（北京圖書館藏拓本　開封博物館藏石）

乾封〇五四

【蓋】失。

【誌文】

唐故張君墓銘并序」

君諱朗，字寶貴，河内脩武人也，今貫居河南」縣焉。魏太子友範者，即君先也。瑶玉清越，剖」崐嶺之瓊英；錦質摛光，濯成都之溢浪。代開」人物，芬馥時英。祖榮，父通，並肅景霞霏，操鮮」泉沍。仁莊雲峽，潤蘭友於平生；貞藻水潭，潔」筠行於千載。君菊華寒木，芳習幽叢，孝景□」童，友清髫歲，及名流弱冠，德懋中年，斟榮利」以浮華，考寵辱之攸在，於是嘯傲丘壑，韜志」林泉，怡情風月之霄，畢性一丘之内。方申引」領，送春目於高巖，奄頓巾車，落暮景於危嶠。」春秋五十，去貞觀九年四月十六日，終於清」化里私第。夫人樊氏，南陽人也。峻節標華，貞」規夙挺。月開文鏡，映星婺以分暉；清浪漪潭，」澹冰沼於寒夜。自行張氏，潔桂馥於春柯，既」饋榛羞，藻蘭薰於秋實。雖早虧天蔭，保乂孤」蒙，咸成斷織之規，並慶觀光之夕。冀申柳□，」懽長筵以壽觴；俄落桑陰，悲促景於虞谷。春」秋七十有七。越以乾封二年閏十二月二日」終於清化坊私第，以其月廿七日與君合葬」於河南縣平樂鄉芒山之陽，禮也。嗣子崇珪，」宣議郎、騎都尉、行棣州滴河縣尉。恐阜落青」庭，波潮淥沼，敢憑良執，敬述銘云：

基峻岳，帶長河，挺丹桂，竦瓊柯。夜臺寂，悲風」過，親友去，狐兔多。

（周紹良藏拓本　開封博物館藏石）

乾封〇五五

【蓋】失。

【誌文】

唐故王君墓誌銘并序」

君諱師，字弘德，河南鞏縣人也。若夫崛崿基構，標令」望於江東；枝幹扶疏，振芳猷於洛汭。祖靜，隋任豫州」別駕；匡輔八命，毘贊六條，邁士元之嘉風，播休徵之」清範。父禮，唐任梓州玄武縣丞；光揚製錦，宣暢盤根，」顯百里之英聲，懿一同之宏軌。惟君稟靈川瀆，秀質」崑峰，少逸婌姿，長多挺特。情崇大隱，遇涅色以無緇；」志重小山，矚桂林而有想。優遊老室，」知止知歸，偃息」莊巖，惟廉惟足。豈而春光桃李，逢驚吹以凋華；夏景」芙蕖，沐洪濤而罷豔。粤以乾封二年九月一日寢疾」於冀州魏縣逆旅之館舍，春秋三十有八。嗚呼！連枝」同氣，便興花萼之悲；齊體好仇，乃慟瑟琴之泣。遂使」鄰停相杵，巷絶謡童，行路懷嗟，閭閻致念。哀哉！即以」乾封三年歲次戊辰正月乙酉朔十八日壬寅權窆」於平樂鄉杜郭村北二里芒山之陽，禮也。孤子府兒，」鳩車歲就，竹馬年登，詎謂所天，俄辭風月，生事不備，」死葬未閑。慮碧海之變桑田，恐高岸之成深谷，勒鐫」翠石，擬製玄銘，萬古傳芳，千齡刊美。

其詞曰：

邈哉夐古，鏡彼清流，江東擅美，洛汭徽猷。惟君挺質，」風味貞遒，知止李耳，齊物莊周。其一。歎矣王君，嗟乎處」士，執禮蹈儀，敦仁明義。惜道寸陰，然諾千里，如何不」慭，奄從泉閟。其二。龍軒動軔，驪駕昇崗，泠泠雲旆，霏霏」霧翔。索索悲風，蕭蕭白楊，窆靈窀穸，人事淒涼。其三。」

（周紹良藏拓本　河南千唐誌齋藏石）

乾封〇五六

【蓋】大唐故南和縣令張君墓誌銘

【誌文】

君諱彥，字德明，河内脩武人也。族茂清徽，玉露泫英風之美；條繁」景著，金章彫德懋之功。豈唯紫燕騈衡，青緺藻帶，警桃花於春路，」釣緹珮於秋朝。祖志立，後魏海陵令；父莊，北齊魏郡户曹；並婉貞」清以凝質，湛明朗以團暉。遥興董生之才，遠映岑公之德。君瀓風」蘊藻，夙騁千里之蹤；釣景凝暉，幼洽十倫之教。蒸蒸之性，架樊孟」而申懷；悤悤之情，篤姜陸而遺照。藝菲三傳，文綜八行，裁晉乘以」疏華，遞吴江而糅彩，選授」秦府參軍，又授南和縣令。綺琴朝奏，揚令績於薰風；蘭坂晨暉，奉」渦陽之逸藻。月華長薄，引清吹於西園；霞藻朝梁，野馴翬」於南郭。方懷邁德，翔棻麟閣之賓；清越琳珪，名奏鯤絃之曲。奄凋」塞柳，葉將景而沉霏；落羽摇風，摧迅翮於雲路。春秋四十有一，去」武德六年七月廿三日終於私第。夫人郭氏，河内人也。桂影凝貞，」藻青山之繡霓；蘭風熚務，清碧沼之紅漪。及珮響分庭，薰華薦豆，」絢如賓於絤瑟，徵舉案於彫璋。豈晤津潔瑤谿，逝水警金風之切；」林疏珠浦，留英凋玉露之團。春秋七十有五，越以乾封二年十二」月十三日，終於洛陽縣敦厚坊私第。以乾封三年正月廿五日與」君合葬於河南縣平樂鄉邙山之陽，禮也。長子内府監右尚署令」君諒，第二子蓼國公府丞君楷，第三子將仕郎君表等，感廣柳依」依，轉雪津之步步，栢亭靄靄，驚挽響之淒淒。膽血凋叢，咽魚山之」早誓；聲悲泣溜，涕屺岵之何從。敢述遺音，其詞云爾：

華宗鬱鬱，景胄悠悠，在漢稱伯，於晉爲酋。翠蘭繁夏，金菊光秋，誕」兹淑穆，於今尠儔。薰修德懋，桂析貞明，疾惡如怨，見善若驚。奉」尊唯順，撫下斯平，儀高二德，惠洽三英。虚恍驚秋，華茵遽寂，聲沉」匣鏡，響悲鄰笛。露薤朝哥，泉扃夜闃，樹將風而振彩，名共響而增」逖。

乾封三年正月十二日勒成。」

（周紹良藏拓本　河南千唐誌齋藏石）

乾封〇五七

【蓋】失。

【誌文】

大唐故張君之銘」

君諱對，字懷玉，南陽白水人也。」祖貴，朝散大夫；父素，身有勳官，」潛居白屋。惟君積善餘慶，始驗」無徵，搆疾一宵，遂殞私第。粤以」大唐乾封三年歲次戊辰正月」乙酉朔十七日辛丑，春秋一十」有七。即以其月二十五日殯於」龍門西平原，禮也。恐陵谷遷變，」滄海成田，勒石泉扃，傳芳永久。」

（周紹良藏拓本）

乾封〇五八

【蓋】失。

【誌文】

唐故靖君夫人墓誌銘并序」

公諱徹，字士明，洺州清漳人也。其先蓋周靖王之苗裔。原夫長瀾」迴派，疏濛汜以通流；瓊幹遐分，析扶桑而遠構，榮班弈葉，龍秩」蟬聯。曾祖景，周任清漳郡丞；佐烹鮮於百里，翼製錦於一同。祖」亮，隋任華州録事參軍；令望攸歸，公平理物。父禕，皇朝任趙州」贊黃縣主簿；冰壺飾性，藻鏡莊懷。公禀靈載誕，天縱挺生，玉朗」夙彰，金鏘早振。降年不永，與善無徵。以貞觀十六年九月廿三日卒於」立行里私第，春秋六十有三。夫人太原王氏。連暉誓水，襲祉佩刀，」蒨松竹以俱貞，播菊蘭而等馥。節韜萊婦，操掩鴻妻。豈其釁起夢瓊，」奄沉連石，以乾封二年十二月廿六日卒於嘉猷里私第，春秋七十有九。」以乾封三年二月十六日，合葬於平樂鄉之壤，禮也。恐陵谷遷貿，景行」堙沉，勒石紀名，式揚光烈。其詞曰：

猗與遠緒，本茂靈」長，居秦業盛，在漢烈昌。其一。爰始丱歲，四德在躬，齊眉表」敬，操誄送終。其二。昊天不仁，殲我令節，掩曜婺星，藏暉娥月。毀此金明，碎玆玉潔，」朱旌易往，素驂難輟。其三。山煙晦暝，愁雲聚螢，孤燈永滅，穸戶長扃。□□」朝暗，松風曉清，一刊貞琬，萬□□聲。」

（北京圖書館藏拓本　開封博物館藏石）

唐代墓誌彙編

總章

總章〇〇一

【蓋】 失。

【誌文】

大唐前房州房陵縣尉苻君太夫人張氏墓誌銘并序」

夫人諱曜，本清河人也。羽宿垂芒，降靈源於翼次；實沉分野，」□禱頌於參墟。鴻門薦玉斗之籌，瘞轍黜金蛇之貴。肦鑾繼」踵，紛綸典謨。祖範，齊任東海郡司兵參軍。父祥，隋任幽州范」陽縣令。職典戎鈐，洞豹韜於靈府；位烹鮮鼎，馴翬翟於鳴絃。」夫人婉淑梃彰，清規迴構，契蘋容於師氏，冥禮範於公宫，佇」良匹於傾梧，候標辰於中饋。塤篪合響，蘭桂侔芬，採蘩澗以」虔羞，奉榛而薦志。雅尚謙儉，性略浮華，蟬鬢承雲，釵荆與」玳簪齊致；輕裾曳霧，纁縞共鴛綺同歸。不飾外容，常勗如賓」之敬；冰霜内竦，無寬舉案之儀。先君以永徽四年先夫人而」卒。有子尚仁，禀自胎規，幼承咡訓，同楊家之一子，冠韋氏之」雙珠。噬指知歸，不疑参於投杼；麻心自直，不徙孟以求鄰。豈」謂夜壑遷舟，虞泉落照。總章元年二月十四日終於私第，春」秋七十有六，其月卅日遷窆於先□之舊塋。子尚仁切春樹」之驚風，痛秋荼之惨味，窺鏡奩而心斷，覽杯澤以魂傷。然祔」葬非古，肇自周監，曾合衛離，無閟得喪。恕死生而共域，阻卜」兆而殊封。非木壤之能聞，託神契以相逢。令淑刊乎扃穸，悲」色結乎荒松。嗚呼哀哉，迺爲銘曰：

系分朱鳥，派發黄熊。洪源蕩於淮海，峻趾聳於華嵩。耀出謀」而晉盛，良入幄而漢融。慶流不竭，厥胤光隆。光隆伊何，載生」淑德。棗栗興戒，笄纓曰式。蘋沼薦誠，筐錡顯則。姻族希風，閨」儀靡忒。婺躔耀戢，娥影輝收。空悲逆旅，詎覿藏舟。旌翻素錦，」□轉慌□。□□殊隧，髣髴同裯。式題四德，永□千秋。」

（周紹良藏拓本）

總章〇〇二

【蓋】　通夫人銘

【誌文】

大唐通君閻夫人墓誌銘并序」

夫人諱玄，巴西人也。層幹扶疏，蔚凌雲之茂，□源浩汗，」驚濺日之濤，蟬冕交輝於漢朝，龜組芬映於晉室，英華」間發，琳瑯挺生。祖真，隋齊州刺史；激清風於千里，揚慧」化於三齊，浦耀明珠，車流甘澤，脂膏不潤，酌飲無貪，政」績之隆，唯公得之矣。父通，任鄴令；仙鳧設教，義契嚴明，」琴韻流芳，道符顯譽。凝清徽於水鏡，秉廉直於繩冰。並」策勳竹帛，騰輝油素。夫人誕靈秀出，禀自生知，慧性内」融，貞儀外朗。音徽靄春雲之潤，峻節貫秋霜之嚴，嘉聲」重於閨門，芳跡流於蘭室。天然表其六行，幼齒彰其四」德。百兩之禮，醮於通氏。夫人母儀抗於姜女，婦德駕於」萊妻，動叶規矩，調諧鍾律。雕文絢於龍章，博藝窮於鳳」篆。以乾封三年二月五日卒於私第，春秋卅有九。即以」總章元年三月七日窆於平樂鄉，禮也。北跨邙阜，松疏」鏤月之光；南睇洛川，錦漾沉霞之色。丹旐籠霧，素翣吟」風，闃寂山門，蕭條封樹。嗣子善、義等，孝動靈祇，顧蓼莪」而增痛；行逾曾閔，悲風樹而崩摧。永播鴻猷，式鐫金石，」迺爲銘曰：

峨峨高門，英英茂族，代流槐棘，」家傳鼎録。會稽竹箭，荆山和玉，圖彩丹青，書勳簡牘。金」柯輝彩，玉葉騰新，齊心蘭蕙，侔志松筠。荒涼山隴，鬱矣」佳城，幽隧暮靜，日落松聲，刊德琬琰，詎壯鴻名。」

（周紹良藏拓本　開封博物館藏石）

總章〇〇三

【蓋】失。

【誌文】

故騎都尉張君墓誌」

君諱德，字文，洛陽人也。尋其本系，即黄帝之苗；承□」派流，乃白水□茂。因技從宦，遂宅伊瀍，得性而居，遊」泳文傅。祖□，齊任驃騎將軍；父英，隋任儀同、車騎□」軍；并馳鶩英聲，雄略横氣，三端早著，七德夙彰，洽義」蹈仁，可略言矣。君乃門資素業，地藉芳猷，早顯英雄，」久蘊風雅。投名占募，討彼殷夷，航海梯山，策名韓狛。」展忠誠於日陣，所向莫當；竭力效於雲兵，人罔之敵。」遂蒙高策，授上騎都尉。知老氏之誡，識危亡之憂，乃」嘯遨閭里，突宕丘園，對文酒而抽琴，仰風雲而命筆。」脩文偃武，晦迹韜光。豈爲天不輔仁，乃先朝露，忽以」總章元年歲次戊辰二月乙卯朔廿九日癸未卒於」私第，春秋卌有七。則以其年三月乙酉朔十二日景」申殯於河南縣平樂北邙之山，禮也。恐山谷陵移，勒」石爲銘，紀斯不朽。」

猗歟君子，位高名顯，濟濟鏗鏘，斌斌令□。樹德既深。」慷慨英雄，雍容君子，允文洽武，履忠履義。悲風翳壠，」愁雲闇墜，令德淑人，於斯永閟。」

（周紹良藏拓本）

總章〇〇四

【蓋】失。

【誌文】

□唐洛州河南縣南斌故妻高氏墓誌銘」

夫人姓高，諱五子，渤海蓨人也。曾高已上，史册」詳書，祖君遊，隋相州安陽令；父士逸，未仕早終，」並雅量純儒，洽聞博記。夫人宛順有家風焉。」不幸早孤，事母至孝，弟妹沖幼，咸在襁褓，劬勞」鞠養，盡其友睦，鄉閭中表，各得歡心。積善無徵，」遘疾而殞，春秋五十有一。以總章元年四月廿」三日卒。太歲戊辰五月甲申朔七日庚寅，葬於」河南北山平樂鄉瀍左里。親族悲歎，鄰里嗟傷，」頓此清規，銘之翠石。其辭曰：」

崇基峻宇，積德累仁，鍾斯□慶，挺此令嬪。思逾」剪髮，惠振徙鄰，騰芳奠饋，流譽組紃。其一。」忠敦孝友，情深愛敬，動容有則，與物無競。□享」遐壽，遽茲遺命，擊缶興謡，薤歌成詠。其二。」□□發引，丹旐翻飛，長辭白日，永閟玄扉。精靈」不覩，魂爽何歸，松風瑟颼，隴霧依霏。其三。」

（北京圖書館藏拓本　河南千唐誌齋藏石）

總章〇〇五

【蓋】失。

【誌文】

唐故孫君墓誌銘并序」

君諱處信，上黨人也。門傳禮義，業茂忠」貞，雅質被於蘭華，淑德光乎史策，此可」略而言。曾祖遊，隋任歸州司法；祖秘，隋」任將仕郎；父康；並脱穎英髦，冠冕時彦，」晞朝霞而摛秀，度清霄而布誠。豈惟激」潤雲霙，恩洽馴翟。粤以總章元年五月」七日卒於私第，春秋四十有六。即以其」年其月十九日窆於北邙平原平樂鄉，」禮也。鐸鳴哀響，雲慘風悲，仕庶悽傷，人」懷鬱結。恐海變桑田，故爲銘曰：

一代英奇，不終遐壽，何期竹栢，先彫蒲」柳。魂歸異壤，烟生隴首，勒此青徽，千齡」靡□。」

（周紹良藏拓本）

總章〇〇六

【蓋】失。

【誌文】

唐故宋夫人墓誌銘并序」

夫人宋氏，西河人也。若夫擢幹盤根，開基微啓，」背殷紂之虐政，歸周武之至仁，興廢京畿，因封」命氏。祖珍，父託，斯並道懷荆嶺，德藴隨川，優遊」乎禮義之園，栖息乎仁惠之圃。夫人禀氣荃蓀，」挺容蘭桂，昭彰四德，焕爛三徙，爰及笄年，方婚」李氏，閨闈胥睦，組紃標□，盡孝敬於舅姑，敦專」貞於信友。豈而□風未扇，紅葉之豔先凋；玉露」□清，黄菊之榮已頽。粤以總章元年五月十三」日寢疾，卒於思恭坊之私第，春秋四十有九。即」以其年歲次丁卯六月甲寅朔七日庚申，權殯」於洛陽縣清風鄉芒山之陽，禮也。仍恐箸龜兆」返，陵谷遷移，鎸鏤芳猷，式摛景行。其詞曰：」

緬尋丹策，邈鏡青編，居殷思訥，在周稱賢。條枚」鬱揚，花蕊䕨□，高風一代，宗祀千年。其一。歎矣夫」人！嗟乎淑質，四德昭彰，六行絢恤。如何萬壽，倏」然奄卒，松檟悲風，窀埏幽鬱。」

（北京圖書館藏拓本）

總章〇〇七

【蓋】 失。

【誌文】

大唐故處士李君墓誌銘并序」

君諱文，字鶮，隴西狄道人也。昔帝子稱才，總虞官而□」德；真人誕聖，□周吏而敷道。英華靡絶，播蘭薄以傳芳；」慶緒彌繁，蔚□原而不朽。曾祖陁，祖瘦，父鶮。君玠璧攢」符，將璣毓祉，孕冰池而湛照，涵雪□以凝輝。既而泉茗」賞心，驛思陶家之澗；江湘託志，翹精嚴氏之津。固所以」高蹈寰中，幽尋物表者也。豈期著談蒭狗，信矣可憑；在」論無親，忽焉見爽，以總章元年六月十二日奄從遷化，」春秋七十有一。嗣子智弘等，痛感終天，哀深視地，陟岵」何望，毀擗崩心。閔子之制未終，父讓之悲遄及。夫人宋」氏，以其年五月十三日遘疾，卒於私第。即以年歲次戊」辰六月甲寅朔廿九日壬午，同祔於洛陽縣清風鄉芒」山，禮也。玉友爭趨，金交畢集，遡松坰而結欷，聆薤□而」流泣，勒芳譽於泉扉，庶幽明之永揖。其銘曰：」

横江吐胤，地疏流雲，皐氣聚日，老精浮。有道有德，乃公」乃侯，欽若後嗣，克配前脩。其一。器宇凝嚴，襟情爽落，一門」耀美，三鋒英鍔。忸操史廬，矜情班壑，俄遵下位，□辭榮」樂。其二。蓼莪興戀，浚下纏哀，風瑩露結，月璲雲來。棺楸逸」掩，淚栢空栽，唯餘盛列，復紀山頹。其三。」

（北京圖書館藏拓本　河南千唐誌齋藏石）

總章〇〇八

【蓋】失。

【誌文】

唐故驍騎尉張君墓誌銘并序」

君諱愿，字善愿，南陽人也，今寄貫洛陽縣淳俗鄉」上春里焉。自姬水飛鸞，華棻玉牒；泗濱騰嘯，躍羽」金章。故路曜朱幡，門飄霜戟者也。祖景，隋青州別」駕；父貴，隋常州司功參軍；並流譽家邦，取高士友，」貞凝桂馥，清潔玉泉，接轡十賢，芳摇四美。君早瑩」冰沼，標翠箘以暉鮮；夙鑒珠臯，絢黃花而炫□。淳」深敬養，蹈德恭仁，用捨不違，功最流伍，授驍騎尉。」動明志肅，勇擅聲華，氣溢五營，義扶四校，情敦止」足，志樂閑居，卜宅瀍隈，激流家院。花明春谷，舒芬」蘭阤之傍；柳映風潯，垂條竹逕之側。故得時留□」客，乍速遠朋，言論沖虛，足以娛老，冀横琴泛調，酌」神袛於春朝；忽停駕申悲，奄魂銷於夜隙。春秋七」十八，總章元年三月廿九日，終於敦厚坊私第。以」其年七月廿日，葬於邙山之陽，禮也。庶枯桑成沼，」德音與條風競揮；桂水爲陵，芳烈共翠鯨同運。其」詞曰：

玉稱瑜潤，竹以貞明，於穆夫子，保德中平。奄丹桂」於珠浦，增白楊之風驚。」

（北京圖書館藏拓本）

總章〇〇九

【蓋】失。

【誌文】

彭君墓誌銘并序」

君諱義，字深，洛州洛陽人也。祖宗秀峙，冠冕殿」庭，惟季惟昆，馨玉廟廊。故得横才燦爛，文蓋古」今，運三策而無窮，經百戰而常勝。彎弧一發，由」基未足齊賢；雄氣再施，韓信詎方其若。劉景合」度，寬猛兼施，孝悌遠聞，鄉閭率服。可謂如今不」長遊京洛之中，何期一旦纏痾，晝夜彌篤，神屢」追，醫緩數臨，不能厠其深痾，遂乃奄歸泉壤，事」同秋葉，更等寒灰，粤以總章元年歲次戊辰七」癸未朔廿四日景午，卒於私第。即以其年其月」廿四日窆於邙山之陽純俗鄉尚春里，嗚呼哀」哉！乃爲詞曰：

潁川之操，箕山之風，糠粃簪笏，載誕伊宗。伊宗」穆穆，降兹懿淑，德貫瓊瑶，貞齊松竹。松竹青翠，」是曰具常，何言春茂，奄謝秋霜。秋霜永訣，去留」長絶，輴逐龍悲，□隨泉咽，古木風驚，荒艾雲結。」爰勒玄銘，用彰明哲，雖遇閶風，過之不烈。」

（周紹良藏拓本　開封博物館藏石）

總章〇一〇

【蓋】失。

【誌文】

唐故王君墓誌銘并序」

公諱贊，字相，并州太原人也。嫣鏡長明，流五絃而清八表；巢」姜啓瑞，光四履而轥三賢。是知積善資於靈根，諒騰芳於萬」葉。唯公丘園晦迹，鄰濮水之高蹤；嚴肆韜英，追下帷之逸軌。」孤標物外，獨秀環中。負絕俗之姿，包逸羣之量。天長地久，人」□盈虛，隙駟難留，藏舟易遠，音膏沉痾，秦使虛歸，齊膝纏痾，」盧人遠跡。公禀壽有期，延於大漸，於大唐永徽三年四月二」日終於鄰德里。夫人姬氏，資上德之淳休，禀中和之靈粹，承」八百之餘慶，系三五之玄宗，闡四德之清風，含七隆於丹羽，」參萊妻而並駕，與陵母而齊驅。宜享遐齡，永隆景福，豈其遘」疾，暨乎大漸。西山五色，空聞魏后之詞；東谷十技，終闕楚臣」之術。總章元年九月五日，終於里第。長女貞，夙奉□規，幼承」柔訓，誠單地義，孝盡天經。覩春露而興哀，感寒泉而迴絕，粵」以其年九月廿八日，合祔於芒山平樂鄉之原，禮也。丹旐揚」飈，指蕪城而響切，靈轜肅駕，望蒿里而悽涼。合龍劍於邢嶠，」掩鸞鏡於滕室。慮陵谷之俄遷，差海田之遽貿，式題貞石，永」讚芳猷。其銘曰：

千齡挺秀，萬葉飛榮，五絃流化，八表騰清。唯公禀質，埋照韜」形，揖之又損，辭□戒盈。其一。德超終古，光澤無疆，分榮尺邑，積」□餘芳。夫人貞則，閨風自揚，四德彌厲，六行克彰。其二。二龍邢」嶠，雙鸞滕室，萬古留名，三千白日。烏思含悲，松□蕩慄，勒芳」貞石，天壤永畢。其三。」

（周紹良藏拓本）

總章〇一一

【蓋】失。

【誌文】

唐故潘君夫人牛氏墓誌銘并序」

夫人姓牛，洛州洛陽河南人也。昌緒綿長，鴻源敻」遠，聞之簡册，著自緗圖。祖文，嘉遯北齊，銷聲不仕，」父善，韜光林壑，抗志烟霞，遠慕羨門之儔，爲邑鄉」之所高矣。夫人夙禀賢明，幼標閑淑，桂馥蘭芳之」美，挺自兩髦；女儀婦德之聲，彰乎仰髮。年甫十六，」婦於潘氏。和齊琴瑟，芬若椒蘭，六行無虧，四德俱」備。至於紃組酒醴，莫不躬事執持，匪流譽於時，實」傳芳於後諜。豈謂高門積慶，延壽之道無徵；上藥」靈香，返魂言寡效。嗟乎！洪川東遊，方興薤露之悲；」陽景西頽，不極獻觴之歲。春秋七十有一，粤以總」章元年歲次戊辰九月壬午朔廿五日景午子時」遘疾而卒於北纏之私第，即十月九日，遷座於平」樂鄉界北芒之原，禮也。嗚呼哀哉！乃銘曰：

顯允夫人，令淑多聞，清貞鑒水，姿態疑神。雙眸似」月，蟬鬢如雲，既同玉潔，何異蘭芬。素驂移駕，丹旐」縈空，山昏苦霧，樹咽悲風。雕翠石而表既，庶芳聲」而不窮。」

（北京圖書館藏拓本）

總章〇一二

【蓋】失。

【誌文】

大唐故李府君墓誌銘并序

君諱政，字譯，隴西城紀人也。因官播族，編貫斯土。自凝」關表氣，派洪緒以相承，没羽呈奇，結繁枝以交映，家膺」茂□，代不乏賢。曾祖瓊，齊青州刺史。政同刻木，化逮浮」河。祖託族，隋栢林府統軍。智勇拔俗，弓矢威衆。父暉宗，」隋洛州録事參軍。翼贊專城，法規霜簡。君即其第四之」子也。韶年稟異，傳芳駕標俊之歌，冠日飛聲，馳譽轥稱」奇之表。趨庭奉訓，唯色是安。入室揚聲，非容必警。既而」隋基號構，八裔塵驚，權緒韜精，九服雷駭。違難遁跡，廓」處幽栖。失機會於豹變之秋，誤先知於鳳翔之始。實謂」毓德，其運遇此。乃自致逍遥，不求榮利。忽以總章元年」九月廿日感疾卒於東都。春秋七十有五。即以其年十」月十日葬於洛陽縣清風鄉界邙□，禮也。惟君天賦忠」謹，靈契仁明，遺美尚芬，遊魂靡識。有子玄志，陟岵摧心，」□兆□明，乃刊斯石，陵谷遷變，庶紀芳猷，乃爲銘曰：

周□有祚，漢廣其源。慶餘福積，祧□□繁。聲傳弈葉，榮」參冕軒。固根盤石，潤色璵璠。璵璠有繼，芳連遠蔕。踵□」相襲，專城流制。方岳揚名，圓扉無滯。調□前躅，光垂後」裔。後裔誰與，君其貽緒。識量寬博，風神遵□。□愠窮通，」不移寒暑。德遇時剥，道由命阻。命阻可傷，石□韜□。遊魂無」□，徒扇□□。佳城路永，泉臺夜□。□□荒隧，□□悲楊。」

（周紹良藏拓本）

總章〇一三

【蓋】失。

【誌文】

大唐故洛州趙君墓誌之銘」

君諱師，字立，南陽人也。夫烈山構祖，」分岳□□，玉鈐韞祕，保性東齊之郊，」克振家聲。曾祖隋朝散大夫，奔電少」徽之邑，昔何平子遽殆不勝戚，幾於」滅性，以其年十月六日終於私第，春秋四十有三。嗚呼哀哉，惟公惟德之基，」果而勿矜，澤其如濁，方斯荀勗以司」空之業。即以總章元年歲次戊辰十月」壬子朔十九日庚午遷窆於洛州河」南縣永泰鄉齊陵西一里，之禮也。既」辭白日，長守黄泉，嗚呼哀哉！爲銘曰：

南遊負米，東來輟駕，□□未窮，□□」俄謝，水閲孝□，梁擢道舍。」

（周紹良藏拓本）

總章〇一四

【蓋】失。

【誌文】

唐故武騎尉王君墓誌銘并序」

君諱□，字萬通，琅邪臨沂人也，今編貫洛陽縣□」□鄉□春里焉。昔司徒憲穆公珣，即君之先也。祖」忠，梁秘書郎□□□□曹咨議參軍；父淵，隋博昌縣令；並以清□□代，早著於簪裾；儁上陵時，符雅」譽於道□。故漢東奉筆，或繼平臺之篇；北海龜銅，」實□裁成之美。君即博昌之少子也。丱歲聞經，遊」心□義，弱年習禮，藻志緗規。高朋夜月之陂，賞異」朝花之趣。綰青拾芥，須敦甯越之勤；武騎雍容，正」得相如之致。遂安此尉，不覺年侵，方憖老成之□，」終湊貽厥之冀。忽驚隙馬，俄遄日車，春秋六十□」二。越以總章元年歲次戊辰九月壬午朔廿□日」乙巳，終於思恭坊私第。以其年十月壬子朔□□」日癸酉，葬於邙山之陽。夫人解氏之□□□長」子登仕郎弘簡，痛岸徒千金，碑沉四水；風□□隴，」霜濃蒿里，挽咽響於芒顛，目徒瞻於青屺，敢□情」於執友，記言行於終始。其詞曰：

淑郁華秩，□傅緗素，顯允仁英，今資玉度。分庭□」□，□□□□，風落□而柯□，響音儀於終古。」

（録自《芒洛冢墓遺文五編》卷三）

總章〇一五

【蓋】失。

【誌文】

大唐故李君墓誌銘」

君諱泰，字友仁，隴西成紀人也。光韜小史，用藴洪奇，誕白首以標靈，旌老名」於俗表。丹轂皎青牛之異，紫氛挺羊質之神，非名言所易窮，唯顯晦之難測。」遂使清源括地，聳本干天，桂嶺秀鄧林之繁，長川鼓洪濤之浪，簪組交映，賢」達連暉，弈葉隆蔓，非卒覼縷遐躅也。曾祖爽，隋任洪州司户；嘉聲雅度，孤擅」當時。祖弘，隋任秦州録事参軍；懿範清規，獨標物望。父亮，隋任陳州別駕；體」尚夷簡，質懷沉毅，但人倫之風範，實見重於時宜。君發彩珠泉，延芳菊浦，少」標令望，早擅英奇。研精孔墨之場，放曠老莊之囿。文藻遒麗，卿雲僅可齊蹤；」機辯清華，龍鶴纔堪並列。言談鬱燠，時聞蘭茝之芬；詞句鏗宏，每摇金玉之」響。文光奪日，才氣凌雲，汪汪焉，嶷嶷焉，牆仞罕窺，陂深難挹。皇上乃纂」□嗣曆，撫運乘乾，掃氛祲而廓山河，斬鯨鯢而定區宇。君乃效專諸之勇，登」布建輪，申慶忌之捷，七擒七縱。獻兹誠列，以篋轅門，蒙授車騎，用酬勞後也。」君於是捐光寵，慕清虚，養素林泉，肆情文酒，一丘一壑，左琴右書。井近雙桐，」門依五柳，馳競既息，憘愠自夷，混以是非，并乎百慮，蕭然物外，放曠自得之」場；禀操沖和，不撓天然之性。而乃晨疏電滅，夜壑舟遷，沈君發夢絹之徵，孔」公應梁摧之兆。粤以大唐麟德二年十月廿日終於私第，春秋七十有二。夫」人弘農華陰楊氏，騰芬閨苑，挺秀芝田，六行凝神，四德俱備。葛蕈之風外顯，」恭姜之操内融，時號無雙，邦稱罕娓。終期同穴，對劍影於幽堂；爰託樛枝，□」琴聲於奥室。以總章元年歲次戊辰十一月辛巳朔二日壬午，合葬於河南」縣平樂鄉邙山之原，禮也。却負南山，帶崇邙之邐迤；面流東逝，雜松蘿之嗚咽。嗣子善崇、次子行德，悲風樹之既遠，泣負米而莫追，孝性感於冰魚，精誠」移於烈火。懼陵谷遷貿，桑海變田，敬刊銘文，迺爲詞曰：

邈矣遠祖，實惟高陽，條分葉散，岳跱川漲。明輔殷主，聖佐周王，爰及後嗣，盛」德逾光。其一。華宗盛族，沉遠基崇，裁德無泯，承家克隆。篤生邦彥，靡墜門風，銷聲山北，埋」照牆東。其二。草塵易墜，牖電難留，俄辭白日，永翳玄丘。松門露泫，楊逕風秋，勒銘幽壤，以」記芳猷。」

總章元年十一月二日李君墓誌銘。」

（周紹良藏拓本　開封博物館藏石）

總章〇一六

【蓋】失。

【誌文】

唐故郟鄏府隊副梁君墓誌銘并序」

君諱方，字定方，河南緱氏人也，今貫屬河南縣瀍澗鄉思城」里焉。族茂清徽，玉露泫英風之美，條繁景著，金章雕德懋之」功。豈唯紫燕騁衡，青緺藻綬，警桃花於春路，鈞緹珮於秋朝。」曾祖哲，周河陽鎮將；祖達，隋儀同；父粲，詔授涇陽令；並」摛貞清以凝質，湛明朗以圖暉，遥興出塞之奇，遠映優年之」德。君澂風藴藻，夙騁千里之蹤；鈞景凝暉，幼洽十倫之教。燕」燕之志，架樊孟而申懷；思思之情，篤姜陸而遺照。藝含文武，」行總忠貞，裁令淑於行藏，遞襟期於信賞。成己之□，勇□材」官；長水之營，能兼屯騎。選授右戎衛郟鄏府隊副。羽林□師，」目風彩於仁英；射聲俠列，推高幹於華實。冀南陵勵馬，望巧」捷之飛猱；東走長楸，彯忘歸於雲雁。忽凋塞柳，奄落園□，□」將影而沉霏，芳共星而飄馥，春秋六十二。越以總章元年歲」次戊辰八月朔十五日終於洛陽縣□善坊私第。以其年」十一月辛巳朔四日甲申葬於邙山之陽，禮也。嗣子善□等，」感廣柳依依，轉雪津之步步；栢亭靄靄，驚槐響之凄凄。膽血」凋叢，咽魚山之早誓；聲悲泣溜，涕登屺之何從？敢託友人，敬」述遺占。其詞曰：

華宗鬱鬱，景胄悠悠，在漢稱伯，於晉爲酋。翠蘭繁夏，金菊光」秋，誕兹淑穆，於朋罕儔。薰脩德懋，桂析貞明，疾惡如怨，見善」若驚。羽林高價，成己飛英，庭風響樹，沼落彯蘅，空留夜月，松」櫝增聲。」

（周紹良藏拓本　河南千唐誌齋藏石）

總章〇一七

【蓋】　大唐故隊正張君之銘

【誌文】

唐故右勳衛隊正張君墓誌銘并序」

君諱智慧，字元泰，安定烏氏人，即正議大夫」兼泉州刺史、潞城公之第三子也。幼而敏悟，」識辟强之遺篋；長而温雅，擅叔寶之風神。起」家左勳衛，轉隊正，扈從東封，未逾西亳，聞潞」城公遘疾揚州，言歸定省，便晝夜兼道。公已」屬纊，於是攀號哀慕，一慟而絶。經逾數辰，殘」息還續。因饘粥不進，飲水寢苫，泣血消肌，人」扶不起。乾封元年七月廿六日，卒於洛陽之」私第。曾參動聖人之言，猶不滅性；景真貽通」人之鑑，遂不勝哀。嗚呼哀哉！粤以總章元年」歲次戊辰十一月辛巳朔四日甲申，葬於豳」州宜禄之岐原。乃爲銘曰：

藍田孕寶，漢折禖英，終童擅妙，黄香挺生。詞」章鳳舉，箭落猿驚，未舒駿足，遽委朝榮。悌友」趙、姜，孝齊曾閔，因心立志，越禮而殞。草露晨」凝，松風夕引，唯餘勁節，終古無泯。」

（此誌於一九八〇年九月出土於長武縣，現藏於陝西省長武縣文化館，發表於《考古與文物》一九八一年第二期《長武縣郭村出土唐張智慧墓誌》。）

總章〇一八

【蓋】　孫君誌銘

【誌文】

大唐故孫君墓誌之銘」

公諱君，字政，授武騎尉。原夫烈山搆祉，分岳揚□，」玉鈴韞祕，保姓東齊之郊；金鑑韜暉，疏族北燕之」境。德者同德，克振家。祖成，隋任許州長史社縣丞；」父諱感，隋任汴州浚儀縣尉；發熊羆之兆，蘊河海」以義以方外，信必申中，集雪乘華，映冬書而勵奔，」□委昭對秋陽而逾徹。月宮獨往，迴燭少微之色，」幾於滅性，春秋七十有二，以總章元年十月十五」日薨於私第。以其年歲次戊辰十一月辛巳朔五」日己酉遷窆於北芒山清風鄉界之里，禮也。嗣子」蘭奴。既辭白日，長守黄泉，嗚呼哀哉！乃爲銘曰：

地靈肸蠁，天機峻發，逸氣連星，芳名上月。獻牘西」漢，清纓南越，道洽脱驂，仁深結韈。」南遊負米，東平輟駕，五起未窮，九祭俄謝。雹景悲」夕，霜旻泣夜，水閲孝流，梁摧道舍。」金郊四望，玉田千里，疊霧重雲，常山舊水。松閲掩」繐，楸衣畫蟻，日星薄迴，輪芬播美。」哀哀嗣子，悲纏泣雨，邀邀友朋，痛深蘭執。」

（周紹良藏拓本）

總章〇一九

【蓋】失。

【誌文】

夫四時流運，三明競馳，風」燭難停，雲驚披駭。君諱槩，」字德汪，魏朝之貴族也。接」士四海歸心，懷忠王朝稱」善。豈謂賢哲。福盡禍興，以總章元年十一月三日殞」於私第，春秋六十有七。其」月十四日殯於邙山之陽，」通四平也。恐陵谷遷變，勒」石記焉。　元君誌」

（録自《芒洛冢墓遺文續編》中）

總章〇二〇

【蓋】　大唐故銀青光禄大夫守司刑太常伯李公墓誌銘

【誌文】

大唐故銀青光禄大夫守司刑太常伯李公墓誌銘并序　蘭臺侍郎崔行功撰」

公諱爽，字乾祐，隴西成人也。自玄元隱鱗，太極爲兩儀之本；武昭發跡，靈慶承三統之基。緒派」皇枝，望隆鼎族，固以紛綸前史，晉燭後昆。曾祖衆慶，魏奉朝請雍州大中正、寧朔將軍、奉車都尉，新成、永安二郡守；」標准搢紳，隱括名理，神京談其月旦，翠輦翼其風塵，名都列岳，惠政如在。祖亮，周儀同三司、京兆郡大中正、雍州州」都、宕渠郡守，司藩大夫、光州刺史；神宇沖粹，風儀韶舉，西臨百濮，奮賓旅於氾水；東莅三洲，變蠢舒於淮浦。市朝潛」運，松檟悠然。父偉節，隋殿中侍御史、菊潭縣令、侍御史、岐州渭濱縣令、司隸刺史、朝請大夫、洛陽縣令，」皇朝通直散騎侍郎。靈鑒虚玄，風裁夷遠。繡衣驄馬，俱厲鷹鸇之心；渭涘洛濱，共聞蝗雉之譽。前言往行，徽芳可襲。」君令緒發祥，自天生德，濬沖體妙，彥輔神清，幼挺松滋，早傳玉振，學涉緗篆而多見闕文，詞豐藻絢而思含風雅。加」以負佐時之英，懷兼濟之略，候驚飈以鼓翼，俟擊水而上征。有隋將季，爲謁者臺將事員外郎。武德之初，廣開藩翰，」宣納之重，引爲齊王典籤。及川涸魚潛，林焚鳥逝，貞觀惟始，俯從物役，授右武候倉曹右衛録事參軍。奉」詔慮囚，使還稱旨，擢爲殿中侍御史，尋授奉議郎行侍御史。柱後惠文，且因直繩取俊；長安間闔，亦以搏鷙」成謡。家嬰内罰，躬切沉巨，託苫廬於歲序，親版築於晨暮，尊祖隆逮事之感，鞠育申罔極之誠，竭力二墳，將窮三祀。」玉扆垂飾，銅扉愴懷，爰降恩旨，並存撫慰，遂旌表門閭，詔奪情禮，加授五品，除兵部郎中。雖曩居周」日，張仲以孝友見稱；昔在晉朝，傅咸以几筵創許。因心之義，從此而極，尋除長安縣令。尹賞爲酷，楊興末材，適之韋」弦，乘差厥中，奉詔揚州道巡察，又除御史中丞。東國埋輪，未旋遠轍，西京直指，遂踐曾階。君明練憲章，善談」得失，訏謨之際，光價頓華，詔授御史大夫。第一見知，方升朝錯；當時有眄，無易趙堯。遂綰銀潢，用超絶軌。君」以天資剛直，權豪懼悍。中書令褚遂良貿易之間，交涉財賄，既揮霜簡，因觸時蠹，遂良出爲同州。尋而緣隙興嫌，厚」成誣毁，君坐遷邢州刺史，尋除魏州。鸞方二伍，言甚三至，柳奭遂良，共謀萋斐，因被貶黜，遠託甌閩。涔陽極浦，空嗟」臭物；長沙卑濕，方歎惡禽。顯慶之初，言歸京洛，皇明所及，幽隱獲彰，蒙授朝請大夫守思州刺史。丹帷未駕，」紫泥復及，授中大夫，使持節守都督交、峰、愛三州，驩州都督府等諸軍事，交州刺史。轎路山長，鯷波海濬，仁霑貢雉，」化極還珠。恩詔遠臨，馳傳歸闕。尋除滄洲刺史。三山却峙，九河前派，城臨趙魏，路出幽燕，俗稱殷阜，」人多慓悍。君厲則申霜，澄猶止水，黠馬從御，亂繩自緝。屬聖曆休明，告成展慶，萬玉咸集，三帛畢陳。君仰瑶」壇以薦孚，奉金泥以稱慶，仍以重光在位，震官集祉，攝太子大端尹，載華時望，往年羅譴，遂解朱紱，今會」朝恩，方加紫綬，雖子文令尹，無關喜慍，而玄成得侯，雅陳篇什。乾封二年，特崇綸璽，授銀青光禄大夫守司」刑太常伯。得人爲盛，詔忿生以祥刑；則哲能官，命庭堅於俞往。秋官之重，是歸明德，而猶台階竚步，槐路延風。善言」虚發。褰有應於千里；覲過知仁，亦無譏於三黜。消摇晨起，悲行歌於有奠；延竚帝閽，怨聞樂而難返。以總章」元年七月四日卒於九成宫中御府之官舍，春秋七十六。嗚呼哀哉！冕旒興悼，搢紳起惻，爰降」天慈，賜以棺歛，仍給靈轝，遞送還京，慎終之恩，遂豐歸厚。惟君材稱不器，行極固心，踐忠恕以利仁，宣篤誠」以和義。符彩秀邁，容範瓌奇，挾求由之能，辯申韓之事，時逢啓聖，宦成揚歷。知微知章，萬夫以之傾首；不吐」不茹，九流由其洗心。加以慠睨風雲，奬進人物，情之所許，則寶劍可遺；言之所期，而白璧斯遺。自政聞樞近，辭多獻」替，遂得拾青紫於宸宁之前，軼騮騄於騏驥之表。若夫士師賤職，展禽不能全其位；靈蔡可傳，臧文亦已譏」其失。在於生涯之通塞，當年之利害，夫子爲之罕言，老生由其遷適。然而韓安命蹇，有廢鼎司；王陵解印，遂云不起。」信可以長懷九泉，永歎千載。夫人滎陽鄭氏，魏鴻臚卿荆州刺史貴賓之曾孫，光州刺史景山之孫，隋鄂州司倉伯」愛之女也。華宗誕秀，令儀擅美，言歸茂族，作配好仇，五父之衢，先沉玉匣；三江之水，終入龍津。以貞觀十年三月廿」一日卒於長安私第，春秋卅七。子昭德等，詩禮夙聞，蓼莪奄謝，號曾旻而不逮，撫窮壤以標心。粤以總章元年歲次」戊辰十一月辛亥朔廿二日壬寅，奉遷靈櫬合葬於雍州明堂縣界鳳栖之原。嗚呼哀哉！月落晨館，霜繁曉天，旗緣」風而乍結，馬嘶寒而不前，邢山有璲，臨水開泉，佳城少日，宰樹多煙，流金聲於終古，雕玉字於窮埏。其詞曰：」

庭堅樹業，伯陽啓胄，盛德必祀，先哲長枺。顯祖國華，迺考時秀，人倫冠冕，曰惟領袖。岳神降靈，天縱成德，理關條暢，」才匪雕飾。玉縝虹鮮，松滋烟直，向雲騰軌，臨風疏翼。架峰因簣，積水由涓，曾哀曠日，羔泣窮年。辭旌降雨，禮賁聞天，」指佞呈瑞，含香集仙。居劇自奇，獨坐標異，波横水若，衢矯天駟。謀折淮南，諫興臨厠，霜亞槐風，臺高蘭氣。高卧汲黯，」遠調張釋，直躬必忤，違時多隙。北踰川紫，南臨海碧，化偃風飈，信歸蠻貊。政宣明允，時推公望，紆紱禮闈，延裾武帳。」抑揚師表，云爲宗匠，月墜烏飛，空摧鶡颺。宅兆先闢，祖載晨興，霜霏霏而昏曙，水溓溓而結冰。背宮闈於長樂，望松」栢於平陵，身贖兮無補，滋蘭兮可憑！」

（碑林博物館藏石）

總章〇二一

【蓋】失。

【誌文】

大唐故朱府君之墓誌」

君諱信，字文懿，洛陽伊闕縣人也。會稽朱太守之苗裔。」代傳簪組，弈葉聯暉，晉魏之朝，鼎鐘不絶。曾祖威，鑒厚」位之隆替，知薄禄之安全，苟在佐時，不求榮顯，周末爲」太原郡縣長；祖弘，亦踵家風，還治細職，隋任河南郡功」曹；父達，隋末爲驃騎行定州義豐縣丞。君實曰逝生，才」堪緝政，心祈論迹，任性浮沈，專意釋津，留情逸海，無求宦伍，有愿承親，縱志百齡，德傳千載。豈謂積善無應，餘慶莫徵，天地匪仁，遽從風燭。以總章元年歲次戊辰十」二月辛亥朔廿一日寢疾，奄終私第，春秋六十有八。」以二年歲次己巳正月庚辰朔十七日葬於河南之」北邙山千金之里，禮也。哲人既逝，行洛陽懷親族悲號，」浹於閭里。豈只寢機輟相，憂灑罷肆而已哉！孤子□□」武騎尉文林郎行繕工監右校署監作，奉率慈訓，克劭」嘉名，義極顯親，愿超三界，幸斯法護，永離千殃。而慟感」天門，悲纏地穴，哀恩一隔，號泣無延，卜遠有期，敬從禮」制，乃爲銘曰：

青山可礪，碧海成田，徽猷斯詠，淑聞斯傳。實思烏鳥，終」慚昊旻，莫極之報，如在杭筵，掩涕從制，無極忘情，式遵」遺訓，永誌佳城。」

（周紹良藏拓本）

總章〇二二

【蓋】失。

【誌文】

大唐故并州文水縣尉唐君墓誌」

君諱仁軌，字師範，洛州洛陽餘慶人也。其先」唐侯之苗裔。君幼齡慜惠，弱冠生知，加復留意研精，垂帷莫匹，忘餐樂道，聚雪罕儔。是以」文溢三冬，才過七步，遂得播名京輦，調冠羣」僚，響振銓衡，擢并州文水縣尉。牛刀雖屈，不」勉甘心，乃則導用威恩，子人悦服；恣方韻俗，」黔庶懷仁。慕政未終，俄然四序，歸塗總轡，之」此舊閭，啓閤延賓，每歡風月；恂恂接下，敬讓」街衢。里閈莫不挹其嘉猷，歌其感德者也。豈」知積善無感，卒縈痾瘵，魂丹不救，傾隨逝川，」以總章二年正月七日奄終私第，時年四十」八。用其月廿三日葬在邙山之陽。勝地標形，」自堪記録，只恐川岳變改，田海遷移，故勒斯」銘。其詞曰：

有德唐君，嘉譽馥芬，心固金石，」性等松筠。如何可罔感，倏爾沉淪，悽泫行路，」歔欷里鄰。痛斯八尺，俄成一墳，白楊悲風，彌益殤人。」

（周紹良藏拓本）

總章〇二三

【蓋】 徐君墓誌

【誌文】

唐故右戎衛翊衛徐君墓誌銘并序」

君諱買，字玄幹，齊郡歷城人也。其先吴建武將軍徐盛之後。」晉平江表，車書混一，於時衣冠子弟，咸徙北州，乃流寓天齊，」竟樂青土。山澤秀氣，剋誕英賢，軒冕銀黄，詳諸簡册。有」唐受命，肅奉丹墀，乃美鳳川，今更爲洛州河南人也。曾祖和，」周徐、濮二州刺史博城縣公；祖舉，隋趙州刺史；台階上列，耀」珠彩於三槐；寶符宣政，騰蕙風於千里。父大，皇朝廓州建」安府左果毅都尉；帝城列金吾之騎，譽滿中臺；交河接鳴」鏑之鄉，威傳上郡。君幼而聰悟，早稟聞詩，由是上邑羣英，頗」以孤貞見許，起家爲右戎衛翊衛。宫闈嚴秘，殿闥弘敞，君周」慎肅恭，衆所推挹。加以地鄰金谷，鄉帶玉津，苻逸少之蘭亭，」霞沈孔酒；儷嗣宗之竹徑，風傳蔡笛。關西五侯之客，時來息」軔；江東八達之賓，無不歡集。豈謂金徒景促，未極春臺之賞；」銀藥路遥，俄見幽山之駕。以總章二年正月十二日遘疾，終」於陶化之里第，春秋卌。宗黨興悲，友朋雨泗。即以其月廿七」日葬於芒山之陽，禮也。君孤，有一子闕疑，感陟岵而延首，想」蓼莪以崩心，痛華堂之帳閴，哀隴阪之松深，露歌曉唱，陽光」夕沉，嗚呼悲矣！

乃作銘云：

鼎門舊族，軄組遺美，或在於圖，」或書於史。銑剛玉質，霞蔚飈起，赫赫臨洮，英聲盛矣。顯允夫」君，崇德多聞，清襟鑒水，逸氣侵雲。華堂桂馥，玉饌蘭薰，開筵」□友，映燭披文。隙駟難留，逝波不息，玉月道遠，銅壺漏即。麗」□□□，高臺誰陟？素驂移路，丹旐縈空。長辭白日，永止泉宮。」□□□霧，樹咽悲風。雕翠石而表則，庶芳聲而不窮。」

（周紹良藏拓本　河南千唐誌齋藏石）

總章〇二四

【蓋】失。

【誌文】

唐故文林郎行洛陽宮青城監監事武騎尉王公墓誌銘并序」

君諱德，字威德，太原人也。若夫瑶源派緒，紫蜺開若水之祥，」璿胄分華，靈鶴表伊濱之慶。罩月輪而疏葉，蕩日晷以馳□，」代彦冏於緹由，門閥蔚乎蕤縶。祖榮，隋光州司馬；父□，隋」懷州河内縣令；履鶴晨驚，淮沂矯搏霄之翮；舄凫朝翥，河壖」翻集洛之儀。公鑒質瑶貞，衛玉謝其暉潤；沖姿銑鑒，陽金弛」其層價。暨乎解薜賓王，搏風矯翼，彙茅觀國，泝水騰鱗，釋褐」除青城監監事。罄丹誠於禁籞，奉玉輦之清遊，厲素檢於華」嚴，警翠襧之麗觀。豈期瑶蟾遽魄，夜舟漂逸鷺之濤；金風早」秋，晨露殞翔烏之景。麟德元年七月七日終於私第，春秋六」十有三。夫人彭城劉氏，隋壽州壽陽縣丞琨之孫，唐故儒林」郎亮之女。締慶韶宗，誕華懿胄，鳳兆筮得朋之地，鴻鶩適終」慶之宗。耀婦德於中閨，擅母儀於外閫。瓊筵方壽，嚴飈驚玉」樹之條；蛇實攸懸，砥石斷驪泉之□。春秋五十有九。總章元」年十二月一日，卒於敦厚里。粵以總章二年歲次己巳二月」庚戌朔十一日庚申，合葬於邙山之舊塋，禮也。玉扆下泛，便」無綠字之題；琰碣上刊，慮有翠微之運。冀傳令迹，故勒銘云。」其詞曰：

玉雞呈翼，珠鶴翻儀，仙浮伊渚，祥開洛池。架雲疏」葉，罩月抽枝，潘陽並茂，秦晉連猗。其一。韋珠令彩，嫱媛韶華，量」苞黃憲，譽婉秦家。贈蕣如玉，狀雪方花。其二。雙鴛泛水，一劍先」沉，孤鸞舞鏡，獨鸖棲林。亭亭峻節，皎皎貞心，溘零珠露，空浮玉音，泉塗兩魄，再暢雙衿。刊翠琰而何爲？慮谷峻而山深。」

（周紹良藏拓本　開封博物館藏石）

總章〇二五

【蓋】失。

【誌文】

□唐泗州漣水縣主簿武騎尉故范君墓誌銘并序」

□諱彥，字褒，河南伊水人也。自踐土勤王，列卿擅名於□□；」姑蘇炫業，牧伯顯績於陽秋。於是輪蓋蔭槐庭，旌節光□□。」交友之分，義款於幽泉；敦史之華，文繁於漢籙。即君之先也。」祖弘，隋涿郡薊縣丞；父懷，隋枝江令；俱稱望實，並顯菜風。月」峽暈鮮，秀異浮於錦浪；易陽寒切，協撫清於綺琴。君少奉過」庭，禮問揚於賓敬；長□□狎，信順積於由仁。翱翔易色之園，」容止無違之地。故晨昏枕席，不廢於公方。茹慼苴苔，業終而」授俸。去顯慶年中，任集州符陽縣主簿。銅梁內負，贊契寂雙」槐之庭;東□孤巒,必割賞黄花之趣。俄逢國慶□□」斯班,絃響流波,婉遷橋之□□;酒酣終宴,欣席地之無思。又」選授泗州漣水縣主簿。□□□□,聲溢響於提綱;蠙珠之浦,」美價光於馭轄。春方奉馴翬□□,□譽楚丘,俄嬰沉痼之悲,息」徒纏右。朝頤玉餌,夕味金牙,日□屢侵,光音俄寂。春秋七十」有二。越以總章二年正月十六日,終洛陽縣敦厚坊私第。以」其年二月廿四日葬於河南平樂鄉邙山之陽,禮也。長子前」趙州象城縣主簿守玄,次子豫府親事守元等,感樹靡風庭,」花鮮凌曲,採蘭之戀方勵,□餌之慶斯歡。欻警寒流,奄罹餘」霰,音儀彫素,遺占虚編,敢託良遊,敬述清節。其詞曰:

族茂晉乘,名編漢籙,交切幽冥,清楊甑曲。於昭君子,義高無」欲,鶩迹芳金,翔菜泉玉。沉犀懋德,蠙涯貽躅,方□目於翬班,」奄□痾於郟鄏。警蒿里之歌悽,增柏亭之條淥。因山幽□□」固,明音儀之遠燭。」

(周紹良藏拓本)

總章〇二六

【蓋】維大唐故雍州醴泉縣安樂鄉平美里楊義妻王氏之誌也。

【誌文】文未完,當在石側,失拓。

唐故楊義妻王氏墓誌」

歲次己巳之年,昔成英志,奠」無思犯之姿,誰謂誓水東流,忽」乃奄從風燭。謹貞懃而唐棣,」憂耿耿以陳賢。爾乃逝速循」還,光儀迅疾,王氏春秋七十」有四,忽逢痾瘵,久乃纏躬,請」法醫療,漸加嚴而不瘉，乃薨」於總章二年建卯之月廿五」日辛未之時。葬於安樂之原」者也。嗚呼哀哉，乃爲銘曰。」

（北京圖書館藏拓片）

總章〇二七

【蓋】　大唐故李夫人墓誌銘

【誌文】

唐故李夫人墓誌銘并序」

夫人諱□，隴西狄道人也。白帝開基，茂祉凝於緗簡；」紫雲疏族，芳烈絢於玄圖。其有譽重將軍，誕猿支而」播美，此可略而言也。祖□，父□，並器量弘深，簪裾自」若，經文緯武，弈葉勳功。惟夫人禀自幽閑，心存雅素，」有禮有則，令色令儀。故德女使告祥，高媒表慶。越以」總章二年三月一日，忽以風燭不停，卒於私第，春秋」七十有五。即以其年三月十九日，窆於洛陽縣清風」鄉北芒平原，禮也。嫡孫仁智，勞悴之感，痛甚風枝；惸」獨之悲，悽如霜葉。鐸鳴哀響，雲慘風悲，仕庶悽傷，仁」懷鬱結。恐陵谷俄遷，桑田變海，勒此清徽，故爲銘記。」呼嗚哀哉！乃爲銘曰：

恒娥上月，弄玉昇天，吹簫得道，竊藥成仙。斯須萬代，」倏忽千年，一朝分別，乃見桑田。還言積善，更似前賢，」何期風燭，不獲長燃。鶴燈徒設，鸞鏡虛懸，塵生帳裏，」網計帷邊。酒別緑珠，琴離碧玉，瑟上絃悽，箏間柱促。」恨滿玉臺，愁盈金屋，隴泉嗚咽，猨聲斷續，變竹之啼，」崩城之哭。朝風漸冷，夜月方明，看花落淚，聽鳥心驚。」山多寒色，樹足秋聲，塵蒙月黛，土奄金精，一埋珪玉，」永別

（周紹良藏拓本　河南千唐誌齋藏石）

佳城。」

總章〇二八

【蓋】失。

【誌文】

大唐故儒林郎王君墓誌銘」

君諱令，字大政，太原人也。昔劉氏北衰，大寶赫其華族；司」馬南盛，將相蔚彼高門。或有神超洛汭，浮翼雲而霞舉；藝」極墨津，泫垂露而流妙。曾昰，隋任青州北海縣令；贊錦質」於鯨濱，翊馴翬於巃嵷。祖秀，皇朝任鄧州録事參軍。壤」帶豫荆，地殷周楚，總六曹而不紊，畫一法以司存。惟公禀」秀質以凝神，□□□而繕性，登山峻業，既拾紫而開華；陵」雲艷詞，亦抱玉而成韻。遂得操榮褒里，擢穎賓庭，始充賦」於歲辟，乃登名於散秩，爰授儒林郎。公素履居貞，撝謙自」牧，知足之分，竊慕老經，閑居之性，志同潘賦，方忻逍遥之」致，俄傷負舟之感。貞觀廿三年七月十一日終於私第，春」秋六十有八。夫人隴西李氏，坤儀毓德，巽象含貞，體柔質」而摛華，湛仙娥而亮彩。虔恭靡忒，嬪風絢乎中饋；柔姿婉」順，婦道敷於外成。夕景忽沉，朝雲遽散，皇穹但化，□魄驚」摧，總章二年二月廿二日終於私寢，即以其年三□廿八」日合葬於芒山之原，禮也。出櫕塗而右轉，入松逕以雨臨。原」野曠而霜歌切，烟霞晚而泉路深。敢名徽於玄石，庶誌美」於埏陰。其詞曰：

蓮峰峻極，□水靈長，川岳通氣，玄精耀芒。漢符玉瑞，晉美」金箱，冠蓋蔚盛，奕葉輝光。其一。天祚惟遠，慶藹斯則，金章瑩」質，瓊華絢德。肅影觀庭，飛名震域，應問斯甲，爰參冗職。其二。」□滋蘭逕，風摧玉樹，榆景易沉，桂華難駐。兩劍堙彩，雙鳧見鶩，玄宮方杳，佳城具□，式紀徽猷，流芳後裕。」

（周紹良藏拓本）

總章○二九

【蓋】失。

【誌文】

唐故趙□□墓誌銘并序」

夫人諱□洛陽人也。門傳□□，業茂忠」貞，雅質被於蘭，淑德光乎史策，此□□」而言也。惟夫人禀性幽閑，心存雅素，□」有禮有則，令色令儀，故得女史告祥，高媒」□慶。粤以總章二年四月廿一日卒於私第，春秋八十有三。即以其年□月十」四日窆於洛陽□清風鄉平原，禮也。長」孫慶宗，勞□□□□甚風枝悴之悲悽」如霜葉。恐陵谷□遷，桑田變海，勒此清」徽，故爲銘□，□□□哉，乃爲銘曰：

恒娥上□，弄玉□□。吹簫得道，竊藥成」仙。□□萬代，掩忽□年。何期風燭，不獲長燃。」朝風漸□，夜月方明。看花落淚，聽鳥心」□。□□寒色，樹足秋□。□□珪玉，永別」□□。」

（周紹良藏拓本　河南千唐誌齋藏石）

總章〇三〇

【蓋】失。

【誌文】

大□□□□□劉君妻故斛斯氏□□□□□」

夫人姓斛斯氏，洛陽人也。自魏啓龍□，□□津而建」宇；周膺鳳曆，剪□野而開畿。遂乃□□乘軺，闢高門」而向術；垂纓□玉，趨文陛而陪帷。積□有徵，英賢踵」武。曾祖□，□州司法；祖□，石州司馬；並位」以德升，名資□□。父誕，濟□府鷹揚郎將；聲華」勇爵，表威□於扞城；職重司階，屈英□於執戟。夫人」含和挺耀，□圖標質，四德無爽，延淑□於笄前；三星」有□，遂言歸於梅序。逮事資其恭懿，□□顯其幽閑。」望賓野而升儀，□仁里而敷教。君子諧老，久協響於」諧琴；逝者如斯，遽纏悲於徙壑。粤在總章二年四月」廿八日終於□仁坊之私第，時年□十有一。即以其」年歲次己巳五月戊寅朔十九日景申殯於清風鄉」之北山，禮也。孝子寶壽等，訢旻□□□泣血，思紀」□於泉户，乃鏤篆於蒿埏。其銘曰：

□□□慶，柔□□暎，箴圖協德，言容昭□。馭輪□周，」□□□政，升□□□臨蘋□詠。□□□□，賓孟宅求，」□□□明，字水□□津菊耀□□□□恒春。」

（録自《芒洛冢墓遺文四編》卷三）

總章〇三一

【蓋】失。

【誌文】

唐故張君墓誌銘并序」

君諱玉山，字崇潤，本南陽西鄂人。迺祖宦遊，徙家□」洛，今爲偃師縣人。漢河間相平子之□□，□司空茂」先之遠裔也。衡實多材之宗，華誠博物之秀，盛德百」代，君子萬年，垂裕後昆，傳芳靡絶。祖寄長，隋任鷹□」郎將；桓桓壯氣，赳赳干城，腹心爪牙，於是乎在。父萬」善，皇朝上騎都尉遊擊將軍；忠勇奮發，徇國忘身，」武力折衝，弘茲茂賞。君靈府洞澈，神用明敏，外朗内」潤，時輩推高，孝悌因心，曾閔之迹可蹈；仁義在節，夷」惠之風無遠。談辯明於口，文雅逸於懷，同懸河之注」流，若大陂之清濁。加以蘭膏月下，賦詩酒而娱情；花」樹池臺，肅清歌而自得。豈期遘疾弗救，夢奠遄臻，啓」足啓手，珠沉玉碎。總章二年四月廿六日，卒於私第，」春秋卌有九。越其年五月廿五日窆於北邙，之崇禮」禮也。方恐海田屢變，陵谷遽遷，松栢爲薪，莫酹罔識。」□此貞良之墓，勒茲難朽之文，白珪比德於生前，翠」石傳芳於身後。乃爲銘曰：

東逝滔滔，西頹皎皎，山埋白玉，樹棲黄鳥。百尺長松，」千年華表，寂寂大夜，悠悠無曉。無曉黯兮丘壟寒，琴」瑟滅兮人事殫，追叙兮嗚咽，迸淚兮汍瀾。」

（録自《芒洛冢墓遺文五編》卷三）

總章〇三二

【蓋】失。

【誌文】

□文林郎張君故夫人朱氏墓誌銘并序」

夫人諱□，字□，會稽餘姚人也。其先□周，因家於河南洛□」□。黃□握圖，派壽丘而得姓；丹陵撫運，分鼎□而承家。子□」表西漢之英，斷襜而毗袞職；買臣挺東漢之秀，衣□而□□」□。由是茂緒蟬聯，昌源舄弈，曾祖通，□□武侯將軍□周授」鷹揚郎將；蘭錡標榮，樓船起譽，運鶴章而飛□，探□略而含」□。桃李無言，芳暉自遠。祖貴，偃息衡泌，□逸丘園，不事王侯，」樂茲肥遁。父卿，隋興城府校尉；班齊戊己，志蓋甘陳，以武藝」應選，有詔教齊越二王，蒙授朝散大夫。皇朝事西□，授左」監門校尉。射聲騰美，吟猨落雁之神；越騎崇□，擊劍□弧之」敏。夫人分華穠李，寫麗夭桃。婉質霞昇，若桂梁之暉曉日；清」心玉映，似蘭沼之鏡初虹。孝敬表於自然，悌順彰於率□。饘」饋棗脩之禮，範號母師；織紝組紃之□，行貽女則。方冀壽齊」偕老，義諧同穴；豈謂夜舟遽徙，朝菌□□。落茂堇於霜原，碎」芳□於霰野。粤以總章二年六月十□□終於弘敬里之□」第，春秋六十有二。即以其月廿六□□□□山之瀍澗里。□」子思賢等，孝切蓼莪，思纏風樹，軫遺□之空襲，感陟岵之□」依，臨素輀以攀逝，雕翠琰而圖徽。乃爲銘曰：」

軒丘基峻，汾水源清，結綬崇寵，拆檻標貞。貽蓊表讓，□□□」情，三吴擅美，四姓飛名。其一。漢飛英略，越騎材雄，辭□□效，絶域稱功。遺桀山北，襲隱牆東，嚴間寫□，松下疏風。其二。誕□華」宗，作嬪君子，六行貽則，四德垂美。韻清蘋吹，芳襲蘭□，□□」□師，言流女史。其三。壑舟奔夜，澤菌浮朝，風枝遽謐，□堇□□」□疏月□，□漫煙銷，幽扃一晦，貞烈長昭。其四。」

（北京圖書館藏拓本　開封博物館藏石）

總章〇三三

【蓋】失。

【誌文】

唐故上騎都尉康君墓誌銘并序」

原夫玉關之右，金城之外，踰狼望□□走，越龍堆而□」指，隨水引弓之人，著土脾刀之域，□□君長，並建王侯，」控賞罰之權，執煞生之柄。天孫外降，侍子入朝，日磾隆」於漢辰，由余重於秦代，求之往古，□在縑緗。」君諱達，自文則，河南伊闕人也。十六代祖西華國君，東」漢永平中遣子仰入侍，求爲屬國，□以□爲并州刺史，」因家河□焉。曾祖勗，齊任上柱國；祖逵，齊任雁門郡上」儀同；父洛，隋任許州通遠府鷹擊郎將；並勇冠褰旗，力」踰扛鼎。至如逢蒙射法，越女劍端，減竈削樹之奇，塞井」飛灰之術，莫不得之天性，闇合囊篇。君克嗣嘉聲，仰隆」堂構，編名勳校，舉重成都，文武兼資，名行雙美。以斯厚」德，宜享大年。彼蒼不仁，殲良奄及。以總章二年六月廿」二日構疾一旬，終於河南思順里之第，春秋六十有二。」即以其年七月八日葬於北邙之坂。嗚呼哀哉！永言人」事，悲□天道，小年隨朝露共盡，大夜與厚地俱深。著嬪」風於冥漢，紀懿範於□陰，譬銀河之不晦，同璧月而長」臨。其詞曰：

日磾仕漢，由余宦秦，美□祖德，望古爲鄰。篤生懿範，道」潤松筠，爰有華族，來儀作嬪。四德無爽，六行紛綸，誕玆」令胤，時乃日新。奄爾朱景，遽委黄塵，泉扃一閉，春非我春。」

（周紹良藏拓本　開封博物館藏石）

總章〇三四

【蓋】大唐故楊府君墓誌銘

【誌文】

大唐故楊君墓誌銘并序」

君諱行禕，字代□，弘農華陰人也。昔祥凝白鳳，紬」青簡而覽皇墳；慶溢赬鱗，入丹墀而調帝飪。弈葉」冠冕，可得言焉。祖蘭，齊任金城郡守弘農縣開國」公；父及，隋任河澗縣令；並松筠比勁，蘭菊均芳，伐」枳興謡，鳴弦起頌。君騰芒玉宿，發氣酆星，挺□珠」流，飛光隨月，皇朝明經高第，以顯慶元年任安」州應城縣主簿，又任虔州鄠都縣主簿。冰壺疊彩，」佐重泉而降祥；火齊相輝，贊武城而振響。豈其舟」移夜壑，洹水流災，露歇晨桐，佳城兆釁，以總章元」年七月五日遘疾，終於虔州之部里第，嗚呼哀哉！」以二年八月廿六日遷窆於邙山之原，禮也。嗣子」□□等哀纏霜景，痛結風枝，顧丹旐而銜酸，仰素」虬□泣血。恐谷遷陵褫，海洩田成，庶播美於前修，」式騰芳於後烈。乃爲銘曰：

龜山峻遠，錦水靈長，白鳳飛慶，靈鱣降祥。其一。□枳」風馳，鳴絃化琬，酆氣星深，隨輝月轉。其二。佳城兆釁,」洹水流寂,松扃幽而不曙,蒿徑瞑而難□。其三。」

（周紹良藏拓本　開封博物館藏石）

總章〇三五

【蓋】失。

【誌文】

唐故□戎副尉曹君墓誌銘」

君諱德,字建德,譙人也,今貫河南洛汭鄉興化里焉。」漢相茁者,即君之先也。祖雅,齊□郡中正。父賓,隋鷹」陽。信普翔菜,義周凝澤,調風規於春露,武□徐方;壯」冰節於秋筠,氣陵朔野。君之襲慶,裕擅初髫,分奇落」雁之□,業□禽蛟之刃□。義旗撝旆,奉鞭御以馳誠;」祲氣乖□,飛白羽而奔敵。依□挾勇,立□輕生,功旌」指獲之前,慶賞傳萁之後。俄嬰沉痼,□稟具詞,眺聽」□陽,□老瀍右,列子孫於臨汜,速過客於賓庭。方餌」浮杯,欻焉停駕,春秋七十五,去貞觀廿三年三月十」三日終於私第。夫人淳于氏,亳邑□□父恩,隋鷹揚。」秦峰碧篠,貞潤彰於壼儀;楚澤□□,□氣調於朋悅。」分庭釧響,務紃組以豐資;動軔歸寧,光辭□之順志。」以總章二年六月十七日終於毓財坊私第,春秋八十六。即以其年八月廿六日,與君合窆於邙山平樂」鄉尚書谷北一里,禮也。長子伏奴,第二子將仕郎壽」等,攀仰昊穹,絶者莪而涕血;登岵望目,傷陟彼而銜」襟。身瘠苴庭,魂安重阜,感慼崩剥,憑友勒銘。其詞曰:」

渦渚之闌，渙陰之梓，枝葉交映，繁華流祉。霜庭未潔，」俄虧猗靡，行鐫玄琬，勣懋千祀。

（北京圖書館藏拓本　開封博物館藏石）

總章〇三六

【蓋】失。

【誌文】

唐故趙君墓誌銘并序」

君諱義，本於河南洛陽人也。皇隋并吞八荒，奄」有萬國，因官流派，遷寓神都。若夫高九棘；西漢」納言，位重三槐。祖郎，德州條縣丞。君性度紘遠，」去存節概，周窮濟急，悌信交遊，卑己□人，斯須」無爽。義以奉上，孝以事親，閨門之教，雍穆如也。」加以歸心内典，若保浮囊，奉特齋戒，明珠是護。」知生死之累業，習真如之要道，宿殖□本，深信」大乘，具足六波羅蜜，如法脩行。福善無徵，指薪」言謝，乾封二年閏十二月六日，卒於尊賢坊之」第，春秋七十有七。即以總章二年九月廿六日，」葬於邙山，之禮也。夫人竹氏，春秋六十有□。大」夜無曉，兹石之不朽，乃爲銘曰：

愛惠將多，仁稱智在，其德不愆，量同山海，周□」濟急，造次無改，成詠鄉閭，歌謡邑宰。其一。」

（周紹良藏拓本　河南千唐誌齋藏石）

總章〇三七

【蓋】 失。

【誌文】

大唐故杜夫人墓誌銘并序」

夫人諱麗，字仙姬，京兆人也，即唐杜之後。周則」起於曾構，與極」天而競高；鄴乃導於清流，將帶」地而爭遠。卯金推雅，入文苑以騰芳；典午行齊，」旌隱録而流譽。洎乎楚元之後龍起，蕭何之裔」鳳翔，或英儁相承，或衣冠接武。曾祖士朗，齊任」壺關縣令；祖善徵，隋任中臺散官。夫人河漢降」神，鍳秋宵而耀彩；洛川擢秀，泛迴雪以流光。故」得譽美蘭芝，聲華里閈；方可夙恭蘋藻，諧和瑟」琴。豈期匣裏龍分，無復雙飛之影；鏡中鸞絶，空」凝朗月之暉。春秋卌有八，以總章二年九月五」日卒於弘教坊之第。還以其月廿六日葬於邙」山之陽。孝子痛松門之翳野，悼蓬海之遷」流，望風樹以銜悲，感淚栢而横涕，懼青編簡而」成一毫，勒玄礎而垂聲。其詞曰：

於穆夫人，入洛猶神，善光蘭蠹，譽美桑津。泉扃」掩夜，隴樹徒春，勒玆玄礎，式播清塵。」

（北京圖書館藏拓本）

總章〇三八

【蓋】 失。

【誌文】

大唐故夫人惠氏墓誌并序」

夫人姓惠氏，京兆郡武公人也。自濠梁飛辨，莊氏流芳，託性觀魚，齊周」夢蝶，逸人間出，賢俊代生。祖攸，齊任青州千乘縣令；父達，隋任三鄉府」膺揚；並豐年珠玉，未足比其珍；儉日稻粱，無以方其貴。夫人騰芳蘭室，」挺秀芝田，六行聿脩，四德光備，志識明悟，操履端凝，苞琬琰以爲心，望」松筠而立節。年甫十五，有行耿氏，内穆閨門，外和親族，銀鈎擅寫，蔡女」非儔，訓以陰儀，班姬難比。所天既喪，自誓孀居，斷織徙鄰，親訓諸子，鍾」心庭玉，留愛掌珠，誨以義方，歸之正道。既而腠理乖和，彌留漸篤，名醫」莫救，俞附不能施功；丹藥空煎，終無返魂之驗。春秋五十有九，以總章」二年四月四日旦，卒於洛陽清風私第。所天諱卿，早先朝露，以顯慶二」年十月十一日卒，葬於河南縣平樂鄉邙山之陽。惟君材標當代，德冠」時英，晦迹洛川，留連酒德，琴書自悅，善賦能文，辯折鄒天，談摧龍惠。但」冥默福應，積善無徵，遇疾而卒。合葬非古，行自周年；遵禮而循，流之唐」日。以總章二年歲次己巳十一月景子朔十五日庚寅，合於耿君之舊」域。墳非騰墓，翻有白日之期；人無偕老，死符同穴之契。其詞曰：

天道無終，人道有謝，掩歸蒿里，藏之長夜。死生大期，黄金難化，漏尅無」停，寸陰不借。其一。靈駕發軔，風松吟路，仙室暫開，泉門永固。白駒不」停，毫末拱樹，空餘令範，傳芳縑素。其二。婉婉柔明，娥娥懿淑，色照穠」李，芳流華菊，巧標槃悅，工傳綺縠。其三。作嬪君子，尅厲言容，佩觿申」敬，蘋藻惟恭，若膠投漆，如蘿附松。其四。方麗仙蕖，俄傷落堇，粉川波」逝，彫梁日盡，爰紀令蹤，式昭無污。其五。薤晞朝露，舟移夜壑，百年忽」盡，九原難作。無復返魂，徒煎銀藥，松櫬星稀，終栖夜鵲。其六。」緬平生其遂阻，溘人事而成空，寄貞節於脩竹，播餘芳於清風。其七。情田夷遠，性域澄明，學推雅奧，文擅縱橫。調琴鶴舞，操筆鸞驚，輒聞投」刺，側屣逢迎。」

總章二年十一月十四日鐫記。」

（北京圖書館藏拓本　開封博物館藏石）

總章〇三九

【蓋】失。

【誌文】

唐故處士上官府君墓誌銘并序」

君諱義，字師，隴西天水人也。原夫河渭通秦，抑惟膏壤；江漢分」楚，載誕英靈。景歷克傳，崇基不墜，備乎史筆，可得而闕□。曾祖」霽，周河東郡司功書佐，躡玄踐素，清質濁文。祖壽，隋謁者臺正」員郎，仁甲開華，德城崇峻。父昌，隋上儀同，道在斯尊，位匪充量。」君地靈峻邈，天機韶秀，義以方外，信必由中，視險若夷，處約如」泰。年昇弱冠，業資强與□英；海籍蘭葉，河書騰照靈臺。遞充神」用，故得築室方湖之上，葺宇圓海之濱。荷□蓮冠，不慚於金翠；」印魚綬鳥，無謝於銀黄。隱不違親，貞不絶俗，斯之謂矣。日賁空」遠，未延華於六尚；紫度不留，竟沉恨於千月。以乾封二年三月」廿八日終於東都之私第，春秋七十有一。嗚呼哀哉！夫人太原」郭氏，周郃陽郡守通之孫，隋湘潭縣長衡之女。相門載襲，卿族」相暉，琁式初融，瑶臺獨映。承姑以孝，處室惟恭。短簫同吹，方姿」秦亭之樂；

長劍俱沉，永悶延津之水。嗣子政，集蓼纏哀，匪莪增」思。載懷萬古，懼蓬渚之騰遷；極睇九京，闢松關於爽塏。以總章」二年十一月廿七日遷厝於芒山之陽，禮也。嗚呼哀哉！政友人」洛陽樊望之，綺文綵筆，獨冠時英，敬託題芳，式旌茂實。銘曰：

荆南令尹，隴右良家，公門載襲，台室連華。惟曾擢景，藝洽披砂，」顯考騰譽，辯叶藏牙。其一。克生英彦，風馳藻絢，門紹良弓，器傳稽」箭。望秦説綺，臨吴識練，幾愈頭風，方資舌電。其二。山通上苑，門拒中林，浪情雲席，凝性霞琴。年途遽遠，歲駕難尋，」小天罕覿，大夜行深。其三。盧山息壤，襄水同塋，輪移柳」駕，□指松城。川浮涷色，樹引寒聲，没而不朽，無墜英靈。」

（周紹良藏拓本　河南千唐誌齋藏石）

總章〇四〇

【蓋】失。

【誌文】

大唐故勳官飛騎尉蘭君墓誌」

君諱德，字表，洛陽人也。自踐土勤王，」列卿擅名於晉乘，光於馭轄，方奉馴」□之美；分礜楚丘，俄嬰沉痼之悲，息」徒纏古，朝頤玉餌，夕□首俄寂，春秋」廿有八。越以總章二年十一月廿四」日，終於洛陽縣章善坊私第。以其年」十二月一日葬於河南平樂鄉邙山」之陽，禮也。長子玄慶，感樹靡風庭，花」鮮淩曲，採蘭之戀，方勵樂餌之慶。其」□曰：

玄鳥擒祥，皂流昭慶，執御開國，封成」受姓。靈岳膺期，鈞天錫命，取於秦楚，」存亡周鄭。其一。」

（北京圖書館藏拓本　開封博物館藏石）

總章〇四一

【蓋】失。

【誌文】

總章二年十二月」廿五日兖州金鄉」縣前蘭州録事參」軍徐羅母薛氏墓。」

（録自《八瓊室金石補正》卷三十七）

總章〇四二

【蓋】失。

【誌文】

大唐故王□□墓誌銘并序」

夫人諱□□，河南縣人。□□華□□□」三爵啓其□□，紛綸五侯承胤□□□」而言也。惟夫人率性幽閑，□□□□□」□□□令色令儀，故得女史告祥，高□」表慶。□以□章三年正月二日卒於弘」敬□□第，□秋六十有四。即以其年其」月廿□日權殯於北邙山河南縣界平」原之陽，禮也。鐸鳴哀響，雲慘風悲，□□」悽傷，□懷鬱結，嗚呼哀哉！乃爲銘□：

恒娥上月，弄玉昇天，吹簫得道，竊□□」仙。斯須萬代，倏忽千年，一朝□□，□□□」田。朝風漸泠，夜月方明，看花落淚，聽鳥」心驚。山多寒色，樹足秋聲，一埋珪玉，永」别佳城。」

（周紹良藏拓本　誌及銘文多沿襲總章二年李夫人誌，可據之補字。河南千唐誌齋藏石）

總章〇四三

【蓋】失。

【誌文】

大唐故道安禪師姓張，雍州渭」南人也。童子出家，頭陁苦行，學」三階集録，功業成名。自利既圓，」他利將畢，以總章元年十月七」日遷形於趙景公寺禪院，春秋」六十有一。又以三年二月十五」日起塔於終南山鵄鳴埠信行」禪師塔後。志存親近，善知識焉。」

（周紹良藏拓本）

總章〇四四

【蓋】失。

【誌文】

唐故涿郡張夫人墓誌并序」

夫人諱文母，涿郡范人也。遠祖字茂先，輔□惠爲大司空，睿智該辯，」聰明博物，情田默識，意匠多能，斑狸被燭於陵華，文虬見知於陸鮓，」可謂靈源漼異，神岳孕精，大澤深山，篤生徽媛。夫人即司空之九代」孫女也。莊敬有節，彤管詠其清風；淑慎無虧，黄裳兆其元吉。柔閑□」譽，貞順見稱，家法可尊，宗婦取則。亡夫杜君諱善榮，京」兆杜陵人。□」先賢秀傑，則春洽文房；舊德名臣，則預標武庫。君全真守素，有道丘」園，藝以潤身，學優不仕。貞觀二年卒於私第。男踴女擗，俱痛存亡；巷」哭街號，同悲逝止。豈意豐城兩劍，一去一留；露井雙桐，半生半死。夫」人上奉鷄鸞之德，大義彰於所天；下惠鳲鳩之仁，小慈鍾於沖子。中」外平善，畫一幽明，遠邇交歡，不二夷險。但時來必換，月滿尚虧，遘痾」□痊，□興□疾，總章三年歲次庚午二月甲辰朔十六日己未，終於」里室，春秋八十有四。既而更生之香，徒聞起死；長命之縷，遂不延齡。」越三月十一日，合葬北邙之崇原，禮也。」誰謂照車良寶，聚翳一丘；連」城重價，共貴千古。長子字行滿，次子名行本，並禮度弘遠，孝友純深，」荼蓼兩丁，方寸再亂。楊楸列矣，黄鳥傣悲風而結哀；松檟茂焉，翠蓋」擁懋雲以同晦。方恐桑田變巨海，窮谷易高陵，刊此貞球，式旌幽隧。」其銘曰：

洪鑪匠物，大德日生，或騰或降，是晦是明。一消一息，亦枯亦榮，如何」陶孕，夭壽不平？其一。天地高卑，山川流峙，有盈有虚，既彼既此。暑往寒」來，出生入死，居常待終，固其恒理。其二。前通帝闕，後臨經瀆，斜指嵩丘，」傍流澗轂。龜筮告祥，兹地從卜，永戢蘭蓀，長埋金玉。其三。松筠在節，桑」榆已昏，貽厥先則，垂裕後昆。幽幽大隧，寂寂泉門，母師逝矣，餘芳可」尊。其四。」

（周紹良藏拓本　河南千唐誌齋藏石）